中國佛教

第一辑

中国佛教协会 编

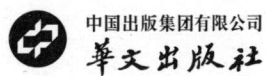
华文出版社

图书在版编目（CIP）数据

中国佛教. 第一辑 / 中国佛教协会编. -- 北京：华文出版社，2023.11
ISBN 978-7-5075-5870-8

Ⅰ.①中… Ⅱ.①中… Ⅲ.①佛教史－中国－通俗读物 Ⅳ.①B949.2-49

中国国家版本馆CIP数据核字(2023)第188431号

中国佛教　第一辑

作　　者：中国佛教协会
责任编辑：吴文娟
排版设计：阳光图文
责任印制：刘力新
营销编辑：张颖潇
出 品 人：包　岩
出版发行：华文出版社
地　　址：北京市西城区广安门外大街 305 号 8 区 2 号楼
电　　话：总 编 室 010-58336239　发 行 部 010-58336267
　　　　　责任编辑 010-58336192
邮政编码：100055
网　　址：http://www.hwcbs.cn
经　　销：新华书店
印　　刷：北京雅昌艺术印刷有限公司
开　　本：710mm×1000mm　1/16
印　　张：24.75
字　　数：340 千字
版　　次：2023 年 11 月第 1 版
印　　次：2023 年 11 月第 1 次印刷
标准书号：ISBN 978-7-5075-5870-8
定　　价：170.00元

版权所有，侵权必究

《中国佛教》（中英文卷）编委会

编纂委员会

主　任：赵朴初

副主任：吕　澂

委　员（按姓氏音序排列）：

二十世纪五六十年代加入"中国佛教百科全书编纂委员会"：

陈秉之　持　松　戴蕃豫　法　尊　高观如　关德栋　观　空（潭　影）
郭兴谊　郭元兴　胡继欧　黄忏华　巨　赞　李　安　李荣熙　李　俨
梁思成　林子青（施无畏）　刘衡如　刘汝霖　隆　莲　吕　澂　明　真
能　海　石鸣珂　史　岩　苏晋仁　田光烈　王　森　王自明　喜饶嘉措
阎文儒　由　道　游　侠　虞　愚　禹振声（吴　明）　张克强（张建木）
赵朴初　周叔迦

二十世纪八十年代之后加入《中国佛教》出版项目组：

陈　东　方广锠　黄如英　慧　新　李静杰　林培安　刘　峰　任　杰
王丽君　王守仁　王　新　吴梦麟　徐　鹏　姚长寿　云　峰　张　琪
张银山　张永权　张中行　徐丹晖　周绍良

出版委员会

主　任：演　觉

副主任：宗　性　　明　海　　常　藏　　刘　威

委　员：卢　浔　　明　杰　　秦　萌　　圣　凯
　　　　刘　东　　能　仁　　澄　龙

整理校订委员会

主　任：圣　凯

副主任：范文丽

委　员（按姓氏音序排列）：
　　　　陈　超　　传　云　　旦巴贡布　德　光　　范文丽　　郭　敬
　　　　果　微　　胡少博　　姜桂芹　　梁峻铭　　刘　晨　　刘懿凤
　　　　明　胜　　能　仁　　亲　道　　亲　宣　　仁　洁　　升　圆
　　　　童赛赛　　王　帅　　悟　畅　　现　了　　徐文臻　　尹　晗
　　　　印　通　　张　琴　　张忆雯　　赵凌云　　智　清　　周邦威
　　　　朱兆丰　　祖晓敏

序　言

佛教起源于印度，光大于中国，经过与中国文化的交融、共生、合流，最终以"释"之名，与"儒""道"并称，成为中国传统文化的重要内容。这在世界文明史上是独树一帜的，既体现出佛教本身的世界性特征，也显示出中国文化兼收并蓄、博采众长的包容性特质。作为中华文明与印度文明两大文明传统相遇、碰撞之后形成的文明成果，中国佛教在思想、信仰、文学、艺术、制度、戒律、礼仪、习俗等方面做出了重要贡献，产生了一代代优秀的佛教人物和经典著述，发展出了丰富多样的佛教胜迹、佛教文化。今日，中国佛教不仅是中国传统文化的重要内容，更是世界文明的重要组成部分，堪称文明融合的示范与表率，对当今世界不同文明间友好交流具有重要借鉴意义。为向世界提供一部全面介绍中国佛教概况的通识性著作，中国佛教协会特编辑出版《中国佛教》（中英文卷）。

本书的编撰有着殊胜因缘。1955年，斯里兰卡为纪念释迦牟尼佛涅槃2500年，发起编纂英文版《佛教百科全书》，中华人民共和国总理周恩来受斯里兰卡总理约翰·莱昂内尔·科特拉瓦拉之请托，应承由我国来撰写其中有关中国部分的佛教条目，并委托刚刚成立不久的中国佛教协会组织人力编写、翻译。中国佛教协会接受任务后，即成立中国佛教百科全书编纂委员会，聘请国内佛教学者担任撰述、编辑和英译工作，时任副会长兼秘书长赵朴初居士担任主任委员，著名佛教学者吕澂担任副主任委员。编纂委员会以南京金陵刻经处为据点，约请了一批当时国内知名佛教学者撰写相关条目，内容分为教史、宗派、人物、经籍、教理、仪轨制度、佛教胜迹、佛教文化、中外佛教文化交流等九类。为了适应百科全书的体例，各篇条目着重资料性的叙述，要求全面性与概括性相结合，并做到言必有据。中文条目原稿前后共写成400多篇，200多万字，英文条目原稿也有100多万字。二十世纪八十年代至本世纪初，中文条目稿件陆续被整理出版为五卷本的《中国佛教》。英译稿寄往斯里兰卡后，部分被编入《佛教百科全书》（*Encyclopaedia of Buddhism*）。中国佛教的内容被打散之后编入不同的词条，散见于全书之中。当时形成的百万字的英文稿至今尚未完整面世，殊为憾事！

2018年，中国佛教协会安排中国佛教文化研究所开展"《中国佛教》英译出版项目"，对当时留存的全部词条稿件进行整理和出版，期望借前贤之功德，为当下的世界增添一份精神资粮。《中国佛教》（中英文卷）的出版，得到了华文出版社的大力支持，此次出版不仅使尘封之黄卷得以面世，也使前贤之佳作再次流通，更使当年编纂团队智慧成果得以整体呈现，可谓因缘殊胜，令人欢喜。

由于本书稿件多为二十世纪五六十年代所撰，当时的编纂委员会成员大多已离世。此次出版，基本保留稿件原貌，兼以少量内容修订。审校团队水平所限，在整理校订方面若有疏漏，祈请各位读者指正。

演觉

二〇二三年二月十七日

于北京广济寺丈室

前言（1980年版）

随着人类文化的进步，社会科学和自然科学各种知识领域日益扩大，网罗一切知识的百科全书成为学术界的共同需求。在这方面，欧美学术界是着了先鞭的。宗教方面也是如此。基督教、伊斯兰教等早已有了自己编纂的百科全书，受到学者和教徒的普遍欢迎和广泛利用。佛教是世界公认的三大宗教之一，历史最为悠久，典籍汗牛充栋，但迄今尚无一部完整的佛教百科全书。1955年，斯里兰卡佛教徒为纪念释迦牟尼佛涅槃2500年，发起编纂英文佛教百科全书，要求各国佛教学者给予支持和合作。当时我国周恩来总理接受斯里兰卡总理的请托，要我国为他们的百科全书，撰写有关中国部分的佛教条目。周总理将这个任务交给了中国佛教协会。

中国佛教协会接受这个任务后，即成立中国佛教百科全书编纂委员会，聘请国内佛教学者担任撰述、编辑和英译工作。内容分为教史、宗派、人物、经籍、教理、仪轨制度、佛教胜迹、佛教文化、中外佛教文化交流等九类。为了适应百科全书的体例，各篇条目着重资料性的叙述，要求全面性与概括性相结合，并做到言必有据。汉文条目原稿前后写成400余篇，200余万言。除已将部分英译稿寄往斯里兰卡供佛教百科全书采用外，全部汉文原稿迄未公开出版。现在应广大读者的要求，我们组织人力，重新加以整理编辑，印成专册发行。

佛教传入中国，近两千年来，对我国社会发生过深刻影响。从魏晋到隋唐时代经过广泛传播，其影响渗透到我国人民生活的各个方面。在思想意识、风俗习惯以至文化艺术等领域都可以看到它的影响；在哲学上，它对宋代理学的影响尤为显著，这已是哲学史家公认的事实。千百年来先人们为我们留下浩如烟海的佛教典籍，成为我国文化的一个重要组成部分。

本书得到知识出版社的大力支持，拟于1980年起陆续出版，供哲学、宗教学、社会学、历史学等研究人员，以及有关工作人员和佛教信徒参考。本书的出版如能对上述各方面的研究有所贡献，我们是引以为荣的。这些文稿撰于20年前，部分作者已经离开人世。这次出版，除核对参考资料并对部分文稿略作删节外，大体上保存原来的面目。每篇均由作者署名，以明责任。我们限于水平，在整理编辑方面如有错误之处，希望读者指正。

赵朴初

一九七九年十二月十五日

审校及修订说明

《中国佛教》（中文卷）以知识出版社1980年6月至1989年5月《中国佛教》第一至四辑第一版及中国社会科学出版社2004年6月《中国佛教》第五辑为底本，稿件基本保留了当初出版时的原貌。本次再版时，于以下几方面进行了少量修订：

1. 对少量标点、语法方面的错误进行了修订。

2. 对照二十世纪五六十年代编修的《中国佛教》英文版，进行中英互校，发现了一些诸如人名、地名、典籍名、年份等表述不一致的地方，针对此类问题进行了订正。

3. 对个别地名、行政区划等的表述，进行了修订。

4. 《中国佛教》第五辑中增加了《〈中国佛教〉参编词条作者小传》，对于各词条作者的生平进行了简要介绍。

目录

中国佛教史略

一　后汉佛教 / 003

二　三国佛教 / 010

三　西晋佛教 / 013

四　东晋佛教 / 017

五　南朝佛教 / 027

六　北朝佛教 / 039

七　隋代佛教 / 052

八　唐代佛教 / 060

九　五代佛教 / 071

十　宋代佛教 / 076

十一　辽代佛教 / 085

十二　金代佛教 / 091

十三　元代佛教 / 098

十四　明代佛教 / 107

十五　清代佛教 / 117

十六　西藏前弘期佛教 / 129

十七　西藏后弘期佛教 / 139

中外佛教关系史略

一　中印佛教关系 / 155

二　中斯佛教关系 / 171

三　中尼佛教关系 / 175

四　中日佛教关系 / 178

五　中朝佛教关系 / 192

六　中越佛教关系 / 201

七　中柬佛教关系 / 204

八　中缅佛教关系 / 207

九　中国与印度尼西亚的佛教关系 / 209

十　中泰佛教关系 / 213

中国佛教宗派源流

一　成实师 / 217

二　涅槃师 / 227

三　毗昙师 / 234

四　地论师 / 240

五　摄论师 / 245

六　俱舍师 / 250

七　净土宗 / 255

八　天台宗 / 262

九　三论宗 / 268

十　律宗 / 274

十一　慈恩宗 / 280

十二　贤首宗 / 292

十三　密宗 / 300

十四　禅宗 / 306

十五　沩仰宗 / 313

十六　临济宗 / 316

十七　曹洞宗 / 321

十八　云门宗 / 329

十九　法眼宗 / 334

二十　杨岐派 / 337

二十一　黄龙派 / 340

二十二　三阶教 / 342

二十三　格鲁派 / 350

二十四　响巴迦举派 / 355

二十五　萨迦派 / 357

二十六　宁玛派 / 362

二十七　迦当派 / 371

二十八　迦举派 / 375

中国佛教史略

一　后汉佛教

后汉佛教，是佛教流行于中国最早的一个阶段。佛教最初传入汉土，确实年代已难稽考。但古来佛教徒间流传着汉明求法、佛教初传的史话，同时也传说汉明之前佛教即已传入，两说各自发展。最后，汉明求法说颇为一般佛教徒所乐道，而汉明以前传来说也愈推愈远。现在分别述之如次：

（1）汉明帝以前佛教传来说，依据文献流行的次第，可举出十种：

其一，曹魏鱼豢所撰《魏略·西戎传》说："昔汉哀帝元寿元年（前2），博士弟子景卢受大月氏王使伊存口授浮屠经。"（见《三国志·魏志》卷三十裴松之注）其后《世说新语·文学篇》刘孝标注，《魏书·释老志》等也引用此文，而略有出入。如《魏书》作"博士秦景宪"。唐法琳《辩正论》又作"秦景至月氏，其王令太子口授浮屠经"，有类赵宋董逌《广川画跋》卷二所引《晋中经》之说。

其二，东晋哀帝兴宁三年（365）习凿齿与道安书说："自大教东流，四百余年矣。"其后，王谧答桓玄书也说："大法宣流为日谅久，年逾四百，历代有三。"又刘宋宗炳《明佛论》说："刘向《列仙（传）叙》七十四人在佛经。"《世说新语·文学篇》刘注也依据《列仙传》说："如此即汉成、哀之间（前32—后1）已有经矣。"这些皆是泛指西汉末年而言。

其三，宗炳又说"东方朔对汉武劫烧之说"，好像汉武时（前140—前87）已经知道和佛教有关的劫灰说。

其四，宗炳又说，伯益述《山海经》有天毒国（即天竺）偎人而爱人一语，当于如来大慈之训，似乎佛教已闻于三五（三皇五帝）之世。

其五，北齐魏收《魏书·释老志》除引用伊存授经一说外，还依《汉武故事》（刘宋王俭托名班固撰）说，汉武元狩中（前122—前117），遣霍去病讨匈奴，获得休屠王的金人，帝以为大神，列于甘泉宫，烧香礼拜，为佛道流通之渐。

其六，上述《释老志》还依《史记·大宛传》说，张骞使大夏还（前126），传其旁有身毒国，一名天竺。始闻有浮屠之教。

其七，梁萧绮辑本王嘉《拾遗记》说，战国燕昭王七年（前305），沐胥国（即身毒）有道人尸罗来朝，荷锡持瓶，云发其国五年，乃达燕都。

其八，隋费长房《历代三宝记》卷一载，秦始皇时（即前218）有诸沙门释利防等十八贤者赍经来化始皇。唐法琳《对傅奕废佛僧事》也有此说，并谓出于道安、朱士行等《经录》。

其九，唐法琳《对傅奕废佛僧事》中又据《周书异记》说，周昭王二十四年（前1029）甲寅，发生水泛、地动、天色变异等象，太史苏由说有圣人生于西方，故现此瑞，而以此为佛诞年代。北齐僧统法上曾沿此说以答高丽使者，后来更为一般佛徒所习用。

其十，唐道宣《广弘明集·归正篇》引用《列子·仲尼篇》说，丘闻西方有圣人，不言而信，不化而行，荡荡乎无能名等语，断言"孔子（前551—前479）深知佛为大圣"。

以上诸说，基本上是以佛教初传于汉代为主；但除伊存授经一说外，大多数由于和道教对抗，互竞教兴的先后，遂乃将佛教东传的年代愈推愈远，所有引据大都是虚构和臆测的。

（2）汉明帝永平十年（67）佛教传来说。一般略谓：永平七年（64），明帝夜梦金人飞行殿庭，明晨问于群臣。太史傅毅答说，西方有神，其名曰佛，陛下所梦恐怕就是他。帝就派遣中郎将蔡愔、秦景、博士王遵等十八人去西域，访求佛道。十年（67），蔡愔等于大月氏国遇沙门迦叶摩腾、竺法兰两人，并得佛像经卷，用白马驮着共还洛阳。帝特为建立精舍给他们居住，称做白马寺。于是摩腾共法兰在寺里译出《四十二章经》。这几乎是汉地佛教初传的普遍传说，从西晋以来就流传于佛教徒间（石赵时王度疏中就有汉明感梦初传其道的话），但关于它的具体情况随时有不同的说法。其一，关于汉明求法的年代，西晋惠帝时（290—300）道士王浮所伪作的《老子化胡经》作七年感梦遣使，十八年（75）使还（文见《广弘明集》所载《笑道篇》转引）。《广弘明集》所载的伪作《汉法本内传》作三年（60）感梦遣使。此外各家大都不记年代。又隋费长房所撰的《历代三宝记》作七年感梦遣使。唐靖迈的《古今译经图纪》更调整作三年感梦，七年遣使，十年使还。最后元念常的《佛祖历代通载》又改作四年感梦，七年使还。其二，关于汉明帝所遣使者，《化胡经》作张骞等，《出三藏记集》所载《四十二章经序》及《弘明集》所收《理惑论》作使者张骞、羽林中郎将（《理惑论》作中郎）秦景、博士弟子王遵等，《法苑珠林》所引南齐王琰的《冥祥记》作使者蔡愔。此外或无使者名字，或作张骞、秦景，或作蔡愔、秦景，或作秦景、王遵。其三，关于佛典的传译，《化胡经》说"写经六十万五千言"，《四十二章经序》及《理惑论》只说明帝遣使到月氏，写取佛经四十二章，译事及译人都没有说到。《冥祥记》也只说写致经像。《出三藏记集·新集经论录》才说"于月氏国遇沙门摄摩腾，译写此经（《四十二章经》）"，未说到竺法兰。《高僧传》说有摩腾译《四十二章经》，又说此经是竺法兰所译。《魏书·释老志》虽然把腾、兰结合起来成同时来汉地，然而只说"得《四十二章》"，未说到译事。到《历代三宝记》才具体说腾、兰共译《四十二章经》，为后来传说的张本。关于汉明求法事既有以上种种异说，所以现代佛教史家怀疑到汉明是不是有求法一事，摩腾、法兰是不是实有其人？这个问题现在还有争论，未能决定。

其次，一般以《四十二章经》为中土佛教最初的译籍，又以《理惑论》为中土佛家最初的论著。然而《四十二章经》是不是汉代所译，是译本还是抄本？《理惑论》是不是汉代所撰，撰者是不是牟融？也都在佛教史家聚讼之中，没有得到定论。

佛教传入中国之后，到了后汉末叶桓灵二帝的时代（147—189），记载才逐渐翔实，史料也逐渐丰富。其时西域的佛教学者相继来到中国，如安世高、安玄从安息来，支娄迦谶、支曜从月氏来，竺佛朔从天竺来，康孟详从康居来。由此译事渐盛，法事也渐兴。

后汉末期的佛典翻译事业，主要开始于安世高。安世高来华的年代，后于明帝永平年间大约九十年。他从桓帝建和二年（148）到灵帝建宁四年（171）的二十余年间，译出《安般守意经》《阴持入经》《大十二门经》《小十二门经》和《百六十品经》等。

世高所译经典，《出三藏记集》根据《安录》作三十五部，《高僧传》作三十九部。后来《历代三宝记》把世高所译增加到一百七十六部，《开元释教录》加以删削仍然有九十五部，而且《三宝记》著录菩萨乘的经典很多，均不足置信。

世高是精通阿毗昙学和禅经的学者，因此，所译经典以关于禅法的典籍为主，间及阿毗昙学。如《大、小十二门》《修行道地》《五十校计》，都是禅经（《五十校计》因一名《明度五十校计》，后人误编入《大集经》中，实与《大集》无关），而《大、小安般守意》尤其是中土最初盛传的禅法。关于阿毗昙学的译籍，《出三藏记集》著录《五法经》《阿毗昙五法经》，其实是一种，说明声闻乘五位即色、意（心）、所念（心所）、别离意行（不相应行）及无为的。又著录《阿毗昙九十八结经》，是解释见惑十使、思惑八十八使的（依道安说，此书还不能确定是世高所译或所撰）。其他典籍大都是《四阿含》中一部分的异译。

有人说中国南方佛教的传播益由于世高避关洛的扰乱前往江南，确否虽不容易判知，然而依康僧会的《安般守意经序》说，世高的禅学和他的译籍早已弘布于南方，却是事实。

支娄迦谶（简称支谶），于桓帝末年（《高僧传》作灵帝时）来到洛阳，不久就通华言，在灵帝光和、中平间（178—184）译出《般若道行经》《般舟三昧经》《首楞严三昧经》等。

支谶所译经典，《出三藏记集》作十四部，但其中《伅真陀罗王经》《光明三昧经》是《安录》所无，而僧祐依《旧录》和《别录》补充的。这些译典都系菩萨乘，即后世所分《般若》《宝积》《大集》《华严》《涅槃》五大部中一部分的异译，其最重要的是《道行般若波罗蜜经》，实系《般若经》的第一译，为中土般若学的嚆矢。《般舟》《首楞严》都是菩萨乘禅经。

和安世高、支谶两大译师同时的竺佛朔、安玄、支曜、康孟详等人，也都各有传译。

竺佛朔（一作竺朔佛），以灵帝（一作桓帝）时携带《道行般若经》梵本来到洛阳，在熹平元年（172；一作光和二年，179）把它译成汉文，光和二年又译出《般舟三昧经》。佛朔执梵本宣译时，先来汉地通晓华言的支谶替他传语，所以《道行》事实上的译人是支谶；《般舟》的传译也是同样；孟福、张莲两人笔受。

安玄是优婆塞，来中国的年代比安世高稍后，在灵帝时游贾洛阳，渐通华言，常和沙门讲论道义，以光和四年（181）和中土沙门严佛调共译出《法镜经》，玄口译梵文，佛调笔受。《法镜经》是《郁伽长者经》的旧本，系菩萨乘经。

支曜、康孟详都在灵、献二帝间来到洛阳。支曜在灵帝中平中（184—189）译出《成具光明经》（一作《成具光明定意经》）。康孟详在献帝建安中（196—222）译出《中本起经》（一作《太子中本起经》）。依《高僧传·支谶传》载，此时还有康巨、竺大力等人，也都各有传译。

除上述西域译人之外，汉土沙门严佛调也是杰出的参与译事的人。佛调亲受教于安世高，《出三藏记集》著录他撰有《十慧》一卷，下注"或云《沙弥十慧章句序》"，佛调虽然曾经参与世高的讲次，《十慧》却没有深闻，所以发愤作《十慧》章句。谢敷的《安般守意经序》有"建《十慧》以入微"一语。又《安般守意经》中有所谓"十黠"，即数息、相随、止、观、还、静、四谛，"十慧"似即"十黠"的异译，而《十慧章句》是敷陈世高安般法门之作。《历代三宝记》说他另译经七部，不可信。

综合以上所述，可知后汉末大约七十年间，凡译出有禅经、阿毗昙学、初期菩萨乘经及释迦牟尼佛传等。

在初期的佛典翻译当中，一般批评者常用"文""质"两个字作译文的评语。安世高、支谶和他们同时期的译人大率用质朴的直译，例如《出三藏记集》说世高的译本"直而不野"。道安对世高是推崇备至的，也说他"音近雅质，敦兮若朴，或变为文，或因质不饰"（《道地经序》）；"世高出经贵本不饰，天竺古文文通尚质，仓卒寻之，时有不达"（《大十二门经序》）。其次《出三藏记集》说支谶的译本"了不加饰"；《合首楞严经记》也说他"贵尚实中，不存文饰"，又说"谶所译者，辞质多胡音"。《出三藏记集》又说竺佛朔的译本"弃文存质"，《道行经序》也说他"了不加饰"。又《高僧传·支谶传》说支曜、康巨的译本"并言直达旨，不加润饰"。然而后汉末的译业到康孟详就有了进步，他的译本文辞相当雅驯，译笔也颇流利，所以道安说"孟详出经，奕奕流便，足腾玄趣"。

后汉末期汉地对于佛教的信奉，首先是宫廷的奉佛。由于黄老之学和神仙方技已受到皇室崇奉，佛教初传入汉土，适逢其会，一方面它的教理被认为"清虚无为"，可和黄老之学并论；一方面"佛"被认为不过是一种大神。而且中土初传佛教的斋忏等仪式，效法祠祀，也为汉代帝王所好尚。如《后汉纪》有关于楚王英的记载说："英好游侠，交通宾客，晚节喜黄老，修浮屠祠。"明帝永平八年（65）诏令天下死罪可以纳缣请赎，楚王英奉送缣帛以赎愆罪，明帝答诏说："楚王诵黄老之微言，尚浮屠之仁祠，洁斋三月，与神为誓，何嫌惧而赎其罪？"可见佛教在当时只当作祠祀的一种。到了桓帝时，更在宫禁中铸黄金浮图（浮屠）、老子像，亲自在濯龙宫中设华盖的座位，用郊天的音乐奉事他。如《后汉书·西域传》说："楚王英始盛斋戒之祀，桓帝又修华盖之饰。"又延熹七年（164），襄楷上书，有"闻宫中立黄老、浮屠之祠"等语。这都可说明后汉末宫廷奉佛的情况。

其次，一般社会的奉佛，有文献可证的：

一、汉人出家之始：汉人由信佛而出家修道的，如赞宁《僧史略》卷上《东夏出家》题下，有"汉明帝听阳城侯刘峻等出家，僧之始也；洛阳妇女阿潘等出家，尼之始也"等语。按刘峻等出家事出《汉法本内传》。《内传》伪书，不足置信。可是《高僧传·佛图澄传》中，有"往汉明感梦，初传其道，唯听西域人得立寺都邑以奉其神，其汉人皆不得出家"等语，似乎其时已经有汉人出家，然后才有此项禁令。而汉人出家为沙门见于载籍的，是从严佛调开始，如《出三藏记集·安玄传》中称"沙门严佛调"，又说他"出家修道"；《出三藏记集》又转载《沙弥十慧章句序》，下题"严阿祇黎（即阿奢黎）浮调所造"。然而《释氏稽古略》说，在佛调以后八九十年的朱士行，是汉土最初为沙门的；《历代三宝记》也称佛调为清信士。这大概是因为从汉代以来，虽然佛法已经流行，但道风未纯，比丘出家只以剪落须发作区别，未禀律仪；到魏嘉平二年（249），中天竺沙门昙柯迦罗（法时）来到洛阳，建立羯磨法，创行受戒，中土才有正式的沙门，而登坛受戒的朱士行为最早，因此把他作为中土沙门之始。

二、民间建寺造像之始：《后汉书·西域传》中叙述桓帝奉佛之后说，"百姓稍有奉佛者，后遂转盛"，可见当时民间的奉佛也由少数而逐渐增多；但其具体情况，只笮融奉佛一事见于现存的文献。据《后汉书·陶谦传》和《吴志·刘繇传》说：献帝时，丹阳人笮融聚众数百人，往依徐州牧陶谦，谦使督广陵、下邳、彭城三郡的运漕。融于是断三郡的委输，"大起浮屠寺，上累金盘，下为重楼，又堂阁周回可容三千余人。作黄金涂像，衣以锦彩。每浴佛辄多设饮饭，布席于路，其有就席及观者且万余人"。又依《出三藏记集》所载《般舟三昧经记》载，说明献帝时洛阳也有佛寺。从《吴志·刘繇传》所述笮融事看起来，后汉末民间的奉佛，有其种种原因，这和宫廷中只以求长寿祈福为目的者有所不同。

（黄忏华）

二　三国佛教

三国佛教，包括220—280年间魏吴蜀三国时代的佛教。其中，魏继后汉，建都洛阳，一切文化都承后汉的余绪，所以魏代的佛教也可说是后汉佛教的延长。在这个时期，有天竺、安息、康居等国的沙门昙柯迦罗、昙谛、康僧铠等，先后来到洛阳，从事经典的翻译。魏明帝（227—240在位）曾大起浮屠（见《魏书·释老志》），陈思王曹植也喜读佛经，并创作梵呗。吴据江南，建都建业。佛教由中原辗转传入。当时支谦、康僧会等先后入吴。孙权问支谦以经中深义，拜为博士，令和韦昭等一同辅导东宫（见《出三藏记集》卷十三）。又康僧会感得舍利，使孙权为之建寺塔，号建初寺。尚书令阚泽答孙权问，评比三教的高下而推尊佛法（《广弘明集》卷一引《吴书》）。后来，孙权之孙孙皓即位，将要毁坏佛寺，污秽佛像，因康僧会说法感化，终于从受五戒。蜀僻处西偏，旧录相传有蜀《首楞严》二卷，蜀《普曜经》二卷（《出三藏记集》卷二），似乎已流传佛教，但这两部在蜀流传的经久已佚失，其详未见记载，所以历代经录中只有魏、吴录，而无蜀录。

戒律的传来，是三国时代佛教中重大的事件。先是魏境虽有佛法流行，然而僧众只是剪除头发，也没有禀受归戒，所有斋供礼仪咸取法于传统的祠祀。到了魏废帝嘉平二年（250），中天竺律学沙门昙柯迦罗（此云法时）游化洛阳，主张一切行为应遵佛制，于是洛阳僧众共请译出戒律。迦罗恐律文繁广，不能为大众所接受，因而译出《僧祇戒心》，即摩诃僧祇部的戒本一卷，又邀请当地的梵僧举行受戒的羯磨来传戒。这是中土戒律受戒之始，后世即以迦罗为律宗的始祖，当时又有安息国沙门昙谛（此云法实），也长于律学，于魏高贵乡公正元二年（255）来到洛阳，在白马寺译出《昙无德（法藏）羯磨》一卷，此书即一直在中土流行。因它原出昙无德部的广律，即《四分律》，后来中土的律宗独尊《四分》，和它有关。当时开始依此羯磨而受戒的有朱士行等人，一般即以士行为中土出家沙门的开始。

魏代的译师，除昙柯迦罗、昙谛之外，还有康居沙门康僧铠，于嘉平末年来到洛阳，译出《郁伽长者所问经》一卷、《无量寿经》二卷等四部。又有龟兹沙门帛延，于高贵乡公甘露三年（258）来洛，译出《无量清净平等觉经》二卷、《叉须赖经》一卷、《菩萨修行经》一卷、《除灾患经》一卷、《首楞严经》二卷等七部。此外还有安息沙门安法贤，在魏代译出《罗摩伽经》三卷、《大般涅槃经》二卷，翻译年代不详，其书也都缺失。

吴代的译经，开始于武昌，大盛于建业。译人有维祇难、竺将（一作律）炎、支谦、康僧会、支彊梁接等五人。维祇难为天竺沙门，于孙权黄武三年（224）携《法句经》的梵本来到武昌，由他的同伴竺将炎与支谦共同译出二卷，后经校订（现存）。竺将炎后又于黄龙二年（230），在杨都（建业）为孙权译出《三摩竭经》《佛医经》各一卷（现存），就中《佛医经》是和支谦共译的。支谦是这一时代的译经大师，先世本月氏人，他的祖父法度在后汉灵帝（168—189）时，率领国人数百东来归化，支谦即生在中国。早年受业于支谶的弟子支亮，汉献帝末年，避乱到武昌，更入建业，一直到吴废帝亮建兴年中（252—253），专以译经为务。所译广泛涉及大小乘经律，包括大乘《般若》《宝积》《大集》等经凡八十八部一百一十八卷，现存五十一部六十九卷（此据《开元释教录》卷二）。其中重要的译典，有《维摩诘经》二卷、《大明度无极经》四卷、《太子瑞应本起经》二卷等。后汉支谶原传弘方等般若之学，译出的《道行般若经》十卷和《首楞严三昧经》二卷（已佚），盛行于魏晋之间。支谦继承支谶的思想体系，改译《道行》为《明度》，文体亦变冗涩为简洁流利。纯用意译，即向来不翻的真言也没有例外（如《无量门微密持经》的八字真言）。又曾为他自己所译的《了本生死经》作注，为经注的最早之作（《出三藏记集》卷六、十三）。康僧会的祖先是康居人，世居天竺，他的父亲因经商迁到交阯，僧会年十余岁时出家，明解三藏。赤乌十年（247）来到建业，先后译出《六度集经》九卷（现存）和《吴品经》（《般若》五卷，已佚）等。他又著有《安般守意》《法镜》《道树》三经的注解，并且都作了序文。他早年从陈慧等传承安世高"安般"之学，在《安般序》中论述心的溢荡由于内外六情而起，须修"安般"，即数息、随、止、观、还、净六行以治之。这是僧会学说的要点。支彊梁接（正无畏）于吴废帝亮五凤二年（255），在交州译出《法华三昧经》，即《正法华经》六卷（已佚），为《法华经》的第一译。此外，失译诸经在古、旧录中被认为是出于魏吴时代的有八十七部（《开元录》卷二）。

这一时期，中土沙门开始西行求法者，即朱士行其人。士行，颍州人，出家以后，研钻《般若》。以此经旧译文义不贯，难以通讲，常慨叹其翻译未善，又闻西域有更完备的《大品经》，乃誓志西行寻求，以甘露五年（260）从雍州（在今陕西省西安市长安区西北）出发，越过流沙，到了于田（今新疆和田，当时大乘经教盛行），写得《大品般若》的梵本九十章六十余万言，于晋武帝太康三年（282）遣弟子弗如檀（译云法饶）等十人送回洛阳，后于元康元年（291）由竺叔兰译出，名《放光般若经》。他本人即留在于田，到了八十岁圆寂。

三国时代佛教的传弘，虽然范围还不广阔，但已逐渐和固有的文化相结合。如支谦、康僧会都是祖籍西域而生于汉地，深受汉地文化的影响，在他们的译籍里，不但文辞典雅，并且自由运用老氏的成语，以表达佛教思想。另外，支谦依《无量寿经》和《中本起经》制作连句梵呗三契，康僧会也依《双卷泥洹》制泥洹梵呗一契。他们都创作歌咏经中故事的赞颂声调，通于乐曲。旧传康僧会来到吴地传播佛教时，还带来印度佛教画本，当时画家曹不兴，即据以绘画佛像，成为名家。这些都对佛教的传播有大影响。至于寺塔的建筑、佛像的雕塑，也各具备一些规模，只是遗物不存，难言其详了。

（黄忏华）

三　西晋佛教

西晋佛教，是说从晋武帝泰始元年（265）到愍帝建兴四年（316）建都在洛阳，共五十一年间的佛教。在这个时期，著名的佛教学者竺法护、安法钦、彊梁娄至等人分别在敦煌、洛阳、天水、长安、嵩山、陈留、淮阳、相州、广州等地，或翻译经典，或弘传教义，或从事其他佛教活动，因此佛教比起前代来有了相当的发展。

西晋佛教的活动，主要还是译经。这一期间从事译经的国内外沙门及优婆塞共十二人。其中最突出的是竺法护。他本来是月氏人，世代住在敦煌郡（今甘肃省敦煌市）。此外，在洛阳有安法钦、法立、法炬，陈留（今河南省开封市祥符区陈留镇）有无罗叉（一作无叉罗）、竺叔兰，广州有彊梁娄至，关中（今陕西省地方）有帛远、聂承远、聂道真、支法度、若罗严。他们所译出的经、律和集传等共二百七十五部，加上新旧各种失译人的经典五十八部，合计三百三十三部。竺法护早年跟随他的师父竺高座到过西域，获得《贤劫》《大哀》《法华》《普曜》等经的梵本共一百六十五部。泰始二年（266）他从敦煌到长安，后到洛阳，又到江左，沿路带着经典传译，未尝暂停。他的译业最盛时期是从武帝太康到惠帝元康二十年间（280—299），所译出的大小三藏经典共一百五十四部（此据《出三藏记集》卷二，《开元释教录》作一百七十五部）。现存《光赞般若波罗蜜经》十卷、《正法华经》十卷、《渐备一切智德经》五卷、《普曜经》八卷等八十六部。

经常襄助法护翻译的，有优婆塞聂承远、聂道真父子，他们都长于梵学。承远明练有才，对于法护译经文句多所参正，并担任笔受。他后来在惠帝时（290—306）自译《超日明三昧经》二卷和《越难经》一卷二部（现存）。其中《超日明经》，即删订法护先译而成。道真从太康初到永嘉末（280—312），谘承法护笔受；法护圆寂后，自译《无垢施菩萨分别应辩经》一卷（现存）等二十余部。法护的弟子，还有竺法乘、竺法行、竺法存。法护于太康五年（284）译出《修行道地经》七卷（现存）等，法乘也曾参加笔受。

与法护同时的，有法炬、法立两人，在惠、怀二帝时合译出《楼炭经》六卷、《法句譬喻经》四卷和《佛说诸德福田经》一卷（均现存）。

在法护译出《光赞经》后六年，即元康元年（291），又有无罗叉和竺叔兰在陈留仓垣水南寺译出《放光般若经》二十卷（现存）。它的原本是朱士行在于田写得，而由其弟子弗如檀（法饶）等送回汉地的。沙门无罗叉，于田人，稽古多学。竺叔兰本天竺人，生在河南，善梵晋语。他们译出的《放光般若》是《大品般若》的第二译，后来太安二年（303）沙门竺法寂（此据《放光经记》）和竺叔兰为之考校书写成为定本。叔兰后在洛阳自译《异毗摩罗诘经》三卷、《首楞严经》二卷二部，其书都佚。

帛远，字法祖，河内人，博学多闻，通梵晋语，于方等经深有研究。时在长安建造佛寺，从事讲习。后来在陇西（今甘肃省地方）译有《菩萨逝经》一卷、《菩萨修行经》一卷、《佛般泥洹经》二卷、《大爱道般泥洹经》一卷、《贤者五福德经》一卷等十六部（上述五部现存）。此外，有彊梁娄至，西域人，于武帝太康二年（281）在广州译《十二游经》一卷一部。又安法钦，安息人，于同年迄惠帝光熙元年（281—306）在洛阳译《道神足无极变化经》四卷、《阿育王传》七卷等五部。沙门支法度，在惠帝永宁元年（301），译出《逝童子经》一卷、《善生子经》一卷等四部（上述二部现存）。又有外国沙门若罗严，译出《时非时经》一部（现存）。

对西晋一代主要的译人、译籍，后世已有所品评。如道安在《合放光光赞略解序》中（载《出三藏记集》卷七）评竺法护的《光赞》译本："言准天竺，事不加饰，悉则悉矣，而辞质胜文也。"这是说《光赞》纯用直译，文辞粗糙。评无罗叉、竺叔兰的《放光》译本："言少事约，删削复重，事事显炳，然易观也，而从约必有所遗。"在《摩诃钵罗若波罗蜜经抄序》中（同上卷八）评无罗叉说："斫凿之巧者也，巧则巧矣，惧窍成而混沌终矣。"这是说《放光》兼用节译和意译，删削过甚，意义必定有所遗漏。僧肇在《维摩经序》中（同上）评竺叔兰所译《异毗摩罗诘经》："理滞于文，常惧玄宗堕于译人。"总之，西晋一代的佛典翻译，还没有成熟，所以后世研诵者不多。

西晋的佛教义学，继承后汉、三国，以方等、般若为正宗，这在当时几位著名译人的译籍里可以看得出来。如竺法护，虽然译出许多重要典籍，但他的中心思想仍是继承支谶、支谦传弘方等、般若之学的。他的译出《光赞》，和支谶译出《道行》、支谦译出《明度》，是一脉相承的。他还译出以般若性空为基础的《贤劫》八卷、《大哀》八卷、《密迹》七卷、《持心》四卷、《海龙王》四卷、《等集众德三昧》三卷、《大善权》二卷等方等经典，并且曾经抽译龙树的《十住毗婆沙论》。总之，他的译业主要是在于弘扬般若性空的典籍的。同时无罗叉、竺叔兰继承朱士行的遗志，他们译出的《放光》即盛行于当时。淮阳支孝龙，常钻研《小品》以为心要。他获得叔兰刚译出的《放光》，阅读旬余，便从事敷讲。后来河内帛法祚（帛法祖之弟）作了一部《放光》的注解，其书不传。卫士度略出《道行》，也在此时。另外《首楞严》在西晋有竺法护、竺叔兰两种译本，帛法祖还作了一部注解。由这些，可见当时义学沙门是如何重视方等、般若的了。

由于佛教在西晋渐次流行，对道教的传播也有所影响，因而在道教徒中有《老子化胡经》之作。晋惠帝时，道士祭酒王浮平日和帛法祖争论佛道二教的短长，王浮乃撰此经以扬道抑佛。"老子化胡"之说，从后汉以来已开始了。如《后汉书·襄楷传》说："或言老子入夷狄为浮屠。"又《魏略·西戎传》说："浮屠所载与中国老子经相出入，盖以为老子西出关，过西域，之天竺，教胡浮屠属弟子，别号合有二十九。"王浮的《化胡经》，或即集前人的传说而作的。

至于当时朝野对佛教的信仰，已经相当普遍。相传西晋时代东西两京（洛阳、长安）的寺院一共有一百八十所，僧尼三千七百余人（法琳《辩正论》卷三）。这虽然是后世的记录，未必即为信史，然而竺法护时代已有"寺庙图像崇于京邑"之说（《出三藏记集》卷十三）。而见于现存记载中的，西晋时洛阳有白马寺、东牛寺、菩萨寺、石塔寺、愍怀太子浮图、满水寺、槃鵄山寺、大市寺、宫城西法始立寺、竹林寺等十余所。

其当时译出的经典，除了抄写传播而外，还流行一种"细字经"和"供养经"等，足见当时对佛教信仰的广泛。如永嘉中，有不详氏族的安慧则，工正书，于洛阳大市寺，在黄缣上用细字书写《大品般若经》一部，字如小豆，而分明可识，一共写了十几本，即其一例。另外，西晋时代抄写的"供养经"，有些还流传到现在，如敦煌出土惠帝永熙二年（291）所书写的《宝梁经》上卷，土峪沟出土元康六年（296）所书写的《诸佛要集经》等都是。

（黄忏华）

四　东晋佛教

东晋佛教是从晋元帝建武元年（317）到恭帝元熙二年（420）共一百零四年间的佛教。

佛教在东晋时代形成南北区域。北方有匈奴、羯、鲜卑、氐、羌等民族所建立的二赵、三秦、四燕、五凉及夏、成（成汉）等十六国。这些地区的统治者，多数为了利用佛教以巩固其统治加以提倡，就中在后赵、前后秦、北凉均盛，特别是二秦的佛教，在中国佛教史上占极重要的地位，其代表人物为道安和鸠摩罗什。南方为东晋王朝所保有，其文化是西晋文化的延长，一向和清谈玄理交流的佛教，也随着当时名僧不断地南移，形成了庐山和建康两地的佛教盛况，其代表人物则为慧远和佛陀跋陀罗。

北方各民族区域的佛教，发轫于西域沙门佛图澄（232—348）在后赵的弘传。佛图澄于西晋永嘉四年（310）来到洛阳。其时后赵石勒屯军在葛陂（今河南省新蔡县北），专用杀戮来壮大声威。佛图澄通过他的大将军郭黑略，和他相见，用道术感化了他，阻止了他的残杀，从此中州（今河南省地区）各族的人民逐渐奉佛。后来石虎即位，迁都到邺城（今河北临漳县西南），也很尊崇佛图澄，一时人民多营寺庙，争先出家，并产生了许多流弊。但佛图澄本人严守戒律，深解佛典，且通晓世论，在讲说时，只标明大旨便令首尾了然。追随他受业的弟子常有数百人。其见于史传的，有系出天竺、康居远道来受学的竺佛调、须菩提等，有跨越关河来听讲的道安、竺法汰、法和、法雅、法首、法祚、法常、法佐、僧慧、道进等。和佛图澄同时在后赵的，还有敦煌人单道开，襄阳羊叔子寺竺法慧和中山帛法桥（经师）等。

继后赵之后，北地佛教最盛的区域是前秦。前秦建都长安，其地处于与西域往还的要冲。前秦统治者第二代苻坚笃好佛教，所以当他在位时，佛教称盛，道安实为其中心人物。道安（312—385）原来在邺师事佛图澄，后受请到武邑开讲，弟子极多。东晋兴宁三年（365），为了避免兵乱，他和弟子慧远等五百余人到襄阳，住在檀溪十五年，以每年讲《放光般若》二次为常。太元四年（379），苻丕攻下了襄阳，就送道安和习凿齿往关中。道安住在长安城内五重寺，领众数千人，宣讲佛法，并组织佛典的传译。当时译人僧伽提婆等翻译经论时，道安常与法和诠定音字，详核文旨。此外他还决定了沙门以释为姓，并制定僧尼赴请、礼忏等行仪轨范。又创编经录，疏注众经，提出了关于翻译的理论。其高足弟子有慧远、慧永、慧持、法遇、昙翼、道立、昙戒、道愿、僧富等，就中慧远尤著名。

和道安同时的名僧，有他的同门京兆竺僧朗。他初在关中专事讲说，后移泰山西北的昆仑山中，学徒百余，讲习不倦，苻坚累次遣使征请，均辞不赴。后来，苻秦沙汰众僧，也特别把昆仑除外。

佛教在后秦，比前秦尤盛。后秦统治者第二代姚兴，也笃好佛教，又因得鸠摩罗什，译经讲习都超越前代。罗什（344—413）系出天竺而生于龟兹，广究大乘，尤精于般若性空的教义。苻秦建元中（365—384），苻坚遣将军吕光等攻龟兹，迎罗什，到凉州时，苻秦已经灭亡。到后秦弘始三年（401），姚兴出兵凉州，罗什才被请到长安，入西明阁和逍遥园从事翻译。其时四方的义学沙门群集长安，次第增加到三千人，就中道生、僧肇、道融、僧睿、道恒（一作常）、僧影、慧观、慧严、昙影、僧䂮、道标、僧导、僧因均著名。但最擅长罗什的中观性空缘起思想的是京兆僧肇。僧肇（384—414）少年时即到姑臧（今甘肃省武威市）从罗什受业，后来和僧睿等入逍遥园，详定经论。他在罗什门下十余年，有《物不迁》等著作，后世合编为《肇论》流行。

当时先后来到长安从事译经的，还有弗若多罗、佛陀耶舍、昙摩耶舍等，都是罽宾国人。

当姚秦佛教鼎盛时，长安僧尼数以万计，非常杂滥。弘始七年（405），姚兴以罗什的弟子僧䂮为"僧正"，僧迁为"悦众"，法钦、慧斌为"僧录"，令管理僧尼的事务。

同时南方东晋地区的佛教，以庐山的东林寺为中心，主持者慧远。慧远（334—416）早年于儒道学说都有根柢，后从道安出家，对般若性空深造有得。道安入关，分散徒众。慧远在庐山东林寺，率众行道，并倡导念佛法门。他以江东于禅法无闻，律藏也残缺，令弟子法净、法领等到天竺去寻访。一听到罗什来长安，便致书通好，并就大乘的要义往复问答（后人集为《大乘大义章》），又节录罗什所译《大智度论》为《大智论抄》。他还请佛陀跋陀罗和僧伽提婆等从事经论的传译，对佛教各方面均发生很大的影响。其弟子有慧宝、法净、法领、僧济、法安、昙邕（先曾师事道安）、僧彻、道汪、道祖、慧要、昙顺、昙铣、法幽、道恒、道授等。

东晋时代南方佛教的中心，还有建康道场寺。建康是东晋王朝的首都，佛教又为当地一般士大夫所崇尚，所以那里佛教非常隆盛。如佛陀跋陀罗、法显、慧观、慧严等都以道场寺作根据，宣扬佛教。佛陀跋陀罗（359—429），迦维罗卫（今尼泊尔）人，于禅法、律藏都有心得，先到达长安，住在宫寺，教授禅法，门徒数百人，名僧智严、宝云、慧睿、慧观都从他修业。他常和罗什共究法相，咨决疑义，后因和罗什见解相违，引起双方门徒间的龃龉，被罗什的门人所摈，只得和慧观等四十余人南下到庐山。随即应慧远之请，译出《达摩多罗禅经》。他在庐山一年多，更转到建康，住在道场寺。义熙十四年（418），和慧义、慧严等百余人，传译法领在于阗获得的《华严经》梵本，经过两年，译成五十卷（后世作六十卷）。又和法显译出《摩诃僧祇律》等。慧观（？—453）先曾师事慧远，既而听说罗什到了长安，就从罗什请问佛学，研核异同，详辩新旧。当时罗什称赞他说："通情则生（道生）、融（道融）上首，精难则观（慧观）、肇（僧肇）第一。"后来跟随佛陀跋陀罗南下，辗转去到建康，住道场寺。昙无谶所译大本《涅槃》传到建康时，他参与慧严、谢灵运等的修订。所著有《辩宗论》《论顿悟渐悟义》等。他又立"二教五时"的教判，把释迦如来一代的教法大别作顿、渐二教，在渐教内更开作三乘别教、三乘通教、抑扬教、同归教、常住教五时。此是中国判教的嚆矢，后来南地的教判，多半拿它来作根柢。慧严（？—443）三十岁时到长安从罗什受学，和慧观同为什门八俊之一，后来回到建康，住东安寺，所著有《无生灭论》和《老子略注》等。

此时佛徒间更有一个西行求法的运动兴起，就中以法显的成就为最大。法显常慨叹律藏的残缺，于东晋隆安三年（399），和同学慧景等四人从长安出发，往天竺寻求戒律，阅时十一年，经过三十余国，在中天竺巴连弗邑，获得《摩诃僧祇律》《方等般泥洹经》等梵本，更泛海到狮子国（今斯里兰卡），停留了两年，又获得《弥沙塞律》《长阿含》《杂阿含》和《杂藏》的梵本。然后，经南海回到青州长广郡界，更南来建康，就佛陀跋陀罗于道场寺，共同译出《大般泥洹经》六卷等，又自撰《佛游天竺记》一卷。和法显同时求法天竺的，有智严、宝云。智严（358—437?）到罽宾，从佛大先咨受禅法，后请佛陀跋陀罗一同东归，晚年更泛海重到天竺，归途在罽宾逝世。宝云（376—449）历游西域诸国，广学梵书，博通音训。在法显西行四年后入竺的，有智猛（？—453），于姚秦弘始六年（404）和昙纂等十五人，从长安出发，行经罽宾、迦维罗卫，到阿育王旧都华氏城（即巴连弗邑），和法显一同在婆罗门罗阅宗家里获得《大般泥洹经》梵本。以上诸人回国后都曾翻译一些经典，留下著述，作出了不同程度的业绩。

东晋朝廷中奉佛的也很多。元帝（317—322）、明帝（323—325）都以宾友礼敬沙门，元帝又"造瓦官、龙宫二寺，度丹阳、建业千僧"；明帝也"造皇兴、道场二寺，集义学、名称百僧"（《辩正论》卷三）。习凿齿《与释道安书》中并说明帝"手画如来之容，口味三昧之旨"。由于佛教受到崇尚，至咸康五年（339），庾冰辅政，代成帝诏令"沙门应尽敬王者"，尚书令何充等以为不应尽敬，使礼官详议，主张不一，往复三次不能决，于是搁置。后来隆安中（397—401），太尉桓玄又重申庾冰之议，慧远便著《沙门不敬王者论》五篇，其时朝贵亦致力宏护。建康的佛教，乃盛极一时。又东晋初期，名流相继避世江东，玄风也跟着南渡，从而长于清谈的义学名僧竺潜、支遁都为时人所重。竺潜（又作竺道潜，286—374），于《法华》《大品》有深入的了解，永嘉初（307顷）渡江，为元、明二帝及丞相王导、太尉庾亮所尊重，后来隐居剡山三十余年，宣讲《方等》及老庄。哀帝时，应召重到建康，于宫内讲《般若》。他的学说，世称为"本无"义。支遁（314—366）研钻《道行》《慧印》等经，出家后，在吴（今江苏省苏州市吴中区）立支山寺，后又入剡，住在岬山，晚年又到石城山（今浙江省绍兴市东北）立栖光寺，游心禅苑。撰有《庄子内篇注》《即色游玄论》等。哀帝时也召他到建康东安寺讲《道行般若》。他的学说，世称为"即色"义。当时名流郗超、孙绰、王羲之等都和他交游。他晚年在山阴讲《维摩经》时，许询为都讲。又当时名流的撰述，现存的有孙绰的《喻道论》（载《弘明集》卷三），郗超的《奉法要》（载《弘明集》卷十三）等。

东晋时代南北两地的佛典翻译，作出了许多超越前代的业绩：

其一是《阿含》《阿毗昙》的创译。苻秦通西域，先后来了西域昙摩持、鸠摩罗佛提，天竺昙摩蜱，罽宾僧伽跋澄、僧伽提婆，兜佉勒（吐火罗）昙摩难提等人。僧伽跋澄于建元十七年（381）到长安后，先后译出《鞞婆沙论》《尊婆须蜜菩萨所集论》《僧伽罗刹所集经》等，为《毗昙》的创译作出了贡献。其中《鞞婆沙》的翻译，由道安主持、对校，还为之作序。其次，昙摩难提于建元年中（364—389）译出《中阿含经》《增一阿含经》等，是为大部阿含的创译，也是由道安与法和加以考证，道安并作了《增一阿含经序》。同时，僧伽提婆和竺佛念一同译出《阿毗昙八犍度论》，道安也参与校定并作序。既而提婆南渡，慧远请他到庐山，于东晋太元十六年（391）译出《阿毗昙心》和《三法度》两论。隆安元年（397），更到建康，讲述《毗昙》，冬天又和罽宾沙门僧伽罗叉重译《中阿含》、校改《增一阿含》等，这就是现存之本。另外，道安曾在苻秦建元十八年，请鸠摩罗佛提（童觉）口诵《四阿含暮抄》梵本，佛念、佛护替他翻传。后来佛念又于姚秦弘始十四年（412）为佛陀耶舍传译《长阿含经》。佛念世居西河，精通梵语，传译了不少经籍，世称他为苻、姚两代译人之宗（《出三藏记集》卷十五）。

其二是大乘重要经论的译出。这主要是当时译家罗什的劳绩。罗什从弘始三年到十五年共十二年间译出经籍有七十四部（现存五十三部），其中重要的大乘经论有《大品般若》《小品般若》《金刚经》《维摩经》《弥陀经》《弥勒下生经》《首楞严三昧经》《大智度论》《十住毗婆沙论》《中论》《百论》《十二门论》《大庄严经论》《成实论》《坐禅三昧经》等，大都对于后来佛教义学发生巨大的影响，而发展有各种学系与宗派（如成实师、三论宗、天台宗等）。其次，佛陀跋陀罗所译的《六十华严》为后来贤首宗根本所依的经典。

其三是密教经典的译出。西域帛尸梨蜜多罗，于西晋怀帝时（307—312）东来，正碰到永嘉之乱，于是渡江，住在建康建初寺，于东晋元帝时（317—322）译出《大孔雀王神咒经》《孔雀王杂神咒经》《大灌顶经》等。

其四是律典的译出。在印度流传的五部广律，此时先后译出《十诵》《四分》《僧祇》三部。初译《十诵》的，是罽宾沙门弗若多罗。他于弘始六年（404）诵出《十诵》梵本，罗什译作华言，刚译到一半，而多罗圆寂；次年（405），西域沙门昙摩流支来长安，诵出其余部分，罗什又为翻译，两共五十八卷，《十诵》一部于是具足。又其后一年（406），罽宾沙门卑摩罗叉来到长安，他在罗什圆寂后，重校《十诵》译本，把最后一诵改作《毗尼诵》，并译出《十诵律毗尼序》，放在最末，合成六十一卷。这就是现行的《十诵律》。其次，罽宾沙门佛陀耶舍，于弘始十二年（410），诵出《四分律》，竺佛念翻译，到弘始十五年（413）译成六十卷。以后佛陀跋陀罗于东晋义熙十二年（416）在建康，和法显一同译出《摩诃僧祇律》四十卷。这些译本即为后来研习律学者的根本典据。

东晋时代的佛教义学，上承西晋，以般若性空之学为其中心。在罗什以前，从事《般若》研究的，不下五十余人，或读诵、讲说，或注解经文，或往复辩论，或删繁取精而为经钞，或提要钩玄而作旨归，或对比《大品》《小品》，或合《放光》《光赞》，从而对于般若性空的解释，产生种种不同的说法，而有"六家七宗"之分。六家是：一、道安（说无在万化之前，空为众形之始）、法汰、竺法深（说从无生有，万物出于无）的本无义。二、关内的即色义（说色法依因缘和合而生，没有自性，即色是空），和支道林的即色游玄义（说即色是本性空）。三、于法开的识含义（说三界万有都是倒惑的心识所变现）。四、释道壹的幻化义（说世间诸法都如幻化）。五、竺法蕴（对外物不起计执之心，说它空、无）、支愍度、道恒（两家之说不详）的心无义。六、于道邃的缘会义（说诸法由因缘会合而有，都无实体）。六家中本无家有两说，所以合称七宗。由于此时《中论》《百论》还没有翻传，而且《道行》《放光》《光赞》诸本般若的文义又不畅达，故各家对于性空的解释，不免各有所偏。只有道安的学说还符合经义，但"炉冶之功，微恨不尽"。般若性空的正义，直到罗什才阐发无遗。罗什综合《般若》经论而建立毕竟空义，其说散见于《大乘大义章》和《注维摩经》中。后来僧肇继承他的学说，更建立不真空义。

在道安的时代，还有用"格义"的方法来讲述佛教的，这是和道安同门的竺法雅及康法朗、毗浮、昙相等。法雅少善外学，长通佛义，当时依附他的门徒，多半于世典有相当造诣，而于佛教教理却还没有入门，法雅于是和康法朗等把佛经当中的事数和世间典籍比配讲说，令门徒了解；这就叫作"格义"。后来这种方法为道安、法汰所驳斥而废弃。

这时期佛教徒的信仰和行持方面，出现了一种祈求往生弥勒净土（即兜率）的思想，它的创始者是道安。在道安以前关于弥勒的经典已经译出了《弥勒下生经》《弥勒菩萨所问本愿经》等好几种。道安每与弟子法遇、昙戒等八人，依据经说，同在弥勒像前立誓，发愿上生兜率。少后，又出现了一种祈求往生弥陀净土（极乐）的思想，它的创始者是于潜青山竺法旷（327—402）。关于弥陀的经典，远在早期就已有《无量寿经》《无量清净平等觉经》等译出。法旷"每以《法华》为会三之旨，《无量寿》为净土之因，常吟咏二部，有众则讲，独处则诵"。又依支遁所作《阿弥陀佛像赞》文，可知晋世已经有讽诵《阿弥陀经》而愿往生的证验。但大弘弥陀净土法门的是慧远。慧远于元兴元年（402）与彭城刘遗民、雁门周续之、新蔡毕颖之、南阳宗炳等，在庐山般若台精舍阿弥陀佛像前，建斋立誓，共以往生西方净土为期，故后世净土宗人推尊为初祖。此外愿生弥陀净土的，还有慧虔、昙鉴、僧显、慧崇等。又观音信仰在这时期亦已流行，据说祈愿观音而得到感应的，有法显、慧虔、法纯、帛法桥及邵信等（见《高僧传》）。此外，以习禅为业的，有竺僧显、帛僧光、竺昙猷、慧嵬、支昙兰、法绪等。

东晋时期的佛教文学，经过历代译人的努力，创造了一种融冶华梵的新体裁，即是翻译文学，这到鸠摩罗什而非常成熟。罗什所译出的经论，大半富有文学的价值，特别是《金刚》《维摩》等经，文笔的空灵，辞藻的美妙，在中国文学史上开辟了一块新园地。佛陀跋陀罗的译籍《六十华严》，以壮阔的文澜开演微妙的教理，弘伟瑰奇，也是中国文学史上希有的巨制。同时佛教也渐次渗入一般文学的领域，以佛典的理趣、风格、词句及故实入诗文的渐多，诗有罗什的《赠沙门法和》十偈（今存一偈）和《赠慧远偈》，支遁的《四月八日赞佛诗》《释迦文佛像赞》等，慧远的《庐山东林杂诗》《报罗什法师偈》《万佛影铭》等，王齐之的《念佛三昧诗》等；文有僧肇的《物不迁》《不真空》《般若无知》等论，僧睿所作诸经论序，慧远的《沙门不敬王者》《沙门袒服》等论及诸经论序，刘遗民的《建斋立誓共期西方文》等，乃至当时一般佛教学者的书简，大都是文意美懋的作品。

在这时期，造像艺术也勃兴了。著名的作品，有道安在襄阳檀溪寺铸造的丈六释迦金像，竺道邻在山阴昌原寺铸造的无量寿像，竺道壹在山阴嘉祥寺铸造的金牒千像，支慧护在吴郡绍灵寺铸造的丈六释迦金像，特别是处士戴逵和他的次子戴颙在山阴灵宝寺制作的弥陀及夹侍二菩萨木像、在招隐寺制作的五夹纻像和在瓦宫寺制作的夹纻行像等。这时并有从外国输入的造像，如苻坚致送道安的佛像中有高七尺的外国金箔倚像（见《高僧传》卷五《道安传》）。道安每次举行讲经法会都罗列尊像，其中有一尊外国铜像，形制古异。道安的弟子昙翼于江陵城北得一像，上有梵文，据说是阿育王所造。又狮子国于义熙二年（406）遣使献高四尺二寸的玉佛像，玉色洁润，形制殊特。法显于义熙九年（413）回国，也携带有佛像。其中狮子国所献玉像，后来和戴逵所制佛像五尊及顾恺之所作维摩壁画，同列瓦官寺中，世称三绝。

顾恺之和吴曹不兴、晋卫协并称中国最初的三大佛画家。顾的作品相传有《净名居士图》《八国分舍利图》《康僧会像》等。关于他在瓦官寺作维摩壁画，据说"画讫，光彩耀目数日"（唐张彦远的《历代名画记》）。又"所画维摩诘一躯，工毕，将欲点眸子，乃谓寺僧曰：'第一日观者请施十万，第二日可五万，第三日可任例责施。'及开户，光照一寺，施者填咽，俄而行百万钱"（同见《名画记》）。由此可见顾恺之佛画的价值。另外，晋明帝、戴逵也善画佛像，瓦官寺大殿外有戴作的文殊壁画。又慧远曾在东林寺建筑龛室，令妙手画工用淡采图写佛影，据说："色疑积空，望似烟雾，晖相炳琼，若隐而显。"也是佛画的杰作。

佛寺的建筑，在这时期盛极一时。佛图澄在石赵所兴立的佛寺有八百九十三所。姚兴"起造浮图于永贵里，立波若台，居中作须弥山，四面有崇岩峻壁，珍禽异兽，林草精奇，仙人佛像俱有"。这都是宏伟的佛教建筑。东晋的帝室、朝贵、名僧及一般社会知名之士（如许询、王羲之等），很多热心于佛寺的建筑，历史上著名的东林、道场、瓦官、长干诸寺，大都建筑在这时期。

此外，综合建筑、雕塑、绘画的石窟艺术也发轫于此时期。当时北方凿窟造像之风兴起，其有文献足征的：如苻秦沙门乐僔于建元二年（366），在敦煌东南鸣沙山麓，开凿石窟，镌造佛像，这就是著名的莫高窟，实为此土凿窟造像的嚆矢。

又这一时期在结合音乐和文学的梵呗方面，道安倡始在上经、上讲、布萨等法事中，都唱梵呗，并弘传帛尸梨蜜多罗所授的高声梵呗，帛法桥作三契经，支昙籥裁制新声，造六言梵呗，梵响清美都著名。

（黄忏华）

五　南朝佛教

南朝佛教，包括从宋武帝永初元年（420）到陈后主祯明二年（588）中国南北分裂时期，在南方宋、齐、梁、陈四个朝代的佛教。

南朝各代对于佛教的态度，大略与东晋相同，统治阶级及一般文人学士也大都崇信佛教。宋诸帝中，文帝（424—453）最重视佛教。他听到侍中何尚之等告以佛化有助于政教之说，即致意佛经，后来常和慧严、慧观等论究佛理。又先后令道猷、法瑗等申述道生的顿悟义。孝武帝（454—464）也崇信佛教，尝造药王、新安两寺。先后令道猷、法瑶住新安，"使顿渐二悟义各有宗"，并往新安听讲。孝武帝还信任僧人慧琳，使他参与政事，世人称为"黑衣宰相"。

萧齐帝室也崇信佛教，就中武帝（483—493）子竟陵文宣王萧子良（460—494），从事佛教教理讲论，著有《净住子净行法门》《维摩义略》等。其平生所著宣扬佛教的文字，梁时集为十六帙，一百十六卷。并撰制经呗新声等。当时荆州名士刘虬（437—495），研精佛理，曾述道生的顿悟成佛等义。又撰有《注法华经》《注无量义经》，并对佛教立顿渐二教五时七阶的教判。子良曾作书招请他，共同讲论法义。

南朝佛教到梁武帝（502—549）时达到全盛。武帝起初崇奉道教，即位的第三年（504）四月八日，率僧俗二万人在重云殿重阁，亲制文发愿，舍道归佛，对佛教表示信仰；建有爱敬、光宅、开善、同泰等诸大寺；所造佛像，有光宅寺的丈八弥陀铜像，爱敬寺的丈八旃檀像、铜像，同泰寺的十方佛银像等；所举办的斋会，有水陆大斋、盂兰盆斋等。又以僧旻等为家僧;还在四部(即比丘等四众)无遮大会中四次舍身同泰寺为寺奴,由群臣以一亿万钱奉赎回宫,这样充实了寺院的经济。

武帝还著有《大涅槃》《大品》《净名》《大集》诸经的《疏记》及《问答》等数百卷。在重云殿、同泰寺讲说《涅槃》《般若》。又命僧旻等编纂《众经要钞》八十八卷,智藏纂集众经义理为《义林》八十卷,宝唱抄撮经律中殊胜因缘为《经律异相》五十五卷,纂集佛教传来后僧俗叙述佛理的著作为《续法门论》七十余卷。

武帝并重视译事,天监二年(503)命扶南沙门曼陀罗(仙)、僧伽婆罗共同译经。著名的译师真谛从扶南应武帝的邀请而东来。他特别尊敬禅师宝志。任《十诵》名家法超为都邑僧正,并欲自为白衣僧正。又以律部繁广,命法超撰《出要律仪》十四卷,分发境内,通令照行。此外,武帝极力倡导《涅槃》等大乘经的断禁肉食,影响及于后世者很大,改变了汉代以来僧徒食三净肉的习惯。他并作有《断酒肉文》四首,严令僧徒遵守。

由于武帝笃好佛教,他的长子昭明太子萧统、第三子简文帝(550—551)、第七子元帝(552—554),也都好佛。但在这方面滋生的流弊,亦不一而足。不久即有侯景的事变,寺塔被毁,僧徒被杀,建康佛教顿告衰微。

此后陈代诸帝由于政治上的需要,仍多少效法梁武帝的成规。建康旧有七百余寺,因侯景事变受到严重的破坏,到了陈代,多数修复。武帝(557—559)曾设四部无遮大会,到大庄严寺舍身,由群臣表请还宫。他对于文学,据说曾"广流《大品》,尤敦三论";嗣位后的文帝(560—565),任宝琼为京邑大僧正,也在太极殿设无遮大会并舍身,招集僧众举行《法华》《金光明》《大通方广》《虚空藏》等忏,并别制《愿辞》自称菩萨戒弟子。宣帝(569—582)命国内初受戒的沙门一齐习律五年。后主(583—588)也在太极殿设无遮大会舍身大赦。

南朝各代寺院、尼僧之数甚多。据传,宋代有寺院一千九百十三所,僧尼三万六千人。齐代有寺院二千零十五所,僧尼三万二千五百人。梁代有寺院二千八百四十六所，僧尼八万二千七百余人。后梁有寺院一百零八所，僧尼三千二百人。陈代有寺院一千二百三十二所，僧尼三万二千人。

南朝历代的佛典翻译，相继不绝。这在刘宋的前半期，已相当发达；到了齐、梁二代，佛教虽更隆盛，而译事反有逊色；进入梁末陈初，由于真谛的伟绩，发展了南朝的译业。宋代从西土东来的译人，有罽宾的佛陀什、昙摩蜜多、求那跋摩，西域的畺良耶舍、伊叶波罗，印度的僧伽跋摩、求那跋陀罗等。中土的译人，有西凉的智严，凉州的宝云、沮渠京声，幽州黄龙的昙无竭（法勇）等。其中佛陀什于景平元年（423）七月来到建康，应道生、慧严诸僧之请，在龙光寺译出弥沙塞部的《五分律》三十卷。至此完成了汉地流行的四部广律（《十诵》《四分》《僧祇》《五分》）的传译。

畺良耶舍于元嘉元年到建康，在钟山道林寺译出《观无量寿佛经》《观药王药上二菩萨经》各一卷。从而有利于净土教的传播。

求那跋摩（367—431）于元嘉八年（431）到建康，在祇洹寺译出《菩萨善戒经》共三十品。为大乘戒法和瑜伽系学说传于南方的开始。他并补译了伊叶波罗传译未竟的《杂阿毗昙心论》后三卷，而完成全部十三卷。又有僧伽跋摩精于《杂阿毗昙心论》，于元嘉十年（433）到建康。既而狮子国（今斯里兰卡）比丘尼铁萨罗等到建康，满足十众，慧果等乃共请僧伽跋摩为师，为尼众受戒，同受者数百人。同年跋摩在长干寺重新翻译《杂阿毗昙心论》，到十二年（435）译完。为毗昙学和比丘尼戒的传持作出了业绩。

求那跋陀罗（394—468）于元嘉十二年来广州，文帝迎请到建康，住在祇洹寺，既而译出《杂阿含经》五十卷，又在丹阳郡译出《胜鬘狮子吼一乘大方便经》《楞伽阿跋多罗宝经》等。后来往荆州，又译出《相续解脱地波罗蜜了义经》等，多数是弟子法勇传语。他所译《楞伽》《胜鬘》均为后世所通行。

总计刘宋一代，中外译师共二十二人，所译出的经律、论及新旧失译诸经共有四百六十五部，七百十七卷。

其次，齐代外来的译人有印度的昙摩伽陀耶舍、求那毗地，西域的摩诃乘、僧伽跋陀罗、达摩摩提等。其中有几位是泛海而来的。如昙摩伽陀耶舍于建元三年（481）在广州朝亭寺译出《无量义经》一卷。僧伽跋陀罗于永明七年（489），在广州竹林寺译出南方所传《善见律毗婆沙》十八卷。僧伽跋陀罗于译出《善见律毗婆沙》之后，在七月十五僧自恣日，按照他以前诸律师的成法，在律藏上加记一点。那一年计算从上以来所下之点已有九百七十五点，即佛灭后已经九百七十五年，这就是所谓《众圣点记》（见《出三藏记集》卷十一）。达摩摩提于永明八年（490）在建康的瓦官寺，译出《妙法莲华经·提婆达多品第十二》（后来编入《妙法莲华经》）等二部二卷。求那毗地于建元初（479）到建康，在毗耶离寺，译出其师僧伽斯那抄集的《百喻经》二卷。萧齐一代共二十四年，外来的译师七人，译出经、律共十二部三十三卷。

梁、陈二代的译师，有曼陀罗、僧伽婆罗和真谛等。曼陀罗于天监二年（503）和僧伽婆罗同译出《文殊师利所说摩诃般若波罗蜜经》《法界体性无分别经》《宝云经》。僧伽婆罗从天监五年（506）起，在寿光殿、华林园、正观寺、占云馆、扶南馆五处传译，到十七年（518），译出《孔雀王咒经》《阿育王经》《解脱道论》等十部。

到梁代末年，真谛（499—569）从扶南带回许多梵本经论，于大同十二年（546）来到南海，经二年（548）入建康，武帝安置他在宝云殿，正想请他传译经论，遇到侯景的事变，没能著笔。于是辗转到了富春，才获得传译的机会。他于梁代在富春、建康、豫章、新吴、始新、南康等地，先后译出《无上依经》二卷、《十七地论》（即《瑜伽师地论本地分》五卷）等经、论十一部二十四卷。后于陈代在豫章、临川、晋安、梁安、广州等地，又先后译出《解节经》《律十二明了论》《佛性论》《摄大乘论》《俱舍释论》等经、律、论、集三十八部一百十八卷，合计四十九部，一百四十二卷。真谛在中土一共二十三年，正当梁末陈初，战祸相续，流浪诸方，备尝艰苦，他的译典大率成于颠沛流离之间，而能留下许多重要典籍，实在是一位巨大的译人。所译无著的《摄大乘论》三卷和世亲的《论释》十五卷，对佛教义学的影响特大。从此南北摄论师辈出，从而开创了摄论学派。

梁代因对译经的重视，还连带编辑了三次众经目录：其一是《华林殿众经目录》，天监十四年（515）僧绍撰；其二是《众经目录》，天监十七年（518）宝唱撰；其三是《出三藏记集》，天监中（502—519）僧佑撰。就中只《僧祐录》十五卷现存，成为较古而且较为完善的经录。

在梁代外来译师共有八人，译出的经、律、论及传记等，并新集失译诸经，共四十六部二百零一卷。陈代外来译师共有三人，译出的经、律、论及集传等共四十部一百三十三卷。

南朝的佛教有许多义学沙门，分别就《毗昙》《成实》、诸律、三论、《涅槃》《摄论》等从事专研弘传，而形成许多的学系，具备宗派的雏形。其最著的有以下几种：

一、毗昙师　这是专研并弘传有部诸论的一派。所谓"毗昙"，原来包含迦旃延子的《八犍度论》和《毗婆沙论》等在内，但当时学者所弘传，主要是法救的《杂阿毗昙心论》（简称《杂心论》）。这一时期的毗昙师，在宋代有法业、慧定、昙斌等，齐代有僧渊、僧慧、慧基等，梁代有道乘、僧韶、慧集、智藏等，陈代有慧弼等。其中梁建康招提寺慧集（456—515）为南朝最著名的毗昙学家。前此所研习的毗昙，多半是《杂心》，到了慧集，才于《杂心》之外广究《八犍度》《毗婆沙》等，所以唯毗昙一部，独步当时，每一开讲，学者都到千人，一代名僧僧旻、法云也列席听讲，所撰《毗昙大义疏》十余万言行世。

二、成实师　在宋代有僧导、僧威、道猛等，齐代有僧钟、僧柔、慧次等，梁代有僧旻、法云、智藏等，陈代有法偘、慧布等，皆敷扬《成实论》不绝。这一学派兴起于齐，至梁而极盛，陈末才渐次衰微。原由列席罗什《成实》译场的僧导和其同门的僧嵩的传播，分别成为两大系统。僧导初在关中著《成实》、三论的义疏等，后来在寿春（今安徽省寿县）立东山寺，讲说经论。当时有名的成实师，要推道猛（411—475）。道猛本是西凉州人，少游燕赵，后来在寿春（当时僧导在其地）精研《成实》，时称独步。宋元嘉二十六年（449）到建康，先后在东安、兴皇二寺开讲《成实》。道猛的弟子有道慧（451—481），当道猛讲《成实》时，张融反复辩难，道慧代答，竟把张融折服。齐代名宿僧柔（431—494）、慧次（434—490），于永明七年（489）应萧子良之请，在普弘寺轮讲《成实》，并就论文删繁存要，称为《略成实论》九卷。子良即写百部流通，并令周颙作序。梁代的三大法师法云（467—529）、僧旻（467—527）、智藏（458—522）早年也分别就僧柔、慧次受成实学，后来盛弘《成实》。

三、三论师　三论学的兴起，始于梁代的僧朗。僧朗，辽东人，初入关内习学罗什、僧肇的教义，后到建康，住在钟山草堂寺，遇周颙，授以此义，周颙因著《三宗论》。既而移住摄山栖霞寺，开讲《华严》及三论，后人称为摄山大师。天监十一年（512）梁武帝遣中寺僧怀、灵根寺慧令等十人入山，谘受三论大义，内中只僧诠习学最有成就。僧诠后住摄山止观寺，盛弘三论，称为新说，而以在其前者为关河旧说。其门下有兴皇寺法朗、长干寺智辩、禅众寺慧勇、栖霞寺慧布四人，都长于三论。但继承僧诠的学统的是法朗。法朗（507—581），初从宝志、彖律师靖公等受禅、律、《成实》《毗昙》，从僧诠受《智度》、三论、《华严》《大品》等。陈永定二年（558）应武帝请，入建康住兴皇寺，自后二十余年，继续讲四论及《华严》《大品》等。尝承僧诠所说，作《中论疏》（今不传），其说散见于吉藏的著述中。弟子知名的有罗云等二十五人，分布于长江上下乃至关中各地。后至隋代的嘉祥吉藏而形成宗派。

四、摄论师　主要是传习真谛的摄论之学。真谛的讲译，原以《摄大乘论》为宗，讲说之外，并撰述《九识义记》二卷，《解节经疏》四卷等，助成论义而成一家之言。其弟子中传承其学的，有智（一作慧）恺、法泰、曹毗、道尼四人。智恺（518—568），擅长文学，曾和真谛对翻《摄论》，笔受论文并作疏，七个月便成，共二十五卷。后对翻《俱舍》，亦十个月即了，论文及疏共八十三卷。曹毗是智恺的叔父，智恺带他到南方，为真谛菩萨戒弟子，受摄论学。晚年住在江都，综习前业，常讲诸论，听众多半是知名之士，弟子有僧荣、法侃等。法泰是继承真谛《摄论》学统的。他先住在建康的定林寺，在梁代已经知名，后到广州，入真谛门，笔受文义，差不多二十年，并撰义记。道尼本住九江，曾听智恺讲《摄论》，并亲受真谛摄论之学，海内知名。后在隋开皇十年（590），应请入长安敷讲，以后南地不复有《摄论》的讲主。

五、十诵律师　　东晋时，卑摩罗叉校改《十诵》后，曾在江陵的辛寺开讲，《十诵》之学自此大兴。宋、齐、梁间弘传此学的有僧业、僧璩、昙斌、慧询、慧猷、法颖、僧隐、超度、智称、僧祐、法超、道禅、昙瑗、智文、道成等。其中僧业（367—441），从罗什受业，专习《十诵》，厘定戒本与广律不同的译语，罗什赞叹为后世的优波离。既而避地建康，和他的弟子慧光等相继在吴中讲说。慧询亦从罗什受业，尤长于《十诵》《僧祇》，后回到广陵、建康弘讲。慧猷住江陵辛寺，专修律典，深通《十诵》，讲说不断。南方的律学差不多只限于《十诵》一律，到齐、梁间由智称弘扬，遂极一时之盛。智称（430—501），世居京口，出家后，专修律部，尤精《十诵》。后在普弘寺开讲《十诵》，并著有《十诵义记》八卷，盛行于齐、梁二代。僧祐（445—518）是南朝有名的律师，出家后，受业于律学名匠法颖，竭虑钻求，精通律部。永明年中（483—493），奉命到吴中试简五众，并宣讲《十诵》，更申受戒之法。著有《十诵义记》十卷。法超，是智称的弟子，曾摘录律部要文成《出要律仪》十四卷。昙瑗、智文有名于陈代。瑗著有《十诵疏》十卷、《戒本疏》《羯磨疏》各二卷等。智文平生讲《十诵》八十五遍，大小乘《戒心》《羯磨》等二十余遍，著有《律义疏》《羯磨疏》《菩萨戒疏》等。

六、涅槃师　　主要研习弘传凉译《大般涅槃经》。其先，法显译出六卷本《大般泥洹经》，说一阐提无有佛性。龙光道生（？—434）剖析认为阐提也是含生之类，何得独无佛性？但经本传来未尽而已；于是唱"一阐提人皆得成佛"之说。为旧学僧徒所摈斥。于是入吴中虎丘山，住龙光寺，又入庐山。后来凉译《涅槃》传到南方，经中果有阐提皆有佛性之说，证明其主张不虚。他说阐提成佛义外，还有顿悟（顿悟成佛）义，论文已佚。其后，龙光沙门宝林，祖述道生诸义，著《涅槃记》。弟子法宝更继其后，著《金刚后心论》等，涅槃之学渐盛。另外，凉译《涅槃》传到建康时，慧观、慧严及谢灵运等曾依据法显译本加以修订，成为南本《大般涅槃经》三十六卷。慧观更立二教五时的教判，以《涅槃》为第五时常住教，也就是把它看成如来说法的归结。又著《渐悟论》。同时罗什的弟子昙无成著《明渐论》。又谢灵运著《辨宗论》，主张顿悟。其余的涅槃学者，宋代有慧静等，齐、梁二代有僧慧、宝亮及梁三大法师等。慧静著有《涅槃义记》，他的弟子法瑶，住吴兴武康小山寺，主张渐悟。后应请入建康，和主张顿悟的道猷一同住在新安寺，著有《涅槃》《法华》《大品》《胜鬘》等经及《百论》的疏释。法瑶的后辈，有建康太昌寺僧宗，后来又受业于昙斌、昙济，昙斌曾问学于法瑶。僧宗为涅槃名师，讲说将近百遍。其时宝亮（444—509），尤为齐、梁间重要的涅槃学者。他少年出家，师事义学名僧道明，又到建康，先后住中兴寺、灵味寺，盛讲经论，共讲《涅槃经》八十四遍，其他经论多遍。天监八年（509）梁武帝命他撰《涅槃义疏》，他于是捃摭诸家的学说，总为七十一卷。宝亮的弟子，有僧迁、法云，听讲者有智藏、僧旻，所以梁三大法师也都是涅槃学者。就中智藏曾讲涅槃，并著义疏。僧旻和智藏的弟子慧韶，于成都法席率听众讽诵《涅槃》。法云的弟子宝海也奉武帝命论佛性义。此外会稽嘉祥寺慧皎（497—554）著有《涅槃义疏》十卷。后梁荆州大僧正僧迁（？—573），讲《涅槃》等十八部经各数十遍，并都著有义疏。陈代名僧宝琼（504—584），讲《涅槃》三十遍，著疏十七卷。

总起来说，南朝的佛教义学，在宋、齐二代，先是《涅槃》代《般若》而兴，到梁代而极盛。同时三论渐见推行，和《成实》各立门户。到了陈代，武帝、文帝、宣帝均推重二论，《成实》遂不复与三论抗衡。另有《华严》，从宋初的法业以后一直到梁代，几乎无人研习，到梁代以后而渐盛，南地三论学者僧朗、僧诠、法朗等，大都兼习《华严》。由此南朝学派虽甚繁衍，而其间盛衰更迭，亦极多变化。

宋初，沙门慧琳作《黑白论》（又名《均善论》），论儒佛的异同，而和佛理甚相违反，为众僧所摈斥，但何承天却加激赏，把此论送给宗炳评判。宗炳复书，破斥慧琳的异见，遂和承天往复辩难。他更作《明佛论》（又名《神不灭论》），倡导"精神不灭，人可成佛，心作万有，诸法皆空"之说。承天作《达性论》反对说："生必有死，形毙神散，犹春荣秋落，四时代换。"颜延之又作《释达性论》，说："神理存没，倘异于枯荄变谢。"如是往复论辩达三次。其主要争点都是神灭、不灭义。到了齐末，又有范缜，作《神灭论》，说"形存则神存，形谢则神灭"；"形之于质，犹利之于刃"；"舍利无刃，舍刃无利，未闻刃没而利存，岂容形亡而神在"。萧琛、曹思文、沈约等和缜往复论难，力主神不灭。后来梁武帝即位，命当代硕学答复范论，当时作答者六十五人，都迎合武帝的意旨，主张神不灭。这是南朝儒佛神灭不灭的论争。

宋末，道士顾欢以佛道二教互相非毁，于是作《夷夏论》以会通二教，但力持华戎之辩，意在抑佛而扬道。明僧绍作《正二教论》、谢镇之作《折夷夏论》、朱昭之作《难夷夏论》，朱广之作《谘夷夏论》、释慧通作《驳夷夏论》、释慧敏作《戎华论》加以驳斥。后来刘虬却以为道家的虚无与佛家的修空一揆（见《无量义经序》）；同时司徒中郎张融作《门律》，也以为道家与佛家并无二致，而以道为主，以示汝南周颙，颙复书加以非难，说般若所观法性与老子所说虚无其为寂然不动虽同，而其义旨却大有差别，也往复论辩了几次。在这时期，还有道士托名张融，作《三破论》，丑诋佛教，说它入国破国，入家破家，入身破身，佛教"不施中国，本止西域"，依然不出《夷夏论》的范围。刘勰又作《灭惑论》、僧顺又作《析三破论》、玄光又作《辩惑论》来反驳。这是南朝佛教和外界的论争。

南朝佛教一般偏尚玄谈义理，所谓"江东佛法，弘重义门"（《续高僧传》卷十七《慧思传》）。又"佛化虽隆，多游辩慧"（同上卷二十《习禅篇》）。在实修方面，只是宋初曾一度有盛传禅法的风气，其流行的区域为建康、江陵及蜀郡。沙门以专习禅法知名的，有僧印（见《名僧传抄》）、净度、僧从、法成、慧览、法期、道法、普恒（均见《续高僧传》），就中慧览（？—464），即和北地著名的禅师玄高同以"寂观"为世所称，后游西域，从罽宾达摩比丘谘受禅要，回国后在蜀、建康以传授禅法著名。宋末以后，禅法即衰，只齐、梁间，有宝志（？—514）以修习禅业，受到梁武帝的崇敬。他圆寂后，令葬于钟山独龙埠，并在墓侧立开善寺。后世称为志公。世传他作有《十四科颂》《十二时颂》《大乘赞》等（见《景德传灯录》卷二十九），但以上内容似都不外乎唐以后的禅家思想。和宝志同时有傅翕（？—569），义乌人，日间佣作，夜间修禅。梁武帝请他到建康，世称为傅大士，著有《心王铭》（载《传灯录》卷三十，一说后世的伪作）。

其次，这时传戒持斋等佛事渐兴，据传"求那跋摩，于南林寺立戒坛，为僧尼受戒，为震旦戒坛之始"（见《佛祖统纪》卷三十六《法运通塞志》）。在家菩萨戒的授受，这时也已经流行。此外还有诵经、设斋、礼忏、立寺、造像、转读（梵呗）、唱导（宣唱）等佛事活动。齐梁之间，还流行月六斋（六斋日）、八王斋、岁三长斋（三长斋月）等。

佛典翻译文学到了这一时期，对于一般文学的影响更大，运用佛典的理趣、风格及故实入诗文的作家比前代亦更多。在诗的方面，宋代有谢灵运、颜延之，齐代有沈约、王融，梁代有武帝、昭明太子、简文帝、阮孝绪，陈代有江总、徐陵等。特别是谢灵运，是一位杰出的佛教诗人，所作有《佛影铭》《祇洹像赞》《无量寿颂》《维摩诘经中十譬赞》等。沙门智恺、智藏也是佛教诗人。在文的方面，宋代有宗炳、颜延之，齐代有明僧绍、周颙、沈约，梁代有江淹、刘勰，陈代有姚察、江总、徐陵等。这时期的佛教文学作品，多数是说理的论文，而尤以宗炳的《明佛论》、周颙的《三宗论》为世所称。刘勰（后来出家，改名慧地）的文学造诣很深并长于佛理，当时京师寺塔及名僧的碑志大都请他制作。

南朝佛教建筑方面，各代帝室所造寺塔甚多，王臣达官及文人学士乃至民间清信士女，也靡然从风，于是梵宫琳宇遍布江东，而以梁武帝所造为最多，也最奢丽。特别是同泰寺，"楼阁殿台，房廊绮饰，凌云九级，俪魏永宁"（《历代三宝记》卷十一）。其次，大爱敬寺，"经营彫丽，奄若天宫"（《续高僧传》卷一《宝唱传》）。大智度寺，"殿堂宏壮，宝塔七层"（同上）。此外，皇基、光宅、开善，也都是著名的大寺。

造像在南朝也很盛。宋武帝造有无量寿金像。明帝造有丈四金像及行像八部鬼神。此外，丈六、丈八铜像的制造甚多，小金像也多有铸造，塑像、旃檀像更为普通，而以戴颙所造为最精妙。齐武帝时，石匠雷卑造瑞石释迦像，镌琢极巧。萧嶷、萧子良并造像甚多。明帝也造有千躯金像。梁武帝造有光宅、爱敬、同泰诸寺的丈六弥陀铜像等，简文帝也仿造印度祇园精舍的旃檀像，并造有高一二寸的千佛像。陈文帝造有等身檀像十二躯，金铜像百万躯，宣帝造有金铜像等二万躯。此外名僧及信众所造，不胜枚举。在这时期，外国的造像也输入不少。齐代有扶南国所送金缕龙王像、白檀像等。梁代有从天竺请来的优填王所造旃檀佛像及扶南国所送珊瑚佛像、旃檀瑞像，盘盘、丹丹两国所送牙像，于田所送玉佛等。

佛画在南朝也很盛，著名的作品，宋代有陆探微的《灵台寺瑾统像》、陆绥的《立释迦像》、顾宝光的《天竺僧像》、宗炳的《惠持师像》、袁倩的《维摩诘变相图》。齐代有姚昙度的《白马寺宝台样》、毛惠秀的《释迦十弟子图》。梁代有萧绎（元帝）的《文殊像》、张僧繇《卢舍那佛像》《行道天王像》《维摩诘像》、张羡果的《悉达太子纳妃图》《灵嘉寺塔样》、张儒童的《楞伽会图》《宝积经变相图》、聂松的《支道林像》、解倩的《五天人样》《九子魔图》。这时期外国沙门中擅长佛画的，有著名的译人求那跋摩。他曾在始兴灵鹫山寺的宝月殿北壁上，绘出了罗云像及定光、儒童布发之形（《高僧传》卷三本传）。此外有吉底俱、摩罗菩提、迦佛陀等。南朝的佛画作家，以张僧繇为最。僧繇，吴人，以丹青驰誉于梁天监中，武帝所建佛院寺塔，大都令他作画。当时由郝骞等的西行和迦佛陀等的东来，曾把印度阴影法的新壁画介绍到中土。僧繇所画建康一乘寺的扁额，就是活用这种手法的新佛画。又南朝限于天然地形环境，凿窟造像之风远不及北朝之盛，只摄山（栖霞山，在今南京东北约四十里）的断崖上，有齐、梁间所开凿的许多石窟、石佛，盛称于世。

（黄忏华）

六　北朝佛教

北朝佛教，是包括从北魏明元帝泰常五年（420，即晋亡之年）到北周静帝大定元年（581）中国南北分裂时期，中国北部的北魏、东魏、西魏、北齐、北周诸代的佛教。

北魏拓跋氏从道武帝（396—409）和晋室通聘后，即信奉佛教。道武帝本人好黄老，览佛经。见沙门，都加敬礼，并利用佛教以收揽人心。继而任赵郡沙门法果为沙门统，令绾摄僧徒，并于都城平城（今山西省大同市）建立塔寺。明元帝（409—423）也在都城的四方建立佛像，并令沙门开导民俗。其嗣子太武帝（423—452），"锐志武功"，因道士寇谦之、司徒崔浩的进言，遂于太延四年（438）三月，令五十岁以下的沙门，一概还俗，以充兵役。太平真君五年（444）正月，又禁止官民私养沙门。到了七年（446）二月，因对盖吴的内乱用兵，发见长安一寺院收藏兵器、酿具及官民寄存的很多财物，怀疑僧徒与内乱有关，又听信崔浩的话，命尽杀长安及各地沙门，并焚毁经像。这一命令，由于太子拓跋晃故意延迟宣布，远近沙门多闻风逃匿，佛像经卷也多秘藏，只有境内的寺塔被破毁无遗。这就是中国佛教史上三武一宗灭法之始。不久寇谦之病死，崔浩也因事被杀，禁律稍弛。至文成帝（452—465）嗣位，即明令重兴佛教，准许诸州城郡县于众居处各建寺一所，并许平民出家，寺塔经像渐渐修复。文成帝还以罽宾（今克什米尔）沙门师贤为道人统，后又以凉州沙门昙曜继任，并一再改称沙门统，乃至昭玄沙门都统，并礼以为师。昙曜原来和玄高同在凉州修习禅业，后到平城，即为太子晃所礼重，被任为昭玄都统，即请于平城西武州山开凿石窟，镌建佛像，这就是遗留至今的著名佛教遗迹——云冈石窟。此外有沙门僧周，常在嵩山修头陀行坐禅，太武帝灭佛时，与数十人同入长安西南的寒山，后令弟子僧亮到长安，修复故寺，延请沙门，关中佛法的复兴，他是出了力的。献文帝（465—471）继位，也嗜好黄老浮屠之学，六年即退位，在宫中建寺习禅。后孝文帝（471—499）时，迎像、度僧、立寺、设斋、起塔，广作佛事，并提倡《成实》《涅槃》《毗昙》等佛教义学，师事通晓《涅槃》《成实》的学者道登。又敬信佛陀扇多，替他在嵩山立少林寺，与以供给。在鸠摩罗什所居旧堂建三级浮图，访求罗什后裔。孝文帝还允许了昙曜的申请，令以所掠得的青齐地方的人民等，每年输谷六十斛入僧曹以为僧祇户，其谷即称僧祇粟，作为赈饥及佛事之用。又以一些犯了重罪的人和官奴为佛图户，以充寺院的杂役和耕作等事。这些措施促进了寺院经济的发展，也产生了不少流弊。其后宣武帝（499—515）时大兴佛教，有不少外国僧人来到洛阳，帝为立永明寺，房舍一千余间，共住外国沙门千余人，其中有著名的译师昙摩流支、菩提流支、勒那摩提、佛陀扇多等，而菩提流支为其首席。他到洛阳时，宣武帝殷勤慰劳；他在内殿翻译《十地经论》的第一日，帝亲自笔受；著名的龙门石窟（在洛阳城南伊阙龙门山），也是这时所营造。因之当时佛事很盛。至孝明帝（515—528）时，太后胡氏（世称灵太后）摄政，她在熙平元年（516）营造了洛阳的永宁寺塔，极其壮丽。同年她又遣敦煌人宋云，偕崇立寺比丘惠生往西域朝礼佛迹，访求经典。宋云等历访乾陀罗等十余国，留居乌场二年，到正光三年（522）冬，获得大乘经论一百七十部以归。宋云撰有《家记》（《唐志》作《魏国以西十一国事》一卷），全书已佚；惠生撰有《行记》（《隋志》作《慧生行传》一卷），现存（题作《北魏僧惠生使西域记》）。同时有沙门道药（一作荣），也越葱岭到过西域。由于北魏诸帝奉佛的影响，朝野风从，人民经官私得度出家为僧的日多，另一方面也因战争频繁，人民多假称入道以避徭役。孝文帝太和元年（477），平城即有僧尼二千余人，各地僧尼七万七千二百五十八人。到了魏末，各地僧尼多到二百余万人。出家的猥滥，为前所未有（《释老志》《洛阳伽蓝记》）。当时兴造寺塔的风气极盛，孝文帝太和元年，平城新旧寺约一百所，各地六千四百七十八所。但到了魏末，洛阳一千三百七十六所，各地寺庙达三万有余（《释老志》《洛阳伽蓝记》）。魏代佛教的发展，可谓盛极一时。

北魏至孝静帝（534—550）时，分裂成东西二魏，高欢迁孝静帝到邺都，成为东魏，洛阳诸寺的僧尼也随同移邺。邺都臣民多舍宅地、立新寺，其时名僧昙鸾，为孝静帝所重，称为神鸾。

继承东魏的北齐帝室，也利用佛教。文宣帝（550—559）尝请高僧法常入内庭讲《涅槃》，并拜为国师。又置昭玄寺，设大统一人、统十人、都维那三人，令管理佛教，而以法上为大统。法上（454—539），是慧光的弟子，擅讲《十地》《地持》《楞伽》《涅槃》等经论，并广著文疏；其弟子有慧远（净影）等，均知名一时。其时，北印沙门那连提黎耶舍于天保七年（556）来邺都，文宣帝出旧藏梵本千余筴，请他在天平寺翻译。文宣帝于晚年，更到辽阳甘露寺，深居禅观，不理政务。此后北齐诸帝，多半好佛，邺都的大寺约有四千所，僧尼近八万人；全境的寺院有四万余所，僧尼二百余万人（《续高僧传》卷八《法上传》，又卷十《靖嵩传》）。

西魏都城在长安，其地佛教，曾因北魏太武帝的灭法，一时衰歇，但西魏文帝（535—551）及丞相宇文泰都好佛，文帝曾建立大中兴寺，并以道臻为魏国大统，道臻即大立科条，以兴佛法。宇文泰也提倡大乘，尝命沙门昙显等依经撰《菩萨藏众经要》及《百二十法门》，以为讲述的资料。

取代西魏而兴的北周王朝，亦颇崇佛。明帝（557—560）建大陟岵、陟屺二寺，并每年大度僧尼。当时名僧昙延、道安称为玄门二杰，南方的学僧来游关中的也有亡名、僧实、智炫等。但不久即有武帝灭法的事件发生。武帝（560—578）重儒术，信谶纬，由于还俗僧卫元嵩和道士张宾的建议，请省寺减僧。武帝集众讨论三教优劣，前后七次，各有是非。更令群臣详论道、佛二教的先后、浅深、同异，意欲借此来废斥佛教，但当时司隶大夫甄鸾作《笑道论》，沙门道安作《二教论》，僧勔著《十八条难道章》《释老子化胡传》等，废佛之议因而暂止。到了建德三年（574）五月，武帝又大集臣僚，命道士张宾和沙门辩论，沙门智炫驳难道教，武帝亦不能屈智炫，于是命令把佛、道二教一并废斥，沙门、道士还俗，财物散给臣下，寺观塔庙分给王公，当时僧、道还俗的二百余万人。既而又立通道观，简取佛、道二教名人一百二十人，并令衣冠笏履，称为通道观学士，命通阐三教的经义。后三年（建德六年，577）进兵北齐，攻占邺都，又召集齐境沙门大统法上等五百余人，宣布废省佛教的意见，只有净影慧远一人，和帝反复争论，武帝虽然词穷，却仍然下令毁灭齐境的佛教，所有八州的寺庙四万余所，全部改作宅第，僧徒将近三百万人，也全令还俗；焚毁经像；财物由官厅没收。到了第二年，武帝死了，宣帝（578—579）嗣位，还俗僧任道林等力请恢复佛教，得到许可。大成元年（579），于东西二京立陟岵寺，选择旧日有名望的沙门二百二十人，须发冠服，在寺行道，并命智藏等长发为菩萨僧，任寺主。至于民间禅诵，一概不加干涉。次年（580）五月，静帝（579—581）继立，左丞相杨坚辅政，命全国恢复佛、道二教，重立佛像及天尊像，又给陟岵寺智藏、灵干等落发，并度僧二百二十人。这时佛教算是正式恢复。

　　北朝各代的佛典翻译，相续不绝。文成帝和平三年（462），在平城石窟寺，昙曜与西域沙门吉迦夜等译出《付法藏因缘传》六卷，又译《大吉义神咒经》一卷、《杂宝藏经》八卷、《方便心论》一卷等。北魏迁都洛阳以后，昙摩流支、菩提流支、勒那摩提、佛陀扇多等相继来华。昙摩流支专精律藏，于宣武帝（500—515）景明二年到正始四年（501—507）七年间，在洛阳译出《信力入印法门经》等三部。菩提流支和勒那摩提等，起初一同翻译，后因师承和见解不同，各自别译，因此所译出的《法华经论》《宝积经论》及《究竟一乘宝性论》等各有两本（见《开元释教录》卷六勒那摩提条注）。菩提流支博学多识，于永平元年（508）来洛阳，被称为译经的元匠，同年译出世亲所造《十地经论》，后来陆续译出许多经论；到东魏时，随孝静帝去邺都，继续翻译。他从永平元年（508）到东魏天平二年（535）的将近三十年间，先后译出《佛名经》《入楞伽经》《法集经》《深密解脱经》《胜思惟梵天所问经论》《大乘宝积经论》《法华经论》《破外道小乘涅槃论》等，共三十部。勒那摩提精于禅法，于永平元年来洛阳，译出《宝积经论》《妙法莲华经论》《究竟一乘宝性论》，共三部。佛陀扇多通内外学典籍，特善方言，尤工艺术，从孝明帝正光六年（525）到东魏孝静帝元象二年（539）十五年间，在洛阳白马寺及邺都金华寺译出《金刚上味陀罗尼经》《摄大乘论》等，共十一部。另外，有中印波罗奈城的婆罗门瞿昙般若流支，于北魏熙平元年（516）来洛阳，后随孝静帝迁到邺都，于元象元年到武定元年（538—543），先后共译出《正法念处经》及龙树的《壹输卢迦论》、无著的《顺中论》、世亲的《唯识论》等，共十八部。又有乌苌沙门毗目智仙，和般若流支一同到邺都，于兴和三年（541）译出龙树的《回诤论》及世亲的《宝髻菩萨四法经论》等，共五部。这一时期所传译的经论，以有关大乘瑜伽学系的典籍为多。总计北魏、东魏两代百余年间，中外僧俗译人共有十二人，译出经、论、传等共八十三部二百七十四卷（《开元释教录》卷六）。

北齐时代外来译人，有乌苌沙门那连提黎耶舍，于天保七年（556）来邺都，文宣帝请他住于天平寺，任翻经三藏，又命昭玄大统法上等二十余人监译，沙门达摩阇那和居士万天懿传语，从天保八年到后主大统四年（557—568）十二年间，译出《大集月藏经》《月灯三昧经》《法胜阿毗昙心论经》等，共七部。万天懿，原鲜卑人，世居洛阳，少曾出家，师事婆罗门，擅长梵语，因被召为助译，并在武成帝河清年中（562—565），自译《尊胜菩萨所问一切诸法入无量门陀罗尼经》。北齐一代，中外僧俗译者二人，译出经、论共八部五十二卷。

北周时代外来的译人有波头摩国沙门攘那跋陀罗、中印摩伽陀沙门阇那耶舍和他的弟子优婆沙门耶舍崛多，健陀罗沙门阇那崛多，摩勒国沙门达摩流支五人。阇那耶舍译出《大乘同性经》《大云请雨经》等，共六部。

耶舍崛多译出《十一面观世音神咒经》等，共三部。阇那崛多先在长安四天王寺译出《金色仙人问经》，后在益州龙渊寺译出《妙法莲华经普门品重诵偈》等，共四部。达摩流支译出《婆罗门天文》等。北周一代，译师四人，译出经、论共有十四部二十九卷。另外，攘那跋陀罗译了《五明论》一部。

关于北朝流行的佛教学说，有由南朝传入的，如《毗昙》《成实》《摄论》乃至《涅槃》各家之说；也有由北地传出的，如《地论》四论《四分律》学，乃至以实修为主的禅法及净土教等。

一、毗昙师　相当于南朝的齐、梁时代，北地毗昙的讲习始盛，著名的学者有安、游（智游）、荣三师，其师承均不明。但北齐名僧灵裕即曾从他们三人听受《杂心》。从高昌来魏的慧嵩法师亦曾从智游听受《毗昙》《成实》，学成后在邺都及洛阳讲说，有"毗昙孔子"之称。传承慧嵩之学的有志念、道猷、智洪、晃觉、散魏等。志念（535—608）尤以《杂心》擅名，著有《杂心论疏》及《广钞》等，盛行于世。弟子知名的有道岳、道杰、神素等二十余人。

二、成实师　先有僧嵩，曾在关中从鸠摩罗什亲受《成实》，后到徐州（彭城）白塔寺弘传此论。他的弟子济州僧渊（414—481），以慧解驰名，后来也在徐州讲习。门弟子知名的有昙度、慧记（一作惠纪）、道登、慧球等。昙度（？—489），江陵人，早年游学建康，曾于三论、《涅槃》《法华》《维摩》《大品》，深有研究，后到徐州，从僧渊受《成实》，于是精通此部。北魏孝文帝听到他的盛名，请到平城开讲，学徒千余人，著有《成实论大义疏》八卷，盛行于北地。慧记于《成实》外兼通《数论》，曾在平城郊外的鹿苑讲学。道登（？—496），东莞人，早年从僧药受《涅槃》《法华》《胜鬘》，后来又从僧渊学《成实》，五十岁时，声誉闻于魏都洛阳，应请前往讲学，后来入恒山，学侣追随，讲授不辍。又北齐初年，邺下有沙门道纪，盛弘《成实》，讲说达三十年，其学统不明。

三、摄论师　真谛《摄论》之学，由靖嵩北上徐州，道尼入居长安，而独在北方敷弘称盛。靖嵩（537—614），涿郡固安人，北齐时代在邺都为法主，后北周武帝毁灭佛法，避地江南，从法泰谘受《摄论玄义》。后仍回徐州，盛弘《摄论》，著有《摄论疏》《九识玄义》等，为时人所宗。但北方正宗的摄论师实为地论学者昙迁。昙迁（542—607），博陵饶阳人，早年从慧光的弟子昙遵受学，后来隐居林虑山，精研《华严》《十地》《维摩》《楞伽》《地持》《起信》等，到周武帝平齐、毁灭佛法，结伴避地江南，辗转到了桂州，获得《摄大乘论》。隋初，和同伴往彭城，继续弘讲，乃为北地开创纯正的《摄论》法门。

四、涅槃师　《涅槃》大本，本在凉州译出，当时慧嵩、道朗以此知名，然流行不及南方之盛。其后北魏昙准（439—515），听说南齐僧宗特善《涅槃》，前往听讲，审知此学南北不同，于是另行研究讲说，其说盛行于北地。当时研讲《涅槃》者还有僧渊的弟子道登，后来有洛阳融觉寺昙无最，北周有潼州光兴寺宝彖（512—561），蒲州仁寿寺僧妙（？—464）等。僧妙化行河表，蒲州昙延（516—588）即其弟子。昙延早年听僧妙讲《涅槃》，深悟经旨，常说佛性妙理是《涅槃》宗极，足供心神游止。后隐于南部太行山百梯寺，撰《涅槃经义疏》十五卷，同时敷讲。在昙延稍前，北地有《地论》学系兴起，他们差不多都是兼讲《涅槃》的。慧光和他的弟子唱四宗（因缘宗、假名宗、不真宗、真宗）的教判。其中，真宗又称显实宗或常宗，即指《涅槃》《华严》及《地论》而言。慧光著有《涅槃疏》，他的弟子法上也曾讲《涅槃》并著文疏，法上的弟子慧远也著有《涅槃义疏》。

五、地论师　是由研习及弘传《十地经论》而形成的一派。这个学派由于译论者勒那摩提和菩提流支二人学风相违，分歧为南道、北道二系。北道从菩提流支出，而创始于道宠。道宠从菩提流支听受《地论》，随即著疏，从而弘讲，为邺下学人所推重，门弟子千余人，其中以僧休、法继、诞礼、牢直、侟果最为特出。名僧志念，也曾从道宠受学《地论》。南道从勒那摩提出，而创始于慧光。慧光初就佛陀扇多出家，继而广听律部，后来又从勒那摩提受《地论》，著有《十地论疏》。他的弟子中传承《地论》之学的，有法上、僧范、道凭、慧顺、灵询、僧达、道慎、安廪、昙衍、昙遵、冯衮、昙隐等，而以法上为上首。法上（495—580）曾讲《地论》，并著文疏。著名的弟子有法存、融智、慧远等。其中慧远（523—592）为一代博学者，常讲《地论》，并随讲随疏，著有《十地经论义记》七卷，其中保存南道地论师的学说不少。他的门人也努力弘扬《地论》。关于南北二道的地论师说，据天台宗学者荆溪湛然说：北道唱梨耶依持说，主张一切万法从梨耶缘起；南道唱真如依持说，主张一切万法是真如的缘起所生（见《法华玄义释签》卷十八、《文句记》卷七中）。北道后来受摄论师的影响，从而和它合流。

六、四论师　这是将《大智度论》和《中》《百》《十二门》三论并重的一个学派。起初北齐有道长（一作场）法师，精通《智论》，在邺都敷讲，为学者所宗，志念曾列席听讲，后来双弘《智论》及《杂心》十余年。东魏昙鸾也精研四论。北周静蔼（534—578）少听《智论》，洞明义旨，后来更披寻其他经论，而以四论最为所崇，在终南山等处敷讲。又有道判（532—615），曾问道于静蔼，也日夜研寻四论。同时还有道安，博通《智论》，弟子慧影，传承其学，著有《大智度论疏》二十四卷。

七、四分律师　《四分律》译出后，直到北魏孝文帝时代（471—499），才有法聪在平城专弘。既而有道覆依法聪的口授作《四分律疏》六卷，但只是把文字加以科分而已。后来，慧光作《四分律疏》百二十纸，并删定《羯磨戒本》，此学才大盛。弟子中传承其学的，有道云、道晖、洪理及昙隐等。道云专弘律部，作《疏》九卷。道晖把道云所作《疏》略为七卷。洪理作《钞》两卷。昙隐作《钞》四卷。道晖的弟子洪道（530—608），专学律部，盛弘《四分》，代替了《僧祇》的讲传。

八、净土师　弥陀净土法门从北魏昙鸾的净土教说流出，所以后世的净土宗常推昙鸾为创始者。其昙鸾一系的传统是：菩提流支—慧宠—道场—昙鸾—大海—法上（见道绰所撰《安乐集》卷下）。与《地论》、四论两学系实有交叉的关系。菩提流支曾译出世亲《无量寿经优婆提舍愿生偈》（通称《往生论》）一卷，又曾以《观无量寿佛经》授昙鸾，称为能解脱生死的大仙方。慧宠即最初的北道地论师道宠。道场在邺都敷讲《智论》，又传持阿弥陀五十菩萨像。昙鸾（476—542）起初于四论及佛性论深有研究，后来得到菩提流支的启发，专弘净土；既而住并州（今山西省太原市）的大岩寺，晚年又移住汾州（今山西省交城县）的玄中寺，修净土念佛之业；著有《无量寿经优婆提舍愿生偈注》（通称《往生论注》）二卷等。他提倡的念佛法门，于观念以外，注重称名，遂开后世重视称名念佛的风气。大海（即慧海，？—609），少年听受《涅槃》《楞伽》及大乘毗昙等，北周静帝大象二年（580），在江都仪涛浦创立安乐寺，常以净土为期，并模写无量寿佛像。法上有关净土法门的事迹不详，其弟子慧远著有《无量寿》《观无量寿》两经的义疏各二卷，再传弟子灵裕也著有《观无量寿经》及《往生论》等的疏记。

九、楞伽师　最初有菩提达摩，南天竺人，曾游于嵩洛，住于邺下，随地以禅法教人，曾惹起一班盛弘经律者的讥谤。只有道育、慧可两沙门竭诚事奉，经四五年，达摩为他们的精诚所感，于是诲以"二入"（理入、行入）、"四行"（一报怨行、二随缘行、三无所求行、四称法行）之法，并以四卷《楞伽》授慧可以为印证。达摩于东魏孝静帝天平年（534—537）前在洛滨示寂，传说一百五十余岁。弟子慧可（又称僧可，487—593），虎牢人，四十岁时在嵩洛从达摩受学，后于天平初，到邺下讲授达摩的禅法，弟子有那禅师、粲禅师等。那禅师和他的弟子慧满等，常常携带着四卷《楞伽》以为心要。另有僧副（464—524），太原祁县人，也出于达摩门下，精定学，后于北魏太和末（494—499），南游建康，住在钟山定林下寺，其高风为梁武帝所叹赏，后更到庸蜀大弘禅法。

总起来说，北朝佛教义学，小乘以《毗昙》《成实》为盛，大乘则《涅槃》《华严》《地论》并弘。这正是慧光和他的弟子们所作的"因缘""假名""不真""真"四宗教判的全部内容。其因缘宗即指《毗昙》，假名宗指《成实》，不真宗指《般若》、四论，真宗指《涅槃》《华严》及《地论》。又如净影慧远在所撰《大乘义章》中，每一义门都分作《毗昙》《成实》《地论》《涅槃》四层来解说，这也说明了北朝主要佛教义学的全貌。

但是北朝佛教的特点，还在于侧重实践，特别是禅观，而非空谈理论，这和同时南方佛教有显著的不同。这一时期除上述楞伽师而外，还有不少著名的禅师，如北魏时代玄高（402—444），早年往关中师事佛陀跋陀罗，通禅法。后往西秦，隐居麦积山，从受禅法的学者达百余人。又有外国禅师昙无毗，来西秦领徒立众，玄高也曾从他受法。后入北凉，受沮渠蒙逊的敬事。北魏太武帝攻入北凉时，请他往平城，大弘禅化。此外，勒那摩提、佛陀扇多也并弘传禅法。北齐，有佛陀扇多的再传弟子僧稠（480—560），道宣把他和达摩并称（见《续高僧传·习禅篇后论》）。僧稠起初从道房受止观，常依《涅槃》行四念处法。后来又从道明受十六特胜法。佛陀扇多赞为"自葱岭以东，禅学之最"。他先后在嵩岳等地讲学，魏孝武帝为他在怀州尚书谷中立禅室，集徒供养。齐文宣帝于天保二年（551）又请他到邺城，从受禅法和菩萨戒，并为立精舍，礼敬备至。后来侍郎李奖等请出禅要，为撰《止观法》两卷。又天台宗所祖述的慧文、慧思也提倡定慧，为南北禅家所尊重。慧文尝聚徒数百人讲学，据说他读《大智度论》"三智实在一心中得"之文及《中论》"因缘所生法"之偈，顿悟龙树空、假、中三谛道理，由此而建立一心三观的观法。慧思（515—577），武津人，从慧文受学，昼夜研磨，对《法华》等深有造就，于是敷扬大小乘定慧等法。天保年中（550—559），率领徒众南行，中途停留在大苏山，数年之间来学的甚多，智𫖮也就在这时来其门下，谘受"法华行法"。后更率徒众入南岳山，提倡定慧，世称南岳大师。北周有僧实（476—563），起初归依擅名魏代的道原法师，太和末（499）到洛阳，遇勒那摩提，授以禅法，得其心要。周太祖礼请为国三藏，并从受归戒。此外一般弘修禅法的，有慧初、僧周、慧通（以上北魏）、道恒、慧可、僧达、道明、法常（以上北齐）、僧玮、昙相、昙准、昙询、恩光、先路、慧命、昙崇（以上北周）等。

北朝一般社会上的佛教信仰，从北魏初年起，北地盛行一种一族一村等的佛教组织，叫作"义邑"，由僧尼和在家信徒构成，而以信徒为主。原来是民间为共同造像而发起的，后来逐渐发展，兼及于修建窟院、举行斋会、写经、诵经各事。它的首脑称为邑义主、法义主、邑主、邑长等，成员称为邑义、法义、邑子、邑人、邑徒等。而以教养更高的僧尼为指导，称为邑师。其时民间所诵习的经典，是昙靖自撰的二卷本《提谓波利经》，劝持五戒。邑人每月斋会二次，以正律为标准，互相督察。此外还有一种叫作法社的佛教组织，其旨趣和义邑略同，但由贵族达官知识分子和一些僧尼组成。

北朝在中国佛教文物方面，留下不少宏伟的遗迹，特别是石窟。如北魏开凿的有云岗、龙门等石窟。昙曜于兴安二年（453），请文成帝在平城西武州山开凿石窟五所，建立佛寺，称为灵岩。石窟大的高二十余丈，每窟各镌建佛像一尊，大的高七十尺，次为六十尺，建制奇伟，雕饰工致。后来，献文帝、孝文帝更相继开凿许多石窟。其次，宣武帝于景明初（500），在洛阳城南伊阙龙门山的断崖开凿石窟。这个石窟原来是孝文帝太和年中（477—499）民间创始开凿，宣武帝命大长秋卿白整，仿照云岗石窟样式，为孝文帝及文昭皇太后营造石窟二所。熙平年中（516—518），孝明帝也为宣武帝营造石窟一所。诸窟的开凿历时二十三年，人工八十万二千三百六十六个。其规模的宏伟、技巧的精工，可与云岗石窟并称。龙门的东方，有巩县（河南省）石窟，也是景明年中（500—503）所营造。还有天水麦积山石窟，也是北魏时代所开凿。这个石窟，在高出地面数十丈的万佛洞内，有深广五丈余的长方洞，内有大佛造像二十五躯，巨碑十八座，碑上浮雕佛像三十四排，每排二三躯，碑侧也刻有佛像，并有壁画。北齐开凿的有天龙山、响堂山等石窟。天龙山在北齐的陪都晋阳（今山西省太原市）西南三十里，文宣帝在山麓创立仙岩石窟寺，孝昭帝（560）也创立天龙石窟寺，幼主（577）更开凿晋阳西山大佛像，即所谓天龙山造像，与云岗、龙门齐名。响堂山有南北二处（南响堂山在河北省磁县西四十五里的彭城镇，北响堂山一名鼓山，在南响堂山西北三十五里的武安县义井里），都有北齐时代开凿的石窟。就中北响堂山的窟壁所镌刻的石经，是房山石经的先驱，实为佛教文化史上可以大书特书的大事。北响堂山的石窟，即以北齐开凿的刻经洞和释迦洞、大佛洞三大窟为中心，其中刻经洞，是北齐特进骠骑大将军唐邕所刻。他以为"缣缃有坏，简策非久，金牒难求，皮纸易灭"，于是发愿把佛所说经镌刻在名山，以为保存之计。从后主天统四年（568）三月初起，开凿石窟，并将窟内外的壁面上镌刻《维摩经》《胜鬘经》《孛经》《弥勒成佛经》各一部，历时四年，到武平三年（572）五月末才完工（此后经过四十年，才有房山石经）。北齐时代的石经除这以外，现存的，还有山东省泰山经石峪的《金刚般若经》，同省徂徕山映佛岩的《般若经》（武平元年刻），同省辽州屋骒嶝的《华严经》（北齐初年刻）。

除了石窟寺外，一般寺塔的建筑，在北朝也极一时之盛，真所谓"招提栉比，宝塔骈罗"（《洛阳伽蓝记》序）。当北魏道武帝接受了佛教之时，便于天兴元年（398）在首都平城"作五级浮图，耆阇崛山及须弥山殿，加以绘饰"。后来，献文帝又于皇兴元年（467）在平城"起永宁寺，构七级浮图，高三百余尺，基架博敞"，更于天宫寺"构三级石佛图高十丈，榱栋楣槛，上下重结，大小皆石，镇固巧密，为京华壮观"。到孝文帝迁都洛阳以后，更大力营造寺塔，洛阳一地就有一千余寺，其中著名的有永宁寺、瑶光寺、景乐寺、法云寺、皇舅寺、祇洹精舍等。特别是永宁寺，宏伟庄严，建筑、雕塑及工艺美术皆为奇观。此寺是胡太后于熙平元年按照平城永宁寺样式所营造，其中有九层浮图一所，高九十丈，"殚土木之功，穷形造之巧"。浮图北有佛殿一所，中有丈八金像一躯、等身金像十躯、编真珠像三躯、金织成像五躯，"作功奇巧"。还有僧房一千余间，"台观星罗，参差间出"。菩提达摩曾合掌赞叹为阎浮提所无。瑶光寺是宣武帝所立，中有五层浮图一所，高五十丈，作工的美妙，和永宁不相上下。景乐寺是清河文献王元怿所立，有佛殿一所，中有像辇，雕刻巧妙，冠绝一时。法云寺是西域乌场国沙门僧摩罗所立，"工制甚精"（以上均见《洛阳伽蓝记》）。皇舅寺是昌黎王冯晋国所造，有五级浮图，"其神图像皆合青石为之，加以金银火齐，众彩之上炜炜有精光"（《水经注·㶟水篇》）。祇洹精舍是宕昌公钳耳庆时所立，橡瓦梁栋，台壁榇陛，尊容圣像及床坐轩帐，都是青石，图制可观（同上）。此外河南登封有北魏所立嵩岳寺塔，山东历城有东魏所立神通寺塔等。

北朝的佛画家，有北魏的杨乞德（见《历代名画记》卷八）、王由（字茂道，见《后魏书》卷七十一《王世弼传》附）等，而以北齐的曹仲达为最。仲达本来是西域曹国人，所画璎珞天衣，带有域外犍陀罗式的作风，后世画家称为"曹衣出水"和吴道子的"吴带当风"并称。

（黄忏华）

七　隋代佛教

隋代佛教，是从隋文帝开皇元年（581）到恭帝义宁二年（618）中国隋王朝一代三十七年间的佛教。隋、唐时代是中国佛教的大成时期。隋代虽然立国不久，但在政治上统一了南北两朝，各种文化也出现了综合的新形式，佛教也综合南北体系，而有新的教学、宗派建立，形成了划一时期的特色。

隋文帝（581—604）继承了北周的统治，一开头就改变了周武帝毁灭佛法的政策，而以佛教作为巩固其统治权的方针之一。这和他出生在冯翊（今陕西省大荔县）般若尼寺受智仙尼的抚养和即位时昙延力请兴复佛教不无关系。他首先下令修复毁废的寺院，允许人们出家，又令每户出钱营造经像，京师（长安）及并州、相州、洛州等诸大都邑由官家缮写一切经，分别收藏在寺院及秘阁之内，从而天下风从，民间的佛经比儒家的六经多很多倍（见《隋书·经籍志》）。

文帝一生致力于佛教的传播。在度僧方面，他于开皇十年（590）听许以前私度的僧尼和人们志愿出家，一时受度的多到五十余万人（《续高僧传》卷十《靖嵩传》；又卷十八《昙迁传》）。在建寺方面，他于即位初年，即改周宣帝所建立的陟岵寺为大兴善寺。又令在五岳各建佛寺一所，诸州县建立僧、尼寺各一所，并在他所经历的四十五州各创设大兴善寺，又建延兴、光明、净影、胜光及禅定等寺，据传他所建立的寺院共有三千七百九十二所（《辩正论》卷三）。在建塔方面，文帝先得天竺沙门给他的佛舍利一包，即位后，令全国各州建立舍利塔安置，前后共三次。第一次是仁寿元年（601），在他六十岁的生日六月十三日，令全国三十州立塔，请名僧童真、昙迁等三十人分道送舍利前往安置。第二次是仁寿二年（602），在佛诞日，请名僧智教、明芬等分送舍利至全国五十三州入函立塔。第三次是仁寿四年（604），也是在佛诞日，令在三十州增设宝塔，请名僧法显、静琳等分送舍利。前后立塔一百十所。所有立塔的费用，任人布施，但以十文为限。在造像写经方面，据传从开皇初到仁寿末（604），建造金、铜、檀香、夹纻、牙、石等像大小一万六千五百八十躯，修治故像一百五十万八千九百四十余躯（《辩正论》卷三），并且在开皇二十年（600）严禁毁坏、偷盗佛像等（《隋书·高祖纪》下）。又缮写新经十三万二千零八十六卷，修治故经三千八百五十三部（《辩正论》卷三）。此外，文帝在建国初年，仿北齐的制度，设置昭玄大统、昭玄统、昭玄都及外国僧主等僧官，以管理僧尼的事务。他于开皇元年授名僧僧猛为隋国大统（即昭玄大统）三藏法师，七年（587）又命昙迁为昭玄大沙门统，至十一年（591）又诏灵裕为国统。至于地方僧官则有统都、沙门都、断事、僧正等的设置。

  文帝对于佛教义学的提倡，即以长安为中心建立了传教系统，选聘当时各学派著名的学者，集中在都邑，分为五众：一、涅槃众，二、地论众，三、大论众，四、讲律众，五、禅门众。每众立一"众主"，领导教学。其间可考的，是长安涅槃众主法总、童真、善胄；地论众主慧迁、灵璨；大论众主法彦、宝袭、智隐；讲律众主洪遵；禅门众主法应。此外长安还曾建立了二十五众（《续高僧传·义解篇后论》），大兴善寺沙门僧璨即曾为二十五众第一摩诃衍匠，大兴善寺沙门僧琨也做过二十五众教读经法主，从事学众的教导（见《历代三宝记》卷十二，《续高僧传》卷七、九）。

  隋炀帝（605—618）也笃好佛教，他先为晋王时，曾迎请名僧智𫖮为授菩萨戒，并尊称智𫖮为智者。即位后，他在大业元年（605）为文帝造西禅定寺，又在高阳造隆圣寺，在并州造弘善寺，在扬州造慧日道场，在长安造清禅、日严、香台等寺，又舍九宫为九寺，并在泰陵、庄陵二处造寺。又曾在洛阳设无遮大会，度男女一百二十人为僧尼。并曾令天下州郡行道千日，总度千僧，亲制愿文，自称菩萨戒弟子。传称他一代所度僧尼共一万六千二百人。又铸刻新像三千八百五十躯，修治旧像十万零一千躯，装补的故经及缮写的新经，共六百一十二藏。炀帝还在洛阳的上林园内创设翻经馆，罗致译人，四事供给，继续开展译经事业。

但另一方面，文帝在开皇九年（589）灭陈时，曾令陈都建康的城邑宫室荡平耕垦，于石头城置蒋州，使南北朝时代盛极一时的建康佛教顿告衰微。其时诸寺多毁于战火，"钟梵响辍，鸡犬不闻"。因此蒋州奉诚寺慧文等致书智𫖮，请转达坐镇扬州的晋王杨广予以护持。后来杨广做了皇帝，于大业三年（607）下令沙门致敬王者；更于大业五年（609）令无德的僧尼还俗，寺院按照僧尼的数量保留，其余一概拆毁；一时造成因僧废寺的现象。从这些事实上，可见隋代对于佛教的政策也有限制的一面。

隋代译经，主要译师有北天竺乌场国的那连提耶舍（490—589）。他原在北齐译经，曾因齐亡佛教被毁，而改著俗装。隋兴，应文帝之请，住长安大兴善寺，从开皇二年到五年（582—585），更译出《大庄严法门经》等八部二十三卷。同时又有他的同乡沙门毗尼多流支来长安，于开皇二年译出《大乘方广总持经》《象头精舍经》。又有中天竺婆罗疕斯优婆塞达磨阇那于开皇二年译出《业报差别经》一卷。

阇那崛多（527—604）原在北周译经，周武帝毁灭佛教时，被迫回国，中途为突厥所留，开皇四年，文帝应昙延等三十余人之请，遣使延请他东来，住在大兴善寺，从事传译。开皇五年到仁寿末年（604），更译出《佛本行集经》《大方等大集护经》《大威德陀罗尼经》，并补译《法华经》《金光明经》的缺品等共三十九部、一百九十二卷。

达摩笈多（？—619）于开皇十年游方到瓜州（今甘肃省敦煌县），受请至长安，在大兴善寺和洛阳上林园的翻经馆，从开皇中叶到大业末年共译出《药师如来本愿经》《起世因本经》《金刚般苦经》《菩提资粮论》《摄大乘论释论》等九部四十六卷。以上隋代译师五人，共译出经论等五十九部，二百六十二卷。

中国沙门参预达摩阇那、达摩笈多等的译事者有彦琮（557—610），他记录笈多游历西域各国的见闻，著为《大隋西国传》（已佚）。彦琮谙习梵文，开皇十二年（592）奉召入长安，住兴善寺，重掌翻译。仁寿二年（603），文帝使撰《众经目录》，又将《舍利瑞图经》及《国家祥瑞录》翻译为梵文。大业二年（606），住翻经馆，披阅新由林邑（今越南中部）获得的昆仑书（当时对林邑以南通用文字的总称）佛经，并编撰目录，以备选译。又和裴矩共同修纂《天竺记》。此外，他还著有《达摩笈多传》《辩正论》《通极论》《福田论》《沙门不应拜俗总论》等。又为译诸经作序。彦琮并论定翻译的楷式，有"十条八备"之说。

前代译经既多，入隋又增新译。文帝在开皇十四年（594）乃命大兴善寺翻经沙门法经等二十人，整理所有译出的经典，撰《众经目录》七卷（通称《法经录》）。此录分《别录》与《总录》。《别录》以大、小乘经、律、论为六门，分作一译、异译、失译、别生、疑惑、伪妄六类；又抄集、传记、著述三门，各分作西域、此方二类；《总录》则统计其部数、卷数。此书是一部有组织而且分类较精的经录。另外，翻经学士费长房，在开皇十七年（597）撰《历代三宝纪》（又称《隋开皇三宝录》）十五卷，通称《长房录》。其内容初为《帝年》，系佛教及重要时事于历朝帝王的年代之下；次为《代录》，列叙各朝代译人所译经典的部数、卷数及其重要事迹；后为大乘、小乘"入藏"经、律、论目录，各以有译、失译分类。此录在现存经录中，内容繁博，误谬也最多。又彦琮等翻经沙门及学士在仁寿二年奉令撰《众经目录》五卷，分单本（即一译）、重译（即异译，各列大小经律论的目录，附贤圣集传）、别生、疑伪、缺本五类，刊定了当时书写佛经总集的标准，一直影响到后世。

隋代佛教义学的发展及宗派的建立，由于当时全国一统，南北佛教的思想体系得到交光互摄的机会，从而各宗派学说一般都有汇合折衷的趋势。这时期，如北方地论南道派的慧远，南方天台宗的智𫖮，三论宗的吉藏，都可为其代表。普法宗信行的三阶教也属于这个类型。

慧远（523—592）的主要学说见于所撰《大乘义章》。此书把佛教义学的大纲分作《教法聚》《义法聚》《染聚》《净聚》《杂聚》（此聚已佚）五类。每类中都是先叙《毗昙》《成实》，然后归结到《地论》《涅槃》。他盛弘《十地经论》。此论原系解释《华严经》中的《十地品》，所以他同时也是宗《华严》的。他晚年又列席摄论师昙迁的讲筵，还著了《起信论义疏》，因而他又汲取了《涅槃》《摄论》及至《起信》的思想，主张《地论》所说的"阿梨耶识"和《楞伽》所说的"如来藏心"、《涅槃》所说"佛性"是一法，称为如来藏自性清净心，从而缘起法界恒沙佛法，是名"真性缘起"或"真识缘起"。这种思想即为后世华严宗智俨、法藏的"法界缘起"学说的张本。

智𫖮（538—597）是天台宗实际的创立者，他从当时流行的大乘经里举出以《法华经》为中心，而以南北朝佛教的义学为根据，特别是发展了慧文的一心三观说和慧思诸法实相说，提出"圆融三谛""一念三千"的新义。一心三观原已发明观境兼备空、假、中三谛，由此更理解到诸法之即空即假即中，一时互具，而成为三谛圆融。诸法实相原以佛的知见为标准，所以见得实相的内容为如是相、如是性、如是体、如是力、如是作、如是因、如是缘、如是果、如是报、如是本末究竟等，一共十如。在这基础上，更见到十如的互具，又遍于六凡四圣的十法界，更各有五阴、众生、国土三种世间，这样重迭计算，有三千诸法，皆于一念中有具足之义，此即一念三千。智𫖮学说，即以此等观法为其修持的指导思想。

吉藏（549—623）由法朗得承罗什、僧肇所传的三论法门，对魏晋南北朝所有的各家学说一一加以批判，特别是破斥当时的成实师等，形成了三论一大宗派。吉藏先后著成《中》《百》《十二门论》的注疏及《三论玄义》《大乘玄义》《二谛义》等，把《般若》无得、性空的义理发挥无遗。

此外，当南北朝时代之末，《摩诃摩耶经》《大集月藏经》先后译出。

当时产生一种"末法"思想，认为已入末法时代。信行的"三阶教"，便是从这种思想中酝酿而成的。他就时、处、机（人）把佛教分作"三阶"，以为当时到了佛灭一千年以后，又在戒见俱破的世界，多有戒见俱破的颠倒众生，这都到了第三阶时期。此时众生的机类，我见、边见成熟，所以偏学一乘、三乘，或偏念《弥陀》《法华》，彼此是非，终至犯诽谤罪，永无出离之期。只合依普佛普法的法门，即佛无差别、法无差别、普法普佛、普真普正的佛法。此即信行极力宣传的说教。信行圆寂后不久，开皇二十年（600），朝廷明令禁断三阶教典，不听传行，但信奉其说的依然不绝。

又北地摄论师的兴起，也在隋文帝时代，如昙迁的著述中有《九识章》专篇，他的弟子道英又深会"无相思尘"的大旨，因而《摄论》的学说仍为一般佛教界所讲习。

隋代一般佛教徒的信仰和行持，由于隋文帝偏重定门，曾于长安的西南设置禅定寺，集名德禅师一百二十人，四事供给，以为提倡，遂大开以习禅为重点的风气。特别是昙询（515—599），"每入禅定，七日为期。"真慧（569—615），"创筑禅宇，四众争趋，端居引学，蔚成定市。"志超（571—641），"创立禅林，晓夕勤修"。此外，修忏、造像、咒愿、持律等也通行。还有致力于社会事业的，如僧渊（519—602）鉴于渡锦江而溺毙的人很多，在南路架设飞桥。法纯（519—603）微行市里，或代人佣作，或为僧俗洗补衣服，或清除市井的粪秽，或为僧徒劈柴担水，或填治道路。智通（543—611）立孤老寺，以时周给。慧达（524—610）建大药藏，需者便给。

其次，在家佛教徒信众中，有一种称为"义邑"（又作邑会，由共同出资或出力营造佛像等关系而成立）的信仰团体，还有一种和它类似的"法社"。这是因为隋代复兴佛教，造像的风气凌驾前代，义邑的组织相当发达。义邑的成员有时多到一两千人。和它相类的法社，则是贵族、达官或在家人士和若干僧尼的团体。故义邑需要有教养较高的"邑师"主持指导，而在法社除"俗讲"等外，则无此需要。义邑与法社都期望往生净土。关于实际修行，则二者重视戒律而外，法社并偏重修禅。

在这时期，还有一种依佛制供设斋食的集会，即所谓"斋会"，在纪念、庆祝、祈愿等时节举行，如文帝于开皇八年（588）昙延圆寂时设千僧斋；既而又于终南山焚化地设三千僧斋。仁寿元年（601）遣名僧送舍利到诸州建塔时，也命诸州僧尼普为舍利设斋等。炀帝为晋王时，于开皇十一年迎请智𫖮到扬州，为设千僧会，受菩萨戒；智𫖮于开皇十七年入寂时，遣司马王弘到天台山设千僧斋；又于大业元年智𫖮的忌日设千僧斋等。此外开皇十四年，武卫将军索和业舍宅为寺时，沙门法藏（548—629）率众精勤行道，设万僧斋。又沙门玄琬（562—636）定于每年二月八日佛诞开讲设斋，通召四众，供养悲田、敬田。又大业中，昆明池北白村的村民，感于沙门普安（？—609）治病的神效，举行大斋，表示敬念。

在佛教文学艺术方面，隋代运用佛典的理趣、风格及故实入诗文的，有文帝、炀帝、薛道衡、柳顾言、许敬宗、费长房、卢思道等的作品。沙门彦琮、行矩、灵裕、吉藏、智𫖮、慧影等的文学撰作也都可观。隋代的佛画家，有杨契丹、尉迟跋质那（于田人）、昙摩拙叉（印度沙门）等，而以尉迟跋质那和他的儿子尉迟乙僧为尤著。他们的画法有些类似印度阿旃陀石窟的壁画。隋代佛教的建筑，以文帝所造大兴善寺、东禅定寺，炀帝所造西禅定寺、隆圣寺为最宏伟。特别是东禅定寺"驾塔七层，骇临云际，殿堂高耸，房宇重深，周闾等宫阙，林圃如天苑；举国崇盛，莫有高者"（《续高僧传》卷十八《昙迁传》）。隋代的石窟艺术，也有很大的建造。像灵裕在开皇九年所凿造的那罗延窟为最著名。灵裕经过周武帝的法难，为了预防佛法灭尽，于开皇九年入宝山（今河南省安阳市）开凿石窟。在窟内雕造卢舍那、阿弥陀、弥勒三佛的坐像，并镂刻释迦牟尼佛等三十五佛及过去七佛坐像。又在入口的外壁刻迦毗罗及那罗延神王，并镂刻《叹三宝偈》《法华》《胜鬘》《大集》《涅槃》等经偈文。更在入口的内壁刻有《大集经·月藏分》及《摩诃摩耶经》等。此外所开凿的石窟，还有山东历城的神通寺千佛岩等。至于云岗、龙门、响堂山、天龙山等石窟及敦煌千佛洞等，隋代也续有开凿。隋代雕造的窟龛像及小铜像、玉石像、锤鍱涂金像等，遗留到晚近的为数也不少。大抵顶作螺发，面貌柔和圆满，衣褶置重写实，流丽柔巧。还有大业初年，幽州智泉寺沙门静琬（又作智苑，？—639），也为预防法灭，发愿造一部石刻大藏，封藏起来。于是在幽州西南五十里大房山的白带山（又名石经山）开凿崖壁为石室，磨光四壁，镌刻佛经。又取方石另刻，藏在石室里面。每一间石室藏满，就用石头堵门，并融铁汁把它封锢起来。到唐贞观五年（631），《大涅槃经》才告成。这便是房山石经的发轫。

隋代佛教的流传还远及于四邻诸国，特别是当时的高丽、百济、新罗及日本。新罗在陈末隋初陆续有僧人智明、圆光、昙育及惠文等来中国研习佛法，并先后学成归国。又文帝在仁寿中分布舍利起塔时，高丽、百济、新罗三国的使者各请舍利一枚，于本国起塔供养。特别是在炀帝初年，四邻诸国来学佛法的僧徒云集长安。于是，日本摄政者圣德太子于大业三年遣使者小野妹子来聘，并且带了沙门数十人来学佛法（见《隋书·东夷传》）。第二年又特选僧旻、清安、惠隐、广齐四人（一作八人）跟随小野妹子前来。炀帝把这些外来留学的僧徒安置在鸿胪寺的四方馆，并且先后召终南山悟真寺净业、玉泉寺静藏、长安大庄严寺神迥、弘福寺灵润入鸿胪馆担任教授。这些措施对于后来各国的佛教流行，都很有关系。

（黄忏华）

八　唐代佛教

唐代佛教，是指从唐高祖武德元年（618）到哀帝天祐四年（907）二百八十九年间李唐一代的佛教而言。

唐代接着隋代之后，很重视对于佛教的整顿和利用。高祖武德二年（619），就在京师聚集高僧，立十大德，管理一般僧尼。九年（626），因为太史令傅奕的一再疏请，终于命令沙汰佛道二教，只许每州留寺观各一所，但因皇子们争位的变故发生而未及实行。太宗即位之后，重兴译经的事业，使波罗颇迦罗蜜多罗主持，又度僧三千人，并在旧战场各地建造寺院，一共七所，这样促进了当时佛教的开展。贞观十五年（641）文成公主入藏，带去佛像、佛经等，使汉地佛教深入藏地。贞观十九年（645），玄奘从印度求法回来，朝廷为他组织了大规模的译场，他以深厚的学养，作精确的译传，给予当时佛教界以极大的影响，因而在已有的天台、三论两宗以外，更有慈恩、律宗等宗派的相继成立。稍后，武后（684—704）利用佛教徒怀义等伪造《大云经》，她将夺取政权说成符合弥勒的授记，随后在全国各州建造了大云寺，又造了白司马坂的大铜佛像，并封沙门法朗等为县公，又授怀义为行军总管等，这使佛教和政治的关系益加密切。此时新译《华严》告成，由法藏集大成的贤首宗也跟着建立。其后，玄宗时（712—756），虽曾一度沙汰僧尼，但由善无畏、金刚智等传入密教，有助于巩固统治政权，得到帝王的信任，又促使密宗的形成。当时佛教发展达于极盛，寺院之数比较唐初几乎增加一半。不久，安史乱起，佛教在北方受到摧残，声势骤减。禅家的南宗由于神会的努力，渐在北方取得地位。神会又帮助政府征收度僧税钱，以为军费的补助，南宗传播更多便利，遂成为别开生面的禅宗。但是当时国家历经内战，徭役日重，人民多借寺院为逃避之所，寺院又乘均田制度之破坏，扩充庄园，驱使奴婢，并和贵族势力相勾结，避免赋税，另外还放高利贷设立碾磑等多方牟利。这样在经济上便和国家的利益矛盾日深，故从敬宗、文宗以来，政府渐有毁灭佛教的意图，到武宗时（841—846）就终于实现了。从会昌二年到五年（842—845），命令拆毁寺宇，勒令僧尼还俗。综计当时拆毁大寺四千六百余所，小寺四万余，僧尼还俗二十六万余人，解放奴婢十五万人，收回民田数千万顷。这对以后佛教的发展影响很大。当时佛教典籍的湮灭散失情况也极严重，特别是《华严》《法华经》等的章疏，大半都在此时散失，以至影响到天台、贤首等宗派日趋衰落。

唐代的译经基本上由国家主持，其成绩是很可观的。这从太宗贞观三年（629）开始，组织译场，历朝相沿，直到宪宗元和六年（811）才终止。前后译师二十六人，即波罗颇迦罗蜜多罗（翻译年代629—633，以下各人皆附注翻译年代）、玄奘（645—663）、智通（647—653）、伽梵达摩（约650—655）、阿地瞿多（652—654）、那提（655—663）、地婆诃罗（676—688）、佛陀波利（676）、杜行顗（679）、提云般若（689—691）、弥陀山（690—704）、慧智（693）、宝思惟（693—706）、菩提流志（693—713）、实叉难陀（695—704）、李无谄（700）、义净（700—711）、智严（707—721）、善无畏（716—735）、金刚智（720—741）、达摩战湿罗（730—743）、阿质达霰（732）、不空（743—774）、般若（781—811）、勿提提犀鱼（约785—？）、尸罗达摩（约785—？）。这些译师里有好几个中国僧徒、居士，而且在译籍的数量和质量方面，也超过前人。比如其中的玄奘、义净、不空等，都是很突出的。玄奘所译有七十五部、一千三百三十五卷，义净译出六十一部、二百六十卷（因当时政变而散失的，不计入），不空译出一百零四部一百三十四卷（其中有些是属于编撰性质的）。他们各有所长，义净着重律典，不空专于密教，玄奘则瑜伽、般若、大小毗昙，面面俱到。此外，各译师翻出的经典也多有特色，可说当时印度大乘佛教的精华，基本上已介绍过来了。在李唐一代译出的佛典，总数达到三百七十二部、二千一百五十九卷，分量可说是空前的（唐代译师除上述见于经录的各家而外，还有些从现存零星译本和日本学僧"请来录"记载上见到的译人，如戒贤、菩提仙、达摩栖那、宝云、满月、智慧轮、达摩伽那、法成等）。

将历代翻译的佛典编成"一切经"，作为寺院的藏书来缮写，这在隋代，就已编定了《仁寿众经目录》（彦琮等依《法经目录》重编）。唐初，在这一基础上增订而成的目录有好几种。先有贞观初年的德业、延兴二寺《写经目录》（玄琬编，共收七百二十部，二千六百九十卷，比较《仁寿录》增加三十一部、一百五十八卷），次有显庆三年（658）所编西明寺大藏经的《入藏录》（共收八百部、三千三百六十一卷），再次有龙朔三年（663）所编《东京大敬爱寺一切经论目录》（静泰编，共收八百十六部、四千零六十六卷）。另外带有经录性质的，有麟德元年编成的《大唐内典录》（十卷，道宣编）、《古今译经图纪》（四卷，靖迈撰），武周天册万岁元年（695）编成的《大周刊定众经目录》（十五卷，明佺等撰），开元十八年（730）编成的《续大唐内典录》（一卷，智升撰）、《续古今译经图纪》（一卷，同上）、《开元释教录》（二十卷，同上）、《开元释教录略出》（四卷，同上），贞元十年（794）编成的《贞元续开元释教录》（三卷，圆照撰），贞元十六年（800）编成的《贞元新定释教目录》（三十卷，同上）。在这些目录里，《开元录》一种实际发生的影响最大。它的入藏目录共收一千零七十六部、五千零四十八卷，成为后来一切写经、刻经的准据。同时有华严寺沙门玄逸对于入藏各经的卷次、品目详加校定，撰成《开元释教广品历章》（三十卷，今残缺不全），这就更增加了《开元录》的准确性。

中国佛教中的宗派，最先为隋代集大成的天台宗。此宗于智𫖮圆寂后即由其弟子灌顶（561—632）继续弘传。入唐，有法华寺智威（？—681）、天宫寺慧威（634—713）、左溪玄朗（673—754）相次传，在这几代里，因新兴慈恩、贤首各宗势力所掩，黯然不彰。及至玄朗弟子荆溪湛然（711—782），一宗始有中兴之象。湛然初为儒生，二十余岁时从学玄朗，修习止观。天宝末（755顷）与大历初（766顷），曾一再辞谢征辟，专事授徒著述，宏扬自宗。但其立说，随着时代思想的开展，也渐改旧观。后传行满，再传广修（？—843），值会昌毁佛，声势骤衰。湛然别传弟子道邃，以天台学传给日本最澄，最澄回国后遂在日本开创了天台宗。道邃门人宗颖、宗谙，视《法华经》与《大日经》同等，亦与日本台密以相当的影响。

另外，还有隋代已具雏形的三论宗，其祖师吉藏（549—623）晚年在长安，曾受到唐高祖的优礼，被聘为十大德之一。他迭住于实际、定水诸寺，得以盛弘其说。吉藏诸门人中最杰出的为慧远，住在兰田悟真寺，时来长安讲说，能传此宗的教化。另有智拔、乌凯、智凯、智命、硕法师、慧灌等。乌凯（？—646）在越州嘉祥寺开讲三论。硕法师著《中论疏》。慧灌为高丽学僧，后去日本开三论宗。其与吉藏同门而活动于唐初的还有慧均，著《四论玄义》，今存残卷。稍后，贞观年中有元康（或说是硕法师弟子），住安国寺，著《三论疏》，又为《肇论》作注，为日本此宗第三传道慈之师。唐代此宗后因不敌慈恩、天台诸宗的盛势，而逐渐不振。其修习禅法的，则因禅宗勃兴，也就多与合流，无所区别了。

唐代佛教在发展过程中更成立了好些宗派。这是一方面因为佛教的传播日广，要适应各阶层信徒的要求，就不能不有各种教理和修持的体系。一方面也因为寺院的经济基础，日益庞大，佛教徒采取了用宗派形式加强组织，以维持其既得的利益。最先，有慈恩宗，这是由玄奘（600—664）和其门徒们所建立，而以玄奘曾住过的慈恩寺名宗。他们统一了过去摄论师、地论师、涅槃师等种种分歧的说法，特别是在修持依据和方法的议论上，都用新译的资料作了纠正。他们宗奉印度大乘教中从无着、世亲相承而下直到护法、戒贤、亲光的瑜伽一系之说，即以《瑜伽师地论》及其附属论书（所谓十种支论）为典据，主张众生种姓各别，改变了过去说"皆有佛性"的见解。又用"唯识所现"来解释世界，即从"唯识无境、境无识亦无"的次第来作契会实相的观行。玄奘自己的主张只配合着他的翻译随时对他门徒们讲说，并没有专篇著作。他门下人物很多，最杰出的是窥基（632—682），对于新译的经论作了将近百部的注，特别在《成唯识论》《因明入正理论》等重要典籍方面有极其详尽的解释，大大发扬了玄奘译传的新说。接着有慧沼（650—714）、智周（668—723），相继阐扬，遂使此宗达于极盛。但因理论过于繁细，难能通俗，终究归于衰落。玄奘门下还有一些新罗的学人，像圆测（613—696）、道证、太贤、慧景、道伦等，也都有成就，但通常不算在此宗传承之内。又在玄奘译传瑜伽系学说的同时，也对说一切有部的毗昙作了有系统的翻译介绍。特别是《俱舍》一论，以前真谛曾经翻译讲习而有了专门学系，所谓俱舍师；这时又有玄奘重翻本论，并介绍了《顺正理论》之说，而丰富了《俱舍》研究的内容。在玄奘门下普光、法宝等都专事讲求，相承不绝，这就使俱舍师的传统一直延续到唐末。

其次，律宗。从南北朝以来，由于国家对佛教僧徒的管理逐渐严密，教内也需要统一实行戒律的作法来加强自己的组织。这就有了一群讲求律学的律师。其中道宣（596—667）继承北朝慧光（468—537）到智首（567—635）的系统，专事《四分律》的宏扬。他做了《四分律戒本疏》《羯磨疏》《行事钞》等大部著作，在理论上吸收了玄奘译传的新义，较旧说为长。因为道宣后来居住在终南山丰德寺，所以一般称呼他一系传承的律学宗派为南山宗。同时还有法砺（569—635）的相部宗、怀素（625—689）的东塔宗，对于《四分律》的运用和解释，各有不同的见解，也各成一派。他们的声势虽不及南山宗之盛，但流行经过了较长时期，彼此存着分歧，不得统一。大历十三年（778），由国家发动来调和异议，也未见效，不过最后还是南山畅行，余宗逐渐衰落了。另外，义净（635—713）一家也锐意讲求律学。他曾费了二十五年的时间，历三十余国，留心关于实行戒律的各种作法，写成记录，从南海地方寄回国内，即称《南海寄归传》。他回国之后，又大量翻译根本说一切有部的广律和十七事等，很想原封不动地将印度有部制度移植过来。但这一制度在中国基础薄弱，显然和习惯相违，只徒有理想，留下了丰富的文献而已。

贤首宗。此宗是推尊《华严经》为佛说的最高阶段，要用它来统摄一切教义的。最初出法顺（即杜顺，557—640）创立了法界观门，从《华严》所说各种法相归纳条理，作为逐步观察宇宙万法达到圆融无碍境地的法门。接着有智俨（602—668）著述《搜玄记》《孔目章》等，对《华严经》文作了纲要性的解释。到了法藏（643—712），因为参加了《华严》的新译，理解经文更为透彻，他还吸收玄奘新译的一些理论，这样成了教判，并充实了观法，而建成了宗派。后人即以他的贤首作为宗名：他的理论曾一度为其弟子慧苑所修改，以致未能很好地传播，但不久澄观（738—839）即纠正了慧苑之说而加以发扬。其后宗密（780—841）融会禅教两方面，贯彻了华严圆融的精神。向后此宗即沿着这样的趋向而开展。另外，法藏门下有新罗学人义湘（625—702），他归国后即在海东开创了华严经宗。

密宗。纯粹用陀罗尼（咒语）来作佛教的修习方便，这在当时的印度还是比较新鲜的事，但因中印间交通发达，很快地就传播过来了。相继来唐的善无畏（637—735）、金刚智（671—741），本来修学地点不同，分别传承胎藏界和金刚界的法门，及到达中国之后，互相授受，就融合成更大的组织。接着经过一行（673—727）、不空（705—774）的阐述，更充实了内容，乃于一般的佛教而外，创立密教（从真言秘密得名）一宗。此宗带着神秘色彩，为统治阶级所特别爱好。当时几代帝王都对不空十分优礼，并以官爵相笼络，这样形成了王公贵族普遍信仰密教的风气。其影响所及，日本也一再派遣学僧来华传习，归国开宗。但不空以后，经惠果、义操、义真等数传，宗势就逐渐衰颓。到了唐末，虽还有柳本尊那样的人远在四川，盛弘密法，但已不是以前的面目了。

以上各宗和从前代继承下来的天台宗、三论宗，都只流行于宫廷或上层知识分子之间，其向民众传播并带着更浓厚的宗教色彩的，则另有净土宗。这是从弥陀信仰进一步的开展，立宗的端绪可上溯到北魏时代的昙鸾（477—543）。昙鸾在并州石壁山玄中寺提倡净土念佛法门。唐初道绰（562—645）在寺中见到记载昙鸾事迹的碑文，得到启发而归心，继续提倡。他的弟子善导（613—681）来长安传教，使净土信仰得到很大发展。善导还著了《观经疏》，在教理上建立根据，这样净土宗就形成了。其后怀感、少康（？—805）等，相承不绝。唐代宣传净土教的人，另外还有慧日（慈愍，680—740）。他从印度游历回来，宣传在健驮罗国得着净土法门的传授，由此别成一系，但实际和善导所提倡的相差无几。此外如迦才、承远（712—802）、法照（？—821？）等，也都致力于净土的宏传，遂使这一宗信仰得以普遍流行。

最后还有禅宗。北魏时菩提达摩在北方传授禅法，以《楞伽经》（刘宋译四卷本）为印证，就有了楞伽师一派。唐初，黄梅双峰山有道信禅师（580—651），他和三论宗的人有些渊源，故在楞伽禅法而外，还参用般若法门，但后人仍视为继承达摩的嫡系。同时，从三论师炅法师出家的法融（594—667）从事静坐，据传说曾得道信的印可，而成为一系牛头禅（这因法融住在金陵牛头山而得名），传承了几代。但道信直传的弟子是弘忍（601—674），移住东山，传法四十余年，门人多至千数，尊其所说为东山法门。他的门人中著名的有神秀（606—706）、智诜（611—702）、老安（582—709）、法如、慧能（638—713）等十余人。慧能后还岭南，提倡顿悟法门，又结合世俗信仰而推重《金刚经》，不专主坐禅，这样就和神秀一系墨守成规、信奉《楞伽》、主张渐悟的恰恰相反，而逐渐成为南北两宗的对立。慧能门下怀让（677—744）、行思（？—740）等都在南方地带活动。开元以后，由神会（668—780）在河南进行宣传，并力争正统，指摘神秀和其门下普寂（651—739）都未得弘忍传衣，不是正系。这样造成慧能为达摩以来的直接继承者的印象，使南宗禅的势力大增。但神会的一系（后来形成荷泽宗）并不太盛，而扩大传播的还是南岳（怀让）、青原（行思）两家。南岳下传承的有马祖道一（709—788），再传百丈怀海（720—814）、南泉普愿（748—835）。百丈传沩山灵祐（771—853）、黄檗希运（？—855）等。南泉传赵州从谂（778—897）等。青原下传承有石头希迁（700—790），再传药山惟俨（745—828）、天皇道悟（748—807）。天皇传龙潭崇信，再传德山宣鉴（780—865）。会昌以后，更从这些传承形成支派。像沩山传仰山慧寂（807—883），后成为沩仰宗。又黄檗传临济义玄（？—867），后成临济宗。再后曹洞宗、云门宗成立于唐末，法眼宗继起于五代，合为五宗。又从百丈起，制定清规，使禅院从普通律寺（即依照声闻戒律规定组成的寺院）分离而独立，这就更便于集合多数学人并住习禅。它简化寺院形式，但立法堂而无佛殿等，也更适合当时南方经济文化新开辟地区的情况，而易于推进佛教的发展。禅宗从慧能以后，本来转向平民，不重视文字的研习记诵，但是数传之后，学人兼重知见，依旧不能放弃文字的修养，因而它的影响所及，还只是以知识分子为主。不过比较起一般讲义学的宗派来，禅宗总算是流行最普遍的了。

此外，隋代信行禅师（540—594）创立的三阶教，在一度被禁后，因其门徒甚多，又受到隋代重臣肖瑀、高颎等的外护，仍隐然保全实力，延续到唐代，又在长安恢复了相当的盛况。著名的寺院有化度（原为实际寺）、慧日、光明、慈门、弘善五大寺，而以化度为其中枢，无尽藏院就设立于此。到了武后证圣元年（695），才明令判为异端，将该教的典籍归之伪杂符录一类。圣历二年（699），又令限制学三阶教的只能乞食、长斋、绝谷、持戒、坐禅，此外所行都视为违法。后至开元元年（713），废止无尽藏院，断绝了三阶教的经济来源。开元十三年（725）更对三阶教徒作了比较彻底的处分，原来有些寺院里的三阶教徒别院居住的，一律命其拆除隔障，与众杂居，并还销毁了三阶教所有《集录》四十余卷（依《开元录》所搜集，凡有三十五部、四十四卷），不许再行诱化。尽管如此，三阶教的潜势力依然存在。如贞元年间编纂《贞元释教目录》的圆照，即对三阶教有好感。他曾编辑《信行禅师塔碑表集》五卷（著录于《续开元释教录》

卷末）。在《贞元释教录》内还收载由化度寺僧善才请准入藏的三阶《集录》四十四卷（五帙）的目录。附载牒文并说到当时长安城内五十五寺各有三阶禅院，住持相续二百余年，僧尼二众千人以上。但此教到了以后终归衰落，大约在唐末就绝迹了。

　　唐代佛教除了通过上述各宗派的教义宣传对于群众发生作用而外，还有直接和群众生活联系以传教的种种活动。如岁时节日在寺院里举行的俗讲，用通俗的言词或结合着故事等来作宣传，这些资料大都写成讲经文或变文（所讲的经有《华严》《法华》《维摩》《涅槃》等）。又有化俗法师游行村落，向民众说教。有时也由寺院发起组织社邑，定期斋会诵经，而使社僧为大众说法。至于有些寺院平素培植花木（如长安慈恩、兴唐等寺培植牡丹），遇到节日开放以供群众游览，或更约集庙会，这都间接有传教之效。当时民间一般佛教徒的崇拜对象有弥勒、弥陀、观音、文殊等佛、菩萨。特别是因为《华严经》中说及文殊常住在清凉山，别号"清凉"的五台山遂被看作文殊的道场，而成为佛教信仰的一个中心地点，后来又经密教信徒的并力经营，寺院建筑愈加发达。

　　入唐以来的佛教由于急速的发展，它和道教不但在政治地位上时有高下优劣之争，并在思想上也加剧了冲突。在道教方面，唐初有教徒傅奕向高祖七次进言，抨击佛教，怂恿实行佛教的沙汰。沙门法琳和其弟子李师政分别作了《破邪论》和《内德论》，反驳傅奕。接着有道教徒李仲卿著《十异九迷论》，刘进喜著《显正论》，响应傅奕，贬斥佛教。法琳再度作了《辩正论》，予以反击。这样两教的激烈冲突，结果是法琳受到发配益州的处分。其后，在朝廷的内殿里时常举行佛道的对论，其论题涉及道教最高概念的道和佛教所说菩提的同异，又考核到《老子化胡经》的真伪。后来武宗的破佛，虽由于国家与寺院经济上矛盾发展至于不能调和而发生，但表面上仍是以道教徒赵归真的进言为契机，而结合到佛道之争的。

　　另外，在儒家方面，本来与佛教的争论较少。从隋代吉藏以来，佛教徒一贯以人天教看待儒家。像吉藏在所著《三论玄义》里的判释，即说儒道都是外道，还比不上佛教的声闻乘。唐代宗密著《原人论》，也采取同样的见解，但儒者对于这些议论未见有何种反感。大概他们以为儒佛原足以世间道和出世间道来区分的，高下的看法倒不必拘泥。直到了中唐，韩愈才奋起对佛教竭力攻击。他写了《原道》一文，说佛教是教人无为而徒食，是无益于国家的。又说佛教外来，系夷狄之法，和儒教相违。他主张驱使僧尼还俗，焚毁佛经，改寺院为民舍。他又上表论佛骨，以为是枯骨秽余，应付之水火，永绝迷信的根本。这样直率的辟佛议论，曾给后世以很大影响。不过佛教的重要思想依然浸润于一般思想界。特别是经过天台、贤首两家组织过而带着调和中国原有人性说的理论，很容易为儒者所接受。如梁肃服膺天台宗的湛然，写了《天台止观统例》一文（786年写成），就是将佛教的修止观看成和中国旧说穷理尽性一样，而以止观法门之所为乃在恢复实际即所谓人性之本。这样提出了复性之说。其后韩愈的门人李翱更结合禅家的无念法门和天台家的中道观，写成《复性书》，即隐隐含着沟通儒佛两家思想之意。如此倾向也见于佛家。如李通玄用《周易》之意解释《华严》，澄观也吸取其议论，其门人宗密相继用《周易》四德以配佛身四德。这些都开了两家理论转化的端绪。

唐代佛教的发展，也对文学、艺术等方面带来不少影响。首先在文学方面，由于俗讲流行，创作了变文等作品。其次艺术方面，促使佛教艺术更有所推进。如在唐代东都洛阳附近的龙门石窟，北魏时代就经营造像，有了相当的规模。唐代从高宗到武后时约五十年间（650—704），又在那里大加营造。雕造奉先寺大佛（连胁侍菩萨、罗汉、神王、力士，共九尊，俗称九龛洞），并于西山遍筑佛窟，且续开东山各窟。其大佛造像相貌端严，表情温雅，衣褶简洁，菩萨像装饰华丽细致，允称杰作。唐代造像在龙门而外，还于山西太原天龙山、甘肃天水麦积山、敦煌莫高窟、山东历城千佛崖、四川广元千佛崖等处开凿石窟，雕塑佛像。其中敦煌诸窟采塑各像，表情柔和，接近生人，尤有特色。至于随着变文的发达，创出多种多样的经变画图，常常在全幅中综合表现整部经文的重要内容。有时带连续性，展开画面以表白故事的次第经过。这在壁画中别具风格。现今犹存于敦煌石窟的，即有弥陀净土变、药师净土变、弥勒净土变、《维摩》《法华》《报恩》《天请问》《华严》《密严》等经变。至于唐代佛教的建筑，殿堂遗构在五台山有南禅寺、佛光寺之大殿。塔的形式则始创八角形的结构，如玄宗时（745）在嵩山会善寺所建的净藏禅师墓塔等。另外经幢的制作极多。由于新译《尊胜陀罗尼》的信仰普遍，刻陀罗尼的尤到处可见。其形式常为八面，后更发展有数层，还雕刻了佛像等。

　　唐代佛教的发展也在国外发生影响。当时新罗和日本的学僧很多来中国得到各宗大师的传承，归国开宗，中国高僧也有去日本传教的，如此相承不绝。新罗在唐初有义湘学法于智俨，太贤、道伦受学于玄奘之门，后来还有惠日从惠果传胎藏密法，法朗得法于禅师道信，其弟子信行又受北宗禅于志空（普寂门人），道义受南宗禅于智藏（道一门人）。他们分别在国内传贤首、慈恩、密宗、禅宗之学，禅宗还蔚成禅门九山，极一时之盛。日本学僧入唐求学之风尤盛。唐初，道昭、智达、智通来从玄奘受学，其后又有智凤、玄昉来从智周受学，归国后分为南寺、北寺两传法相之学，而成立专宗。又先有道璿赴日讲《华严》等经，继而新罗审详从贤首学法，授之日僧良辨，而成华严宗。又日僧道光先入唐学南山律，后鉴真律师赴日传戒，成立了律宗。这些宗派都建立在日本奈良时代（710—774），连同先前传入日本的三论宗、成实宗，又附随法相学传入的俱舍并称为奈良六宗。其后日都由奈良迁去平安，而入平安时代，又有最澄入唐从天台宗道邃、行满受学，归国创天台宗。又空海入唐从惠果受两部秘法，归创真言宗，于是日本的佛教便备具规模了。

（吕澂）

九　五代佛教

五代佛教是叙述从公元907—959五十余年间，经历了后梁、后唐、后晋、后汉、后周五个朝代的佛教。这时中国又南北分裂，北方是五代更迭，南方则先有前蜀、吴、吴越、闽、南汉，继有荆南（又称南平）、楚、后蜀、南唐诸国（通常连同北方在后周时割据独立的北汉、合称十国）。北方兵革时兴，社会秩序受到严重破坏，国家又对佛教执行严格的限制政策；南方则各国相安，社会比较安定，帝王都热心护教，因此两方的佛教，一则勉强维持，一则续有发展，其情况各不相同。

北方从后梁到后汉，各代对于佛教多因袭唐代的旧规，也例行诞节诣寺行香、斋僧、僧道对论、赐紫衣师号、度僧等事，但对僧尼的管理则比较严格。管理机构为祠部（后梁），后设功德使（后唐）。度僧一向禁止私度，如后梁龙德元年（921）即再申明令，愿出家者须入京师比试经业。后唐、后晋也同此限制，并禁新建寺院。不过后来功令渐弛，寺僧仍归浮滥，直接影响到国家的赋税、兵役，所以到了后周世宗显德二年（955）便毅然对佛教予以沙汰。凡未经国家颁给寺额的寺院，基本上一律废除，仅在原无敕额寺院的地方许留一两所。又禁止私度，出家必须通过严格的读经试验。更禁止当时流行的烧身、炼指等眩惑世俗、残害肢体的行为。这一措施的结果，国境内寺院废除的过半。因废寺院还连带将民间保存的铜制佛像全数没收，用来铸钱，以充实国家的经济。这对佛教本身来说，澄清了一切紊乱的现象，得到一定程度的整顿，并不算是很坏的事，其性质也和前代各次的破佛措施不同，只是北方佛教原来仅获维持的，经此波折就更见衰落了。

其在南方，各国割据的局面，如吴越、南汉、闽国等，历时都比较长久，又大体相安，互不侵犯，各在境内还实施些有利民生的改良政策，使经济有所发展而社会日趋安定。各国帝王多有浓厚的宗教信仰，对于佛教的建寺（如闽地在王氏统制时，凡增建寺院二百六十七所，后改属吴越，二十七年中又增二百二十一寺；到后周显德初大废佛寺，杭州寺院获存者仍达四百八十所）、造塔（如闽王王曦于永隆三年即941年在福州乌石山麓建崇妙保圣塔，南汉王刘鋹于大宝十年即967年在广州造千佛铁塔，今均存；又吴越王钱弘俶于后周显德初效阿育王故事，铸造八万四千小铜塔，中纳《宝箧印陀罗尼经》印刷卷子，颁布境内，十年方竣）、造像（如闽王王审知在后唐同光三年即925年冶铜铁三万斤来铸释迦、弥勒诸像）、写经（如闽王室在后唐同光元年即923年写金银字藏经五藏等），以至度僧（如闽地初于后唐天成三年即928年度僧二万，自后闽僧日见增多，降至南唐，度僧仍极浮滥，金陵一地即有数千人），所以当时南地佛教始终在发展。

唐代所有各宗派，到了五代时，只禅宗和天台宗因根据地在南方，条件优越，得到更大的开展。南方禅宗在唐末时，曹洞崛起，大振青原（行思）一系的宗风。同系德山门下的闽僧义存（822—908）参学归来，构居福州西山的雪峰，唐末受到闽王王氏的优礼，十数年间，替他建寺造像、厚施养众，于是教化之盛，甲于天下，四方僧众趋集，冬夏常有千五百人。其门徒中又多杰出人材，如玄沙师备（835—908）、洞岩（越州）可休（874—940?）、鹅湖（信州）智孚、长庆（福州）惠棱、鼓山（福州）神宴，都得闽王尊重，分灯化俗。其中玄沙从《楞严经》入道，识见尤属特别，化行尤广。继有罗汉（漳州）桂琛（867—928），曾参雪峰法会，但得旨于玄沙，门众推为上座，大弘玄沙之教，遍于全浙。从桂琛得法的有文益（885—958），后为南唐元宗迎住于金陵报恩禅院，死后私谥法眼，衍成法眼宗。其弟子有天台德韶（891—972），为吴越国师。门下有永明延寿（904—975）沟通禅教，后著《宗镜录》，成一大家。还有义存另一门人云门（韶州）文偃（？—949）为南汉高祖所尊礼，教化很盛。其门下香林澄远（？—987）后更光大，成为云门宗。此外，临济宗由兴化（魏府）存奖（830—888）、宝应（汝州）慧颙（？—952）相承；曹洞宗由洞山云居道膺一系同安道丕、同安观志相承；沩仰宗由仰山南塔光涌（850—938）一系相承；各弘化一方，与法眼、云门并行。禅家五宗，至此完全建立。

天台宗在五代时直传湛然之学的有义寂（919—987）。他因德韶的推荐，见重于吴越王钱弘俶。钱氏特为他在天台山建螺溪道场。又接受他的建议求会昌以来散失了的天台教籍于高丽。其后高丽遣谛观送了智者诸大部著述来浙，于是一宗典据大备，呈中兴之象。义寂之传有义通（927—988）、宗昱，通后传四明知礼，更大昌此宗之说。

当时北方的义学是不主一宗而以疏通性相、精研大小乘的综合形式出现的。常习的经论有《法华》《涅槃》《仁王》《维摩》《弥勒上生》等经，《中观》《唯识》《俱舍》等论，而以《百法》《因明》二论归之名数与立破法门，视为研学方便，敷讲尤为普遍。讲家著名的撰述有彦晖（后梁，840—911）的《百法论滑台（所住地方）钞》，归屿（后梁）的《百法钞会要》，虚受（后唐）的《俱舍疏钞》及《法华》《百法》《唯识义章》，贞辩（后唐）的《上生经钞》，可止（后唐）的《法华顿渐教义钞》，智江（后周）的《百法瑞应钞》，继伦（北汉）的《因明论演秘钞》《法华经钞》等。又《法华》的研究本来在南方是以天台之说为正宗的，而北方学者南来讲说却常用慈恩宗义相沟通。如可周（后唐）于乾宁四年（897）节《法华玄赞》为五卷《评经钞》，又为音训并解释道宣的《法华经序》，乾化二年（915）以后即在浙江一带弘传其说。又皓端于杭州撰《金光明经随义释》，会通慈恩、天台两家宗要，而启发了天台内部异解的端绪。像慈光晤恩（912—986）即曾从皓端听习经论，而后契入天台，著《玄义》《文句》《止观》《金光明金錍》科总三十五帖，继而就发《金光明玄义》真心观之难。

此外关于律学，从中唐以来就是南山、相部、东塔三宗并行，未得统一。五代时还保持着同样状态。其在北方，新章宗即东塔一系仍在流行，著名的律师如贞峻（847—924）即在东京开宝律院为新章宗主。从乾化元年（914）以来，十年之间度僧尼三千余人。又相国寺澄楚（889—959）亦为新章宗律主，后晋初入内道场，为皇宫妃主等落发受戒。他一生临坛度僧尼八千余人。至于江浙地方，则南山律更盛。律师元表原在长安西明参与法宝讲席，广明中（880）来越州讲《南山律钞》，诸郡学人莫不趋集。其门人杭州景霄（？—927）著《简正记》二十卷。又有守言再传元解，后为南山宗正系。又法宝高足慧则（835—908）亦于广明中南来传律，其弟子希觉（864—948）著《集要记增辉录》（《集要》为慧则之作）。其门下有赞宁（919—1001），为吴越僧统，都是宏传南山宗的有力者。

五代时写经阅藏的风气也很盛，但南北所写大藏，依据略有不同。北方多写《贞元录》入藏经，这较《开元录》入藏的多出三百余卷。南方通常依《开元录》写经。南唐升元二年（938）曾由僧勉昌请编李长者所撰《华严经论》四十卷入藏。保大三年（945）僧恒安又从关右写到《贞元录》续入藏经，连同《千钵曼殊室利经》十卷，《一切经源品次录》三十卷，共三百七十三卷，编成《续贞元释教录》，请写录施行，这样南方就也有《贞元录》入藏经的写本了。另外，和写经连带着有音义之作。如汉中沙门可洪，从后唐长兴二年到后晋天福五年（931—940）费了十年功夫，撰成《大藏经音义随函录》三十卷，订正了玄应、厚师（西川）、谦师（浙右）、郭迻（河东）诸家旧作的错误，其书今存。又行瑫（895—956）也以订正郭迻音义的用意，撰述《大藏经音疏》五百余卷，几乎等于疏解一部大藏音义。其书曾风行两浙，全部已佚，最近仅在日本发现其第三百零七卷写本一卷。当时讲家博学的大都遍览全藏。如贞海（后唐）擅长《法华》，三十余年间讲经三十七座，阅览藏经两遍。从隐（后汉）通《弥陀》《中观》《百法》三种经论，尝为大众一日作三讲座，阅藏一遍。智佺（后周）讲《百法论》百余遍，登座多不临文，但凭记忆讲述，却极流畅详尽，阅藏三遍以为参考。文辇（南唐）习禅，也览大藏三遍，以佛言为定量。义楚（后周）精于《俱舍》，讲《圆晖疏》十余遍，也阅藏三遍，并纂成类书《释氏六帖》二十四卷，今犹存。

五代时佛教艺术无大发展。如在敦煌石窟，五代所筑窟存三十三个，其中塑像仅保存了唐代的旧规模，壁画也缺乏生气。惟雕像之存于杭州南山区的摩崖龛像（西方三圣像等）较胜。在此时塑像和画像里，十六罗汉等题材特别流行。如杭州雷峰塔有金铜十六罗汉像，烟霞洞有十六罗汉像，皆吴越时造。在僧俗间有好些人以画罗汉著名，如后梁的李罗汉（因善画罗汉而得名）、后蜀贯休（禅月大师）等。又唐末奉化（明州）有布袋和尚契此，自称弥勒化身，江浙间多有信者，也时图画其像。至于佛教建筑，特别在造塔方面，因鉴于木材之易引火灾，改用砖石，其结构形式虽基本上模仿木塔，但附加雕刻，别有特色。现存遗构在南方较多，如福州的崇妙保圣塔（闽国时造）、杭州保俶塔（吴越时造），南京栖霞寺舍利塔（南唐时改建）、苏州虎丘云岩寺塔（南唐时造？）。

另外，当时僧徒有学包内外、吟咏风骚的好尚，故很多擅长诗文或书画的。如可止（后唐）有《三山集》收诗三百五十篇，齐己（后梁）有《白莲集》收诗八百首，栖隐（楚）有《桂峰集》，汇徵（吴越）有诗文集七卷，虚中（楚）有《碧云诗》，希觉（吴越）有杂诗赋十五卷，贯休（后蜀）有《禅月集》等。其能书的则有贯休和他的弟子昙域（能篆书），又晚峦（能草书）等。能画的有智晖（后唐）、智蕴（后周）、蕴能（吴越）等，都很著名。

（吕澂）

十　宋代佛教

宋代佛教是叙述从宋太祖建隆元年（960）到卫王祥兴二年（1279）三百二十年间赵宋一代的佛教。

宋代政权建立之后，一反前代后周的政策，给佛教以适当保护来加强国内统治的力量。建隆元年，先度童行八千人，停止了寺院的废毁。继而又派遣沙门行勤等一百五十七人去印度求法，使内官张从信往益州（今四川省成都市）雕刻大藏经版。这些措施促使佛教传播逐渐恢复和发展。以后宋代各帝对佛教的政策大体未变。太宗太平兴国元年（976）度童行达十七万人。五年（980）中印度僧人法天、天息灾（后来改名法贤）、施护先后来京，因而朝廷设立译经院，恢复了从唐代元和六年（811）以来久已中断的翻译。太宗还亲自作了《新译三藏圣教序》。后来院里附带培养翻译人才，改名传法院。又为管理流通大藏经版而附设印经院。当时印度等国僧人送赠梵经来中国者络绎不绝，从宋初到景祐初八十年间，即有八十余人。真宗一代（998—1022）接着维护佛教，在京城和各路设立戒坛七十二所，放宽了度僧名额。天禧末（1021），全国僧尼比较宋初增加了很多。寺院也相应增加，近四万所。另外，还有贵族私建或侵占的功德坟寺很多。这些寺院都拥有相当数量的田园、山林，得到豁免赋税和徭役的权利。于是寺院经济富裕，举办起长生库和碾硙、商店等牟利事业。到神宗时（1068—1085），因年荒、河决等灾害频仍，国家需用赈款，开始发度牒征费。这一权宜之策，后来继续执行，数量渐增，流弊也愈大，致使寺院经济与政府财政间的矛盾有加无已。最后到徽宗时（1101—1125），由于笃信道教，即一度命令佛教和道教合流，改寺院为道观，并使佛号、僧尼名称都道教化。这给予佛教很大的打击，但不久即恢复原状。

宋代南迁之后，政府益加注意对佛教的限制。高宗时（1127—1162）即停止额外的度僧，图使僧数自然减少。但江南地区的佛教原来基础较厚，国家财政又有利用度牒征费及免役税等收入以为补充，故佛教还是能保持一定的盛况，以迄于宋末。

宋代译经开始于太宗太平兴国初。当时特别设立了译经院，并制定一些规章。如译场人员设译主、证梵义、证梵文、笔受、缀文、参详、证义、润文（后更设译经使）等，组织比较完备。从太平兴国七年（982）起，逐年都译进新经，继续到天圣五年（1027），译出五百余卷。其后因缺乏新经梵本，译事时断时续，维持到政和初（1111）为止。总计前后译家（及其译经年代）可考的有十五人，即法天（译经年代974—1001）、天息灾（980—986，后改名法贤，987—1000）、施护（980—1017）、法护（中印人，980—983）、法护（北印人，1006—1056）、惟净（1009—?）、日称（1056—1078）、慧询（1068—1077）、绍德（1068—1077）、智吉祥（1086—1093）、金总持（1095—1112，下四人均同）、天吉祥、相吉祥、律密、法称。其中惟净、慧询、绍德都是由传法院培养出来的中国僧人，天吉祥等则帮助金总持翻译。诸人所译的总数是二百八十四部、七百五十八卷。其中以密教的典籍占最多数，论部最少。当北宋之初，印度密教正盛，有关的梵本流入中国的不会太少，但在天禧元年（1017），宋代统治者注意到密典中有些不纯部分和佛教的传统相违反，因而禁止了新译《频那夜迦经》的流行，并不许续译此类经本，这就大大限制了以后的翻译。此外，从宋代译经的质量上看，也不能和前代相比。特别是有关义理的论书，常因笔受者理解不透，写成艰涩难懂的译文，还时有文段错落等情形，因此，尽管译本里也有中观一类的要籍（如龙树、陈那、安慧、寂天等的著作），但对当时义学界似未发生多大影响。

宋代译经多属小部，就其种数而言，几乎接近唐代所译之数，因而在大中祥符四年至八年（1011—1015）、天圣五年（1027）、景祐二年至四年（1035—1037），曾经三度编撰新的经录。祥符时所编，称《大中祥符法宝总录》，二十二卷，为赵安仁、杨亿等编修。所载译籍乃从太平兴国七年到祥符四年（982—1011）三十年中间所译，共计二百二十二部、四百一十三卷（此外，还收有东土著撰十一部、一百六十卷）。这部目录的主要部分完全依照各次进经的年月编次，除列出经名、卷数、译人而外，还附载进经表文，这都依据当时译经院的实录，所以连带记载着有关译场的各事，如新献梵筴、校经、更动职事等等，其体裁和过去的各种经录完全不同。天圣时所编新录称《天圣释教总录》三卷（亦作三册），译经三藏惟净和译场职事僧人等同编。它系当时全部入藏经典的目录，记载着《开元录》各经、新编入藏的天台慈恩两家著述、《贞元录》各经、《祥符录》各经，再附载其后新译各经，一共六百零二帙、六千一百九十七卷。景祐时所编新录称《景祐新修法宝录》，二十一卷，吕夷简等编。体裁和《祥符录》一样。所收译籍即紧接《祥符录》，从祥符四年到景祐三年（1011—1036），二十六年间译出的各经，共计二十一部、一百六十一卷，另外，还收有东土著撰十六部、一百九十余卷。又由于汉文佛教经典的影响，当时的回鹘、西夏地区，都用民族文字译成回鹘文及西夏文经典。

  从五代以来，我国木版雕刻技术有了很快的发展，因此宋代对于佛教的大藏经，很早就利用了木刻。综计宋代三百余年间官私刻藏凡有五种版本，这也算是宋代佛教的特点。第一种为官版。这从开宝四年到太平兴国八年（971—983）费了十二年功夫在益州刻成，因此也称蜀版。所刻数量达到六百五十三帙、六千六百二十余卷，它的印本成为后来中国一切官私刻藏以及高丽、日本刻藏的共同准据。第二种是在福州私刻的东禅等觉院版。元丰初（1078）由禅院住持冲真等募刻，崇宁二年（1103）基本刻成，到政和二年（1112）结束，共得五百六十四函、五千八百余卷（南宋乾道、淳熙间又补刻十余函）。第三种是福州私刻的开元寺版。即在东禅版刻成的一年，福州人士蔡俊臣等组织了刻经会，支持开元寺僧本悟等募刻。这从政和二年到绍兴二十一年（1112—1151）经四十年，依照东禅版的规模刻成（南宋隆兴初曾补刻两函）。第四种是湖州思溪圆觉禅院刻版，通称思溪版。此版开刻时期约在政和末（1117）。刻费由湖州致仕的密州观察使王永从一家所出。内容依据福州版，而略去一般入藏的著述，共五百四十八函、约五千六百八十七卷。第五种是平江碛砂延圣禅院版。此版是受了思溪版的影响而发起，在南宋绍定初（1229）由当地官吏赵安国独自出资刻成《大般若》等大部经典作为首倡，端平元年（1234）仿思溪版编定目录，刻至咸淳八年（1272）以后，因战火逼近而中止，后入元代才继续刻成。因此，它对原定目录的内容颇有更动，并补入元刻各书，共得五百九十一函、六千三百六十二卷。

宋代一般佛教徒注重修持，故禅净两宗最为流行。宋初，云门和临济并盛于各地（禅家五宗内沩仰数传以后即不明，曹洞与法眼当时也都不振）。临济宗由风穴（汝州）延沼（896—973）上继兴化存奖（830—888）的系统传承而下。其后各代为首山省念（926—992）、汾阳善昭（947—1024）、慈明楚圆（986—1039）。楚圆的门人黄龙（隆兴）慧南（1002—1069）和杨岐（袁州）方会（992—1049），分别开创了黄龙、杨岐两派（和临济等五宗合称七宗），都盛行于南方。南宋时，杨岐且进而成为临济的正统。杨岐方会再传为五祖法演（？—1104），三传为佛果克勤（圆悟，1063—1135）。佛果克勤曾就云门宗雪窦重显的著作《颂古百则》加以发挥、讲说，门人录成《碧岩录》，为禅学名著。他门下有虎丘绍隆（1077—1136）、大慧宗杲（1089—1163），都在江浙一带活动。大慧提倡看话禅，其影响尤为久远。后来，黄龙、杨岐两宗还远传于日本。

云门宗在宋初也很占优势。得香林澄远（？—987）一系再传的雪窦重显（980—1052）著《颂古百则》，大振宗风。仁宗皇祐元年（1049）汴京新创禅院，即是请云门五世的大觉怀琏（1009—1090）去住持的。其另一系由缘密圆明三传的灵隐契嵩（1011—1072），祖述《宝林传》，反对天台宗所信奉的《付法藏传》之说，而厘定了禅宗的世系为二十八祖，著《禅宗定祖图》《传法正宗记》及《传法正宗论》。他强调禅为教外别传，一反当时禅教一致的常见。他还针对其时辟佛的议论作了《辅教篇》等。由于他擅长文章，得着仁宗和在朝的官僚们的称赏，他的著述也被许入藏流通，这更加强了云门的宗势。但到南宋，此宗即逐渐衰微，其传承终于无考。

此外，曹洞宗仅洞山嫡传的云居道膺（？—902）一系，绵延不绝，从六世芙蓉道楷（1043—1118）以后渐盛。再经丹霞子淳（1064—1117）传弘智正觉（1096—1156），提倡默照禅，与看话禅并行。又丹霞子淳一系，在天童如净之后，传入日本。

除禅宗之外，律宗和贤首、慈恩的义学，在宋代也相当流行，天台宗则有新的发展。律宗是南山一系单传，其中心移于南方的杭州。宋初，得法宝律师传承的赞宁（911—1001）有律虎之称。另外，从法宝七传而有允堪（1005—1061），普遍地注解了道宣的著述，达七部之多，所著解释《行事钞》的《会正记》尤其重要，因而继承他的一系有会正宗的称呼。他的再传弟子灵芝元照（1048—1116），原学天台宗，后即采取台宗之说以讲律，也注解了道宣的三大部著作。他对《行事钞》的注释称《资持记》，就一些行仪如绕佛左右、衣制长短等，都有不同的见解，于是别成资持宗。后来此宗独盛，传承不绝，并东传于日本。宋末宝祐六年（1258），临安明庆闻思律师，还请得道宣三大部著作及元照的记文入藏印行。

贤首宗（即华严宗）学说在宋初流行的是宗密一系，沟通《圆觉》《起信》的理论，著名人物有长水子璇（？—1038）。他的师承不明，但尝从琅琊慧觉（传临济宗善昭的禅法）学禅宗，受到慧觉的启示，而重兴贤首宗，因之带有教禅一致的意味。其门下有晋水净源（1011—1088），他虽曾受学《华严经》于五台承迁和横海明覃，但由于子璇的影响，推崇《起信》，以为从杜顺以来即或明或暗地引据《起信》而立观门，所以他在贤首宗的传承上主张立马鸣为初祖，而构成此宗七祖之说。其时高丽的僧统义天（文宗的第四子，1051—1101）入宋，曾就学于净源之门，后从高丽送回好多《华严经》的章疏，大大帮助了贤首宗的复兴。到南宋时，净源的三传弟子有师会，注解了《一乘教义分齐章》，严格处理同教别教问题，而以恢复智俨、法藏的古义为言。他还批判了在他之前道亭和同时的观复对于教判的说法。他的弟子希迪，颇能发挥其说。后人即并称他们为四大家。又南宋初，慧因教院的义和请准贤首宗著述编入大藏，他又向高丽搜罗到智俨、法藏著述的佚本，重新雕版流通，因此华严义学在南宋一代始终活跃。

慈恩宗入宋以来的传承不明，但继承五代的风气，讲《唯识》《百法》《因明》各论的相继不绝。宋初著名的有秘公、通慧、傅章、继伦等。在译场的执事也多能讲诸论。慈恩章疏四十三卷，在天圣四年（1026）并编入大藏刻版。宣和初（1119），真定龙兴寺守千（1064—1143）为一大家，他尝校勘道伦的《瑜伽师地论记》刊版流通。

天台宗经五代时吴越王钱弘俶，向高丽求得重要著述而复兴。入宋以后的传承，从义寂（919—987）、义通（927—988）到慈云遵式（964—1032）、四明知礼（960—1028）益趋兴盛。遵式尝于乾兴元年（1022）在天竺替皇室行忏，并请得天台教典入藏（天圣四年编入），一宗的势力即以四明、天竺等地为重心。与知礼同时，而属于义寂同门慈光志因一系的有慈光晤恩（912—986）、奉先源清（996顷）。源清传梵天庆昭（963—1017）、孤山智圆（976—1022）等。他们受了贤首、慈恩学说的影响，只信智𫖮《金光明经玄义》的略本为真作，而主张观心法门应该是真心观，即以心性真如为观察的对象，连带主张真心无性恶、真如随缘而起等说。这些主张都为相信《玄义》广本为真、并专说妄心观的知礼所反对。知礼曾以七年的长时间和晤恩、智圆等往复辩难，意见终于不能一致，而分裂为两派，知礼等称为山家，晤恩等称为山外。其后，知礼还阐明别教有但理（即真如）随缘，与圆教的性具随缘不同，以及色心在一念中都具有三千等说法，以致引起门下仁岳（？—1064）和庆昭门下永嘉继齐等的异议。最后，仁岳和知礼法孙从义（1042—1091）都反对山家之说，而有后山外一派之称（亦称杂传派）。不过知礼门下广智（尚贤）、神照（本如）、南屏（梵臻）三家继续发挥师说，影响甚大，终至以山家之说代表天台一宗，而盛行于南宋之世。广智系有善月（1149—1241）、宗晓（1151—1214）、志磐（1253年前后）。志磐以著《佛祖统纪》而著名。神照系有有严（1021—1101）、了然（1077—1141）等。南屏系有宗印（1148—1213）、法照（1185—1273）、法云（1088—1158）。法云著有《翻译名义集》。宋代天台宗义也前后好几次对日本的天台宗发生影响。

律、贤、台等宗在修习方面，本来各有其观行法门，但宋代很多宗师常联系净土信仰而提倡念佛的修行，这就帮助了一般净土宗的传播。天台宗对净土的关系尤见密切，从知礼起就很重视智𫖮的《观经疏》，而用本宗观佛三昧的理观方法来组织净土教，并还结念佛净社。其次遵式则重视《净土十疑论》，而采用天亲《往生论》的五念门，并参以忏愿仪式。他常常集合道俗修净业会。此外，智圆同样地阐扬《观经疏》。各人门下的传播也很广，如知礼门下的本如即继遵式之后结白莲社以弘扬净土。其次，律宗元照受遵式的影响，以观心与念佛并重，而视同定、慧之学，与持戒并为实修法门，其门下用钦跟着弘传。南宋初，天台学者道因，曾一度评破其说，但其门人戒度反加以辨正。又其次，贤首宗因有普贤行愿求生西方的典据，开始净源即主张修习净土，后来义和提倡华严念佛三昧，也盛赞往生法门，但未能继续发展。另外，禅宗当云门盛时，像天衣义怀、照圆宗本、长芦宗赜等，都是禅净双修，而约集莲华等会。

至于纯粹的净土信仰，宋初南方有省常（959—1020），效法庐山莲社故事，在杭州西湖集合僧俗结净行社，提倡念佛。后来由于各宗都倾向修行净土的推动，各地结社集会益多；有些寺院建筑了弥陀阁、十六观堂，专供念佛修行的场所，就越加在民间推广净土信仰，而成为风俗。特别是一些在家居士也相随提倡，如冯揖之发起系念净土会，张轮之发起白莲社等。于是净土法门逐渐形成一固定宗派。在南宋四明石芝宗晓所编《乐邦文类》里，即以莲社为专宗，和禅、教、律并称；还以善导、法照、少康、省常、宗赜上承慧远为净土教的历代祖师。其后志磐更改定为七祖（从慧远而下为善导、承远、法照、少康、延寿、省常），一直为后世所沿用。又在净土信仰发展的中间，有关净土的《往生传》类也陆续传出，如遵式、戒珠、王古乃至志磐都有这类著作，其中可以看出净土和各宗相涉的事实，这也可说是宋代佛教的特点之一。宋代禅教各家的理论组织都有一定的成就，它和一般思想界接触既繁，乃引起种种反响。先是一些儒家学者，仍旧用传统的伦理观点，对佛教著文排斥，如孙复的《儒辱》、石介的《怪说》、李觏的《潜书》、欧阳修的《本论》等，都是其代表之作。佛徒对于此等攻击却是用调和论来缓和。如契嵩作《辅教篇》即以佛教的五戒比附儒家的五常，又说佛儒两者都教人为善，有相资善世之用。在这种说法的影响下，儒者间也出现了调和之说。如张商英、李纲等，都以为佛与儒在教化上不可偏废。另一方面，由于禅宗的修持趋向于简易，理论典据又集中在有限的几部经论，如《华严》《楞严》《圆觉》《起信》等，一些中心概念如理事、心性等，有时也牵合到儒家的经典《中庸》来作解释，这些都使儒者在思想上、修养上更多更易地得到佛家思想的影响，终至构成一套有系统的理论来和佛教相抗衡，这便是宋代勃兴的理学。

宋代佛教的发展也影响到国外的佛教界。如高丽，从五代以来常有禅师来中国受学各宗禅法。宋元丰末（1085）更有教家义天入宋，从汴京觉严寺有严、杭州大中祥符寺净源、从𣗥等学贤首宗，天台宗，携归章疏三千余卷，后编录刻入续藏经。他在高丽，弘传贤首宗而外，还弘天台之教。又日本在北宋时入宋僧人不多，知名的有奝然、寂昭、成寻等三数人。他们多为巡礼祖庭，到天台、五台等地。奝然还接受了宋帝赠送的新刻大藏经印本，又模造旃檀佛像携归，近年在佛像中还发现了当时装藏的各种宝贵文物。成寻也带去宋代新译和著述的印本。及入南宋，中日交通骤繁，日僧入宋者很多，现在可以指数的几达百人，宋代禅宗和律宗即因以弘传于日本。如在南宋孝宗乾道中（1171），先有日僧觉阿、金庆入宋参灵隐慧远禅师，归国谈禅，引起日本佛教界极大注意。其后荣西于淳熙末（1187）再度入宋，学禅于天台万年寺怀敞禅师，回国提倡，因有临济宗的创立。荣西的再传弟子道元，随其师明全于宁宗嘉定十六年（1223）入宋，历游天台、径山等处，从天童长翁如净得法而归，创曹洞宗。嗣后日僧来宋问禅者还很多，宋僧兰溪道隆也去日传授禅法。又日本律宗原由唐代鉴真律师传入，后渐衰微，南宋宁宗庆元五年（1199），日僧俊芿入宋，从明州景福寺如庵了宏（元照直传）学律三年，又学禅与天台教，一共在宋十年，归创泉涌寺，大传律学。又有净业，于嘉定七年（1214）入宋，就中峰铁翁学律，在宋十四年，归创戒光寺弘传律学，与泉涌寺并峙。

宋代的佛教文学、艺术，也有其特色。当时禅宗盛行，各家的语录，都运用接近口语的文字，别创新格，因而影响到一般文学。特别是儒者说理的记录，也时常模仿它。还有俗讲变文一向在流行，并演变为唱曲，虽遭到当时政府的禁止，但俗文学中评话、小说及唱讲词本都已受其影响而益加发展了。在佛教艺术方面，塑像技巧显著提高，而以写实见长，形象亦端严优美，能刻画性格。遗存的代表作品有麦积山石窟中供养人像、长清灵岩寺罗汉像、太湖洞庭东山紫金庵罗汉像等。石刻比较稀见，但如杭州南山区及飞来峰诸刻，又四川省大足县宝顶摩崖各像，都极生动精致，技巧也很洗炼。宋代造塔以多檐多角的为常见，仅江西一省遗构即不下十处（如浮梁西塔寺塔为宋初建筑，安远无为塔为南宋建筑等）。又仁宗宝祐初（1048），开封建塔供奉阿育王寺佛舍利，其塔连基高二十余丈，用褐色琉璃结构，有铁塔之称，尤为突出。在绘画方面，则发挥宋画写实之长，多画观音、罗汉、高僧等像。作者有李嵩、梁楷、贾师古等。僧人以佛画著名者有牧溪、玉磵、仲仁等。

（吕澂）

十一 辽代佛教

辽代佛教是公元916—1125年间契丹族统治着中国北部地区建立耶律王朝时代的佛教（耶律王朝初号契丹，于公元947年改号辽，后曾一度复号契丹）。

契丹族原无佛教信仰，唐末，契丹族中一个部落主耶律阿保机统一邻部，扩大经略，即有意吸收内地文化，以收揽汉人。据说唐天复二年（902），辽太祖始置龙化州（西拉木伦河上流今内蒙古自治区翁牛特旗以西地方）即已有开教寺的创建。到了太祖天显二年（927），攻陷信奉佛教的女真族渤海部，迁徙当地的僧人崇文等五十人到当时都城西楼（后称上京临潢府，今内蒙古自治区林东），特建天雄寺安置他们，宣传佛教。帝室常前往佛寺礼拜，并举行祈愿、追荐、饭僧等佛事，这样，佛教的信仰就逐渐流行于宫廷贵族之间。到了太宗会同元年（937），取得了燕云十六州（今河北、山西北部），这一带地方原来佛教盛行，更促进了辽代佛教的发展，而王朝利用佛教的政策亦益见显著。其后诸帝，都对佛教特加保护，在圣宗、兴宗、道宗三朝（983—1100）中间，辽代佛教遂臻于极盛。圣宗除增建佛寺，施给寺院以土地和民户以外，还注意加强统制，禁止私度僧尼以及当时盛行的燃指供佛的习俗，这就使辽地佛教更有发展。他又拨款支持房山云居寺续刻石经的事业，并派僧监督。兴宗继位，归依受戒，铸造银佛像，编刻大藏经，并常召名僧到宫廷说法，优遇他们，位以高官。当时僧人中正拜三公三司兼政事的达二十人，大大提高了佛教在社会上的地位。道宗则通梵文，对佛教华严学有造诣，尤精《释摩诃衍论》，并好建筑佛塔。辽塔在建筑艺术上创造了独特的风格。又曾于咸雍七年（1071）置佛牙舍利于燕都西山的画像千佛塔中。他还重视戒律，于内廷设坛授戒，开讲习律学之风。又以国家的力量搜集、整理佛典，督励学僧加以注解，刻行流通。他完成了契丹藏及房山石经的《涅槃》《华严》《般若》《宝积》四大部及其他重要经典的刻事，对于佛典的校订作出了贡献。

辽代佛教由于帝室权贵的支持、施舍，寺院经济特别发展。如圣宗次女秦越大长公主舍南京（析津府，亦称燕京，今北京市）私宅，建大昊天寺，同时施田百顷，民户百家。其女懿德皇后后来又施钱十三万贯。兰陵郡夫人萧氏施中京（大定府，今内蒙古自治区大名城）静安寺土地三千顷，谷一万石，钱二千贯，民户五十家，牛五十头，马四十匹。权贵、功臣、富豪亦多以庄田、民户施给寺院，遂使寺院多领有广大的土地和民户。这些民户原来都以向国家交税数额的一半缴于领主，施给寺院以后，即将这半数税金改交寺院，因此有寺院二税户的特殊制度，更增加了寺院的收入（史载道宗大安三年即公元1087年，海云寺一寺所捐献的济民钱即达十万，可以想见大寺经济的富裕）。民间对于寺院佛事，也时常发起团体性的支持，盛行着所谓"千人邑社"的组织。这是地方信徒为协助寺院举办各种佛事而结成的宗教社团，隶属于寺院，由寺内有德望的长老领导，下设都维那、维那以及邑长、邑证、邑录等职。社员就是当地居民，分别量力储资于寺库，以供寺用；并依兴办的佛事而有种种名称，如燕京仙露寺的舍利邑，专为安置佛舍利而组织；房山云居寺的经寺邑，则为镌刻石经和修葺寺院而组织等。此外，更有永久性的供塔灯邑、弥陀邑、兜率邑，以及每年一度纪念佛诞的太子诞邑等组织。寺院印置大藏经，也多组织邑社来举办。这样，寺院由于得到更多的资助而佛事愈盛，并且通过邑社的群众支持使佛教信仰更为普遍。当时民间最流行的信仰为期愿往生弥陀或弥勒净土，其次为炽盛光如来信仰（辽东宝严寺阁上有炽圣佛坛），药师如来信仰（燕国长公主舍宅建药师院，民间通称她为药师公主），以及白衣观音信仰（相传太宗移幽州大悲阁观音像于契丹族发祥地木叶山，建庙供奉，尊为民族的守护神）等。他如舍利和佛牙的信仰亦盛，且于释迦佛舍利外，更有定光佛舍利的流传。至于由佛教影响而成的习俗，突出的为妇人喜以黄粉涂面，称为佛装；人名以三宝奴、观音奴、文殊奴、药师奴等为小字等。

辽代帝室优遇僧人，同时又通常以经律论三门考选僧材，其学业优秀的授以法师称号。更于各州府选有德望的沙门为纲首，指导后进，就讲（讲解）、业（修持）、诵（讽诵）三方面选习专攻，一代名僧即多出于其中。由于有这些培养考选制度，就促进了佛教教学研究的发展。辽代最发达的教学是华严，其次是密教，再次为净土以及律学、唯识学、俱舍学等。辽西京大同府所辖的五台山，原为华严教学的中心，这对辽境各地佛学有很大的影响。如上京开龙寺圆通悟理大师鲜演，即以专攻《华严》著名，撰《华严悬谈抉择》六卷以阐扬澄观之说。辽帝道宗对华严学也有理解，撰《华严经随品赞》十卷等。辽代密教学的代表人物有燕京圆福寺总秘大师觉苑和五台山金河寺沙门道㲀。觉苑曾师事印度摩尼三藏，究瑜伽奥旨，有盛名，撰《大日经义释科文》五卷（已佚）、《演秘钞》十卷，发挥一行学说。道㲀通内外学，兼究禅、律，后专弘密教，撰《显密圆通成佛心要集》二卷。两人都据《华严》的圆教思想以融会密义，他们虽祖述善无畏、一行所传的胎藏系，而按其内容，由于会通于《华严》，反而和不空所传的金刚系密教为近。另外，有沙门行琳辑《释教最上乘秘密陀罗尼集》三十卷。又关于密典的传译，有中印摩竭陀国慈贤三藏所译《大佛顶陀罗尼经》一卷，《大随求陀罗尼经》一卷，《大摧碎陀罗尼经》一卷，《妙吉祥平等观门大教王经》五卷，《妙吉祥平等观门大教王经略出护摩仪》一卷，《妙吉祥平等瑜伽秘密观身成佛仪轨》一卷，《如意轮莲华心观门仪》一卷。其时民间风行的密法还有《准提咒》《六字大明咒》《八大菩萨曼陀罗经》等（大宁故城白塔第二层各楞即雕有八大菩萨像）。和《华严》思想及密教义学有关的，为中京报恩传教寺论圆通法大师法悟撰《释摩诃衍论赞玄疏》五卷，又《科》三卷，《大科》一卷；燕京归义寺纯慧大师守臻撰《通赞疏》十卷，又《科》三卷，《大科》一卷（已佚）。医巫闾山通圆慈行大师志福撰《通玄钞》四卷，又《科》三卷，《大科》一卷，形成《释摩诃衍论》传习的热潮。辽代弘扬净土的名僧有上京管内都僧录纯慧大师非浊（？—1063），撰《随愿往生集》二十卷（已佚，他还著有《三宝感应要略录》），他的活动历兴宗、道宗两朝，影响极大。又某师著《汉家类聚往生传》二卷。沙门诠晓撰有《上生经疏会古通今新钞》《随新钞科文》（现存残卷）。诠晓通唯识学，撰《成唯识论详镜幽微新钞》十七卷，《科文》四卷，《大科》一卷及其他著作六种（都已佚）。辽代治俱舍学的有燕京左街僧录演法大师琼煦，他校了赵州开州开元寺常真所撰《俱舍论颂疏钞》八卷。治律学的有守道，曾应道宗召于内廷建置戒坛。又有志远，应召主持内廷戒坛。非觉（1006—1077）住蓟州盘山普济寺，以律行闻，任右街僧录判官。其弟子等伟（1051—1107）于寿昌三年（1096）在慧济寺讲律，为三学殿主，名重一时。又有法均，清宁年间（1055—1056）校定诸家章钞。其他律学撰述，有燕京奉福寺国师圆融大师澄渊，撰《四分律删繁补阙行事钞详集记》十四卷；思孝撰《近住五戒仪》《近住八戒仪》《自誓受戒仪》各一卷，《发菩提心戒本》三卷，《大乘忏悔仪》四卷（都已佚）。思孝博通诸经，据高丽《义天录》所载，他对《华严》《涅槃》《法华》《宝积》《般若理趣分》《报恩奉盆》《八大菩萨曼陀罗》诸经都有注疏和科文，并辑有《一切佛菩萨名集》二十五卷；近世还发现有《法华经普门品三玄圆赞科》一卷。此外，在燕京一带，原来有唐慧琳《一切经音义》和五代石晋可洪《新集藏经音义随函录》等总结性的巨著在流行，影响辽代学僧也欢喜从事于音释的工作。著名的作品有崇仁寺沙门希麟所撰《续一切经音义》十卷，幽州沙门行均于五台山金河寺所撰《龙龛手镜》（鉴）四卷，都对辽地经典的写刻校订提供了很好的参考资料。

  辽代对于佛教经典的编刻，亦有其独到的成就，这就是契丹藏的雕印和房山石经的续刻。契丹藏的倡刻，乃由于圣宗太平元年（相当宋代乾兴元年，即公元1022年）得着宋刻蜀版大藏经的印本所引起，实含有和宋版竞胜的政治意义。他和宋版不同的特点，在内容上尽量补充宋版所缺少的写本，特别是《贞元录》入藏诸经，又在形式上行格加密，并改变卷子式为折本。全藏在燕京刻印，共五百七十九帙。因为它刻版始于兴宗重熙年间（1032—1054），完成于道宗清宁八年（1062），这一时期辽代已恢复了契丹国号，因此通称此藏为契丹藏。它的印本未传入南地，但曾送到高丽，给丽藏再雕本的校补订正以很大影响。另外，涿州房山云居寺附近的石经刻造，始于隋代，以后相继增刻，到了唐末中绝。辽圣宗太平七年（1027），州官韩绍芳奏请续刻，圣宗即拨款支持，并派沙门可玄主持其事。到兴宗时，更施给多额内币，进行大规模的续刻。道宗复于完成《涅槃》《华严》《般若》《宝积》四大部之后，续刻其他经典四十七帙，其底本都和刻本藏经有关，后来大安九、十年间（1093—1094），又有沙门通则和他的弟子善定等，于云居寺发起授戒大法会，募集民间资财，续刻石经四十四帙，约五千片。契丹藏印本现已全部散佚无存，但由于大量续刻石经的遗留，使后代借以考见契丹藏编刻的大概，它的工程和价值，同样值得重视。

辽代的佛教艺术，残存建筑较多。现辽宁、河北、山西、天津诸省、直辖市都保存有一些遗构。比较著名的寺院，有天津市蓟州区独乐寺的观音阁和山门，系圣宗统和二年（984）再建，天井和勾栏多保留唐代的建筑法式。今天津市宝坻区广济寺的三大殿，圣宗太平五年（1024，一说太平九年，即1028）建。大同的下华严寺，道宗清宁二年（1056）建，寺中薄伽教藏系重熙七年（1038）建；上华严寺，清宁八年（1062）建；都系辽代的巨型佛教建筑。其他如辽宁省义县奉国寺，圣宗开泰九年（1020）建；河北省易县开元寺的毗卢殿，天祚乾统五年（1109）建；也都是有代表性的建筑。至于佛塔，则有木造和砖造的两类，如山西省应县佛宫寺的木塔，传系道宗清宁二年（1056）建，八角六层，高达360尺，为现存木塔之年代最古者。砖塔有内部可以升登和内部闭塞的两型。可登的有内蒙古自治区林西白塔子的砖塔（八角七层），河北省涿州市的云居寺塔等。

内部闭塞的塔基坛大都有佛龛天盖等浮雕，为全塔精华之所在。二层以上，则有作多檐斗拱式的，如房山云居寺南塔。有不用斗拱的，如北京市天宁寺塔。更有一种变形的砖塔，如房山区云居寺的北塔。此外，辽代亦曾开凿石窟，现可考的有内蒙古自治区赤峰市灵峰院千佛洞，辽宁省朝阳市千佛洞和后昭庙石窟。云岗方面也发现有辽代的石窟。辽代经幢，北方亦有残存，以八角形石柱居多，幢身多刻《尊胜陀罗尼》，或佛传故事，或刻多数小佛像（名千佛经幢）。幢下部是有雕刻的八角或四角的石台，上部冠以八角屋檐形天盖。这些辽代佛教建筑，给继起的金代以决定性的影响，所以通常都将辽、金两代的佛教建筑视为一系。

（游侠）

十二　金代佛教

金代佛教是指公元1115—1234年间女真族统治中国北方地区建立完颜王朝时代的佛教。女真族在开国以前，就已有了佛教信仰的流行，这是从它邻境奉行佛教的高丽、渤海等国传入的。迨建国后，它以武力灭辽，又继承了辽代社会盛行佛教的风习。其后南进，占领宋都汴京（今河南开封市），攻略黄河流域以至淮水以北的地区，更受到了宋地佛教的影响。因此，佛教在金代有所发展。

金代帝室的崇拜和支持佛教，开始于太宗时期（1123—1137）。传说太宗常于内廷供奉佛像，又迎旃檀像安置于燕京悯忠寺（今北京法源寺），每年设会、饭僧。天会二年（1124），太宗命僧善祥于山西应州建净土寺。同在天会年间，太宗后为佛觉大师海慧在燕京建寺，至熙宗时，命名大延圣寺（以后金世宗时改名大圣安寺，成为金代燕京的名刹）。当时营建塔寺，遍于河北、山西等地，这是和攻占了宋都而加强黄河以北地区的治理经营有关的。但在天会八年（1130），曾经一度禁止私度僧尼，可知那时佛教范围已相当扩大。熙宗时期（1138—1149）金的国境已扩展到淮水以北地带，金王朝的典章制度急速地汉化，对于汉人所信奉的佛教尤其表示尊崇。熙宗巡行燕京，见到名僧海慧（？—1145），就邀他到首都上京（今会宁市），特建大储庆寺，请他做寺主。著名律师悟铢（？—1154）也同受优遇，皇统中被任为中都右街僧录。到了世宗继立，是为金代的全盛时期（1161—1189），开始对佛教采取有节制的保护政策，积极整顿教团，防止僧侣逃避课役，并严禁民间建寺。其间由于财政困难，曾仿照北宋政策，利用佛教教团对于社会的影响而公卖度牒，以助军费，但于军事告一段落之后即行停止，仍持续统制整顿的方针。而世宗自己却喜欢巡游名山古刹，营建塔寺，优遇名僧。他为玄冥顗禅师在燕京建大庆寿寺，又在东京创建清安禅寺。他的生母贞懿太后出家为尼，又特别在清安禅寺别建尼院，增大寺塔。他对各大寺都赐田、施金、特许度僧，表示对佛教的好意支持。章宗时期（1190—1208）继世宗的统制方针，取缔宗教教团的法制更臻完备，严禁私度僧尼，并积极地规定由国家定期定额试经度僧，并限制各级僧人蓄徒的名额。金代试僧制度大体上承袭辽制，而较为严格。对于童僧，一般是以《法华》《心地观》《金光明》《报恩》《华严》等五部的谈诵为试课，童尼分量减半。又规定僧人度蓄弟子的限额，即长老、太师得度弟子三人，大德度二人，戒僧年满四十以上的度一人，这大概是和一般试经度僧的规定并行的。僧侣的考选规定三年一次，就经律论三部门课试，中选的授为三宗法师，这种考选每次以八十人为限，由朝廷指定官员办理。法师中学行优异的，更由朝廷敕加种种名德称号，如佛觉大师、宣秘大师等。国家又制定僧官制度，但不象辽代那样与闻国政，专事统理管内僧众的威仪律行，及处理教团内部的诉讼事件。僧官最高的住首都，号称国师，其余四京各设僧录、僧正，列郡设都纲，各县设维那，都三年一任。此外，如五台等佛教胜地，则别置僧官，负责庄严名刹。禁僧尼和朝贵来往，要求僧尼随俗拜父母及奉行丧礼等，这充分表现了政府对于佛教僧团各方面的安排。但章宗在位末年因财政困难，又采行公卖度牒、紫衣、师号和寺院名额的措施，遂使政策缺乏一贯性。他自己曾召万松行秀禅师于内廷说法，奉锦绮大僧伽衣，内宫贵戚罗拜，各施珍品，并为建普度法会，以表示对佛教的尊崇。章宗以后，金代面临着崛起的蒙古族的威胁，为了筹措军费，空名度牒的发行更滥；到了末期宣宗、哀宗时代，这种倾向更甚，遂使金境佛教教团因滥杂腐化，终于日趋衰退而后已。

总的说来，金代佛教是相当隆盛的。大部分寺院都继承辽代旧习，拥有广大的土地和殷富的资财，这些主要出于帝室的布施，如世宗在位期间，于燕京建大庆寿寺，曾赐沃田二十顷，钱二万贯；重建燕京昊天寺，赐田百顷，特许每年度僧十人；又修建香山寺，改名大永安寺，赐田二千亩，钱二万贯；他的生母贞懿太后出家后住东京，特为创建清永禅寺，别筑尼院，由内府给营建费三十万，寺成后更施田二百顷，钱百万，寺内僮仆多至四百余人，其富饶可想而知。另一部分辽代旧寺还保留着原来的经济基础，甚至还有二税户制度的遗存（这一制度是辽帝室和权贵将平民户籍隶属寺院，使纳一半赋税供寺院之用）。二税户中，有的已随辽代朝贵阶层的崩溃而得到解放，有的沦为寺院的附属民户，仍为寺院有力的经济基础。到了金代中期，二税户的残余竟成为当时含有政治性的社会问题。经过世宗、章宗两度诏免二税户为民，才全部消灭了这种制度。一般社会对于寺院佛事的支持，也仍沿辽代遗风，以邑社的组织形式，集资为寺院补充道粮或建置藏经，以及举行种种法会。如兴中府三学寺的千人邑会，就是专为维持寺众的生活而组织的，规定会员于每年十月向寺院纳钱二百，米一斗，这不仅以维持寺院经济为目的，还兼有推广佛教信仰的作用。由于寺院的经济充裕，常以余力来举办各项社会事业，最普遍的是施药和赈饥二事。施药大都就寺内设置药局，以施给贫民，其制创始于清州辨公，后各地寺院相继仿行，很为普遍。赈饥系昭仪军观察判官梁姓倡办，章宗明昌二年（1191）在祐圣千佛院施粥百天，后各地大寺院亦多采行，以济饥民。拥有大量资财的寺院更在寺内外设置质坊以贸利，如《松漠纪闻》载延寿院一寺即设有质坊二十八所，这种经营更促进了寺院经济的不断发达。

金代国祚虽短，但在佛教教学方面，如华严、禅、净、密教、戒律各宗都有相当的发展。其中，禅宗尤为盛行，这可说完全受了北宋佛教的影响。本来黄河流域的中原一带，在金人未占领以前，禅宗的杨岐、黄龙二派已很兴盛。杨岐系克勤（1063—1135）住汴京天宁寺，黄龙系净如（？—1141）住济南灵岩寺，各弘宗风，为北方禅宗的二重镇。金人占领中原以后，道询（1086—1142）继承净如在灵岩寺弘法，著有《示众广语》《游方勘辨》《颂古唱赞》诸篇。汴梁则有佛日大弘法化，传法弟子圆性（1104—1175）于大定间应请主持燕京潭柘山寺，大力复兴禅学，著有语录三编行世。门弟子中得法的有普照、了奇、圆悟、广温、觉本五人。广温（？—1162）又参学于燕京竹林寺广慧之门，后住河北蓟县盘山双峰寺弘化。另有政言（1125—1185）从慈照禅师处得法，著有《颂古》《拈古》各百篇，《金刚经证道歌》《金台录》《真心说》《修行十法门》等；相了（1134—1203）从懿州崇福寺超公处得法，他们先后都曾住潭柘山寺弘化。道悟（1151—1205）得法于河南熊耳山白云海禅师，后住郑州普照寺弘化。教亨（1150—1219）从普照寺宝和尚参学有得，弟子宏相传其法。此外，更有河朔汶禅师、利州精严寺盖公、五台铁勤寺慧洪、上京宝胜寺善英诸师，都著名于禅门。这时期的禅学，大抵是看话禅一派。末期的万松行秀（1166—1246），尤为金代著名禅师。行秀，河内人，初从胜默、云岩诸德参学，各契深旨，为两河三晋的佛教徒所钦敬。后住邢州净土寺，筑万松轩自适，因有万松之称。他传曹洞青源一系之禅，嗣法磁州大明寺雪岩满禅师，虽治禅学，而平时恒以《华严》为业。他曾在从容庵评唱天童的《颂古百则》，撰《从容录》，为禅学名著。其他著述有《祖灯录》《请益录》《释氏新闻》《辨宗说》《心经风鸣》《禅说》《法喜集》等。他兼有融贯三教的思想，常劝当时重臣耶律楚材以儒治国，以佛治心，极得楚材的称颂，说他"得曹洞的血脉，具云门的善巧，备临济的机锋"，一时传为的评。行秀的法嗣少室福裕，所弘尤广；林泉从伦继事评唱颂古，撰《空谷传声》《虚堂习听》各六卷。

金代以治华严学著名的，有宝严、义柔、惠寂和苏陀室利。宝严于天德三年（1151）住上京兴正寺，两度开讲《华严》，听受的达五百余人。义柔精究《华严》，有华严法师之称。惠寂从汾州天宁寺宝和尚受《华严法界观》，后弘化于鄂城，转徙流离，不废讲说。遗憾的是三师著述都已失传。苏陀室利传系印度那烂陀寺高僧，以专精《华严》著名。他以八十五岁的高龄，率弟子七人航海来华；弟子中三人中道折返，三人死亡，仅一弟子相随，历时六载才到达五台，未及宣译，即示寂于五台灵鹫寺。

密教在辽代末期已衰落，金代可考者有法冲和知玲。相传法冲于大定三年（1163）和道士萧守真角力获胜，所习教法未详。知玲从嵩山少林寺英公传总持法，后于皇统中（1141—1149）住河北盘山感化寺专弘密教。从现存五家子砖塔遗构推测，似金刚界曼陀罗法仍在流行。他如《华梵加句灵验佛顶尊胜陀罗尼》《大准提陀罗尼》《佛顶准提咒》等，在民间亦极流行。又遗留在今北京市房山云居寺附近的金代石刻遗物上，发现和密教有关的文献也占大多数，这主要是承受了辽代佛教的影响。此外，西域密教僧人来华的，有北印呼哈啰悉利和他的从弟三摩耶悉利等七人，巡礼五台、灵岩诸胜地。呼哈啰悉利于大定五年（1165）示寂，其他事迹不详。

金代弘净土教可考的，有祖朗、禅悦、行秀、广思及居士王子成等。祖朗（1149—1222）于大定年间（1161—1189）历主燕京崇寿、香林诸寺，日课佛号数万声，感化甚众。广思于河北临城山建净土道场，结白莲华会，谨守庐山慧远的规模，开北地莲社念佛的风气。关于净土的著述，有万松行秀的《净土》《洪济》《万寿》《四会》等语录及王子成的《礼念弥陀道场忏法》。

金代治戒律的以悟铢、智深为最著名，都以律行精严而受丛林敬仰。悟铢（？—1154）兼通经论，尤为燕京佛教界巨匠。他如法律和广恩，都以戒师著称。法律（1099—1166）于天眷三年（1140）住燕京净垢寺，皇统二年（1142）奉命普度僧尼十万余人，后为平州三学律主。广恩（1195—1243）在邢州（今河北省邢台市）开元寺，度僧千余，著有《密莲集》。

金代居士中最著名的有李屏山（1177—1223），他是章宗朝的进士，初宗儒学，反对佛教，后读佛典有得，喜和禅僧交游，曾师事万松行秀，撰《鸣道集说》，批判宋儒的排佛论，主张三教调和之说，对于当时人士影响极大。又撰《楞严经解》《金刚经解》《西方父教》诸篇，其主要思想本于华严圆融无碍的教学，以佛教为中心，实践以禅为主体，这样很自然地走向三教融会的思想，而成了金代佛教的特征，并反映于他的著作上。

金代佛教文化方面，值得特别记载的是大藏经的刻印。金代文献残缺，关于这一刻藏事业原未见记载，直到1934年，偶于山西赵城广胜寺发现其印本。据今人考定，全藏凡六百八十二帙，约七千卷，现存的仅四千九百五十七卷（现收藏于北京图书馆）。发起刻藏的是比丘尼崔法珍，她在山西省南部断臂发愿，募资翻刻北宋官版大藏经，并加以补充。始于熙宗皇统九年（1149），中间历时三十多年，到世宗大定十三年（1173）这部藏经才告成，标志着民间刻藏的巨大成就。金藏既保存了宋刻官版藏经的面目，又补了好些重要的著述，对于藏经版本、校刊乃至义学诸方面的研究都起了极重大的作用。此外，金代对于房山云居寺的石经，亦曾进行续刻，现在续有发现。至于零本木刻经典可考的，则仅有《华严》《大般若》及《无量寿》等经。

金代佛教艺术之可考的，有建筑、雕塑和壁画等方面。建筑现存的有寺院、塔和经幢。金代寺院大都保存着晋唐以来的门楼廊院环布的传统形式，围墙四面设门，四隅筑角楼，和门殿廊庑相连接。仅其在正殿后殿之间添置柱廊一点，稍异于前代。现存的寺院遗构，有山西大同普恩寺的大雄宝殿、普贤阁、三圣殿和天王殿，系太宗天会六年（1128）僧圆满重行修建；上华严寺的大雄宝殿，系熙宗天眷三年（1140）僧录通悟大师等就辽代遗构重修的。又同省应梁净土寺的大殿，系天会二年（1124）建；朔县崇福寺的阿弥陀殿，系熙宗皇统三年（1143）建。此外，可考的还有大同善化寺的三圣殿和山门，五台善文延庆寺的大殿，曲沃大悲院过殿和河北正定隆兴寺的山门等。至于现存的金代佛塔，和辽代的相比，形式上大体相似，但细部略有变化：如各层向上的缩减比例渐小，基坛和初层各方面雕刻不多。立体多层塔有八层、九层的，有平面作六角形的，都于经律无据。塔身多涂饰白色以象征国号等。塔形有八角五层式的，如沙锅屯石塔，章宗泰和六年（1206）建；有八角七层式的，如冀东摩天塔，世宗大定十年（1170）建；有八角十三层的，如开原石塔，传废帝正隆元年至世宗大定三年（1156—1163）建；有六角八层的，如朝阳五家子砖塔，正隆二年（1157）以前建；有六角五层的，如林东街西塔。此外，杂式的更有舍利塔、雁塔、万部华严经塔以及墓塔诸式。金代经幢大体承唐、辽旧制，更普及于各处。其中梵字幢咒语多用梵书，年月题字用真书，亦有梵书一行和真书一行相间的。经幢中制作优美的颇多，如河北正定龙兴寺东方经幢，山东泰安岱庙经幢，大定准提陀罗尼经幢（现藏日本京都藤井郁邻馆内），河北卢龙陀罗尼经幢等，都是有代表性的作品。雕塑以定州圆教院僧人净璋所造的木雕弥陀像最为著名。关中僧人法诲，以长于绘画著名，华原延昌寺壁画即出于他的手笔，其中大殿壁面八明王变相是他个人的作品，法堂华严壁则是和山水名家杨泽民合作绘成的。

（游侠）

十三　元代佛教

元代佛教，是指元世祖即位至顺帝末年的百余年间（1260—1368）蒙古族在全中国范围内建立元王朝时期的佛教。为了叙述方便，将元朝未正式建立以前蒙古时代的佛教也在本文内略加叙述。自十三世纪初叶，元太祖成吉思汗就曾命其后裔，给各种宗教以平等待遇。元世祖忽必烈在即位前，即邀请西藏地区的名僧帕思巴东来，即位后，奉为帝师，命掌理全国佛教，兼统领藏族地区的政教。帕思巴圆寂后，他这一系的僧人继续为元帝师的有亦怜真、答儿麻八剌乞列、亦摄思连真、乞剌斯八斡节儿、辇真监藏、都家班、相儿家思、公哥罗古罗思监藏班藏卜、旺出儿监藏、公哥列思八冲纳思监藏班藏卜、亦辇真吃剌失思等喇嘛（《新元史·释老传》）。又终元之世，每帝必先就帝师受戒，然后登位。凡举行法会，修建佛寺，雕刻藏经等佛事费用，多由国库支出，并常给与寺庙大量田地以为供养。而喇嘛僧则享有一些政治经济特权。

此外，汉族僧徒与河西回鹘僧，仍受到相当的待遇。元初佛教界一些著名人物，如耶律楚材、刘秉忠等，或为朝廷所尊信，或居政府的要职，对于当时佛教的护持，起了相当重要的作用。且禅宗盛行江南，天台、白云、白莲等宗亦相当活跃。但对佛教教义未有多大的发扬，仅寺院经济的发展与僧尼人数之增加，有甚于过去。而寺院大力经营工商业等，尤成为元代佛教的一特殊现象。

元代管理佛教的机构，最初设总制院，即以国师为领导。后又设功德使司（简称功德司）。至元二十五年（1288）总制院改称宣政院，扩大管理职权，且在各路设行宣政院，代替了功德司的事务。僧官如僧录、僧正、僧纲等，也都由宣政院管辖。后来到至顺二年（1331）撤销行宣政院，另于全国设立广教总管府十六所，掌管各地僧尼事务。元统二年（1334），又罢广教总管府，复立行宣政院。

元代寺院和僧尼的人数，据宣政院至元二十八年（1291）统计：全国寺院凡二万四千三百一十八所，僧尼合计二十一万三千一百四十八人，若将私度僧尼计算在内，恐怕还不止此数。

元代皇室所建官寺很多。从至元七年（1270）到至正十四年（1354）在京城内外各地，建有大护国仁王寺、圣寿万安寺、殊祥寺、大龙翔集庆寺、大觉海寺、大寿元忠国寺等，这些土木费用都很浩繁。英宗至治元年（1321）所建的寿安山佛寺，铸一佛像曾冶铜五十万斤（即今北京西山卧佛寺的卧佛）。

随着寺院的兴造，又规定每寺住僧约三百人，于是朝廷将大量田地给与寺院。例如，中统初（1260）给庆寿、海云二寺地五百顷。大德五年（1301）给兴教寺地一百二十顷，上都乾元寺地九十顷，万安寺地六百顷，南寺地百二十顷。皇庆初（1312）给大普庆寺田八万亩，崇福寺河南地百顷，上都开元寺江浙田二百顷，普庆寺山东益都田七十顷。至正十二年（1352），建清河大寿元忠国寺成，以江浙废寺之田归之。据大略统计，自世祖中统二年（1261）到至正七年（1347），前后共给寺田三千二百八十六万一千亩（《续文献通考》卷六）。这些寺院土地的主管机构是太禧宗禋院。各寺都设有总管府、提举司或提领所来经管业务。其一寺的田地散在各路的，便就各地设立主管机构。如大护国仁王寺，有襄阳、江淮等处营田提举司、大都等路民佃提领所。大承华普庆寺，有镇江、汴梁、平江等处稻田田赋提举司。大承天护圣寺，有平江善农提库司、荆襄等处济农香户提举司、龙庆州等处田赋提领所等（《元史·百官志》）。

元代寺院经济成了畸形的发展。因为寺院在拥有大量土地的同时，还大力从事商业和工业。当时各地解库（当铺）、酒店、碾硙、湖泊（养鱼场）、货仓、旅馆及邸店（商店）等，很多是寺庙所经营。如皇庆初（1312）给与大普庆寺腴田八万亩外，还有邸店四百间，即其一例（《陔馀丛考》卷十八）。其在工业方面，如开采煤炭和铁矿，也有寺僧参加。成宗大德元年（1297）有禁权豪僧道擅据矿炭山的命令（《元史·成宗纪》）。仁宗延祐三年（1316）于山西五台山灵鹫寺置铁冶提举司（《元史·仁宗纪》二），这也是前代寺院所无的经济活动。还有银矿的开采虽非寺院直接经营，而其收入却归寺院所有。如至顺元年（1330），闻蔚州广灵县地产银矿，文宗即令中书太禧院派人经营，而以其所得归大承天护圣寺（《元史·文宗纪》三）。寺院的工商业经营，当然和政府赋税收入有关。政府对于寺营的解库，有时禁止，有时命其纳税。而政府对于各处住持僧人将常住金谷掩为己有，修建退居私宅，开设解库，也有禁令（见《元典章》卷三十三）。至元三十年（1293）曾命僧寺之邸店、商贾舍止（旅馆），其货物照章纳税（《元史》卷十七）。其后更时有明令，使僧道为工商者纳税。特别是诸河西路僧人有妻子者，当差发、税粮、铺马、次舍，与庶民同；以防止当时富户冒为僧道，规避差役（《元史·刑法志》卷一百零三）。

  元代没有大规模举行官刻藏经的事，这是因为大都（今北京）弘法寺原来已有金代刻成的大藏经版，世祖至元中曾重加校订，成为元代的弘法寺大藏（当时有《弘法入藏录》，今已佚）。至元二十二至二十四年间，更召集汉藏大德僧人学士等对勘汉藏两种大藏经的异同，编成《至元法宝勘同总录》十卷。此外，民间私刻的藏经也还有几种版本。先是杭州余杭县南山大普宁寺白云宗僧徒于至元中募刻了大藏经版一副，约六千卷，此即通称的普宁寺本。稍后，在成宗大德年间（1297—1307），宋末创刻未完的碛砂版藏经继续雕刻，至仁宗至治末年（约1323顷）完成，共六千三百余卷。又在大德十年间（1306），松江府僧录管主八从弘法寺大藏中选出南方各种藏经刻版所缺之秘密经类等，刻成二十八函，约三百一十五卷，以为普宁寺版和碛砂版的补充。管主八还于大德六年（1302）以来刻成西河字（西夏文）大藏经版一副，共三千六百二十卷，并印施三十余部于各地。又白莲宗复兴而传入福建之后，也于仁宗延祐二年（1315）在建阳县发起开雕毗卢大藏，得到当时福建行省长官亦黑迷失的赞助，担任了劝缘主，但只刻成《般若》《宝积》《华严》《涅槃》四大部，今福州鼓山和山西太原崇善寺还存有它的一些印本。至于蒙、藏文大藏经亦于武宗至大年间（1308—1311）由嘉漾在内地和西藏地区分别刻成版片，但印本久佚。

元朝喇嘛教的著名人物，首推帝师帕思巴（1235—1280）。他在至元六年（1269）曾受命为蒙古族制造文字，进号大宝法王。他曾说出《根本说一切有部出家授近圆羯磨仪轨》一卷。后来又为世祖太子真金讲《彰所知论》。其著名弟子有胆巴、阿鲁浑萨理、沙罗巴、达益巴、迦鲁纳答思等。

胆巴（？—1303），藏族人。幼年依止帕思巴，被命赴国外学习梵典。中统间（1260—1264）帕思巴荐之于朝廷，号为金刚上师。因不容于宰相桑哥，被谪于潮州，后召还。寂后进号帝师。

阿鲁浑萨理（1245—1307），维吾尔族人。从帕思巴修学，旁通一些民族语言并汉文经史百家之学。帕思巴回西藏时，携他同行；后荐之于朝廷，官至集贤馆学士、平章政事。

沙罗巴（1259—1314），西域人。幼从帕思巴剃染为僧，学诸部灌顶法。他能操一些不同民族的语言，尤精通藏文，任世祖和帕思巴之间的译人。他译有帕思巴《彰所知论》二卷、《药师琉璃光王七佛本愿功德经念诵仪轨》二卷、《佛说坏相金刚陀罗尼经》《佛顶大白伞盖陀罗尼经》《文殊菩萨最胜真实名义经》各一卷。后授江浙等处释教总统，所译经典都雕版流通。

达益巴（1246—1318），师事帕思巴十三年，帕思巴回西藏时，他送到甘肃临洮，又亲近其地学者绰思吉十九年。武宗即位，召问法要，寂后谥祐圣国师。

迦鲁纳答思，维吾尔族人，通达佛教及诸民族语言。他被荐入朝后，世祖命他从帕思巴学习佛法和藏文，期年而通。他曾用维吾尔文翻译梵文和藏文的经论，世祖命锓版，散给诸王和大臣。

此外，还有必兰纳识里（？—1331），是帕思巴死后仕于元朝的维吾尔族学者。他精通佛教三藏及诸国语言。皇庆中，受命翻译梵文经典。西域各地送来的文书，都由他翻译。至顺二年（1331）给以国师之号。他用蒙古族文字译了汉文的《楞严经》，梵文的《大乘庄严宝度经》《乾陀般若经》《大涅槃经》《称赞大乘功德经》和藏文的《不思议禅观经》等，皆行于世。

元代的禅宗，北方有金代万松行秀、雪庭福裕一系的曹洞宗师与海云印简一系的临济宗师。南方则有云峰妙高、雪岩祖钦、高峰原妙、中峰明本、元叟行端等著名临济宗匠，传持禅学。

万松行秀（1166—1246），在金代极有盛名。他撰有评唱天童正觉《颂古百则》的《从容录》六卷，与当时江南的天童如净并称为曹洞宗二大宗匠。他的及门弟子有雪庭福裕、林泉从伦、全一至温及居士耶律楚材等，而以福裕的法嗣繁衍最盛。

耶律楚材（1190—1244），出身辽的皇室而仕于金，后来成了有名的政治家。他从万松行秀参禅三年，得到印可，号湛然居士。他随成吉思汗出征西域时，致书请行秀评唱天童正觉的《颂古百则》，行秀即在燕京报恩寺内从容庵撰出，楚材为作序刊行，即后来有名的《从容录》（《从容录序》）。

海云印简（1202—1257），曾为忽必烈讲说佛法并传戒。他重兴真定临济寺，时人称他为临济中兴名匠。嗣法者十四人，有语录曰《杂毒海》。元代著名政治家刘秉忠，就是他的弟子。

刘秉忠（1216—1274），原是云中南堂寺僧人，名子聪。印简应忽必烈之召赴蒙古，途经云中时，闻他的才名，约之同行，很受忽必烈器重。印简南还，他遂留于行帐，参决军政大事，后恢复本来的刘姓，命名秉忠。世祖即位时，他起草的朝仪、官制等一切典章，成为元朝一代的政治制度。遗著有《文集》十卷。

当时南方，自南宋以余杭径山、临安灵隐等为禅宗五山十刹后，禅门宗匠辈出，其代表人物有：

云峰妙高（1219—1293）于至元十七年（1280）住径山，时教家大毁禅宗，妙高与一、二同志入京力争。和教僧仙林论辩得到胜利（《佛祖通载》卷二十二）。

雪岩祖钦（？—1287）得法于径山无准师范。历主潭州龙兴寺、湖州光孝寺，最后主江西袁州仰山，人们称他所住的地方是法窟。他的语录力说儒释一致。有《雪岩祖钦禅师语录》行世。

高峰原妙（1238—1295），从雪岩祖钦问道，后入临安龙须山力参。又至天目西峰狮子岩隐居，常设三个疑问（三关）勘验学者，时称"高峰古佛"，有语录行世。

中峰明本（1263—1323）是高峰高足。他有时住庵，有时住船，到处称其所居为"幻住"。丞相脱欢和翰林学士赵孟頫等多从他问法。仁宗时高丽王子王璋特往参谒，明本作《真际说》开示之。遗著有《幻住庵清规》《山房夜话》及《语录》等，收于《天目中峰和尚广录》，元代编入大藏经中流行。嗣法弟子天如惟则、千岩元长等，皆为宗匠。

元叟行端（1255—1341）和天目中峰同时，阐扬大慧（宗杲）门风于径山，名闻京国。门下人材甚盛，楚石梵琦，梦堂昙噩是他的高足。有《语录》行世。

一山一宁（1247—1317）是南海普陀山的名僧。大德三年（1299）奉成宗命持诏书使日，住镰仓建长寺、圆觉寺及京都南禅寺等处。寂后，给以国师之号，称一山国师。其所传禅学称一山派（《元亨释书》卷八）。

此外，天台、华严、慈恩、戒律诸宗，仍余绪未绝。如天台宗的湛堂性澄、玉岗蒙润、浮休允若、大用必才、绝宗善继等；华严宗的仲华文才、大林了性、幻堂宝严、丽水盘谷等；慈恩宗的普觉英辩、云岩志德、吉祥普喜，以及律宗的光教法闻等，都是当时各宗硕果仅存的学者。

湛堂性澄（1253—1330）从佛鉴铦（音先）学天台教观，弘法于杭州演福寺。至治元年（1321）应召入京，校正大藏。著有《金刚经集注》《弥陀经句解》等行世。蒙润、允若、善继等，都出其门下。玉岗蒙润（1275—1324）从古源、湛堂等受业，盛弘《法华》于杭州。晚年隐居龙井白莲庵，率众修法华三昧，著有《四教仪集注》，为台宗学徒入门书。浮休允若（1280—1359）从大山恢学天台教仪，后依湛堂于南天竺寺，极受器重。他的风度严峻，被称为僧中御史，著有《内外集》。大用必才（1276—1343）从蒙润受教，遂嗣其法。至正二年（1342）大弘天台教于杭州。著有《法华》《涅槃》诸经讲义。绝宗善继（1286—1357）为湛堂法嗣，历住天台荐福、能仁等寺，阐扬《法华》三大部教义，晚年专修净业。他的弟子如玘是明初的名僧。

仲华文才（1241—1302）是元代华严名僧。他讲授经论，主张通宗会意，视语言文字，不过糟粕而已。世祖命为洛阳白马寺住持，号"释源宗主"。后为五台山佑国寺开山第一代住持，署真觉国师。了性、宝严等是他的高足。所著有《华严悬谈详略》五卷、《肇论略疏》三卷、《慧灯集》二卷（《佛祖通载》卷二十二）。大林了性（？—1321）历游诸方讲席，学贤首教，后从文才至五台，备受启迪。当时喇嘛受朝廷尊宠，所有名僧莫不抠衣接足，乞其摩顶，谓之摄受；了性惟长揖不拜。寂后谥曰弘教。幻堂宝严（1272—1322）是文才的嗣法弟子。文才三坐道场，他都随从。后住普安、佑国二寺，与了性大弘《华严》教义（《大明高僧传》卷二）。丽水盘谷的师承不明。他一生好游名山。诗名著当世。世祖的附马高丽王子王璋，请他讲演《华严大意》于杭州慧因寺，备致礼敬。有《游山诗集》三卷行世（《大明高僧传》卷一）。

普觉英辩（1247—1314），受慈恩学于柏林谭，弘法于秦州景福寺，道俗称为无佛世之佛。云岩志德（1235—1322）从真定龙兴寺法照学慈恩教义。至元二十五年（1288）朝命江淮诸路立御讲所三十六所，他被选为讲主，开讲《法华》《唯识》等疏，号佛光大师。吉祥普喜通达《唯识》《因明》诸论，也是江淮御讲所的讲主之一。当时云南僧端无念为《唯识》名家，曾和普喜辩论《唯识》，对他的造诣极为倾服（以上见《大明高僧传》卷二）。

光教法闻（1260—1317）是元代唯一律师。他从温公受学《法华》《唯识》及《四分律》。帝师亦怜真请他讲《般若》，指授《因明》要义。后被召居京师大原寺、大普庆寺。当时从他受戒的僧俗很多，号光教律师（《佛祖通载》卷二十二）。

元代佛教在传统的各宗以外，江南还有白云宗、白莲宗等教团。这两家都起源于宋末，都提倡念佛，励行菜食，只是白莲宗许有妻室为异。白莲宗是宋苏州延祥院沙门子元所倡。子元自称白莲导师，其徒号为"白莲菜人"。此宗因发展迅速，遭受"妖妄惑众"之嫌，子元被流放到九江，教团也被解散。后来小茅阇黎纠集信徒，重新倡导，但他的见解就差远了（《释门正统·斥伪志》）。另外，白莲在被禁以后，由于优昙宗主普度的活动，在庐山得到复兴。普度所著《庐山莲宝鉴》旨在显彰子元的教义，破斥当时彰德朱慎宝、广西高仙道等附托白莲的异说。至大三年（1310）他亲自入都，呈上白莲宗书，进行白莲宗的复兴运动，因而得到宣政院的认可。以后，一般遂以白莲教中得到朝廷认可的称为正宗，未得到认可的称为邪宗（明果满编《庐山复教集》）。

元代的佛教艺术有好些特色。特别是由于帕思巴等弘传西藏地区流行的密教，使元代的佛像塑造及雕刻艺术起了一大变化。尼泊尔著名的佛像工艺家阿尼哥擅长画塑及范金为像。中统元年（1260）帝师帕思巴在西藏地区建黄金塔，阿尼哥和尼泊尔一批匠人到了西藏。帕思巴因他技术优异，命他监工。塔成以后，即从帕思巴出家，相随至北京。最初奉命修补了明堂的针灸铜像，京师金工都佩服他的巧妙。至元十五年（1278）还俗，授大司徒，领将作院事。两京（大都和上都）寺观之像，都出其手（《新元史·阿尼哥传》）。其他自西藏地区和蒙古地区来的工匠，如塑造大圣寿万安寺佛像大小一百四十尊的禀搠恩哥斡节儿八哈失，塑造青塔寺四天王像助手阿哥拨，铸造玉德殿三世佛、五方佛等鍮石像，又制造文殊、弥勒布漆像的诸色人匠总管府总管杂儿尺，及奉文宗皇后命铸造八臂救度母等鍮石像的八儿卜等，多是阿尼哥的徒弟（《永乐大典》本《元代画塑记》）。

从阿尼哥学塑梵像最称绝艺的是汉人刘元。至元七年（1270）世祖建大护国仁王寺，求造梵天佛像奇工，刘元被荐见阿尼哥，从学西天梵像，遂成绝艺。元朝两都名刹的塑土、范金、抟换（即夹纻漆像俗称脱沙）为佛像，出于刘元之手者，皆精绝无比。官至正奉大夫秘书监卿。后人称为刘正奉（虞集《道园全集·刘正奉塑记》）。

阿尼哥、刘元一派以前的佛像手法称为汉式佛像。自阿尼哥始称为梵式佛像。这种梵式佛像，不但盛造于北方寺刹，现今南方杭州也有一些遗迹。如著名古刹灵隐寺前飞来峰岩壁上的几百尊佛像，就是至元二十四年至二十九年（1287—1292）之间所凿造的梵像。

元代僧徒的著述，虽不及唐宋之盛，但如禅宗僧徒行秀的《从容录》、明本的《中峰广录》、普度的《莲宗宝鉴》、德辉的《敕修百丈清规》、庆吉祥的《至元法宝勘同录》、念常的《佛祖历代通载》、觉岸的《释氏稽古略》等，都是一代的要著。

元代僧人中以诗文著名者颇多，如明本、行端、祖铭、梓堂、大圭、宗衍、子庭、本诚、子贡、圆至、实存、善住、大䜣、清珙、至仁、惟则等皆是（以上各人的作品都收入清代顾嗣立编的《元诗选》）。

明本为著名禅僧，作有船居、山居、水居（住水边）、鄽居所谓《四居诗》数十首，为世传诵。行端亦宗门名匠，尝拟寒山子诗百余篇，自号《寒拾里人稿》。梓堂益为大慧杲四世法孙，有《山居诗》四十首流传于世。清珙居吴兴霞雾山，禅余作《山居吟》，其章句精丽，有《石屋珙禅师诗集》。圆至字天隐、大䜣字笑隐、本诚字觉隐，诗名相埒，当时称为"诗禅三隐"。圆至善为古文，所著《牧潜集》，雅丽可诵。明姚广孝谓元代僧人的文章，虽三隐并名，应推天隐为第一（见姚广孝《牧潜集序》）。大䜣为南京龙翔集庆寺开山第一代住持，校正《敕修百丈清规》，为禅门定式。说法之余善为文，著有《蒲室集》十五卷。本诚后名道元，居吴下，善诗并工山水绘画，有文集行世。大圭为文古雅，诗尤有风致，著有《梦观集》。善住字云屋，著有《谷响集》。子庭善口辩，有诗名，平生好游，著有《不系舟集》。这些都是元代特出的诗僧。

（林子青）

十四　明代佛教

明代佛教是从明太祖洪武元年（1368）至毅宗崇祯十七年（1644）前后二百七十六年间朱明一代的佛教。

明代政权建立之初，有鉴于元代崇奉喇嘛教的流弊，转而支持汉地传统的佛教各宗派，因此喇嘛教在内地渐衰，而禅、净、律、天台、贤首诸宗逐渐恢复发展。太祖早年出身于僧侣，对于佛教有意加以整顿。洪武元年（1368）即在南京天界寺设立善世院，命僧慧昙管领佛教，又置统领、副统领、赞教、纪化等员，以掌全国名山大刹住持的任免。三年（1370）又召集各地僧耆，规定寺院为禅、讲、教（包括依瑜伽教修行及应赴佛事等）三类，要求僧众分别专业。随后又召集江南名僧至南京，启建"广荐法会"及点校藏经，进行刻版。对于僧人普给度牒，废除过去计僧卖牒的免丁钱，并命各地沙门讲习《心经》《金刚》《楞伽》三经。到了洪武十五年（1382），对于佛教的整顿更为积极，仿照宋制设各级僧司、僧官［其制在京设僧录司，各府设僧纲司，州设僧正司，县设僧会司。僧录司诸僧官由礼部任命，有左、右善世，左、右阐教，左、右讲经，左、右觉义等职。主要任务是监督僧众行仪及主管考试等。从洪武二十五年（1392）起，僧录司务僧官都按级给俸，最高的月给米十石，最低的五石。见《太祖实录》］，制定僧服色别，严格区分禅、讲、教三类。十七年（1384）采纳礼部尚书赵瑁的建议，规定每三年发度牒一次，并加考试，不通经典者淘汰。二十四年（1391）命各州府县只许保留大寺观一所，僧众集中居住，限各府不得超过四十人，州三十人，县二十人。规定男子非年达四十岁以上，女子非五十以上者不准出家（见《明史·职官志》三）。复通告全国，防止僧俗混淆，规定僧人诵经仪式和施主布施金额，这就是所谓《申明佛教榜册》，是明初整理佛教的一项重要文件。又命各府州县的僧官，就地调查杂处民间的僧人实数，要他们集中居住。次年（1392）通知全国各级僧司造僧籍册，拟刊布各寺，使互周知，名为《周知板册》。后以执行手续过烦，不久就停止了。

明初以来，僧道度牒是免费发给的。但考试限制很严，私度因而激增。代宗景泰二年（1451）因救济四川、贵州饥荒，采纳朝臣建议，实行收费发牒制度，凡僧道纳米五石者，给与度牒。宪宗成化二年（1466），淮扬地方大饥，也用同法以赈济。成化八年（1472）淮扬巡抚张鹏请给僧道空名度牒一万道，以买米济荒，虽一度遭到反对，但到了次年户部却发给空名度牒十万道，以赈济山东。这样，有牒僧道既大量增加，寺观自然随之而增。据成化二十一年（1485）统计：在成化十七年（1481）以前，京城内外的官立寺观，多至六百三十九所。后来继续增建，以至西山等处，相望不绝。自古佛寺之多，未有过于此时者。而纳费发牒之举，直继续到明末为止（《大明会典》卷一百零四）。

明代寺院的土地虽不如元代的多，但明初对于大寺，也常有给田赡僧之举。如报恩、灵谷、天界，号为南京三大寺，都有许多寺田。南京报恩寺的田地塘荡就有一万余亩（《金陵大报恩寺塔志》）。江南各地著名寺院也都有相当多的土地。常州武进县土豪陆衡典了弥陀寺田土三千亩，到期不肯全部交还，因此兴讼，于是开始禁止买卖寺田（《钦录集》洪武十九年条）。洪武二十七年（1394），规定全国大寺有钱粮者，设砧基道人一人，专办差税，其余僧众都不许在外奔走，交结官司。到了景泰年间（1450—1456），令各处寺观田地，每所限置六十亩为产业，其余都拨给农民佃种纳粮（《大明会典抄略》"僧录司"），砧基道人之制也就跟着废止了。

明代对于喇嘛仍给以应有的宗教上优遇。洪武六年（1373）前元帝师喃迦巴藏卜入朝，即与以炽盛佛宝国师称号。洪武七年（1374）帕思巴后代公哥监藏巴藏卜入朝，又尊为帝师，加国师称号。设置西宁僧纲司，任喇嘛三剌为都纲；于甘肃河州，设置番汉二僧纲司，以藏僧任僧官。成祖即位后，对喇嘛更加重视。永乐元年（1403）遣中官侯显入藏，迎哈立麻至京，亲往慰问，请于南京灵谷寺启建法会，给与大宝法王称号。当时宗喀巴（1357—1419）在藏传弘佛法，名称普闻，成祖又派大臣四人往请，宗喀巴派遣上首弟子释迦智（1354—1435）前来京师，成祖即给他以大慈法王称号。后释迦智回西藏创建色拉寺（拉萨三大寺之一），又再度至京，任永乐、宣德两代国师（张建木《宗喀巴大师传》）。计永乐时代（1403—1424）受封的藏族喇嘛，有五王、二法王、二西天佛子、九大灌顶国师、十八灌顶国师（《明会要》卷七十八）。宪宗、孝宗、武宗三代（1465—1521）都深崇喇嘛。来京藏僧，也多给以西天佛子、灌顶国师等尊号。武宗且通达梵语，自号大庆法王，给藏僧食茶八万九千余斤。神宗万历五年（1577）蒙古可汗俺答入青海，闻第三世达赖索南嘉措（1543—1588）至西宁附近弘法，即率众万人欢迎，给以"遍知一切瓦齐尔达赖喇嘛"尊号（达赖喇嘛之名就从这时开始）。索南嘉措遂致书当时宰相张居正致敬，表示当劝顺义王（时俺答受封为顺义王）早日回蒙古，并献礼物四臂观世音、氆氇、金刚结子等。万历十六年（1588）神宗曾派人迎索南嘉措前来北京，但他于是年即在内蒙古逝世了。

　　明初各宗派中，禅宗盛行，而以临济为最，曹洞次之。元末禅僧继续传法于明初的，有楚石梵琦、梦堂昙噩、愚庵智及。明初知名的禅僧有季潭宗泐、恕中无愠、呆庵普庄、见心来复、斯道道衍、雪轩道成、南洲溥洽等。中叶以后，则有楚山绍琦、空谷景隆、笑岩德宝、无明慧经、无异元来、永觉元贤、湛然圆澄等，各阐禅学于南北各地。

　　梵琦（1296—1370）和昙噩都曾参加蒋山法会，为太祖所礼重，著有《北游集》《凤山集》《西斋集》及《六会语录》。昙噩（1283—1371）著有《新修科分六学僧传》三十卷行世。智及（1311—1378）四主名刹，为元叟行端以后的有名宗匠（《南宋元明禅林僧宝传》卷十）。

宗泐（1318—1391）与来复齐名。洪武五年（1372）于钟山建法会，太祖命他升座说法，并作《赞佛乐章》八曲，又命主金陵大天界寺，掌全国僧事。与如玘笺释《心经》《金刚经》《楞伽经》，颁行全国。所著有《全室外集》九卷。无愠（1309—1386）从元叟行端出家，居台州瑞岩时，日本怀良亲王慕他的名望，遣使请往日本传教，太祖因此召他至南京，但无愠以老病辞。所著《山庵杂录》二卷，称为宗门七书之一（《南宋元明僧宝传》卷十二）。普庄（1347—1403）深于禅学，又善讲说。洪武十年（1377）朝廷命各地僧徒讲习《心经》《金刚》《楞伽》三经，他受请讲授于金山寺，由是著名。又曾主江西云居山及浙江径山。所著《呆庵语录》，后湮没不传（《南宋元明僧宝传》卷十三）。来复（1319—1391）擅长诗文书法，历主宁波天宁及杭州灵隐诸大刹，曾被召至京，受四众归敬。后因丞相胡惟庸案牵连被杀。著有《四会语录》及《蒲庵集外集》六卷。道衍（1335—1418）号逃虚子。成祖起兵时，任为军师，即位后，论功授僧录司左善世。永乐二年（1404）任太子少师，复姓姚，命名广孝。常居僧寺，冠带而朝，还仍缁衣。他除监修《太祖实录》及监修《永乐大典》外，著有《道余录》一卷、《净土简要录》一卷、《诸上善人咏》一卷、诗文《逃虚子集》十卷（《明史》卷一百四十五）。溥洽（1346—1426）博究教典，并通儒书，曾任僧录司左善世。建文帝出奔时，成祖疑他与闻其事，把他拘禁十余年。后因道衍临终之请，始释其狱。寂后，杨士奇为撰塔铭（《补续高僧传》卷二十五）。道成（1352—1432）出于万松法嗣雪庭福裕一系，尝住金陵天界寺，永乐初曾出使日本。

　　绍琦（1404—1473）住桐城投子山，倡导念佛公案。晚年主持成都天成寺，法嗣多至百余人，在不同地区弘传佛教。景隆（1392—1443）亦提倡念佛法门。著有《尚直编》，力驳朱熹排佛思想。德宝（1512—1581）晚年居北京柳巷精舍，以禅道接引诸方学者。袾宏，真可、德清等都曾从他叩问禅要。有语录四卷曰《笑岩集》。德宝门下出幻有正传，正传门下有密云圆悟、天隐圆修、雪峤圆信三名僧，各传道一方，时称为临济中兴。圆悟（1566—1642）重兴宁波天童寺，为明末禅宗著名宗匠。嗣法弟子有汉月法藏、浮石通贤、破山海明、费隐通容、木陈道忞等十二人。其法系蕃衍，遍于全国。

慧经（1548—1618）住江西新城（今黎川县）寿昌寺，倡导农禅，重振曹洞宗风。其法嗣四人，以博山元来、鼓山元贤二系最盛。由此二系的蕃衍，使曹洞一宗在江西、福建、广东三省和天童一系的临济禅形成对峙之势（《五灯会元续略》卷一）。元来（1575—1631）开法江西博山，门下出宗宝道独、栖壑道丘、星郎道雄等，其法系颇盛于广东。元贤（1578—1657）住福建鼓山，大唱曹洞禅，著有《补灯录》《继灯录》《永觉禅师广录》（三十卷）等二十余种。圆澄（1561—1626）在法系上与元来、元贤为同门昆季。他开法绍兴云门显庆寺，法席大盛。门下麦浪明怀、石雨明方、三宜明盂、瑞白明雪等，都是禅宗知名者。著有《慨古录》《宗门或问及语录》八卷（《南宋元明僧宝传》卷十五）。

华严宗在正德至嘉靖之间（1506—1566）稍弘于北方。无极（明信）由鲁庵（普泰）传授贤首教旨历二十余年，门下出雪浪洪恩（1545—1608），尽传其学，著名于江南。雪浪弟子知名的有巢松慧浸和一雨通润。一雨的弟子有苍雪读彻和汰如明河。慧浸（1566—1621）善于讲说，通润（1565—1624）精于著述。明河（1588—1640）曾疏《楞伽》《楞严》二经，并著《补续高僧传》二十六卷。苍雪（1588—1656），别号南来，善讲《华严大疏》，并工诗文，有《南来堂诗集》行世（弘方《贤首宗乘》）。

天台一宗，宋元两代盛传于江浙。入明以来，只有东溟慧日、原璞士璋、白庵力金（一作万金）等数家。慧日以后，继述的有无碍普智、万松慧林、千松明得、百松真觉诸家。至万历间无尽传灯（1553—1627）住天台幽溪高明寺，始重立天台祖庭，大开讲席。他著有《法华玄义略辑》一卷、《天台传佛心印记注》二卷等，时称为天台中兴。其后智旭继之，著有《法华纶贯》一卷、《法华会义》十六卷、《大乘止观释要》四卷等，为明代天台最后的一大家。

慈恩宗典籍，宋元间渐次失传，至明初几乎成为绝学。正德年间（1506—1521）鲁庵稍弘于北方，无极继之，渐传于南地。雪浪从无极学《华严》，旁及《唯识》，辑有《相宗八要》。其门人巢松曾领学徒在焦山专攻《成唯识论》三年；一雨著有《成唯识论集解》十卷，可知其学风的趋向。后紫柏盛赞慈恩一宗，学者复继起研究。明昱（1527—1616）曾讲唯识于南京、北京及杭州等地，著有《成唯识论俗诠》等《相宗八要解》（王肯堂《成唯识论俗诠序》）。王肯堂（？—1614）亦治《成唯识论》，因感慈恩著疏亡失，乃辑藏中经论及《华严疏钞》《宗镜录》诸典正释唯识之文，编撰《成唯识论证义》十卷。崇祯年间（1628—1644），袾宏的弟子绍觉（广承）讲唯识于杭州莲居庵，其门下有灵源（大惠）、辩音（大基）和新伊（大真）等。广承著有《唯识音义》八卷，未成而寂，由辩音补辑成书。大惠著有《成唯识论自考录》十卷。新伊著有《成唯识论合响》十卷（《灵峰宗论》卷八之一）。新伊的法嗣智素，又撰《成唯识论音响补遗》十卷。此外，当时的唯识学者还有古德、内衡等（钱谦益《上内衡法师书》，见《有学集》卷四十）。

律宗自明初以来，也很衰微。正统间（1436—1449）朴原主杭州昭庆寺，奉命开坛传戒，时称宗师（《新续高僧传》卷二十八）。万历初，如馨（1541—1615）在南京古林寺传戒，三昧（1580—1645）继之，律学大振。晚年应请入南京宝华山传戒，著有《梵网经直解》四卷。其法嗣见月继制《传戒规范》，古林遂成律宗道场。同时福州鼓山元贤，广东鼎湖山道丘、弘赞等，均尽力于律学之复兴。弘赞著有《四分戒本如释》十二卷、《四分律名义标释》四十卷（《鼎湖山志》卷二、三）。

净土法门，自宋元以来成为各宗的共同信仰。明初梵琦、大佑、慧日、妙叶、普智、道衍等，都弘赞净土，各有著作。嘉靖至万历间（1522—1619）宗本、传灯等都宣扬净土法门。特别是云栖袾宏，专志净业，广受缁素的归向，建立了净土一宗的道场。智旭精究各宗教义，亦以净土为三学（禅、教、律）的指归。他的弟子成时，选编有《净土十要》，流传很广。此外，慧经、元来、元贤、圆澄等曹洞宗匠，也都提倡禅净双修。其影响一直延至今日。

明代中叶，自宣宗至穆宗（1426—1572）一百多年间，各宗都衰微。但到神宗万历时期（1573—1619），名匠辈出，形成佛教的复兴气象。这个时期最重要的人物，是云栖祩宏（1535—1615）、紫柏真可（1543—1603）、憨山德清（1546—1623）、藕益智旭（1599—1655），号称明末四高僧。

明代在家居士对佛教的研究，也形成一种风气。宋濂、李贽、袁宏道、瞿汝稷、王宇泰、焦竑、屠隆等，都于佛学有相当理解，遗有许多有关佛学的著作。

宋濂为明初翰林学士，曾三阅大藏，著有《宋学士文集》。所撰高僧塔铭等文字三十九篇，祩宏辑成《护法录》，为元末明初佛教史传的重要资料。李贽出入儒释之间，尤好禅宗。著有《文字禅》《净土诀》《华严合论简要》等书。袁宏道与兄宗道、弟中道三人，俱以文章知名。他初学禅于李贽，后归心净土法门，撰有《西方合论》，宣扬净土。瞿汝稷博览内典，汇集禅门宗师语要，撰《指月录》三十二卷，盛行于世。王肯堂精于医学，学佛研习唯识，著有《成唯识论证义》。焦竑长于文字，举进士第一，与李贽往来论学，因归心佛法。著有《楞伽》《法华》《圆觉》等经的《精解评林》各二卷。屠隆是著名的文艺家，晚年学佛，著有《佛法金汤录》三卷，驳宋儒排佛言论。

其他如严讷、虞淳熙、庄广还等，多从祩宏习净土法门。庄广还编有《净土资粮全集》六卷。紫柏、密藏之倡刻嘉兴藏，多得力于袁了凡、陆光祖、冯梦祯、陶望龄等的护持。这些居士对于明末佛教之复兴起着很大的作用（《居士传》卷三十七至四十六）。

明代佛教教义的研究，以《楞严经》为最盛。现存明代研究《楞严》的著述，尚有数十种，著名者为真鉴《楞严正脉疏》十卷、德清《楞严通议》十卷、通润《楞严合辙》十卷、智旭《楞严文句》十卷及《玄义》二卷、钱谦益《楞严经疏解蒙钞》十卷、曾凤仪《楞严宗通》十卷等。《心经》《金刚经》《楞伽经》，自明太祖指定为僧徒必须讲习的三经后，注解极多。除宗泐、如玘所释以外，《心经》有宋濂《般若心经解义节要》一卷、真可《心经注解》一卷、德清《心经直说》一卷、李贽《心经提纲》一卷等；《金刚经》有真可《金刚经释》一卷、德清《金刚经决疑》一卷、智旭《金刚经破空论》一卷、曾凤仪《金刚经宗通》七卷等；《楞伽经》有德清《观楞伽经记》八卷、通润《楞伽经合辙》八卷、智旭《楞伽经玄义》一卷及《义疏》九卷、曾凤仪《楞伽经宗通》八卷等。《法华》《华严》《起信论》，亦极流行。天台著述，有一如《法华经科注》七卷、如愚《法华经知音》七卷、通润《法华大窾》七卷、德清《法华通义》七卷、智旭《法华会义》十六卷等。华严有德清《华严经纲要》八十卷、方泽《注华严经合论纂要》三卷等。戒律的著述，以《梵网经》为最盛。现存的有袾宏《梵网菩萨戒经义疏发隐》五卷、寂光《梵网经直解》四卷、智旭《梵网经音义》一卷及《合注》七卷、今释《梵网戒疏随见录》一卷等。

　　明代撰著的佛教史籍，现存的有玄极《续传灯录》三十六卷、文琇《增集续传灯录》六卷、如惺《大明高僧传》八卷、明河《补续高僧传》二十六卷、幻轮《释氏稽古略续集》三卷、元贤《继灯录》七卷、《建州弘释录》二卷、传灯《天台山方外志》三十卷、如卺《禅宗正脉》十卷、净柱《五灯会元续略》八卷、通容《五灯严统》二十五卷、通问《续灯存稿》十二卷、朱时恩《佛祖纲目》四十一卷及《居士分灯录》二卷、黎眉《教外别传》十六卷、郭凝之、圆信合编《先觉宗乘》（辑录居士入道机缘语要）五卷、《优婆夷志》一卷、心泰《佛法金汤编》十卷、屠隆《佛法金汤录》三卷、夏树芳《名公法喜志》四卷等。其他禅僧语录，为《嘉兴藏》及日本辑《续藏》所收的约有百余种。

　　明代的刻藏事业，前后共有五次。即洪武年间（1368—1398）初刻于南京的《南藏》，永乐年间（1403—1424）再刻于南京的《南藏》和刻于北京的《北藏》，在这以后有刻于杭州的《武林藏》，乃至万历年间（1573—1619）开雕而完成于清初的《嘉兴藏》。前三藏是官版大藏，后者是私刻大藏。《武林藏》是中国最初刻成的方册大藏经，开刻年代不明。《嘉兴藏》是真可及其弟子密藏计划，幻予继之主持，经德清、袁了凡、陆光祖、冯梦祯等支援刻成的方册大藏经。初开刻于山西五台山，后移至浙江径山，而由嘉兴楞严寺发行。故依刻经处所称为《径山藏》，依发行地称为《嘉兴藏》。

此外，明代还有藏文藏经（甘珠尔）的刊行，在永乐和万历时代，前后曾翻刻过两次。此甘珠尔原系十四世纪之初由嘉漾比丘刻成，藏于藏地奈塘寺，世称奈塘版。永乐八年（1410），成祖遣使藏地访求经典，即取其经藏全部翻刻，又翻刻其丹珠尔（论藏）部分要典《般若》《中道》《律论》、对论、二种《比量论》六论随经藏发行，称为永乐版。这是明代初刻的"蕃本"大藏经（见永乐八年"藏经赞"）。其后万历三十三年（1605），又翻刻永乐版蕃本，以黑字印行，称为万历版（吕澂《西藏佛学原论》，深浦正文《佛教圣典概论》第十章）。

明代建国以后，为实行和平外交政策，于洪武三年（1370）命僧慧昙出使国外，开了以僧为使的创举。慧昙率领使节团一行二十余人，访问西域各国，于洪武四年（1371）秋到达僧伽罗国（今斯里兰卡）。他以高龄劳瘁，到僧伽罗后不久即患病，自知不能复命，预向僧伽罗王留下遗表而寂（宋濂《觉原禅师遗衣塔铭》）。洪武十年（1377），宗泐又继慧昙遗志，奉命率领佛徒三十人，再使西域。往返六年，至洪武十五年（1382）归国，从印度取回《庄严宝王》《文殊》（真实名义）等经。

其次是对日外交。当时日本为南北朝时代（1336—1393），南朝太宰府怀良亲王曾遣日僧祖来来中国致书通好，洪武四年（1371）十月至京。太祖即命禅僧祖阐、天台讲僧克勤等送祖来还国（《明史·日本传》）。迨达九州时，怀良亲王已出奔，新任地方官怀疑祖来乞师中国，把祖阐等拘留在九州太宰府。后经京都王朝得悉其事，派舆马来迎。足利义满欲请祖阐主持天龙寺，克勤未允，只为日本僧俗演说佛法而已。洪武七年（1374）五月，祖阐、克勤等回至南京，太祖以他们不辱使命，给以嘉奖，并令克勤蓄发拜官（宋濂《送无逸勤公出使还乡省亲序》）。建文三年（1401）日本足利幕府也遣僧祖阿等来明。建文四年（1402）祖阿归国时，惠帝亦遣僧道彝（天伦）、一庵（一如）赴日还聘。次年（1403）二月，明使归国时，足利义满又遣僧坚中圭密为正使来明。时惠帝出奔，成祖即位，日使适到称贺，逐遣赵居任、张洪及僧道成等，送日使者还国并赠书通好（《释氏稽古略续集》卷二）。

明代中国和尼泊尔的外交往来，也以僧人为使节。洪武十七年（1384），太祖命僧智光与其徒惠辩等赍玺书彩币出使尼八剌国（今尼泊尔），其王马达纳罗摩遣使随智光入京，送金塔、佛经及名马方物，于洪武二十年（1387）到达南京。太祖报以银印、玉图书及幢幡彩币等。智光在尼泊尔时，曾从麻诃菩提上师受传金刚曼陀罗四十二会，归国后译有《八支了义真实名经》《仁王护国经》《大白伞盖经》等（《明史》卷三百三十一《西域列传》）。

（林子青）

十五　清代佛教

清代佛教是从清顺治元年（1644）至宣统三年（1911）共二百六十八年间清朝一代的佛教。清朝对于佛教的政策几乎完全是继承明代的。首先在管理方面仿照明代僧官制度，在京设立僧录司，所有僧官都经礼部考选，吏部委任。各州府县僧官，则由各省布政司遴选，报送礼部受职。所有僧官的职别名称，都和明代无异（康熙《大清会典》卷七十一）。

清初对于寺庙僧尼悉有限制。顺治二年（1645）禁止京城内外擅造寺庙佛像，造寺须经过礼部允许。已有寺庙佛像亦不许私自拆毁。也不许私度僧尼。对于僧道，一律官给度牒。康熙四年（1665）以来，对于私立庵院及私度僧尼都有法律规定。但自乾隆四年（1739）以后，随着人口的增加，私度僧尼人数也有增加，一时难于查补给牒，因之从乾隆十九年（1754）起，通令取消官给度牒制度。此项政令一直延续到清末。

清初寺庙僧尼数字，据康熙六年（1667）礼部统计：各省官建大寺六千零七十三处，小寺六千四百零九处；私建大寺八千四百五十八处，小寺五万八千六百八十二处。僧众十一万零二百九十二人，尼众八千六百十五人。寺庙共七万九千六百二十二处，僧尼合计十一万八千九百零七人（《大清会典》卷十五、"礼部方伎"）。但自乾隆元年（1736）至四年（1739）止，共颁发过各省度牒部照三十四万零一百一十二纸，并令师徒相传，不必再发。其后私度的人渐多，乾隆十九年（1754）便通令废止给牒。至清末时，全国僧尼约有八十万人（太虚《整理僧伽制度论》）。

清朝统治者最初接触到的佛教，是中国西藏地区所传的喇嘛教。当十七世纪初起，已有喇嘛到关外传教，曾受到清太祖的礼遇。太宗时（1627—1643），盛京（今沈阳）方面已开始和当时西藏的达赖喇嘛第五世（1617—1682）建立关系。世祖顺治九年（1652）达赖第五世应请入京，受清朝册封。世祖又好参禅，先召京师海会寺憨璞性聪（1610—1666）说法。又召浙江玉琳通琇（1614—1675）、木陈道忞（1596—1674）等入京说法。通琇弟子茆溪行森和道忞的弟子旅庵本月、山晓本晳相随入京，也各助传教。通琇后又入京，世祖命选僧一千五百人从他受戒，尊为玉林国师，以表示他对汉地佛教的推崇（《普济玉林国师语录年谱》卷下）。其次圣祖出巡南北，常住名山巨刹，赋诗题字，撰制碑文，对佛教也表示接近。世宗常与禅僧往来，自号圆明居士，辑古德参禅语要，成《御选语录》十九卷，以禅门宗匠自居。又从章嘉国师参学。清朝对于西藏地区的政教事务非常重视，于雍正六年（1728）设驻藏大臣，管理西藏政务。乾隆五十八年（1793）制定章程二十九条（即《钦定章程》），确定了西藏地区政教合一的制度，所有西藏地区寺庙和喇嘛都受清朝理蕃院管理。

清代的译经，主要是国内各族文字的互译。雍正初年北京黄寺土观呼图克图第一世奉命将藏文藏经甘珠尔部分译为蒙文。又乾隆六年到十四年（1741—1749）译成蒙文丹珠尔全部。乾隆三十八年至五十五年（1773—1790）又译藏文大藏为满文。乾隆七年（1742）工布查布在北京依藏文佛典译成汉文的有：《造像量度经》《造像量度经解》、附撰《造像量度经引》及《续补》各一卷；《弥勒菩萨发愿王偈》《药师七佛供养仪轨如意王经》各一卷；稍后阿旺札什继译《修药师仪轨布坛法》《白救度佛母赞》各一卷；嘎卜楚萨木丹达尔吉译《极乐愿文》一卷、萨穆丹达尔吉译《释迦佛赞》一卷。

清代的刻经事业，在顺治、康熙（1644—1722）年间，民间各地所刻的僧传、语录等都集中于嘉兴楞严寺，当时发行的有《续藏经》九十函，二百三十七部，《又续藏经》四十三函，一百八十九部（见1920年北京刻

《嘉兴藏》目录），都是清初所刻而附于明版《嘉兴藏》的典籍。此外，如福州鼓山清初所刻的有《华严经》《华严疏论纂要》《憨山梦游集》等（《福州鼓山庋藏经目录》）。清代官版藏经之刊行，始于世宗时代。世宗雍正十一年（1733），特开藏经馆，延请博通教义的僧人于北京贤良寺校阅编稿。正式开刊始于雍正十三年（1735）二月，至乾隆三年（1738）十二月完成，前后历时四年，称为《龙藏》。内容系据明刻《北藏》本而增入经论义疏及禅宗语录等，凡七百二十四函，一千六百七十部，七千二百四十卷；嗣于乾隆中，撤去其中五种七十三卷。总理藏经事务者为和硕庄亲王允禄，参加监造、校阅人员共七十余人（《大清三藏圣教目录》）。版本形式为梵夹本，国内名山大刹多请置，并建藏经楼贮藏。全部经版，现保存于北京柏林寺。康熙二十二年（1683）命刊藏文藏经甘珠尔（乾隆初略有修补）。雍正二年（1724）又刊丹珠尔，即今之北京版《西藏大藏经》。乾隆中又刊《蒙文大藏经》。后又续成《满文藏经》。全藏共一百零八函，六百九十九部，二千四百六十六卷。经版于1900年毁于入侵中国的八国联军之手。

　　清代从道光以后，国势衰落，佛教也不振。佛徒多致力于经典的校刻与流通，有助于佛教的传播。先是郑学川（1826—1880）于同治五年（1866）在扬州成立江北刻经处，他自己即在这一年出家，法号妙空。以后他又创立苏州、常熟、杭州、如皋四个刻经处，前后十五年间，所刊佛经近三千卷。杨文会（1837—1911），字仁山，初时对郑学川在扬州的刻经事业，极力护持，并募财相助。后在南京自创金陵刻经处，从事校刊佛典。光绪四年（1878）他随曾纪泽到过英法，于伦敦认识日僧南条文雄（1849—1927），知道中国唐宋间散佚的佛典章疏，尚多保存于日本。归国以后，即托南条在日本搜购古逸经论撰述二百余种。前后刻成经典三千余卷，并图像多种。到了清末宣统元年（1909），金山宗仰（1865—1921）得罗迦陵之助，与黎端甫、汪德渊等在上海依日本弘教书院《缩刷大藏经》加以校印，全藏共四十函，一千九百十六部，八千四百十六卷，由频伽精舍刊行，号《频伽大藏经》。

清代佛教宗派，继承着明末的遗绪，仍以禅宗为最盛，净土次之，天台、华严、律宗、法相等又次之。

清初禅宗，有临济的天童、磬山二系和曹洞的寿昌、云门二系相对峙。天童密云一系，以汉月法藏（1573—1635）、费隐通容（1593—1661）、木陈道忞（1596—1674）、破山海明（1597—1665）四支为最蕃衍。法藏开法三峰（江苏常熟），门徒最盛，后继者有杭州灵隐具德弘礼（1600—1667）、苏州灵岩继起弘储等。弘礼门下，出有晦山戒显、硕揆原志等，各传禅道于吴楚。弘储历主浙江大刹，广受缁素皈依。他的门下全赋原直住南岳和德山（湖南常德），楚奕原豫住潭州云盖山，灵岩之道，遂大行于湖南。通容历主福严（浙江石门）、黄檗（福建福清）诸大刹，他的法系传入福建，门下出有隐元隆琦和亘信行弥。隐元（1592—1673）晚年应请东渡日本，成为日本黄檗宗的开祖。亘信（1603—1659）历主雪峰和南山，大扇宗风于闽南。其徒如幻超弘（1605—1678）住泉州小雪峰，被称为一方宗匠。道忞继密云主持天童，应召入京说法，受清世祖礼遇。海明门下出有丈雪通醉，其法系盛行于四川、贵州，至今传承不绝。磬山天隐门下一系，出有箬庵通问与玉林通琇等。通问开法杭州理安寺，后主镇江金山，成为清初以后禅宗最盛一系。通琇自武康报恩寺应请入京传戒后，名重朝野。晚年开法浙江西天目山，所居号禅源寺，一时称为法窟。

寿昌（在今江西省黎川县）、云门（在今浙江省绍兴市）二寺，在明末并称为曹洞中兴道场。入清以后，寿昌慧经的法嗣无异元来、永觉元贤、晦台元镜等，各振一方。元来住江西博山，其道大行。门下出宗宝道独、栖壑道丘、星朗道雄等，分传曹洞禅法于岭南和江北。道独门下出剩人函可（1611—1659）、与天然函昰（1608—1685）等。函可以弘法罹难，充配沈阳，开法于千山。天然为广东一大宗匠，明朝亡后，遗民士子多从他披剃。道丘（1586—1658）开山鼎湖，其法系在掺弘赞、迹删成鹫等，皆一时名德。道雄（1598—1673）住安徽庐江冶父寺，鼓扬洞上宗风，著有《教外直指》。元贤（1578—1657）重兴福州鼓山，法嗣为霖、道霈继之，讲学刻经，颇为曹洞生色。元镜弘禅于建阳东苑，门下出觉浪道盛，开法于南京天界寺，其法系颇为繁荣。

绍兴云门一系，自湛然圆澄以后，其势力颇足与临济的天童一系相颉颃。圆澄门下出石雨明方、三宜明盂、瑞白明雪，在清初均为有名宗匠。明方门下的远门净柱、位中净符，明盂门下的俍亭净挺、西遁净超，明雪门下的百愚净斯等，都是很有名的禅宿。

太平天国以后，金山、高旻、天童、天宁，号为禅宗四大丛林。道华清登的法嗣月溪显谛与观心显慧（许樾身《观心大师塔铭》）先后重兴镇江金山。其后，大定密源（1824—1907）、常静密传、性莲密法、隐儒密藏，相继整肃禅规，宗风大振。金山遂成为中国的禅宗首刹。扬州高旻寺，自清初天慧实彻（？—1735）经昭月了贞、宝林达珍至楚泉全振（1861—？），其禅规整肃，与金山齐名。常州天宁寺，清初原为律宗道场，自大晓实彻（1685—1757）改为禅宗，至冶开清镕（1850—1920）继主法席，宗风大盛。冶开与宜兴海会寺妙参清虚、南京香林寺济南清然、扬州高旻寺楚泉全振、苏州西园寺广慧圆德，同称为清末江南宗门五老。重兴宁波天童寺的寄禅以及湖南衡阳岐山仁瑞寺的恒志（1811—1875）、江苏句容赤山真如寺的法忍（1845—1905）都是清末著名的禅僧（寄禅《恒志和尚道状》《法忍禅师塔铭》）。

明代以来各派禅僧竞撰灯录、世谱。紫柏以《传灯》未续，为他出世一大负，因此能文缁素，都发愿有所著述。此种风气，在清代尤为流行。清代所撰的传灯僧史，有道忞《禅灯世谱》九卷，通容《五灯严统》二十五卷，通问《续灯存稿》十二卷，本晰《宗门宝积录》九十三卷，通醉《锦江禅灯》二十卷，如纯《黔南会灯录》八卷，性统《续灯正统》四十二卷，超永《五灯全书》一百二十卷，净符《祖灯大统》九十八卷，弘储《南岳单传记》一卷，纪荫《宗统编年》三十二卷，自新、性磊《南宋元明禅林僧宝传》十五卷，心圆、火莲居士《揩黑豆集》九卷，聂先居士《续指月录》二十卷，达珍《正源略集》十六卷等。

清初风气，凡是开堂说法宗师，寂后常由门人辑录其机缘法语付版。因之，当时续刻的《嘉兴藏》以语录为最多。临济宗如天童密云门下的通容、道忞等十二弟子；磐山天隐门下的通问、通琇；三峰汉月门下的灵岩弘储、灵隐弘礼及其弟子等；曹洞宗如博山一系的道独、函昰、函可、今无、今释、今辩等；鼓山一系的元贤、道霈；东苑元镜门下的道盛及其弟子等；云门圆澄一系的明盂、净柱、净挺、净斯、智操等，都有语录行世。

净土为清初以来佛教各宗的共同信仰。最致力弘扬者以行策、省庵、彻悟、瑞安、悟开、古昆、印光等为代表人物。行策（1628—1682），字截流，住常熟普仁院，创七日念佛法，著有《起一心精进念佛七期规式》，为清代"打念佛七"的滥觞。省庵（1686—1734），名实贤，住杭州梵天寺，结社专修净业。所著《劝发菩提心文》，广为缁素传诵。净土宗徒称他为莲宗第九祖。彭际清辑有《省庵禅师语录》二卷。彻悟（1741—1810），号梦东，初从北京广通寺粹如参禅，后继主法席，为道俗所归仰。嘉庆五年（1800）居京郊怀柔红螺山资福寺，倡导念佛，依从者甚众，遂成北方著名净土道场。有《彻悟禅师语录》二卷（体宽《彻悟禅师行略》）。

瑞安（？—1864），字悟和，住红螺山，专修净土。魏源在京时曾从他问法，后应魏源请至高邮弘法，信者极众。仁和许息庵延住扬州藏经院，受院主观如所归敬。其后遍历南京、苏州、泰州、通州诸地，到处弘传净土（程兆鸾《悟和法师传略》）。悟开（？—1830），字豁然，号水云道人，住苏州灵岩山下宝藏寺。通达经论，而专以净土接众。著有《莲宗九祖传略》《净土知津》《念佛百问》各一卷（江沅《念佛百问序》）。古昆（？—1892），号玉峰，光绪四年（1878）住杭州弥陀寺，摩崖刻大字《阿弥陀经》。光绪十五年（1889）卓锡慈溪西方寺，盛倡念佛。著有《莲宗必读》《西方径路》《净土自警》《念佛要诀》等书。其弟子芳慧著有《净土承恩集》，照莹著有《净土业痛策》，都继承他倡导净土（沈善登《报恩论》卷下）。

印光（1861—1940），名圣量，号常惭。初学净土于北京红螺山。光绪十九年（1893）南游，居普陀山法雨寺专修。时人辑他所撰文章为《印光法师文钞》。晚年移居苏州灵岩山，寂后门弟子尊他为莲宗第十三祖。

天台宗自明末百松真觉再兴，称为重兴天台教观第一世，幽溪传灯为第二世；以后，藕益智旭、苍辉受晟、警修灵明被继尊为第三、四、五世。天溪受登与受晟为同门、受登弟子灵耀与灵明继绍弘扬台教。受登（1607—1675）住杭州天溪大觉寺专弘天台三十余年。受登的弟子灵乘，字遐运，著有《地藏菩萨本愿经纶贯》及《科注》各一卷。灵耀，字全彰，随侍受登二十余年，康熙初（1662）住嘉兴楞严寺，对《嘉兴藏》的补刻流通很有劳绩。著有《楞严经观心定解》十卷、《法华经释签缘起序指明》一卷、《四教仪集注节义》一卷、《随缘集》四卷等。

清代中叶以后，天台的学者有观竺、广昱、隆范幻人、寻源通智、敏曦、定宗祖印、古虚谛闲等。观竺弘教于上海龙华寺，与天童广昱、金陵妙空、杭州玉峰、嘉兴济延五人，同被称为当时法门龙象（《报恩论》卷四）。幻人（1828—1910），名隆范，字献纯。初参大须于焦山，继至天童从广昱听《法华》，众推为天童首座。常讲经于南京及普陀山，与杨文会通信论学，累数万言。著有《法华经性理会解》一卷、《穿珠集》（禅宗语录）二卷（《天童寺续志》卷下《献纯首座塔铭》、杨文会《等不等观杂录》卷五）。通智，名寻源，同治十三年（1874）从北京龙泉寺本然出家，得法于浙江普陀佛顶山信真，屡讲《法华经》于宁波天童、南京古林、扬州万寿诸寺，于《楞严》尤有心得，著有《楞严开蒙》十卷（印光《通智法师公堂序》）。

敏曦（1827—1899），字日种，初从温岭明因寺永智受教。历讲《法华经》于嘉兴楞严、上海龙华、杭州天龙诸寺。曾与海盐张常惺同游日本，考察佛教。晚年重兴苏州报恩寺，辑有《苏州报恩塔寺志》（敏曦《苏州报恩塔寺志》）。祖印（1852—1922），名定宗，出家于湖北当阳玉泉寺，后从敏曦、广昱学天台教义，与诗僧寄禅友善。光绪七年（1881）回玉泉寺从香山受法，盛弘天台于湖北荆宜间。光绪二十五年（1899）再游江浙，所至频开讲席（太虚《玉泉祖印宗法师塔铭》）。谛闲（1858—1932），名古虚，号卓三，初于嘉兴楞严寺从敏曦听《法华》，后掩关慈溪圣果寺，专究天台。晚年重兴宁波观宗寺，设弘法研究社。生平讲席遍于各地，为晚近天台宗名家。遗著有《谛闲大师全集》。

清代华严宗的法系，正传旁出，极为纷歧。清初雪浪一系的苍雪、含光等，盛讲《华严》于苏州。杭州方面则以柏亭续法为代表人物。同时北方宝通贤首一派，也出有知名学者多人。苍雪（1588—1656）专讲《华严大疏》，但他好诗，其学为诗名所掩。含光（1599—？）为汰如（明河）弟子，亦弘《华严》。康熙时（1662—1722）雪浪三世孙佛闲（昴六）住南京普德寺，盛讲《华严》《法华》，时称为华严宗中兴名家（《法华经科拾》卷七后跋）。

柏亭（1641—1728），名续法，从明源学《华严》教义，为明末袾宏五世法孙。他在杭州弘扬《华严》五十多年，著书二十余种，达六百余卷。他的主要著作有《贤首五教仪》六卷、《贤首五教仪科注》四十八卷、《华严宗佛祖传》十四卷、《般若心经事观解》一卷（吴永芳《般若心经事观解序》）。

宝通贤首一派，创始于不夜照灯。照灯为颛愚观衡弟子，北游开法于通州宝通寺，门下出玉符印颗，遂开宝通一派。印颗（1633—1726）于康熙十三年（1674）继席宝通，为贤首第二十八世。他的弟子耀宗圆亮、滨如性洪、波然海旺、有章元焕等，分别传法于河北，称为宝通四支（《宝通贤首传灯录》）。元焕的法嗣通理（1701—1782），字达天，是清代中期有名《华严》学者。通理于雍正十一年（1733）奉召入圆明园校勘藏经，因得研《华严大疏》；后至永祥寺从元焕传《华严》宗旨，遂嗣其法（《宝通贤首传灯录》卷下《有章元焕传》)。乾隆十八年（1753）通理任职僧录司，其后清字经馆成立，他又助章嘉国师校译满文藏经。乾隆四十五年（1780）班禅六世入京，通理奉命和他谈论佛法，被封为阐教禅师。著有《法华指掌疏》七卷、《楞严经指掌疏》十卷、《圆觉经析义疏》四卷等（《新续高僧传》卷十《通理传》）。

清末《华严》学者，以月霞为最后代表人物。月霞（1858—1917），名显珠，为常州天宁寺冶开法嗣。初学天台不契，继至金山、高旻参禅，后隐终南山，始专究《华严》。他弘法数十年，足迹远至日本、暹罗诸国。晚年创办华严大学于上海，后迁杭州海潮寺，造就人才不少。著有《维摩经讲义》等（持松《月霞法师传》）。

律宗自明末古心如馨传戒于南京古林寺，三昧寂光（1580—1645）继之，分灯于宝华山，其后遂分为古林、宝华二派。古林一派，清初以来，海华（1608—1679）、寂鼎、普瑶、本修等相继，至清末辅仁（1862—?）传戒不绝（《律门祖庭汇志》）。寂光重兴宝华山，不久圆寂，门下出香雪戒润与见月读体。戒润弘律于常州天宁寺，见月（1601—1679）继主宝华，发扬光大，遂成律宗著名道场。他著有《传戒正范》四卷，又自述《一梦漫言》，记其生平参学及重兴宝华山始末。他的弟子定庵德基，继主宝华。宜洁书玉（1645—1721），分席杭州昭庆寺，都继承宝华山的规范。又四传至文海福聚（1686—1765），应请入京传戒，成为北京法源寺第一代律祖。著有《南山宗统》十卷，记载南山律宗世系传承。

与见月同时的有福州鼓山元贤、道霈，广东鼎湖山道丘、弘赞等，均致力于戒律之弘传。弘赞著有《四分律如释》十二卷、《四分律名义标释》四十卷。乾隆时北京潭柘寺源谅（1705—1772）亦盛传戒法，著有《律宗灯谱》二卷。湖南方面，先龄长松以各地传戒戒科不一，撰《戒科删补集要》，盛传于湘鄂。太平天国以后，金山的观心、焦山的大须，天台的敏曦等，都倡传戒律于江浙。光绪二十三年（1897）发朗重建杭州昭庆寺戒坛，时称为律宗中兴（俞樾《昭庆寺重建戒坛记》）。

慈恩一宗，自明末昭觉广承于杭州莲居庵讲《唯识》，其弟子灵源大惠、古德大贤、新伊大真等继之，入清传承不绝，时称莲居派。大惠曾讲《唯识》于京师及苏杭等地，著有《唯识自考录》。大贤弘法云栖，智旭曾从他听《唯识》。大贤的法嗣玉庵、法孙忍庵，也都传承此学。大真继主莲居，精研戒律，曾讲《唯识》，亦为智旭所师事，著有《成唯识论合响》。其弟子本全、圣先，相次继席，讲学不替。同时内衡亦讲《唯识》于杭州，为钱谦益所称道，是清初有数的慈恩学者。其后钻研《楞严》者多，《唯识》之学遂渐趋沉寂。

清末松岩、默庵，亦颇研究《唯识》，讲授学徒。松岩于光绪间（1875—1908）住南京清凉山，穷治相宗。尝谓唐代俱舍法相诸论，实为佛教梯航。时《天演论》《民约论》相继传来，他曾以唯识理论加以评价。但他早年入寂，著述不传（汪德渊《频伽大藏经序》）。默庵（名果仁，1839—1902）居南岳福严寺，精究三藏，常为四众讲《唯识》，著有《唯识劝学篇》《阅藏日记》等书。道阶、佛乘等为其高足。道阶（1865—1934）弘法南北，时讲唯识之学。佛乘（1872—1922）创办僧学于南岳，亦常以唯识授学人（罗杰《南岳默庵禅师传》）。

清代居士之弘传佛学，成为近世佛教的支柱。清初著名的居士有宋文森、毕奇、周梦颜、彭绍升四人。与彭同时的有罗有高、汪缙。清代中叶，有钱伊庵、江沅、裕恩、张师诚等；清末有杨文会、沈善登等，都是热心研究佛教的学者。

宋文森（？—1702），字世隆，习禅学，曾受天竺行珍付嘱。毕奇（？—1708），号紫岚，从马首山醒愚学禅，有《别传录》八卷行世（《居士传》卷五十五）。周梦颜（1656—1739），字安士，学通经藏，深信净土，著《西归直指》二卷。其所撰述后编成《安士全书》行世（《西归直指》卷首本传）。彭绍升（1740—1796），法名际清，出身于苏州儒士家。初学道教不契，后读《紫柏全集》始归心佛法。他深信净土，自号知归子。著有《居士传》《一行居集》《二林居集》等行世。其侄彭希涑也深信净土，编有《净土圣贤录》九卷。

罗有高（1734—1779）字台山，因与彭绍升交游，遂信佛法，从扬州高旻寺昭月了贞参禅。他出入儒释，有《尊闻居士集》八卷。汪缙（1725—1792）字大绅，与彭绍升、罗有高三人结为法友，从事佛学研究。他为《居士传》作有评语，杨文会称他具宗匠手眼（《等不等观察录》卷三），著有《汪子遗书》十卷（彭绍升《汪大绅述》）。

钱伊庵（？—1837）深入禅学，辑有《宗范》二卷。书中括引古德参禅方法，与戒显《禅门锻炼说》，为清代禅学名作。江沅，字铁君，曾与龚自珍共同校刊《圆觉经略疏》，为自珍所师事。他为悟开《念佛百问》作序，自称净业学人，其思想似倾向于净土（龚自珍《重刊圆觉经略疏后序》）。

裕恩，号容斋居士，为满清贵族。好读佛典，通达额纳特阿克、西洋、藏、蒙、回及满汉等文字。曾校读大藏，凡佛典有新旧数译者，或校归一是，或并存之（龚自珍《己亥杂诗》自注）。校刊有新译《金刚经》一卷（从藏文本译出）行世。他又精通密宗布坛法仪及佛相方位，刻有《药师七佛供养仪轨经》一卷（阿旺查什《重刻药师七佛供养仪轨经序》）。张师诚（？—1829），号兰渚，曾任江苏、福建巡抚，号一西居士。抄录古来有关净土的善信、立愿、励行等语要，取袾宏所说"持名一法是经中之经"的意义，编成《径中径又径》四卷。

杨文会（1837—1911）字仁山，他一生以流通佛经为务，创金陵刻经处于南京，对清末佛教文化的复兴起了很大作用。他著述颇多，今已编为全集刊行。沈善登，名谷成，法号觉尘，清末翰林院庶吉士。光绪四年（1878）杭州弥陀寺所刻摩崖大字《阿弥陀经》，即出于他的手笔。著有《报恩论》四卷。

清初，明末遗民出家为僧的颇多。其知名的有戒显、澹归、药地、蘖庵、担当、大错等。这些人物都以诗文为世所重。而八大山人、石涛、石溪、渐江以擅画，被称为清代四大画僧。

八大山人，俗名朱耷，为明朝宗室，明亡出家，久居南昌，擅画山水、花鸟、木石，不泥成法，画笔以简劲胜。石涛，名道济，亦明宗室贵族，俗名朱若极，号大涤子、苦瓜和尚等。善画山水、花果、兰竹，王麓台称他为清代江南第一画家，郑板桥亦极推重他的兰竹。石溪，名髡残，自号残道人，受觉浪道盛衣钵，住金陵牛首山，每以笔墨作佛事，所画山水，有奇逸风格。渐江，名弘仁，善山水，好画黄山松石，晚学倪云林笔法，自成一家。这些人的画风，在清代四王、吴、恽六大家之外，各别树一帜，为艺术家所重视。此外，如扬州的虚谷，焦山的大须，上海的竹禅等，都是清代有名的画僧。

清代的诗僧也不少，比较知名的有苍雪、天然、借庵、练塘、笠云、寄禅等。苍雪（1587—1656），名读彻，云南人，著有《南来堂诗集》八卷，吴梅村很推重其诗（《梅村诗话》）。天然（1608—1685），名函昰，番禺人，著有《天然和尚诗集》（一称《瞎堂诗集》）二十卷。借庵（1757—1836），名清恒，字巨超，浙江海宁人，为乾隆道光间（1736—1850）焦山寺僧，诗名甚盛，著有《借庵诗钞》十二卷。练塘为南京栖霞寺僧，与借庵齐名，寂后洪稚存题其墓碣，称之为"江左诗僧"，著有《旃檀阁诗集》。笠云（1837—1908），名芳圃，湖南人，长沙麓山寺僧，诗书俱佳。王闿运、俞曲园等都推重他。著有《听香禅室诗集》八卷、《东游记》（日本纪行诗）一卷。寄禅（1851—1912），名敬安，别号八指头陀，为清末著名诗僧，著有《八指头陀诗集》正续共十八卷。

（林子青）

十六　西藏前弘期佛教

西藏前弘期佛教就是西藏佛教发展的前一个阶段。西藏古典著作如布敦《佛教史》、伦主《佛教史》、童祥《青史》《西藏历书引言》《藏王纪》等书，都说前弘期始于松赞干布时代，终于墀惹巴仅末年。但诸书所载这两个人的生卒年代，出入很大。今据中国古史《新唐书》所载松赞干布王妃唐文成公主入藏的年代（641），再参酌西藏的古典著作，松赞大概生于公元七世纪初。根据墀惹巴仅在位时，在拉萨所立的《汉藏和盟碑》的年代（823），墀惹巴仅的卒年不会早于这个年代。《布敦史》和《伦主史》都说他的卒年是841年，当比较可信。因此，可以认为"前弘期"约始于七世纪中叶至九世纪的前半，前后约二百年。

本期佛教发展的情形，可以分为三个主要时期：

（一）松赞干布时期（初兴佛教）

松赞干布以前的西藏，境域狭小，至松赞干布，才扩张疆土，统一了青藏高原各部落，逐渐强大起来。如《新唐书》说："其地东与松茂巂接，南极婆罗门，西取四镇，北抵突厥，幅员万余里，为汉魏诸戎所无也。"

传说松赞以前，西藏没有统一文字。松赞既征服诸部落，扩大疆土，为与邻国往来和治理民众颁布法令的需要，松赞干布派遣贵族子弟到克什米尔学习，其中吞米桑布札学声明学，回藏地后制成藏文字母和文法，并著了八部论，解释藏文的用法（布敦《佛教史》及《西藏王臣史》）。

松赞干布以前，西藏只有一种神教，名为笨教，专作祈禳等法。松赞干布时，有了统一的藏文，才开始翻译佛经，建立佛教。

松赞干布派人到锡兰请来蛇心旃檀的十一面观音像，又往印度和古代尼泊尔交界处请来诃利旃檀的观音像（此像现仍供在布达拉宫），作为供养修福的对象。

松赞干布初娶尼泊尔公主，携来不动佛像、弥勒菩萨像、度母像等（不动佛像现供在惹摩伽寺，弥勒像等现供在大昭寺）。后娶唐朝文成公主，又携来释迦佛像（相传为佛在世时所铸造，现供在大昭寺正殿中）。

松赞干布又使尼泊尔塑像匠人，按照松赞自己的身量，塑一尊观音像（现供在大昭寺北厢殿中）。

为供奉诸圣像，便于人民修福礼拜，尼泊尔公主建筑了大昭寺，文成公主建筑了惹摩伽寺，松赞干布又建迦刹等十二寺于拉萨四周各要地。此外，又建筑了许多修定的道场。各寺所供的圣像很多，有释迦、弥勒、观音、度母、颦感、佛母、光明佛母、妙音天女、马头金刚、甘露明王等。

当时翻译经典的人，汉人有大天寿和尚，藏人有吞米桑布札、达摩廓霞、拉垅金刚祥，古印度人有孤萨惹论师、商羯罗婆罗门，古尼泊尔人有尸罗曼殊论师等。

当时翻译的经典，有《宝云经》《观音六字明》《阎曼德迦法》《摩诃哥罗法》《吉祥天女法》（见《青史》第二十页）。又有《集宝顶经》《宝箧经》《观音经续（二十一种）》《百拜经》《白莲华经》《月灯经》。有说亦曾翻译《十万颂般若经》（《藏王纪》第三十一、七十二页）。

藏地以前没有一定的法制。松赞干布时代，依佛经所说的十善戒，制定法律：斗殴的处罚，杀人的抵偿，盗窃的加八倍罚款，奸淫的断肢体而流放，欺妄的割舌（《藏王纪》第三十三页）。又制十六条人道伦理法：一、敬信三宝；二、修行正法；三、孝敬父母；四、恭敬有德；五、敬重尊长；六、交友以信；七、利益国人；八、心性正直；九、景慕贤哲；十、善用资财；十一、以德报德；十二、秤斗无欺；十三、不相嫉妒；十四、不听妇言；十五、和婉善语；十六、心量宽宏（《西藏王臣史》第十六页，《藏王纪》所说略异）。

总之，在这一段时期，藏地才开始有佛教，建筑寺庙，创造文字，翻译经典；同时也制定了法律，教育民众，使西藏民族逐渐强盛文明起来。所以，藏地史书都说松赞干布是观音菩萨化身，特为饶益藏地人民而现国王身的。

（二）墀松得赞时期（建树佛教）

松赞干布后，芒松芒赞（亦作芒垄芒赞，即松赞干布之孙）、都松芒薄结两代，虽然继承祖先的遗训奉事佛教，不过对于佛教事业，非但没有新的建树，而且由于多次兵灾，将释迦佛像封闭在大昭寺左厢秘室中，松赞干布所建的布达拉宫也毁于兵火。墀得祖敦即位后，起初原为其太子绛刹拉闻请婚于唐朝。等到金城公主到藏时，绛刹拉闻已死，只好嫁墀得祖敦，以后生下墀松得赞，大弘佛教。金城公主到藏后，问知文成公主带到西藏的释迦佛像闭在暗室，急命人请出，供在大昭寺正殿；又将古尼泊尔公主请来的不动佛像，移到惹摩伽寺供奉。

墀得祖敦想绍继祖先弘扬佛教的遗规，曾派使臣往底斯山迎请佛密和佛静二大论师。二师未肯到藏。墀得祖敦又遣使到唐朝和于田，迎请宏法大师和经典，并建立拉萨喀扎等寺，安置各处请来的经典和大德。

此时译经的，有账迦牟拉廓霞、娘若那鸠摩罗。从汉文译成的有《百业经》《金光明经》及历数、医学等书籍（布敦《佛教史》）。这时的僧众，有汉僧和于田僧；藏民虽已信仰佛教，但还没有人出家。

墀得祖敦的臣属中，信佛的固然很多，但也有不信佛教的。他们中间还有掌握重权能左右朝政的人，如舅氏仲巴结及达惹陆贡等，不过慑于墀得祖敦的威严，还没有明目张胆地反对。

墀得祖敦去世后，仲巴结便借口过去几代藏王的短寿，和国家的兵连祸结，将这些事情都归罪于佛法。又编造许多谎言，诬蔑释迦佛像为引祸根源，把像埋在地下，后又移到芒宇。改大昭寺为屠场，拆毁墀得祖敦所建的喀扎寺和真桑寺。驱逐修行佛法的信众，各地来的僧人也都遣回原籍。此时墀松得赞年幼，不能自主朝政，只好听凭仲巴结摆布。藏地尚未长成的初期佛教，就遇到这样一场摧折。

西藏民间，原已盛行笨教。松赞干布虽曾制定法令，教人民敬信三宝，学习佛经；笨教徒有暗改佛经为笨经的，也被禁止，但臣下和民间，仍有信奉笨教反对佛教的。后来经过芒松芒赞、都松芒薄结、墀得祖敦三代，似乎都没有加以禁止。墀松得赞时代反对佛教的这些权臣，大概就是笨教信徒。

墀得祖敦曾派臣下桑希等到内地学佛法。桑希临回藏时，遇着一位高僧，授给他《金刚经》《十地经》（有作《十善经》）、《稻秆经》等三部经，并且向他说："现在藏王已死，王子年幼，那些不信佛法的臣下，正在破坏先王法制，毁灭佛法。此时回到藏地，没有佛教事业可作。你等到王子大了，把这三部经呈上，并须请萨贺国的静命来藏弘法，那时佛法才能光大。"桑希等请有汉文经书千余卷，到藏时正遇着灭法，就把经书藏在钦朴石崖中。

墀松得赞渐长，阅读前代诸王史籍，知道祖先弘扬佛教、建立法制的事迹，深为信乐，就与诸臣筹商复兴佛教的事宜。桑希以为时机已到，就把藏在钦朴的汉文佛经取出，呈进藏王，并为略述大意。藏王听了很欢喜，就教桑希同汉人梅玛果、迦湿弥罗人阿难陀共同翻译。但此事为舅氏仲巴结所反对，并怪桑希多事，把他贬到芒宇。史书上说一些信佛法的人，为了保护桑希，送他到芒宇避难。

又有大臣名萨曩，信仰佛教，藏王派他作芒宇守。他在芒宇建立了两座佛寺。后来往印度朝礼大菩提寺、那兰陀寺圣迹，在尼泊尔遇见静命（也有译为寂护的）论师。他请静命论师到藏弘法，得到许可，自己先回拉萨见藏王，陈述静命论师的功德，可以请来建立佛法。藏王诏诸信佛法的大臣如漾娘桑、廓墀桑等密议，用计除去舅氏仲巴结、达惹陆贡等，颁布敕谕，令一切臣民奉行佛法。先将释迦佛像请回拉萨，仍供在大昭寺正殿，随即派人迎接静命论师。民间有信笨教反对佛教的，又使阿难陀等和他们辩论。笨教徒辩论失败，笨教书籍，除少数祈禳法外，都被废毁，不许传播。

静命论师到藏后，在龙粗宫中安居四月，为藏王等讲说十善业、十八界、十二因缘等法门。当时雷击玛波日，洪漂庞塘宫，瘟疫流行。不信佛教的人，就说是弘扬佛教之过，请藏王停止弘法，民间喧扰不安。藏王请问静命论师，静命说须请莲花生大师来才能止息灾害，自己也就暂回尼泊尔。藏王又派萨曩等去迎请莲花生大师。莲花生大师到藏后，适灾害止息，才又接静命论师回藏。

藏王打算建立桑耶寺，先与臣民商议，大家都赞同，就请莲花生大师加持地基，请静命论师仿印度飞行寺规模绘成图样。中分须弥峰、十二洲、日月二轮，外有垣墙围绕，四角建四舍利塔，四门立四碑。藏王三妃，又各建一殿。从762年壬寅奠基，至766年丙午落成（据《藏王传》等说，布敦说是787年丁卯奠基，799年己卯落成）。完工后又请静命论师、莲花生大师等开光，举行盛大庆祝法会。

767年丁未从印度迎请说一切有部持律比丘十二人到藏，以静命论师为亲教师，开始度西藏人出家受戒。最初受戒七人为：宝护、智王护、宝王护、善逝护、遍照护、龙王护、天王护（七人的名字有多种不同的记载），称为七觉士。此后复度官民子弟三百余人，出家受戒；选拔优秀的学习梵文，造成译经的人才。

此时翻译经典的，印度人有静命、无垢友、佛密、静藏、清净狮子等诸大论师，西藏人除初出家的七人外，有法明、虚空、宝军、无分别、释迦光等诸大译师，广译三藏教典。又请密宗大德法称论师，传授瑜伽部金刚界、大曼荼罗等灌顶。又请迦湿弥罗国大德胜友、施戒等，传授戒法，又请汉僧传授参禅修定。此时，对于佛教，尽量吸收，不论大小、显密、禅教、讲修，兼收并举，故可称为前弘期的极盛时代。此时所译典籍，据辰年在登迦宫所编《目录》（此目录布敦《佛教史》和伦主《佛教史》都说是墀松得赞时所编。布敦《佛教史》并说：先编《登迦目录》，次编《钦朴目录》，再编《庞塘目录》。《经论大藏目录序》中说，牟底赞薄时，先编《庞塘目录》，次编《登迦目录》，未说《钦朴目录》何时所编）的记载，密教方面除无上瑜伽部，显教方面除《阿含经》类及一部分《中观》《因明论》外，其余的显密经论，大体上都具备了。现在旧派所传的一部分无上瑜伽部经论，也是由无垢友等传来的，可能因为当时只是秘密传授，故未编入目录内。

此时所传的戒律，是根本说一切有部。为防止部派纷争，藏王曾明令制定，不许翻他派的律典。此时大乘教典，唯识宗的已很完备。但因弘传佛法的主要人物，多是中观宗的大德，如静命、莲花戒，就是中观顺瑜伽行派（世俗中不许有离心外境，胜义中许一切法皆无自性）的创始人，莲花生、无垢友、佛密等也都是中观宗人；所以，此时的见解，都是属于中观宗的。在墀松得赞末年，息灭顿渐的争端后，又曾明令宣布，只许学静命所传的龙树的中观见，修十法行与六度行，不准学顿门的见行。

总之，墀松得赞时，才开始有西藏人出家受戒，建立僧伽制度，广译经论，讲学修行。佛教的真正规模，此时才算完备。又在耶巴、钦朴等处，建立专修道场。后来阿底峡尊者曾赞叹说，此时西藏佛法之盛，就是印度好像也比不上呢。

（三）墀惹巴仅时期（发扬佛教）

墀松得赞死后，牟尼赞薄与牟底赞薄先后继位，绍承父业，仍弘佛法。尤其在牟底赞薄时，建立金刚界寺，请无垢友等论师，遍照护等译师，将父兄两代未译完的经论尽量翻译（据伦主《佛教史》和《藏王纪》所记，此时还有莲花戒等论师，龙王护、宝胜等译师），三藏教典此时就很完备了。

墀松、牟尼、牟底诸王时,一面虽尽力弘扬佛法,一面也常以武力征服邻近的其他民族,尤其与唐朝,时而和好,时而战争。直到墀惹巴仅时代,由诸佛教大德从中调停,在唐穆宗长庆元年(821),唐朝与西藏才达成和议,建立了和盟碑,战事才停息。

墀惹巴仅深信佛教,护持十善法制。因见前代静命、智王、漾娘桑、桑希·得瓦廓喀结其主、阿难陀等译出的典籍,有许多名词是西藏不通用的,又有从汉地、于田、印度萨贺等处译来的,名词多不一致,学习极为困难;故请胜友论师、天王菩提等译师,依据大小乘教义及声明诸论重新整理,务令义理无误,名词统一,便利修学。又将大小乘教各种名词,详加审定,汇为专书,使后来译经者有所遵循。倘有必须设立的新名,须将该名词的训诂和定名的理由,详细注明,呈报译经院、讲经院,转呈藏王批准,编入目录内,以便通行。关于密部典籍,尤其无上瑜伽部,未经藏王批准的,不许随意翻译。所译三藏教典,在礼敬文上加以区别:凡属律藏的,"敬礼一切智";凡属经藏的,"敬礼一切诸佛菩萨";凡属论藏的,"敬礼曼殊室利童子"。读者一看礼敬文,就知道属于哪一藏。对于戒律,还是只弘一切有部,不许弘译他部,以免争端。

墀惹巴仅由于深信佛法,对于每一个僧人,各分配给七户居民,供给他的生活,使他能专一修行。每逢斋僧法会,墀惹巴仅先把自己的头巾敷地,请僧众在上边走过,然后顶戴。所有大小朝政,皆请决于高僧;所有行政制度,也都以经律为准则。下至通用的度量衡器,都依照经论改制。对前代所建的寺院,都善加修葺,并新建札喜格培寺。以恭敬三宝、奉行十善教育人民。对于侮慢三宝的,处罚特重。他这样做,对于佛教虽是极端尊崇,但在臣民当中,不免引起一部分人的嫉忌和反感。朗达玛的灭法,也就因此而起。

从松赞干布时代创制统一藏文,翻译佛经,至墀惹巴仅时代整理译典,广事讲修,都属于西藏佛教的前弘期。这一时期内,西藏的佛教,可就教典文献和见修行证两方面总结一下：

1. 教典文献

此时所译的教典，大小、性相、显密，大体都已完备。今依《登迦目录》，略举如下：

（1）大乘经典，分六类：

①《般若经》类，有《般若十万颂》等大小十六种。

②大方广类，有《佛方广经》等大小七种。

③《大宝积经》四十八品（原书四十九品，抽出四十六品编入《般若经》类）。

④各种大乘经，有《贤劫经》等大小一百六十七种。

⑤大经类，有《大集经》等九种。

⑥从汉文转译的，有《大般涅槃经》等大小二十四种。

（2）小乘经：《正法念住经》等大小三十九种，又《集法句》等论著七种。

（3）密咒续：《不空羂索经》等及注疏四部共十八种（其中只有事部和行部，缺瑜伽部和无上瑜伽部）。

（4）各种陀罗尼一百零一种。

（5）名号：有《佛及菩萨百八名经》等九种。

（6）赞颂：有《不可思议赞》等十八种。

（7）愿文：有《回向愿王》等十二种。

（8）吉祥颂：有《大吉祥颂》等七种。

（9）律藏：有《根本说一切有部十七事》《毗奈耶》并诸注释大小三十一种。

（10）大乘注释：有《般若十万颂大疏》等五十二种（内有《般若经》《深密经》《三摩地王经》《宝积经》《十地经》等的注释），又有从汉文译出的《解深密经大疏》等八种。

（11）中观宗论：有《中论》等三十三种。

（12）禅修类：有《修次第论》等八种。

（13）唯识宗论：有《瑜伽本地分》等四十一种。

（14）各种大乘论：有《集菩萨学处论》等三十一种。

（15）小乘论：有《俱舍论》等九种。

（16）因明类：有《观业果论》等二十五种。

（17）藏王等撰述：有《圣教正量论》等七种。

（18）已译未校的：有《般若四千颂》及《念住经》二种。

（19）未译完的：有《中观精研论》及《释》等九种。

从第一类至第八类属于经藏，第九类属于律藏，第十类以后属于论藏。又第三、第四两类属于密教，其余都属显教。

小乘经律论大小乘共学，其余都属大乘。唯识宗的经论，已很完备。中观宗的经论，除月称的论疏外，很多都有了。这个目录中所载的密部典籍虽只有事行两部；但在墀松得赞时，已曾请印度密宗法称大师，传授瑜伽部灌顶。又有无垢友、施戒、遍照护、吉祥积等，已翻译《集密意经》《幻变密藏》《黑茹迦格薄》等无上瑜伽部密法多种。所以这一段时期，显密方面的教典，可以说都大体具备了。

2. 见修行证

这一段时期中，从印度请来的译经大德，多系中观见；因此，这一期西藏佛教的见解，主要是中观正见，即"说一切法皆无自性"的见解。一切法无"自性（孤立不变而实有的自体）"而"有（存在）"的原因，即是"缘起"（依赖条件而生灭，即一定的事物必依一定的条件才能生起，条件不具备就不能生起）。宇宙万有，世出世间一切因果，乃至证解脱，成菩提，皆依"缘起"而有，亦皆自性空，就是缘起性空的中观见。由深信世出世间因果道理，而严持净戒，依戒修定，由定发慧，就是三增上学。依中观正见和三增上学所引起的身语行为，就是正语、正业、正命的十法行和六度等正行。三学乃至六度等，就是所修的行。由此修行，发小乘心的，所证就是四沙门果；发大乘心的，经三阿僧祇劫，圆满福德智慧二种资粮，所证就是无上正等正觉。

　　以上是就显教说的。在密教方面，如佛密论师所传的事部和行部，法称论师所传的瑜伽部，都是在中观正见和发大菩提心的基础上，传授灌顶。受灌顶后，严守各部的三昧耶戒，进修有相瑜伽的增上定学，和无相瑜伽的增上慧学，由此而得世出世间各种悉地。如无垢友论师所传的无上部密法，就是现在西藏佛教的旧派。此派判佛法为九乘：一、声闻乘，二、独觉乘，三、菩萨乘，说这三乘属于显教，名共三乘，是化身佛所说。四、事部，五、行部，六、瑜伽部，说这三部名密教外三乘，是报身佛所说。七、大瑜伽部，八、阿耨瑜伽部，九、阿底瑜伽部，说这三部名无上内三乘，是法身佛所说。此派说自派所传即后三乘密法，尤其重于阿底瑜伽（即现在流传的大圆满教授）；说一切众生现前离垢的"空明觉了"，即大圆满。意谓生死涅槃一切法，皆本具于此"空明觉了"之中。由了知此心性本来无生无灭，具足一切功用；安住在这种见解上，远离一切善恶分别，渐次消灭一切无明错觉；最后证得永离一切戏论的究竟法界，就是修此教授所证的果德。

（法尊）

十七　西藏后弘期佛教

自从藏王朗达玛于841年灭法以后，经过一百多年，卫藏等地都没有出家的僧伽。到宋代初年，才有卢梅等往西康学佛法，回藏重集僧伽，弘扬佛教。此后直到现在约一千年，西藏佛教从未中断。这一期的佛教，对前弘期而言，名为"西藏后弘期佛教"。

朗达玛灭法以后，佛教什么时候才由西康复传到西藏，各书记载互有不同。布敦《佛教史》上说：卫藏佛教毁灭经七十年，后有卢梅等十人重建佛教。十人到西藏时，有一七十六岁老妇说，她六岁时曾见过僧人。就依这个传说，布敦说西藏佛教中断了七十年。《布敦史》又说：有人说中断了一百零八年（似即指内巴班枳达所说）。

《青史》引内巴班枳达名称愿戒说：从841年后百零八年没有佛教，至百零九年才又有佛教。但《青史》又说：841年灭法后百零九年，是指卢梅等在西藏初建拉摩惹结寺的一年，不是指佛教最初复传到西藏的一年。并且引卢梅的弟子跋希的文章说，大善知识卢梅慧戒同松巴智慧，先想在陇穴金比陇建寺没有成功，后来在841年才建拉摩惹结寺，证明卢梅等由康返藏在建拉摩惹结寺之前。又引种敦巴说，841年灭法后七十八年佛法复兴，其后六十五年阿底峡尊者到藏，并且以此说为正确。阿底峡尊者到藏阿里是1042年，逆推其前65年应是978年。《青史》以灭法之年为901年，所以说相距七十八年（901年灭法之说不合理，已如"西藏前弘期佛教"中所说）。又《青史》记贾拉康的历史时说，挚曩金刚自在……976年生，三岁时（978年）律教由西康传到西藏。……三十七岁（1012年）建贾鲁雷寺。拏曩金刚建贾寺后,直到明成化十二年(1476)共四百六十五年,代代相承,记载详明,最为可信(《青史》第11页下—13页),所以后弘期的开始,可定为宋太宗太平兴国三年(978)[距唐武宗会昌元年(841)朗达玛灭法,为一百三十七年]。卢梅等回藏建立僧团时,正值俄达犀巴在位。由朗达玛的儿子母坚到俄达犀巴,一共经历了七个王,时间仅仅一百三十七年,并不算长。因西藏灭法后,地方混乱,没有正确的历史记载可以依凭,所以对于这一段时期的长短,各种史书有不同的说法。但以灭法的841年,复兴佛教的978年,是最合理的。

当朗达玛灭法时,有藏饶萨、钥格回、玛释迦牟尼三人,满载律藏典籍,经阿里绕新疆,逃往西康玛垄潜修。又有迦胜光称、绒敦狮子幢、拉垄吉祥金刚等,也各自携带所有经典,先后逃往西康(《藏王纪》)。当时西康地区也还有其他佛教徒,如喇勤所亲近的浓妙吉祥、宝金刚、吉胜顶、曩具喜菩提等(《青史》)。

藏饶萨在西康时,穆苏萨巴从他出家,以钥格回为阿阇黎,受沙弥戒,法名格瓦饶萨,后因智慧广大称公巴饶萨。后期佛教复兴,多半由于他的弘传之功,所以又称喇勤。喇勤年满将受比丘戒时,邀请西康垄塘吉祥金刚等三比丘凑足僧数。吉祥金刚自言曾杀藏王,不能入僧数,因此替他们在西宁附近邀汉僧两人参加。仍以藏饶萨为亲教师,于五众僧团受比丘戒。

据《伦主史》说:"就依靠这个僧团,又有仲智幢、鲁菩提幢等西康的一些人出家受戒,学习戒律和对法。"《藏王纪》说:"喇勤之后,西康有跋金刚自在、仲智幢、觉热慧菩提等众多大德。"另据《青史》说:"喇勤西康的弟子,有粗胜慧等。"

喇勤在西康弘法,西藏渐渐知道了,藏王智幢先派卫藏七人:卢梅慧戒、枳智德、聪格慧狮子、罗敦金刚自在、松巴智慧、贾罗卓协饶、云本法胜,往西康受戒学法。后来又派遣塔乙胜圣、惹希戒生、跋尊慧自在、结雷仰诊法救、仲馨慧愿等五个人赴西康,先后都依止仲智幢、觉热慧菩提等受戒（《藏王纪》）。

又《布敦史》说："卫藏十人，赴西康学法：卫地五人，卢梅戒慧、诊智德、惹希戒生、跋戒慧、松巴智慧；藏地五人，罗敦金刚自在、聪尊慧狮子、阿里巴痾解兄弟和博东巴邬波得迦。那时藏饶萨年老不收徒众，使他们从喇勤求戒。卢梅留在西康从仲智幢学戒，其余的人先回。后来惹希戒生和跋戒慧的弟弟来迎他们的哥哥，在垄塘相遇，也出家受戒。"又《青史》说："卢梅等为粗胜慧戒弟子，也亲近喇勤，并从仲智幢学律。"

卢梅等回西藏（《伦主史》说是971年），起先不敢径回拉萨，暂时到桑耶，卢梅住持迦曲，跋氏兄弟住持邬刹和邬则，惹希兄弟住持格结，诊住持桑康，罗敦等回到后藏。又经过一段时间，佛法渐渐传播出去。已经度了很多的僧人，民间信仰也建立起来了。为进一步弘传佛教，才商议各建寺庙，重立僧团。

卢梅和四大弟子建立的僧团有十八处，惹希戒生和他弟弟的传派有六处，跋戒慧和他的弟子有七处，诊智德有五处，罗敦金刚自在和他的弟子有十七处，聪尊慧狮子有九部十六处。卫藏十人中，前藏的松巴，后藏的痾解兄弟和博东巴，没有单独弘传，所以史书所载，只有六人传派的寺庙。

又有阿霞智坚往西康从喇勤弟子枳窝却喇受戒，这和他的弟子竭邬聂曩巴等，所传名叫"阿众"。又有枳童戒，往西康从喇勤弟子雅洗本敦受戒，回藏后住持寺庙，发展结地的八处名"枳众"。以上见于记载的，共有寺庙七十五处。

西藏佛教复兴时，前藏有卢梅等，后藏有罗敦等，弘传戒律，重建僧团。不久，佛教遍布全藏，僧伽之众多，人才之涌现，都远非前弘期所能比拟。后来，阿底峡尊者在阿里听见种敦巴谈到此事，急忙合掌赞叹认为"如此兴盛，必然是圣僧所建树，绝不是凡夫所能作到的"。

朗达玛灭法后不久就遇害，他的大妃的儿子名叫母坚据有前藏布茹，次妃的儿子名叫光护据有钥茹。光护的儿子吉祥轮有两个儿子。长子吉祥积继父位。次子日怙西据阿里；他有三个儿子，最小的名叫得祖滚住漾绒。得祖滚有两个儿子：阔惹、松内（《布敦史》）。阔惹后传位松内，出家名智光，后迎请达摩波罗法护论师与慧护论师等到阿里传比丘戒，从学比丘律仪。

那时有漾绒巴胜慧，从法护受戒后，又往尼泊尔从枳达迦学律，并且在尼泊尔和迦湿弥罗等地，亲近各持律大师，对于律藏的解释，和守戒的行持，都通达精到。后来传给他的弟弟跋觉和菩提狮子等，广事弘扬。这是阿里地区复兴律学的大概。

智光到阿里弘扬佛法，觉得前弘期留下的教法多不完整，尤其一般咒师没有通达真空法性，妄行诛法等邪行，严重违反了佛的意旨。为挽救这种弊害和弘扬纯正的佛教，必须派人往外留学。因此选了阿里三区的青年二十一个人，先使他们学声明和佛教基本知识，以后厚给资斧，遣往印度，临行付托给他们的使命是：（1）迎请迦湿弥罗国宝金刚论师，东印达摩波罗论师，西方迦鲁国摩尼洲论师。（2）从中印般若缚黎论师学二部摄续（一、《集密》，二、《摄真实经》）和《摄真实经庆喜藏摄论》。从摩尼洲与达摩波罗学《断除业障续》及注释，并学《曼陀罗三百四十尊》（胜天造），集密曼陀罗仪轨（佛智足及龙猛菩萨造）。从宝金刚论师学时轮及四金刚座续释论。（3）比札玛尸罗寺有名论师一百零八位，大论师七十二位，无可比者三十七位，如顶珠一位，如瞻部庄严者八位，如三界眼目者二位；这些论师，上者当迎请，其次的当从学，最下的也应当访知他通达善巧什么法，从而求得他的传承，请他的经书（《伦主史》）。

二十一人中只有宝贤和善慧学成返藏，其余都病殁于印度。

宝贤译师（958—1055），十三岁依智贤出家，曾往印度及迦湿弥罗留学三次，亲近拏热巴等七十五位大论师，学习一切显密教义。又迎请作信铠、作莲密、佛祥静、佛护莲花密等到藏，翻译显密经论，尤其注重翻译瑜伽部和集密续，广事弘扬。后来又迎请法护、慧护两位论师弘传戒法。后弘期密法之盛，多半由于宝贤译师的力量。宝贤八十五岁时，阿底峡尊者到藏，又得到尊者教授，闭关专修。他弟子很多，以玛善慧译师为上首。

藏王光护长子吉祥积据有拉朵，和他的三个儿子都信仰佛法，致函后藏罗敦金刚自在，请派弟子来拉朵建立佛教。罗敦派弟子释迦童和智精进两人前往（《青史》《伦主史》说是十人）。两师在拉朵二百多僧众中，选拔有智慧的青年卓弥释迦智（994—1078）和达罗童精进两人（《伦主史》说有陵云努共三人），给以大量金钱，遣赴印度学法，嘱以善学戒律、般若（指《现观庄严论》教授）与密咒。两人初到尼泊尔从静贤论师（寂静论师弟子）学声明，以后往比扎玛尸罗寺，从六大论师（东门寂静、南门语自在称、西门般若生慧、北门拏热巴、中央宝金刚和智吉祥）学法。达罗多朝礼圣迹，学法很少。卓弥亲近寂静论师八年，也兼从其他论师学法，成为大论师。后来又到东印度，从慧王明论师广受灌顶和解经修行的教授，并且得到道果教授。回藏后翻译二观察等三续（母部欢喜金刚法），和寂静论师的二万般若释，还译了很多其他密法。五十一岁时（1044年），迦耶达罗论师来藏，又从学五年，完全得到他的教授。卓弥在印度和尼泊尔共留学十三年，回藏后，六十三岁以前讲说修学摄益徒众，以后闭关专修，八十五岁去世。弟子很多，玛巴译师、廓译师都曾从他求学。继承卓弥道果承传的为昆宝王，从此发展成萨迦派。

玛巴译师（1012—1097）名法慧，十五岁从卓弥学声明，以后往尼泊尔住三年学四座等法。后来到印度三次，亲近拏热巴、弥勒巴、静贤、庞廷巴等诸大论师，广学集密、胜乐、欢喜金刚、摩诃摩耶、四座等教授。弟子很多，弥拉惹巴继承弘传，成迦举派。

廓枯巴拉则译师，最初也亲近卓弥，以后三往印度，亲近七十二位得成就的大论师，特别长期依止静贤译师，学集密龙猛派教授，并且翻译《胜乐金刚空行续》《四座续》《摩诃摩耶续》《欢喜金刚续》等主要所弘的教授，就是龙猛派的集密。

这四大译师之中，宝贤译师讲《二万般若释》《八千颂般若》和狮子贤《八千颂大疏》等。西藏般若的盛行，全仗着他的提倡。在密法方面，宝贤总弘四部密法，特别弘传瑜伽部诸经的广释、仪轨、修法等。卓弥释迦智，主要弘传欢喜金刚等瑜伽母续；玛巴译师主要传拏热巴、弥勒巴所传集密等瑜伽续，佛顶等瑜伽母续；廓大译师主要传龙猛派集密教授。经此四大译师弘传，西藏后弘期的密法，讲说修行，都已很完备了（《青史》）。

此外，还有与宝贤同伴的俄善慧，弘传戒学的漾绒巴胜慧，请阿底峡尊者的精进狮子、拏措戒胜，宝贤的弟子扎觉协饶、噶法贤、释迦光、玛善慧，都是当时著名的译师。

后来有俄善慧的侄子俄大译师罗敦协饶（1059—1109），幼年从伯父求学，十七岁往迦湿弥罗求学。经十七年，从利他贤、善根王学因明，从萨哆那、廓弥其梅等学慈氏五论等显密诸法。回藏后翻译因明庄严疏等，广弘因明、般若、入行论等，并曾协助绷茶松巴等诸大论师翻经。弟子二万三千多人，以卓垄巴慧生和枳慧然为上首。

跋曹日称译师，往迦湿弥罗留学二十三年，并迎请迦那迦嚩玛论师到藏，翻译中观宗月称派诸论，广事弘扬，应成派学说因此大盛。

吉觉月光译师，翻译时轮、佛顶、金刚甘露、胜乐等法。

还有桑迦圣慧、宁盛称、克邬格巴轮称、绷钥明称、哆弥佛称、跋日宝称、罗甲慧积、梅觉慧称、卓慧称等，所译经论现存于大藏中，数量甚多。

以上是往外留学诸师返藏弘化的情形。

西藏佛法复兴时，各大译师各个弘扬于一方，弟子传承修行方式，因此也各有不同。从公元1042年阿底峡尊者到阿里以后，百余年中，成立了多数的教派。

迦当派　这一派起自阿底峡尊者。"迦"是佛语，"当"是教授，这派说一切佛语（经论）都是修行的教授，所以名为"迦当派"。自从朗达玛灭法以后，西藏一般学佛的人，多重密轻显，重师教轻经论，也有人重戒律毁谤密法，致使显密形同水火。最大的弊病，是修行没有次第，没有出离心菩提心的基本修证，就妄趋高深密法，没有通达法空真理，只依密法文义，作诛戮仇敌等事。不但违背佛意，也造成罪因。阿里王智光与菩提光（松内之孙），为挽救此等流弊，不惜身命资财，至诚迎请阿底峡尊者来藏弘法。尊者到阿里后，为菩提光等广传甚深法轮。为整治当时西藏佛教混乱现象，特造《菩提道炬论》，说明修行次第和显密教义全不相违的道理。后由种敦巴迎请，到卫藏各处弘传佛法。针对当时邪行密法轻视因果的流弊，特重视因果，宣说皈依，所以有业果喇嘛、皈依喇嘛的称号。

阿底峡尊者的一切显密教授，都传给了种敦巴。圆寂后，门人都依止种敦巴修学。公元1056年建惹真寺，为迦当派的根本道场。种敦巴弟子有朴穹瓦、博朵瓦、仅哦瓦、康垄巴等，继承阿底峡尊者的教授，成为迦当派。其后广事弘扬，传承很久，到宗喀巴大师建立嘎登派后，就形成新迦当派，与黄教为一家。

迦举派 "迦"指师长的言教，"举"为传承，"迦举"义指所修一切法门，都由师长亲语教授传来。这一派起自玛巴译师。玛巴译师晚年，赴东印亲近弥勒巴，依大印教授，亲证无生法性，又得萨惹哈加持，证得"万有一味"的境界。摄益门徒很多，上首弟子有四个人：梅村伯福幢、俄法金刚、粗自在、弥拉惹巴。前三人传讲释经论的教授，弥拉专重修行的教授，四人中以弥拉为嫡传。

弥拉惹巴（1040—1123），幼年孤苦，备受伯父姑母欺侮，因为学旧派诛法，杀死伯父亲友三十五人，打算学法忏罪，于是到罗札亲近玛巴译师。译师用多种苦役折磨他，而他不生恼怒，才传给圆满的教授。弥拉返回阿里，先在帕比日静修六月，成猛利火，能抗饥寒。以后登吉绒山顶静修九年，对于"风"得到自在，证大印法性。于是渐次说法教化，八十四岁去世。继承教法的是岗薄瓦福宝，发展遍于全藏，称迦举派。

岗薄瓦福宝，将迦当派修菩提心教授与"迦举派"大印教授结合，名为俱生大印，传授门徒，成为达薄迦举系。

达薄的弟子迦玛巴都松钦巴（1110—1193），建迦玛寺（1159）和粗朴寺，弘传教法，成迦玛迦举系。

达薄又一弟子帕摩主巴金刚王（1110—1170），建帕主寺（1158），成帕主迦举系。

帕主弟子凌惹（1128—1188）传藏巴贾惹（1161—1211），广弘大印教授于康藏各地，为主巴迦举系。

帕主又一弟子止贡宝祥（1143—1217），三十七岁（1179）住止贡寺广弘迦举教授，成止贡迦举系。

帕主又一弟子达陇吉祥德（1142—1210），三十九岁（1180）到达陇建寺弘法，成达陇迦举系。

此外，还有刹巴、跋绒、雅桑、缀朴等诸系，不能列举。总之迦举派中，系统最多，传播也最广，握地方政权的也很多。起初和萨迦派抗衡争权的有止贡系，其后由帕主系大悉都，尽夺萨迦政权，治理八十七年，称为盛世。到明宣德十年（1435），后藏仁绷巴善财在桑主则独立，前后藏政权分裂一百五十年。到嘉靖四十四年（1565），迦玛瓘敦多杰又推翻仁绷巴而独立。这些都属于迦举派。到崇祯十三年（1640），固始汗进藏，尽取前后藏政权，迦举派才失掉政治势力。其各系教派的传承，到现在未曾断绝。

萨迦派　"萨迦"是地名，因在此地建寺弘法。所以称为"萨迦派"。这一派的创始人是卓弥译师，特别崇尚的教授是道果教授。卓弥摄受弟子虽多，得圆满教授的不过几个人。昆宝王得其讲释经论的教授，继承其道果承传。

昆宝王（1034—1101）四十岁时建萨迦寺，弘法三十年，六十九岁去世。他的儿子萨勤庆喜藏（1092—1158），先从他的父亲得卓弥所传讲释经论的教授，后来从法然等学得卓弥所传的道果教授，成为卓弥教授的集大成者。萨勤住持萨迦寺四十八年，是萨迦五祖之首。称为"萨勤"，即萨迦五大喇嘛之意。其后法派相承，成萨迦派。

萨勤以后一百五十多年，世代相承，弘扬道果教授等显密教法。到帕思巴（1235—1280）十九岁时，元忽必烈从受欢喜金刚灌顶，进帝师号，以西藏十三万户为谢礼，西藏的教政全权，都为萨迦所有。管理政事的大臣，以后有童自在、菩提金刚、阿伽伦三个人，在这三人的时代，常与迦举派中的止贡寺众斗争。阿伽伦时并且曾邀元兵进藏，焚毁止贡全寺。此后内乱渐多，至正元年（1349）前藏诸区都被迦举派帕摩主巴系的大悉都菩提幢所占。又六年（1354），后藏地区，也都隶属悉都。萨迦的政权虽然失去，但其教法传承，到现在不见衰落。传授显密教法的大德，也遍布全藏。

觉囊派 "觉囊"是地名，因悲精进在其地建寺弘扬他空见，所以称为觉囊派。这派的创始人名叫不动金刚，起初是在家瑜伽师，出家后名叫信王，从迦湿弥罗国卓敦囊拉则学时轮和集密的经论教授。由修时轮金刚法，见色空的天身从内显现，又依《如来藏经》等说"一切众生皆本具相好庄严的佛身名如来藏"等，于是生起"他空见"。信王将这种见和时轮教授等传给他的儿子法自在，法自在传虚空光，虚空光传虚空幢，幢传慧光，都对于时轮教法十分珍秘。慧光以下，弘传渐广。慧光传法身光，法身光传悲精进。悲精进建觉囊寺，传胜者智，胜者智传功德海，功德海传慧幢，慧幢著《了义海论》等，广弘他空见，于是形成觉囊派。

悲精进是帕思巴的弟子，所以觉囊寺也是萨迦的属寺，住持大德也都是由萨迦学成后转入觉囊派的。

明朝末年，有一位名叫达惹那他的出家人，以当时执政权的迦玛敦迥旺薄为施主，建达敦彭磋陵寺，弘宣他空见，盛极一时，很敌视黄教。不久，迦玛失位，该寺势力也逐渐衰微。五世达赖时，将该寺改为黄教属寺，易名嘎登彭磋陵。其他如却陇降则等觉囊派寺院，也都改属黄教。现在西康藏塘地区，还有慧幢弟子宝祥所建的寺院，讲觉囊派的他空见。卫藏地区，早已没有弘传觉囊派他空见的寺院了。

其他教派 （1）希结派，"希结"是能息灭的意思，就是说依据这个教授，能息灭业力或非人损恼所致的身心众苦，所以名叫"希结"。其教授内容，就是依般若空义对治我执烦恼，加上密法的观想，和修自他相换的菩提心力，来息灭惑业苦等。这个教授由印度帕荡巴桑结传来，初期传喀伽若那姑赫拉，由翁薄译师翻成藏文的有"息灭灯"和"大威德"等教授。中期传玛法慧、梭穹僧然、岗智幢等。其教授通括显密法门，数量很大。后期传荡巴卡勤、卡弯、班哚卓达、荡巴滚嘎等，其内容为"大印无垢点行持"。从此三期所传的般若波罗蜜多教授，名希结派。

（2）觉宇派，"觉"是"能断"义，就是说修这派教授，以慈悲菩提心能断自利心，以般若空见能断我执。此二种和合，能断四魔。又作"决"，是行义，指修菩萨方便般若行。这一派也从帕荡巴桑结传来。帕荡巴中期传法时，在后藏传与觉敦梭曩喇嘛和雅陇玛惹赛薄两人。玛惹传宁巴赛绒，宁传则敦、松敦，从此传下的名男系。由觉敦传劳准，以下多女众，名女系。这种修"觉"的教授，遍于全藏各宗派，到现在没有断绝。

（3）廓札派，"廓札"是地名。这一派的创始人福幢（1182—1261），起初从释迦室利学修菩提心法，又从金刚祥学旧派密法，后来在贡摩山静修，证得大印甚深义，又从宝铠论师受胜乐灌顶。在底斯山专修五年，现证如理如量智，如实见金刚身真理。后在仰埰建廓札寺，因此又称廓札巴。他遍学新旧各派所传一切法门，所以当时前后藏的大德，没有一个人不从他参学。他的学说不一定属于哪一派。

（4）响巴迦举派，"响"是地名。这一派的创始人是琼波瑜伽师，曾七度赴印度学法，亲近大善知识一百五十人，以大金刚座、弥勒巴、鞠多瑜伽、罗睺罗鞠多、尼古空行母、乐成就空行母等六人为主。归藏后在响地建一百零八寺，弘法三十年，摄受弟子八万余人，寿一百五十岁。他的教授都从印度学来，因此别成一派。

（5）霞炉派，又名布敦派。创始人布敦宝成（1290—1364），原是中兴律学的嫡派，后来又遍学迦当、迦举、萨迦所传的因明、对法、中观和各部密法，成为一代教主。三十一岁时住持霞炉寺，兴建七十余种大曼陀罗仪轨，广弘四部密法教授，并且校订西藏所翻译的大藏经，编有《大藏目录》，著述三十多函流传于世。晚年建霞炉山谷茅蓬，住着一百六十位修行者，霞炉寺常住僧三千八百人，讲说修行极一时之盛。弟子有法祥、童福、宝胜等，从此流传的教授，名霞炉派。

这些派别中，希结、觉宇，时代稍久，两者的教授和修法，已经融入其他各派中，没有独立的系统可循。廓札和布敦两派教授，都普遍摄入萨迦、迦举、格登等派中，尤其是宗喀巴大师，尽承两派遗轨。这两派现在也没有单独流传。

（6）宁玛派，这一派就是前弘期中莲花生、无垢友、遍照护等所传的密法教授。在前弘期和灭法的期间，由娘智童、梭薄吉祥智、努佛智、功德海等继续传承，未曾断绝。到后弘期由功德海传仰慧胜，仰慧胜传仰智生，仰智生传素薄伽释迦生，再传素穹慧称。素穹的儿子卓朴巴释迦狮子广弘宁玛派各种教授于全藏。元朝末年有陇勤饶绛巴广学显密一切教法，后来传宁玛派宁提教授，并且造"胜乘藏"等七大藏论，广弘宁玛派。明末清初，有吉祥力胜在前藏建金刚崖寺，又有得达陵巴不变金刚建邬仅民卓陵寺，五世达赖也在尊胜利乐善说洲寺兴建宁玛派修法。是为宁玛派极盛时代。这些寺院后来虽然经准噶尔王一度摧毁，但不久就修复起来，世世代代有大德住持，至今未衰。西康的迦陀寺、佐勤寺等处，也世世代代有大德住持弘传，因此宁玛派教授也遍弘于全藏。

西藏因萨迦、迦举两派互争权势，真学实行的人日渐减少，到元末明初，显密教法都很衰微。除少数大德以外，几乎不知戒律为何事。虽然还有研究教理的人，仅仅能启发知识，而没有实义可修。尤其对于因明，误认为一种辩论方式，全不了解其中有证解脱与成佛的道果。对于密法，只知道乱受灌顶，偏修一部分教授，至于如何亲近师长，如何守护律仪和三昧耶等，全不讲求。此时具有卓绝见解整理弘扬佛教的，就是宗喀巴大师（1357—1419）。

宗喀巴，元至正十七年（1357）生于青海宗喀地区（即现在塔尔寺），十六岁进藏，先在极乐寺依吉祥狮子学《现观庄严论》。后来到后藏从宝胜大师、末底班禅等受学深法。后来到觉摩曩寺，从尊胜大师学六加行法（时轮法）。以后回那塘，从庆喜祥大师复习《现观庄严论》，从惹达瓦童慧大师学习《中观》《现观庄严》等。后来回前藏，在觉摩陇寺从慧明律师学戒律，从措勤寺住持戒宝律师受比丘戒，从布敦大师高足法胜（或译法祥）大师受学《时轮金刚大疏》，从童福大师学布敦所传一切密法。后来遇到喇嘛中观师请问中观正见，闭关专修，获得中观甚深空见。又从住持迦当派教授的法依贤和虚空幢两位大师，受学阿底峡尊者传来的菩提道次第教授。

自修见行圆满之后，就作化他事。为整治当时戒行废弛的流弊，首先提倡戒律，自己和徒众著割截衣，擎钵持杖，少欲知足，清净自活。又鉴于大乘愿行根本，在于发菩提心和持菩萨戒，因此广弘修菩提心教授，并著《菩萨戒品释》，率领徒众切实履行菩萨学处。又因修行密法必须如法依止善知识，严守三昧耶戒，方有成就，因此广释《事师五十颂论》和《密宗戒》，为学密法的徒众，讲授修学。又为抉择始从凡夫直至圣果的修行次第，著《菩提道次第广论》和《密宗道次第广论》。五十三岁时（1409），在拉萨大昭寺兴建广大供养法会，此后每年举行，流传至今。又在这年建立嘎登寺。大师六十三岁在嘎登寺示寂，大弟子嘉曹盛宝继位十三年，以后由克主杰善祥继位八年，流传到现在，每代都有大德继承法席。

大师的上首弟子妙音法王依照大师的嘱咐，在1415年建立哲蚌寺，第二年落成；大慈法王在1418年建立色拉寺，也在第二年落成；和嘎登寺通称为拉萨三大寺，是大师在世时所建黄教根本道场。后来根敦主巴，在1447年建立后藏札什伦布寺，广弘大师教法。又有阿里的慧贤，于芒宇建达摩寺，他的侄子又建立敉色寺，大师的教法因之弘布于西藏极西。又昌都的慧贤，在昌都建慈氏洲寺，更有许多大德，分别在西康南北各处建寺弘法，不胜枚举。

安东（即甘青等处）方面，起初有义成宝大师在妙翅鸟崖建寺，后来在宗大师降生处建立塔尔寺。第四世达赖时，又派人建滚陇寺，讲弘教法。妙音笑金刚在甘肃夏河地方建拉卜楞寺，广弘显密教法。乃至蒙古地区，都有大师广布教法。

这一派因为宗喀巴大师常住嘎登寺弘法，所以称为嘎登派，又名格鲁派。又因宗大师弘扬戒律，着黄色衣帽，于是称为黄帽派，或简称黄教。

朗达玛灭法时，有一部分佛典被焚，后来不可复得；有一部分由藏饶萨等携到西康；又有一部分由当时在家信徒保存，没被毁坏。后弘期即在这些余存佛典的基础上，又经诸大译师尽量翻译补充，而成为现在的圆满大藏。其中显教经典，几乎都是前弘期所译。如：初法轮摄的小乘经目中，除宝贤等所译的几种以外，在前弘期都已译出。第二法轮的《般若》《宝积》等，也完全是前弘期所译。大乘经集中，除宝贤译的《小涅槃经》《问无我经》，善慧译的《观音问七法经》《菩萨别解脱四法经》，日幢译的数种小品经外，其余都是前弘期译出。后弘期新译的很少。

论藏中，瑜伽方面无大变化，唯独慈氏五论之学，尤其《现观庄严论》，经俄大译师极力弘扬，到现在还盛行。龙猛学方面，前弘期有《中观论》《无畏疏》《佛护释》、清辨《般若灯》和大疏、《七十空性论》《六十正理论》《回诤论》及注、月称《六十正理论释》、静命《中观庄严论》、莲花戒《中观明论》、智藏《二谛论》等。其余中观诸论和月称的大部著作，都是后弘期中所译。因明学在前弘期有法称的《正理滴论》《因滴论》《观相属论》《成他相续论》和这几部论的注释。像陈那的《集量论》、法称的《释量论》《决定量论》和所属的注释，都是后弘期所翻译宏传。大小乘对法和律学方面，多承前弘期所传，发展很少。至于密宗经论，后期所弘，远非前期所可比拟。尤其是无上瑜伽部密法，前弘期禁止翻译的，后弘期尽量译传，几乎占大藏经份量的一半。

本期的戒学，在宗喀巴大师出世以前，曾经一度废弛，经宗喀巴大师的倡导，才纠正了当时的流弊。关于定学方面，由各派密典的译传，修证的法门也是丰富多采的，尤其在慧学方面，各宗见解很多分歧。因所研教理浅深和各人根智的利钝有关，因此属于显教的正见，有大小、性相之分。前弘期所弘传的正见是中观宗顺瑜伽行的见解，也兼有清辨论师顺经部行的中观见。后弘期中，百家争鸣，见解有多样。如宝贤初弘般若学，所传当属中观见。卓弥所亲近的寂静论师是唯识见，卓弥或者也是唯识见。玛巴亲近的拏热巴和弥勒巴，都是应成派中观见，所以玛巴师徒就是月称派的中观见。阿底峡所传的也是月称派见。俄大译师所弘是清辨派中观见。到跋曹译师大量翻译月称论师的著述，广事弘讲，应成派中观见因之大盛。后来黄教复兴佛法，也是应成派中观见。萨迦派中见解最纷歧，如萨迦派四祖庆喜藏是自续派中观见，惹达瓦是应成派中观见。后来的释迦胜等，有的是中观见，有的是唯识见，也有的是他空见的。

在密宗方面，迦举派的大印，是以应成派中观见为基础而修密宗的各种法门。萨迦派道果教授，有"空明无别"和"生死涅槃无别"之见。觉囊派是依他空见，修时轮金刚的六支加行。其余各派所传父续母续诸密法，就依各派的见解而修生起、圆满二次第等，以期证得佛果。

（法尊）

中外佛教关系史略

一　中印佛教关系

佛教创始于印度，中国的佛教是由印度传入的。

佛教何时从印度传来，从古以来传说不一。有的说秦始皇时（公元前246—210，接近阿育王在位时）就有外国沙门释利防等十八人赍佛经来中国（《历代三宝记》卷一等）。随后又有汉哀帝元寿元年（公元前2），博士弟子秦景宪（一说景卢）从大月氏国的使者伊存口受浮屠（佛）经之说（《三国志》裴注引《魏略·西戎传》）。而最通行的传说，则是东汉永平七年（64）明帝夜梦金人，即遣郎中蔡愔等往天竺寻访佛法；至永平十年（67）邀同中天竺僧摄摩腾、竺法兰并赍所得的佛像和《四十二章经》等，用白马驮来洛阳，并招待于鸿胪寺内。随后就在洛阳城西雍门外修建白马寺，并请他们在寺译出了所赍来的《四十二章经》等。一般认为这是中国正式有佛教、有寺院、有佛像和经典译出的开始。

但在这以前即永平八年（65），汉明帝之弟楚王英已曾"为浮屠斋戒祭祀"，明帝给他的诏书中，就有"伊蒲塞"（即优婆塞）、"桑门"（即沙门）等语（《后汉书》卷七十二）。可见那时佛教确已由印度传入中国无疑。又相传汉明帝曾允许阳城侯刘峻等出家，又允许洛阳妇女阿潘等出家，为中国有僧尼的开始（《僧史略》卷上）。显然其时已有印度和西域沙门来中国弘传佛法了。其后，桓帝于宫中立浮屠祠，修华盖之饰，而民间奉佛也逐渐兴盛。从那时以来，由西域来华的僧人有安息国的安世高、安玄，大月氏国支娄迦谶、支曜，康居国康巨、康孟详等；而直接由印度来华传弘佛教的僧人，则有竺佛朔、竺大力等。其中竺佛朔于汉桓帝时（147—

167）赍着梵本来到洛阳，于灵帝光和二年（179）译出《道行》《般舟三昧》等经二部三卷，月氏僧支谶并为传言。竺大力则和康孟详共译出天竺僧昙果从迦维罗卫赍来的梵本《修行本起经》。他们对于中国佛教的兴起给了有力的启发。又如汉末徐州牧陶谦部下的笮融，于广陵、丹阳等处大起浮图祠（佛寺），并制涂金铜像，及造堂阁容三千人，令悉读佛经，浴佛饭众。乃至当时远居交州的苍梧牟融，也著有《理惑论》，以弘护佛教。证明这时印度佛教在汉地的传播已相当广泛。

另在中国新疆地区，当时所谓三十六国的西域一带，佛教早已由印度传入。据传，公元前一世纪中，有毗卢折那（据《大唐西域记》卷十二，《洛阳伽蓝记》卷五作毗卢旃，《魏书·西域传》作卢旃）阿罗汉由迦湿弥罗来到于田弘化，于田王为建赞摩大寺，是为于田地区有佛教的开始。接着，龟兹、疏勒、莎车、高昌等地方也陆续传入了印度的佛教，并建造伽蓝。至公元一、二世纪间，这个地区的佛法已相当兴盛。即如三世纪初，葱岭东麓的蒲犁（《大唐西域记》卷十二作揭盘陀国，今新疆省塔什尔干塔吉克族自治县）王，听说在天竺和马鸣、龙树、提婆并称"四日"的经部本师鸠摩罗多于呾叉始罗国弘化，即兴兵胁迎尊者来到蒲犁，建大伽蓝，盛弘佛教。同时，天竺风格的石窟和犍陀罗式造像以及壁画等佛教建筑和艺术，也在龟兹、于田一带发展起来。

公元三世纪间，有中天竺僧昙柯迦罗于曹魏嘉平年中（249—253）来到洛阳，鉴于汉地沙门只是剃发而没有禀受皈戒，又举行斋忏时仍用传统的祠祀礼节，认为不合佛制，遂译出《僧祇戒心》一卷，邀当地梵僧为立羯磨法传戒。这是佛教戒律在汉地流传的开始。又有天竺僧维祇难和竺将炎，于孙吴黄武三年（224）结伴携梵本来到武昌，译出《法句经》等二部六卷；维祇去世后，他的同侣竺将炎于黄龙二年（230）在杨都（今南京市南）译出《摩登伽》《佛医》等经四部六卷。魏陈思王曹植曾依照梵僧歌咏的声调，运用佛经的题材以汉地文辞来制造梵呗，为中国佛教音乐文学的开始。这时汉地沙门朱士行感觉到竺佛朔传来的《道行经》梵本还不完备，开始于甘露五年（260）往于田求得《大品般若经》的梵本九十章，嘱咐他的弟子弗如檀等带回洛阳，由出生于中国的天竺人竺叔兰和于田沙门无罗叉，于西晋元康元年（291）在陈留共同译出，称为《放光般若经》三十卷。随后又有敦煌沙门竺法护也到西域，学会了当时所谓三十六国语文，求得胡本经典二百余部，回到汉地。他在沿途及长安，共译出《般若》《方等》大小乘经一百七十五部，三百五十四卷。

中国佛教到了西晋时代（265—316）已经是"寺庙图像，崇于京邑"（《出三藏记集》卷十三），而出家沙门也渐渐增多。据《高僧传》卷九说，其时天竺僧耆域，泛海到扶南（今柬埔寨），经交（今越南北部）、广、襄阳，于晋惠帝末年（306）来至洛阳，为人医病，很有效验。他认为汉地沙门衣服华丽，不合僧制，而教人摄制三业，修行众善。后来洛阳兵乱，他仍还印度。至东晋时（317—420），天竺僧人来华的渐多。罽宾僧僧伽跋澄，历游诸地，于苻秦建元十七年（381）抵达长安，译出《鞞婆沙论》等三部二十七卷，释道安等相与校订。又有天竺僧昙摩蜱也来长安游化，于建元十八年（382）译出《摩诃般若波罗蜜钞经》一部五卷。又有罽宾僧僧伽提婆，也于建元十九年（383）来到长安，译出《阿毗昙八犍度论》等二部四十六卷。后赴洛阳，转登庐山，慧远请译《阿毗昙心论》等三部七卷。隆安元年（397）他游于建康，应请讲《阿毗昙》。同年更译出《中阿含》及核订《增一阿含》。这时又有出生于西域的天竺籍僧鸠摩罗什（344—413），是一位对中国佛教起过重大影响的杰出学者和翻译家。他精通印度佛教和五明等学问，智辩无碍。后秦弘始三年（401）姚兴将罗什迎至长安，待以国师之礼，并请住西明阁和逍遥园，广译经典，前后所译共七十四部三百八十四卷。他于弘始十五年（413）七十岁时，在长安逍遥园逝世，遗体依天竺习惯焚化。但他的业绩和名誉将随着中国佛教和中印人民的友谊而长存不朽。又当时来华的天竺僧人，还有罗什的导师佛陀耶舍。他于弘始十二年（410）译出《四分律》，随后又译出《长阿含》等经，共四部八十四卷。罗什逝世后，辞还罽宾。同时又有罽宾僧弗若多罗，于弘始年中（399—415）来至长安，弘始六年（404）义学沙门六百余人集于长安中寺，请他诵出萨婆多部《十诵律》的梵本，罗什译为汉文。才译出三分之二，多罗即因病去世。随后又有天竺僧人昙摩流支，携着《十诵律》的梵本于弘始七年（405）秋来到长安，庐山释慧远寄书请他和罗什继续译出此律，共五十八卷。这时又有罗什在龟兹的老师罽宾僧卑摩罗叉，闻罗什在汉地弘法，也于弘始八年（406）来到长安，罗什即以师礼相待。罗什去世后，他又去到寿春（今安徽省寿县）弘传律学，并将罗什所译的《十诵律》最后一诵改为《毗尼诵》，而扩充为六十一卷。又曾往江陵辛寺开讲《十诵》，并实行夏坐。又有罽宾僧昙摩耶舍，于晋隆安年中（397—401）来抵广州，住白沙寺，善诵毗婆沙律，并译出《差摩经》一卷。至义熙中（405—418），北至长安，和另一位天竺沙门昙摩掘多共译出《舍利弗阿毗昙论》二十二卷。又译出《乐璎珞庄严经》一卷。他又游化江陵，大弘禅法。至宋元嘉中（424—452），辞还西域。这时又有一位中天竺僧昙无谶，携着《大涅槃经》前分等梵本经于田、龟兹，于北凉玄始年中（412—427）来抵姑臧，受到凉主沮渠蒙逊的优礼接待，并被邀请译经。他因不懂当地语言，未肯即译，于是学语三年，并得河西僧慧嵩、道朗的帮助，才译出《涅槃经》的初分；随后遣使至于田寻得后分，又继续译出。又应请译出《大集》《佛所行赞》等，总共十九部一百三十一卷，为仅次于罗什的杰出学者和大翻译家。由于他的译品在后世的弘传，遂在中国形成了一个涅槃学派。

这一期间，中国沙门中出现了一个往天竺求法的热潮。而第一个去印度巡礼佛迹，求取经律，并获得巨大成绩的是中国僧人法显。他于东晋隆安三年（399）由长安出发西行，在巴连弗邑住了三年（405—407），得到大量经律论梵本，转经锡兰住了两年，于义熙八年（412）循海道归国。先后与在晋地弘法的梵僧佛陀跋陀罗共译出《大般泥洹经》《摩诃僧祇律》等五部四十九卷。他还介绍自己西行的经历和天竺各地佛教情况，写成《历游天竺记传》一卷。其中并记录了许多有关印度古代史地的资料，为至今世界东方学者所重视。同时还有和法显在张掖相遇，西行后又分散的凉州僧宝云，也越过葱岭入北印度，历游天竺诸国，瞻礼佛迹，广学梵书。后归长安，转至晋京，在道场寺，先后译出《新无量寿》《佛本行》等经，四部十七卷。他也曾将游履国外的经历写成记传（今佚）。又和他们结伴西行的凉州僧智严，也经由另一条路进到罽宾，从当地摩天陀罗精舍僧佛驮先谘受禅法，修学三年，并邀着该地禅匠佛驮跋陀罗来至长安弘法。他后来也被请到宋京，居枳园寺。于元嘉四年（427）译出《无尽意菩萨》《法华三昧》等经，十部三十一卷。智严后又和他的弟子智羽、智远等泛海重到天竺，谘访贤达，然后步行东归，走到罽宾，中途逝世，年七十八。其时另有冀州僧慧叡，曾从四川的西南，翻越山岭，去到印度，一直抵达南天竺。对于当时天竺各地的音译诂训，殊方异义，全都通晓。后又回到庐山，转至长安，入鸠摩罗什门下，帮助传写。罗什在译经时常和他商谈梵汉语文体裁同异等问题。他后来也到建业，住乌衣寺，讲说众经。又有雍州僧智猛，于姚秦弘始六年（404）结合同志十五人，从长安出发，攀登葱岭，而九人退还，二人身死。智猛等五人共度雪山到罽宾国，又行经迦维罗卫、拘尸那、伽耶、华氏城各地，观礼佛迹，并获得《大般泥洹经》《僧祇律》等梵本东归。同行三人又在途病故，智猛和昙纂回到凉州，译出《大般泥洹经》二十卷；后来入蜀，并将西行经历写成传记。其时正当印度笈多王朝（320—590）。相传又有中国沙门二十余人，从蜀川牂牁道出至印度，朝礼摩诃菩提圣迹。时室利笈多大王见而敬之，遂施地建造了一所"中国寺"，供他们居住，并划给二十四个大村庄，以充供养。可见中国僧人在印度求法时所受的优遇和中印两国友谊的绵远。

当时中印僧人往来，主要通过冰天雪地的帕米尔高原、大小雪山和沙漠地带，他们"忘形殉道，委命弘法"（《高僧传》卷十四）的精神，成为中印佛教文化交流的支柱。

印度佛教造像和石窟开凿的风气，也给中国佛教界相当大的影响。如秦苻坚曾以金箔倚像、金坐像、结珠像、金箔绣像、织成像等各种造像赠与释道安（《高僧传》卷五《道安传》），而释道安、竺道一和名艺术家戴逵父子等也均造有各种精妙的佛像。又苻秦沙门乐僔和法良先后在敦煌鸣沙山穿凿石窟造石佛像，为敦煌莫高窟造像的开始。紧接着沮渠蒙逊也在三危山凿岩造像。

到了南北朝时代，佛教在中国日益兴盛。当时天竺各国屡次遣使来华通好。梁武帝亦于天监元年（502）遣郝骞、谢文华等八十人至中天竺舍卫国请得释迦旃檀像归来供养（《佛祖统记》卷三十七）。时中天竺优禅尼国王子月婆首那在梁京，被任为"总知外国使命"。另在北魏景明四年（503），南天竺国并以辟支佛牙献赠于魏（《魏书》卷八）。其时北魏大兴佛法，天竺、西域各地沙门来洛阳者有三千人。

这一时期来中国江南译经的天竺人士，首先有罽宾僧佛陀什，于宋景平元年（423）到扬州，当地众僧请他于龙光寺将法显赍回未译的弥沙塞律梵本译成《五分律》三十四卷，同时又译出这部律的《戒本》和《羯磨》各一卷。随后又有罽宾僧求那跋摩，经狮子国、阇婆国来到广州，于元嘉八年（431）正月到达宋京，住祇洹寺。译出《菩萨善戒》《菩萨内戒》等经十部十八卷。同时天竺舶主竺难提曾数数往来中印间，从事海上贸易，并曾先后将《大乘方便》《请观世音》等经梵本三部译成汉文五卷。又有天竺僧僧伽跋摩，于元嘉十年（433）经由西域来到宋京，受请住平陆寺，流布道化。从元嘉十一年开始，在长干、平乐等寺译出《毗尼摩得勒伽》《杂阿毗昙心论》等五部二十四卷。于元嘉十九年（442）随西域商人仍还天竺。又有天竺僧僧伽罗多哆，于宋景七年（423）来到建业，过着天竺沙门的乞食生活，宴坐林下。后于元嘉十年在钟山建造精舍，名宋熙寺。罽宾僧昙摩蜜多，历经龟兹、敦煌、凉、蜀、荆州来到建业，以禅法教授学人，译有《观普贤行法经》《禅秘要经》等十二部十七卷。并于元嘉十二年（435）在钟山营建定林上寺。中天竺僧求那跋陀罗，经狮子国泛舶于元嘉十二年（435）来到广州，宋朝廷遣使迎至建业，住祇洹、东安等寺及荆州辛寺，前后译经五十二部一百三十四卷。

南齐时又有中天竺僧求那毗地，于建元初（479）由南海来到齐京，住毗耶离寺。至永明十年（492）译出天竺大乘师僧伽斯那所抄集的《百喻经》，又译《须达经》等共三部六卷。又有中印度沙门昙摩伽陀耶舍，于齐建元三年（481）在广州朝定寺译出《无量义经》一部，后来传到齐京缮写流布。梁代又有西天竺优禅尼国僧真谛，原在扶南国弘化，于大同十二年（546）来到南海，太清二年（548）到达梁京。前后译出《解节》《金光明》等经，《摄大乘》《俱舍》《唯识》《十七地》《佛性》《中边》等论及诸记传共四十九部一百四十二卷。他所译的，很多是印度法相唯识学的重要论著。其中由于他译述的《摄大乘论》，为中土僧人们所弘传讲习，遂至形成了一个摄论学派。

同时来到中国北朝弘法的天竺人士也颇多。天竺禅师佛陀，于五世纪后期来到恒安（今大同市附近），受到北魏孝文帝的礼敬，并应请于北台石窟结众习禅。至魏都南迁洛阳，他也随行，并时往嵩山静养，当时为他建造了少林寺。这时随他受学的经常有数百人，学禅的僧稠和地论兼律学大德慧光，都曾出于他的门下。又有南天竺禅师菩提达摩，也于五世纪末历经江南来到魏地，见洛阳永宁大塔，认为庄严精丽，为历游诸国所未尝见。他在嵩山少林寺弘传禅学，门下慧可、道育等都得了法，后来递传而形成一个盛大的禅宗流派。又有南天竺僧昙摩流支，于六世纪初来至洛阳游化，时北魏宣武帝盛兴佛教，流支于景明二年（501）至正始四年（507）译出《信力入印法门经》等三部八卷。又有北天竺僧菩提流支，于永平元年（508）来游洛阳，受供养于永平大寺。当时来洛梵僧七百人，以流支为译经首席，从初译《十地经论》一直到后来移至邺都，前后将三十年，讲译不辍。所译经论共三十部，一百零一卷。

又有中天竺僧勒那摩提，也于北魏正始五年（508）来洛阳，应请译《十地经论》，与菩提流支合作分工，后又译出《宝性》《法华》《宝积》等论，三部九卷。摩提慧解深利，尤明禅观，宣武帝每令讲《华严经》。同时还有北天竺僧佛陀扇多，也于北魏永平元年（508）在洛阳内殿参与《十地经论》的翻译，随后又在洛阳白马寺和邺都金华寺译出《十法》《如来狮子吼》及《摄大乘》等经论共十部十一卷。又有北天竺僧毗目智仙和南天竺婆罗门瞿昙般若流支，于北魏熙平元年（516）同游洛阳，后又转至邺都。毗目智仙于兴和三年（541）在邺都金华寺译出经论五部五卷。般若流支则在智仙指导下，从元象元年（538）到兴和末年（543）在金华寺等处译出《正法念处》等经，《顺中》《唯识》等论，十八部九十二卷。他是天竺婆罗门来中国大量翻译佛经的第一人。般若流支的长子达摩般若，也继承父业，从事传译，北齐时任职为僧官"昭玄都"。北周毁佛后转任俗官"洋州洋川郡守"（今陕西洋县），足见天竺人士在古代中国所受的优遇。又有北天竺僧那连提黎耶舍，于北齐天保七年（556）来到邺都，受齐文宣帝优礼，应请在天凭寺译经。当时齐朝廷三藏殿内有梵本千余箧，均送请翻译。他从天保八年（557）到天统四年（568）先后译出《大集月藏》《月灯三昧》等经论共七部五十一卷。随即被任为"昭玄都"，又转为"昭玄统"，并以所得的俸禄在汲郡（今河南汲县）风景胜地建立了三所寺院。后周毁佛时，他外著俗衣，仍避居当地。又中天竺僧阇那耶舍和阇若那跋达啰，偕同他的两弟子北天竺沙门阇那崛多、耶舍崛多，于北周武成元年（559）经于田、鄯州等地来到长安，住草堂寺，被周明帝延见，谈论佛法，并建造四天王寺以供他们居住。阇那耶舍于保定四年（564）到建德元年（572）在寺译出《大乘同性》《大云请雨》等经六部十五卷。耶舍崛多译出《十一面观世音神咒》等经论三部八卷，阇那崛多又译出《金色仙人问经》一部二卷。后阇那崛多被请入蜀，任益州僧主，在龙渊寺又译出《佛语经》《法华经普门偈》等三部三卷。后周武帝毁佛，命他们入京，重加爵禄，劝从儒礼，他们坚决不从，被许西归。

　　南北朝时代由南方前往天竺求法的沙门，首先有幽州高僧昙无竭，集合同志僧猛、昙朗等二十五人，于刘宋永初元年（420）赍着幡盖供养资具西行，经罽宾等国，礼拜佛迹，并随处受学，辗转到中天竺，同侣中有二十人先后在途中身死。无竭等历访舍卫诸国，至南天竺泛舶归宋，译有

《观世音受记经》一卷，所历行程，别有记传。又有高昌沙门道普，曾游西域、天竺，能梵语梵书，后于元嘉年中（424—453）宋文帝资遣他同书吏十人西行求经，他也有过一部游履异域的记传。又有酒泉沙门慧览，曾到罽宾，从达摩比丘谘受禅律，后来东归，行至于田，当地诸僧多从他受戒。到宋京时，金陵禅僧也从他受学。又有南齐定林上寺僧法献，于宋元徽三年（475）西行求法，因葱岭栈道不通，遂于于田获得北天竺乌苌国赠来的佛牙一枚及佛舍利、梵本经等回到宋京，建佛牙阁，礼敬供养。

另由北朝出发西行的有元魏沙门道药，于魏武帝末年（451）经疏勒、葱岭去到天竺僧伽施等国，回国后也有《记传》一卷。北魏崇立寺沙门惠生和敦煌人宋云，于神龟元年（518）由魏太后资遣西行求法，到北天竺乌苌、乾陀罗诸国，得到梵本一百七十部，于正光二年（521）返国，他两人也分别撰有《行记》《家记》（均佚）。北齐沙门宝暹、道邃、僧昙、智周、僧威、法宝、智昭、僧律等十人，于武平六年（575）西行求法，往返七年，获得梵本二百六十部，归途行至突厥，遇天竺僧阇那崛多。宝暹等于开皇元年（581）返长安，并奏请朝廷邀崛多来京，从事翻译。

关于中印语文的沟通，这一其中有曾游南天竺的高僧慧叡，于刘宋时应文学家谢灵运的谘问，著《十四音训叙》，条列经中梵汉音义，昭然明了（《高僧传》卷七）。又西天竺僧真谛，也在翻经的同时，纂集梵文词语，撰成《翻外国语》七卷（已佚）。另在北朝六世纪初，洛阳融觉寺中国僧昙无最，撰成《大乘义章》一部，北天竺僧菩提流支见之弹指称善，并将他的著作翻成梵文，寄传西域（《续高僧传》卷二十三）。这是第一部汉译梵的中国佛教撰述。

隋唐时代，为中国佛教义学的成熟时期。首先是隋朝统一了南北两朝，复兴佛教，原在北周任郡官的中天竺婆罗门般若流支的长子达摩般若，奉令仍职掌翻译，他于开皇二年（582）译出《业报差别经》一部一卷。时北天竺僧那连提黎耶舍，原在北周混俗隐居，隋帝即礼请他至长安大兴善寺，重事弘译。又有北天竺僧毗尼多流支，于开皇二十年（600）

来游长安，应请译出《大乘方广总持》等经二部二卷。据越南佛教史籍传称，他曾在隋受中国禅宗三祖僧璨的传授，后即于归途在交州（今越南北部）弘演禅法，形成越南前期的禅学一派。又有南天竺高僧达摩笈多，历经葱岭、龟兹、高昌来抵瓜州。以开皇十年（590）奉隋文帝旨延入长安，住兴善寺，与阇那崛多共参传译。后来崛多去世，他即主持译事，从大业初年（605）至大业末年（610），先后在洛阳上林园翻经馆译出《大方等善住意》《菩提资粮》等经论共九部四十六卷。同时隋东都上林园翻经馆僧彦琮，也精通梵学，时有天竺王舍城梵僧，来谒隋帝，事后将还本国，请求《仁寿舍利瑞图经》和隋朝《祥瑞录》，即敕彦琮翻汉为梵，合成十卷，传往天竺。

唐代中印佛教文化的沟通更为畅达，据《释迦方志》所说，唐初的中印交通往来有三条路线：一为由长安经清海（今青海）贯通吐蕃（今西藏）、尼波罗（今尼泊尔）往印度的东道；一为经瞿萨呾那（今和田）等天山南路，越葱岭，过大雪山（今兴都库什山），入西北印度的中道；一为经屈支（今库车）等天山北路，越葱岭北面，通过迦湿弥罗的北道。此外，还有如《新唐书·地理志》所说经云南、骠国（今缅甸）往东印度的陆行路线，以及由广州经南海诸国沿岸，过新加坡海峡，往印度的海行路线。

当时唐梵沙门往来频繁。这一时期来到中国的印度佛教人士，有中天竺那烂陀寺僧波罗颇迦罗蜜多罗来唐朝西北可汗叶护地区行化。时唐高平王于武德九年（626）入蕃和他相见，即邀他于同年十二月来抵长安，敕住大兴善寺，先后传译《宝星陀罗尼经》《般若灯论释》等三部三十八卷。这时印度密教已渐兴起，有中天竺僧阿地瞿多，从西印度广赍密教梵本于永徽三年（652）来抵长安，敕在大慈恩寺安置。时唐京道俗请他于慧日寺浮图院建陀罗尼普集会坛，开演密法。他又从梵本《金刚大道场经》中撮要译出《陀罗尼集经》十二卷，加以传播。又有中天竺大菩提寺沙门法长和阿难律木叉、迦叶等，带着印度僧智光、慧天给玄奘的书信方物，于永徽三年（652）来到长安。阿难律木叉和迦叶另在经行寺译出了《功德天法》一卷，也编在阿地瞿多的《陀罗尼集经》第十卷内。法长等仍于永徽五年（654）赍着玄奘致智光等的复书和赠品等回返印度，洋溢着中印僧人友好来往的深厚情谊。又有中天竺僧那提，曾赍集大小乘经律论梵本五百余笈一千五百余部，经南海诸地于永徽六年（655）来至唐京，奉敕于大慈恩寺安置供给。这时印度婆罗门方士那罗迩娑婆和卢迦溢多先后被邀在唐配"长生药"。唐高宗即遣那提前往昆仑诸国，采取药料。他到南海真腊又受请弘法建寺，但仍完成使命返唐，并在长安译出《狮子庄严王请问经》等三部三卷，后又被请仍往真腊弘化。中印度僧地婆诃罗，于仪凤初年（676）携赍梵本来到唐京，奉敕于两京东西太原寺及西京弘福寺先后宣译出《大乘显识经》《华严经续入法界品》等十八部三十四卷。又地婆诃罗译场有证语沙门慧智，原是印度婆罗门子，生于长安，通梵汉文，后出家，参与历届翻经证语；他后来在洛阳佛授记寺自译出《赞观世音菩萨颂》一卷。北印度僧佛陀波利，远闻中国五台山文殊师利灵迹，即杖锡东行，于仪凤元年来抵五台，虔诚礼拜，后返本国，取得《佛顶尊胜陀罗尼经》梵本，再来长安。北印度迦湿弥罗僧阿你真那，于长寿（693）二年来到洛阳，即受请译经，迄至神龙二年（706）于佛授记、天宫、福先等寺共译出《不空罥索陀罗尼》《浴像功德》等经七部九卷。此后他即专精礼诵，并于龙门依印度法式修建了一所"天竺寺"，和他的同侣在寺修持密法。南印度僧菩提流志，于长寿二年来抵长安，先后译出经论五十三部一百十一卷。中印度僧善无畏，携赍梵本经迦湿弥罗、吐蕃，于开元四年（716）来至唐京，从开元五年（717）起，在菩提院译出《虚空藏求闻持法》一卷，又得华严寺所藏唐僧无行在印度求获的梵本，于洛阳大福先寺为沙门一行译出《大毗卢遮那神变加持经》七卷，一行笔受，并造经疏，为中国瑜伽密教正式传受之始。

时有南印度僧金刚智，偕同他的弟子不空泛舶，于开元七年（719）来抵广州，翌年被迎至长安，居慈恩寺，又移大荐福寺，广弘密教，建曼荼罗，沙门一行、义福等并从他受法。他于开元十一年（723）及十八年（730）间先后译出《金刚顶瑜伽念诵法》等四部七卷。由于善无畏和金刚智来唐弘传瑜伽密教，两京知名的缁素从而问学的甚众。更加以金刚智的弟子不空等在唐的盛行传弘，遂兴启了中国的瑜伽密宗。又有东印度僧达摩战涅罗，学通三藏，特善医方，西越葱岭，来至龟兹，教授学人。经安西节度使吕休林推荐入朝，即于开元二十年（732）赍同梵筴来抵长安，受玄宗接见，住资圣寺，即进献医方梵筴药草经书，并献出北印度僧阿质达霰在安西所译出的《大威力乌枢瑟摩明王经》等三部五卷。他本人随即和他的弟子利言在资圣寺译出《医方本草》《普遍智藏般若心经》若干卷。北印度僧般若，也习闻中国五台文殊灵迹，遂泛舶东来，一度被风吹返，又重修巨舶，经历南海诸国，于建中二年（781）来至广州；翌年行抵长安。得到在唐任神策军正将开府仪同三司上柱国新平郡王的同国乡亲表兄罗好心介绍，与大秦寺波斯僧景净，共译出他所携来的《大乘理趣六波罗蜜经》七卷。但般若不懂胡语及唐言，景净不明梵文和佛法，因而译文乖错。唐朝廷遂另命长安诸寺大德沙门助他重译，成十卷，良秀并为撰制经疏。六年（790）他奉诏出使北印迦湿弥罗求取梵筴，并赐紫衣及三藏号。八年（792）返唐，又续出《般若心经》《本生心地观经》等四部二十卷。然后朝礼五台山圣迹。至十一年（795）南印度乌荼国王以手写的《华严经·普贤行愿品》梵本遣使远赠来唐，般若主持翻译，计四十卷。印度僧崛多，于八世纪初曾来游学于禅宗六祖慧能门下。又有西印度僧伽梵达摩、北印度沙门牟尼室利、中印度沙门尸罗跋陀罗和菩提仙、西印度沙门金俱吒等，他们都在唐地译经弘化，对于中印佛教文化的沟通作出了相当的贡献。此外还有中印度大菩提寺沙门八人和工匠两人，于贞观年中因唐使王玄策的邀请，来中国传授造糖技术，并开始用越州（今浙江省绍兴市）的甘蔗制成了石蜜（《续高僧传》卷四）。

　　同时，唐代高僧前往印度求法的也甚为踊跃。首先是中国卓越的佛教学者玄奘，于贞观三年（629）由长安西行，循天山北路越葱岭至北、中印度各地，历参众师，广学经论，瞻礼圣迹，并在中印最高学府那烂陀寺硕德戒贤的指导下，精研《瑜伽》等论及大小乘内外诸论，并被奉为寺中十大德之一。他又撰出了梵文《会宗论》和《制恶见论》，以会通大乘空有两宗的论争和折服正量部师的异见，后在当时印度十八国王和有学问的沙门、婆罗门六千余人的曲女城学术辩论大会中标举论宗，赢得"大乘天"和"解脱天"的光荣称号。最后，携赍着经律论等梵本五百二十筴六百五十七部，于贞观十九年（645）返回长安。他的弘法愿望获得唐朝廷的大力护持，先后译出经论七十五部一千三百三十五卷。他曾将所经历和传闻的印度、西域一百三十八国的佛教及史地情况，写成《大唐西域记》十二卷，是东方学术界的重要名著，现在印度政府已经根据该书的记载，发掘出不少古迹，有助于考订印度的古代史。他还将印度已失传的《大乘起信论》和中国老子《道德经》译成梵文传至印度。玄奘一生讲译不倦，门下英才甚众，形成唐代佛教人文的盛势。

随后又有义净，于咸亨二年（671）至印度，学习十年，然后回国。先后撰译经论六十一部二百三十九卷。义净的门弟子唐青州僧慧日，也于嗣圣十九年（702）泛舶西行，经南海佛逝、狮子等国，至印度各地遍礼圣迹，寻求梵本，访善知识，接受净土法门，然后经北印度，于开元七年（719）返抵长安，前后周历七十余国，赍回经像颇多，赐号为"慈愍三藏"。又有唐京兆沙门悟空，原为唐遣罽宾国中使张韬光部下左卫别将，出家后于迦湿弥罗受具足戒，并习律仪，学梵语，游礼诸寺。南行至中印度，瞻礼八大灵迹，住那烂陀寺三年，于贞元五年（789）返抵长安，献所译经和佛牙舍利，敕住章敬寺。此外还有唐太州沙门玄照，齐州沙门道希、师鞭，并州沙门道方、道生，京兆沙门末底僧诃，长安沙门玄会，益州沙门明远、义朗、义玄，荆州沙门道琳、无行，襄阳沙门灵运，澧州沙门僧哲，洛阳沙门智弘以及乡籍不明的沙门信冑等，他们都于七、八世纪间怀着宗教感情和弘法胜愿，或由北路陆行，或经南海泛舶，分别到达了印度各地，巡礼佛教圣迹。大都以宗教学人的身份，为中印佛教文化交流而万里孤征，舍身殉法（他们的事迹见义净《大唐西域求法高僧传》）。

随着中印佛教人士的往来频繁，有关介绍印度佛教情况的书，也陆续撰出，除玄奘的《大唐西域记》和义净的《南海寄归传》等外，还有《中天竺行记》《唐西域图志》《西域志》等图书编出，使中国人士对于佛教胜地及印度文化更加理解，同时印度风格的佛教艺术也在中国广泛流布。贞观十九年（645）雕绘巧匠宋法智随王玄策等至摩揭陀等国图写圣迹和佛像归来，唐京道俗竞相模写仿制。这些都有助于当时中国寺塔、石窟和造像等佛教艺术的发展。

公元七世纪间，中印度阿掺哩（一作阿吒力）、师赞陀崛多（一作室利达多）由摩揭陀来到南诏（今云南省），传播密教，受到南诏王细奴逻的崇敬，开建五密坛场，弘瑜伽法。他的弟子张子辰、罗逻倚等也由西印度来到南诏，相继传布阿吒力教，时称为"南诏七师"。他们的教法一直到近世还传持不绝。此外还有梵僧李成眉和他的弟子禅和子，于九世纪间由中印度至大理一带游化。

在这一时期，佛教也由印度传入中国西藏地区，译出了《宝顶经》《观音经》等经典。至八世纪时，又有迦湿弥罗沙门阿难陀来藏译经，当时藏王也先后遣使赴印请得高僧寂护和莲华生来藏，大弘中观、律学和密教。随后出家受戒的人数渐多，形成了西藏前弘期佛教的盛况。至九世纪时，又请当时在藏的印度僧人同藏族僧人就前代所译的经典重新整理，统一译语，勘校梵本，加以订定或改译，并新译出一些有部戒律和大乘经典；同时西藏佛教寺院建筑的造型艺术等方面，也受到了印度艺术的影响。

至九世纪间，中国汉藏两地的佛教均遭到不同程度的破坏，加以内战和交通阻滞，致令中印佛教关系一时中断。后来到十世纪，即北宋初期，由印度来到汉地的佛教学者，有中印度僧法天，于宋开宝六年（973）游锡鄜州，和河中（今山西永济）梵学沙门法进共同译出《无量寿》《最胜佛顶陀罗尼》等经三部。太平兴国五年（980）受宋太宗召见，并赐紫衣。

这时又有中印度僧天息灾，北印度僧施护也各赍梵筴来到宋京，并蒙召见赐紫；时宋朝廷存有未译的梵本甚多，即命建译经院，令共传译。太平兴国七年（982）译经院成，并制定了包括译主、证义、证文、书字、笔受、缀文、参译、刊定、润文等各个程序的译场制度。

又有北印度迦湿弥罗僧法护，于景德元年（1004）广赍梵本来抵汴京，后被召入传法院令证梵文，译出《如来不思议秘密大乘经》等十一部二百三十一卷。又有中印度僧日称，经西域至西夏（今宁夏地区）弘化，以庆历七年（1047）转至宋京，奉诏于传法院译出《父子合集经》《大乘集菩萨学论》八部七十卷。又有中印度僧天吉祥、智吉祥、金总持等，也各赍梵本由西夏转来宋地，并奉诏入传法院各赐大师号。其中天吉祥任证梵义，智吉祥译有《巨力长者经》等二部八卷，金总持译有《大乘智印经》等四部十七卷。又有中印度僧总，初至北方契丹地区行化，并被奉为国师。

此外，十至十一世纪间，由印度各地来中国游化的梵僧，还有摩揭陀国沙门钵怛罗、喀哩咐日罗、中印度沙门曼殊室利、西印度沙门苏葛陀、那烂陀寺沙门补陀吃多、北印度沙门迦兰拏扇底、中印度沙门觉戒等八十余人。他们大多赍着梵筴、佛舍利、佛像等来宋，被款待于相国寺或译经院等处。有的还受赠大师之号，有的转至高丽行化，或朝礼五台等胜迹。同时其中土沙门西行游访的，有沙门行勤等一百五十七人，于乾德四年（966）奉诏经西域、迦湿弥罗往印度求法。而由印度归来的僧众，先后有泉州沙门智宣、沧州沙门道圆、汴京沙门继从、益州沙门光远、太原沙门重达、西河沙门可蕴、汴京沙门怀问等一百四十余人。他们也均于印度各地朝礼圣迹和参学，并赍回了许多梵本经、佛像和佛骨舍利等。这时正当印度波罗王朝，后期密教兴盛时期，而传入宋朝的经籍也以金刚乘密部为多，和宋地道学伦理思想颇相抵触，因而此类密典的翻译或流行多被限制。故其时来宋的梵僧虽多，而印度这一时期的密教并未为汉地佛教界所接受。

另外，在中国北方的辽、金两个时期，有印僧摩尼，于十一世纪间来至辽地弘传密教，为燕京圆福寺总秘大师觉苑等所师事。又有中印度密宗僧慈贤，也于其时到辽京行化，并宣译密典，被奉为契丹国师；后又转往宋京，从事弘译。又有中印度那烂陀寺僧苏陀室利，远慕中国五台山灵迹，以八十五高龄与弟子佛陀室利等七人航海来华。途中三人转还，三人病亡，惟佛陀室利随师入金，登五台山。

西藏地区佛教至公元十世纪末始行复兴，即西藏阿里区的一个统治者阔慈，让位出家，名智光，锐志弘法，曾于阿里区选派青年沙门宝贤、善慧等二十一人赴印留学，并先后迎请印僧作信铠、佛护、慧护、阿底峡等入藏地广译经典，促成了西藏后弘期佛教的隆盛。在入藏的印僧中，东印度名德法护和他的弟子们在藏地广事弘传，补译出许多前所未有的密乘经典，使密教在西藏得以盛行。此后被请入藏传教的印度学者，还有迦耶达罗等许多著名僧人，他们对于藏地佛法，尤其是密教的传弘，都作出了有力的贡献。

十世纪以后，佛教在印度已逐渐遭到摧毁；至十二世纪间甚至濒于绝灭。此后中印佛教关系殆告断绝，仅有少数梵僧避入藏地。而来至汉地的印度沙门，元朝则有唧嗏铭得哩连得啰摩宁、指空，明代有桑渴巴辨等数人。至于由中土往印度游访的中国沙门，只有宗泐、智光等人而已。

（高观如）

二　中斯佛教关系

斯里兰卡和中国的佛教关系，开始见于文字记载的是公元四世纪间。据《梁书》卷五十四的记载，当时狮子国（斯里兰卡的古称）王听到东晋孝武帝（373—396）崇奉佛教，便派遣沙门昙摩航海送来四尺二寸高的玉佛像一尊，路上行了十年，义熙二年（406）才到达晋京（今江苏省南京市）。这是中斯佛教关系的首次纪录。

东晋义熙六年（410），中国高僧法显经印度到达了斯里兰卡岛，看见有商人用中国产的白绢扇供佛。可见那时中斯两国间早已通商往来。法显在斯旅居二年，曾亲往岛上有名的无畏山寺、佛牙寺、支提（山）寺、摩诃毗诃罗（大寺）等处参学，并见到非常隆重的佛牙供养法会盛况和摩诃毗诃罗一位阿罗汉入灭火化的情形，还在斯求得《弥沙塞律》《长阿含》《杂阿含经》和杂藏等诸梵本回国。法显在他所著的《佛国记》中记录了当时斯国佛教的重要情况。

义熙八年（412）三月，狮子国律师僧伽跋弥在庐山般若台东精舍同僧一百二十人译出《弥沙塞律抄》一卷（见《贞元释教录》卷八）。又姚秦弘始中（409—413）鸠摩罗什在关中大弘佛法，时狮子国有一婆罗门来到长安，和罗什门下的僧人比赛辩才（见《高僧传》卷六《道融传》）。据此可知，东晋以来斯里兰卡和中国的人员往来已很频繁。

其次，据《宋书》九十七卷说，刘宋元嘉五年（428），狮子国王刹利摩诃南（即摩诃那牟）遣四僧人、二白衣送牙台象来宋。又《宋书》卷五，有元嘉七年（430）和元嘉十二年（435）狮子国都遣使来宋馈赠方物的记载。

其时，印度高僧求那跋摩曾在狮子国弘教，后到阇婆（今印度尼西亚爪哇），又由阇婆乘外国商人竺难提的海舶抵达广州，于元嘉八年（431）到宋都建业（今江苏省南京市）。在这以前舶主竺难提于元嘉六年（429）从狮子国载比丘尼八人到宋都，住影福寺（以前外国尼未有来中国的，原先中国尼众从大僧受戒）。求那跋摩到宋都后，影福寺尼慧果、净音等意欲请狮子国尼如大爱道之缘（大爱道八敬得戒，五百释女以爱道为和上）重为受戒；时求那跋摩以为西国尼年腊未足，又十人不满，只好令先学宋语，另托竺难提更请外国尼来凑满十数。嗣后元嘉十年（433）舶主竺难提又载狮子国尼铁萨罗等十一人来宋。这时先来的诸尼已通宋语，因请僧伽跋摩在南林寺，为中国尼众三百余人次第重受尼戒（见《高僧传》卷三《求那跋摩传》，《比丘尼传》卷二《僧果传》）。当时，南京缁素并于建业城内（今南京南门外）建寺供养铁萨罗等狮子国尼众，寺名铁萨罗寺（见《南朝佛寺志》卷上）。

斯里兰卡和中国的交往，刘宋以后还正常地继续着。《历代三宝记》卷十一说，肖齐永明六年（488），有一位外国三藏法师（不知其名）带着狮子国高僧觉音所注优波离集的律藏——《善见律毗婆沙》梵本来到广州，临到登岸又返回去，将梵本付给弟子僧伽跋陀罗，僧伽跋陀罗即在广州竹林寺和沙门僧猗等共同译出这部律（即《善见律毗婆沙》），并从"众圣点记"传述了佛陀入灭的年代，成为中国佛教史上一件重要的记载。

以后，梁大通元年（527），狮子国王伽叶伽罗诃梨耶遣使致书于中国，要和梁朝廷共弘三宝（见《梁书》卷五十四）。唐贞观十二年（638），玄奘三藏曾到达了斯里兰卡对岸的南印度达罗毗荼国，并在他的《大唐西域记》中，记述了他所闻知的关于斯国的佛教情形。当时斯有伽蓝数百所，僧伽二万余人，遵行大乘和上座部法。佛教分二大部：一摩诃毗诃罗住部（纯上座部），二阿跋耶祇厘住部（学兼二乘）。佛牙供养，特为殊胜（见《慈恩法师传》卷四、《大唐西域记》卷十一）。又七世纪中唐僧往狮子国瞻礼佛牙佛迹的，据《大唐西域求法高僧传》所载，有义朗、明远、窥冲、智行、慧琰、大乘灯、智弘、无行、僧哲等。僧哲的弟子玄游，还随师在狮子国出家，因即居住此岛。

八世纪初，金刚智从印度来中国的途中，经狮子国（时为公元717年），受到狮子国王室哩室罗的礼遇（见《贞元新定释教目录》卷十四）。又金刚智的弟子不空三藏原是狮子国人，开元六年（718）十四岁时，在阇婆国见金刚智便礼以为师，随侍东行，入唐弘法。金刚智入寂后，不空奉唐朝廷令于天宝元年（742）和弟子含光、慧䜩从广州附舶还狮子国，重学密教。国王安置他们在佛牙寺，不空得以重学三年。将东返时，国王又以七宝灯树花镲、药草、沉檀、龙脑等赠与唐朝政府。天宝五年（746）回到长安，广事弘译（见《贞元新定释教目录》卷十五）。不空的弟子含光随师游学斯国返唐后，曾在五台山金阁寺创建密乘灌顶道场，还译述了关于毗那夜迦的秘密仪轨两部。此外另有一位不知其名的狮子国三藏，在晚唐时译出《吒哩罗天女法经》一卷。可见那时斯国的密教传持相当隆盛。

唐代斯里兰卡和中国政府间来往也颇亲密。其与佛教有关的，如《册府元龟》所载，天宝五载（746）正月，狮子国王尸逻迷伽遣婆罗门僧灌顶三藏阿目佉跋折罗（即不空三藏）送来钿金宝璎珞和贝叶梵写《大般若经》一部，细白㲲四十张。又元和六年（811）北印度般若三藏在醴泉寺译出《大乘本生心地观经》八卷，此经的梵本据说也是唐高宗时（650—689）狮子国送来的。

赵宋一代，狮子国沙门来到中国的，有淳化二年（991）的佛护和他的徒众五人，淳化四年（993）的觉喜，咸平三年（1000）的觅得啰，大中祥符九年（1016）的妙德等。他们先后带来了许多梵经和佛舍利、菩提树、画像等。都受到当时宋朝政府的隆重礼遇（见《大中祥符法宝录》卷八、十，《佛祖统纪》卷四十四）。

在殖民主义者侵略斯里兰卡的年月里，中国和斯国佛教界的往来，几于中断，直到斯里兰卡宣布独立，新中国成立以后，两国人民和佛教徒之间的传统友谊，才得以继续发展。一九六一年五月，斯佛教界派遣代表团到中国奉迎佛牙舍利，供其人民瞻拜。中国的佛牙舍利在斯巡行两月，受到斯国广大人民的虔诚瞻拜，促进了中斯两国人民友谊的进一步发展。一九七九年八月十四日，斯里兰卡总理普雷马达萨在访问我国期间，把一尊仿制的古代佛像赠送给中国佛教协会，使中斯友谊的发展，增加了新的一页。

（高观如）

三　中尼佛教关系

据尼泊尔《苏瓦扬普史书》记载："加德满都一带地区原来是一个巨大的那伽巴沙湖泊，湖内有龙王居住，后来文殊师利由摩诃中国（中国）来到此地，辟开了湖南边的山岭，将这一湖水泄干，并在此建立苏瓦扬普寺，因之称此地为尼泊尔。"这一传说显示了中尼两国传统的亲切友谊。

公元前565年，迦毗罗卫（在今尼泊尔南部提罗拉科特附近）的王子释迦牟尼出生在今天尼泊尔南部的洛明达（古称蓝毗尼），他出家成道后，在印度各地游行说法，吸收徒众，传播他的思想，于是形成为佛教。他的教法于公元一世纪前后传入中国，由于中国各族人民的广泛信仰，佛教在中国逐渐成为一个系统完备的宗教。这就是中尼佛教关系史上的最胜因缘。

由于佛教的因缘，我国历代僧人前往尼泊尔朝礼释迦牟尼圣迹的人很多，其中最早而最知名的是公元405年东晋法显到达佛陀的家乡迦毗罗卫城，和佛陀的出生地论民（洛明达）园，瞻礼遗迹。法显并将当时情形在他的名著《法显传》中加以记录。法显以后十余年，中国名僧智猛也曾到迦毗罗卫朝访佛迹。

在法显往访迦毗罗卫的同时，一位迦毗罗卫籍的僧佛驮跋陀罗来到了中国。他是释迦族人，大约于406年到达长安弘传禅学，随后又经名僧慧远邀上庐山，译出有关禅教诸经，418年又到建业（今南京），在道场寺和法显共译出《摩诃僧祇律》四十卷，又和沙门法业、慧严等一百多人译出《大方广佛华严经》六十卷。此外他在中国还译出《观佛三昧海经》《文殊师利发愿经》等共十三部一百二十五卷，他的业绩深为中国佛教学人所追念。

嗣后，公元633年玄奘法师也朝礼过腊伐尼林（即洛明达）和迦毗罗卫城（即劫比罗伐窣堵国）。那时迦毗罗卫已经倾圮，只剩宫殿故基窣堵波和石柱的遗迹。玄奘在此徘徊瞻礼，并在所著《大唐西域记》中详加记载，说加德满都地区宗教繁华，寺院林立，僧徒二千余人，大小二乘并皆研习；当时有名的鸯输伐摩王在位，崇信佛法（见该书卷六、七）。

其时尼泊尔国公主和唐文成公主都嫁与西藏松赞干布王为妃，这一段和好因缘，更促进了中尼的友好关系，因而沟通了一条从长安经拉萨、加德满都到印度的交通路线（即当时所谓吐蕃、尼波罗道），不独唐朝使臣李义表、王玄策先后出使印度都经由此道，即唐代僧人玄照、道希、玄太、玄恪、道方、末底僧诃、玄会等往返印度，也都先后到过尼泊尔国。又玄照从印度返唐，路次尼泊尔国时，国王还遣人护送他到吐蕃，探望文成公主后回到洛阳。此后，在公元764年中国僧人悟空也访问了尼泊尔国，瞻礼了释迦牟尼的降生地迦毗罗卫城。964年中国沙门继业等三百人由宋太祖派遣赴印度求法，归途也道经尼泊尔国。

由于尼泊尔和中国西藏地区紧邻，因之彼此之间在佛教关系上也很密切。中国藏文佛经有一部分是由尼泊尔古代的译师们所传译的。西藏寺院的古建筑以及梵式的、尼式的造像等佛教文化遗迹，也有许多出自尼泊尔的艺匠之手。

元世祖中统元年（1260），曾向尼泊尔邀请艺匠八十人到达西藏地区，为帝师帕思巴建黄金塔。其中有一位名匠阿尼哥，礼帕思巴为师，同至北京。阿尼哥曾一度为僧。由于他画塑铸金的技术都很高明，元朝特设梵像提举司，请他主持，令专管铸像、绘像、土木雕塑等项工艺。当时中国两京寺观之像，多出于阿尼哥之手（《元史》卷二百零三）。现存的北京妙应寺白塔，据《阿尼哥神道碑》记载，也是阿尼哥所设计建筑的。

明太祖洪武十七年（1384）曾经派遣沙门智光为国使，携带国书彩币到尼泊尔通好；尼泊尔国王马达纳罗摩也遣使来中国，致送金塔、佛经、名马、方物。明成祖时，智光法师第二次奉派出使尼泊尔国，同时尼泊尔也遣使来报。从此以后，两国使臣报聘不绝。

（高观如）

四　中日佛教关系

佛教传入日本的明确时期虽不可考，但据诸佛教史籍所载：梁武帝普通三年（522）由中国江南渡日以制鞍为业的汉人司马达等在日本大和坂田原设立草堂崇奉佛教，达等的女儿司马岛并首先出家为尼，称为善信尼；达等的儿子也出家为僧，称为德齐；是为日本僧尼的开始（见《扶桑略记》卷三、《元亨释书》卷十七）。那时佛教已由中国传入朝鲜，公元552年，朝鲜南部的百济国圣明王遣使将佛像和汉译经典奉送于日本国（《日本书记》卷十九）。当时大臣苏我氏舍宅为寺，另又建寺造像，而司马达等的孙子鞍部鸟即为其时佛像制作艺术的第一名匠。从此各种和佛教有关的建筑雕画等工艺文物，也陆续由中国直接或间接通过朝鲜传入日本，逐渐开展日本佛教的新机运。

嗣至公元593—628年日本推古朝，摄政的圣德太子大力倡弘佛教，使佛教在日本得到巨大的开展。其时圣德太子曾师事高丽僧慧慈，崇尚汉文化，并曾用汉文撰《胜鬘》《维摩》《法华》三经注疏，广建寺塔。又曾于隋大业三年（607）派遣国使小野妹子等来和中国通好，翌年（608）又开始派高向玄理等留学生四人和僧旻、清安、惠隐、广齐等学问僧四人入隋，学习中国学术和佛教（《日本书记》卷二十二），这是日本历史上向海外派遣留学生的嚆矢。以上八人又都是原来在日本的汉人子孙或新移入的汉人。随后又有学僧灵云、惠云等来隋求学佛法。以上人等在中国留学的时期都很长，一般多是由隋末到唐初，学习二三十年之后才回国，从此日本派遣僧俗学人来中国留学，络绎不绝，因而中国佛教文物制度工艺等更广泛传播于日本,而汉文在日本也普遍流行。

当时日本佛教虽已兴起,而宗派未分,随着来隋唐留学的僧人次第返日,以及中国僧人赴日弘化,遂渐次形成了各个宗派。首先是隋嘉祥寺吉藏的弟子高丽僧慧灌,于公元625年去到日本,在飞鸟元兴寺弘讲三论,开始建立三论宗。随后是慧灌的大弟子福亮,他原是中国江南人,在日从慧灌出家,后又入唐,谒嘉祥吉藏,重研三论。返日住元兴寺弘化,盛演空宗。福亮在俗的儿子也出家,名智藏,后来入唐游学,归住法隆寺,弘传三论。智藏门下英才甚众,其中道慈以大足元年(701)入唐,从吉藏的再传弟子元康研习三论。他在唐十八年,广学多闻,其间曾预选入宫,讲《仁王般若经》,于开元六年(718)返国,阐扬三论,兼传真言律学。并模仿长安西明寺,在日本奈良建造大安寺,为日本古代最宏壮的寺宇。道慈的弟子善议也渡海入唐,遍寻名德,深求义蕴,归国住大安寺,盛传一宗的教旨。日本史家通称:"三论一宗从唐土传入有三代传:一慧灌僧正传,二智藏僧正传,三道慈律师传。"(《三国佛教传通缘起》)三论宗入唐的学者中即以以上三师为正传。

其次在法相宗方面,有日本沙门道昭,于永徽四年(653)与沙门道严等人随国使入唐,诣慈恩寺,受教于玄奘门下,蒙奘师亲切提掖,并授以观门,兼及《俱舍》,后携新译经论归还本国,住元兴寺,盛弘慈恩的学说,是为日本法相宗初传。又显庆三年(658),日本沙门智通、智达也渡海入唐,谒玄奘、窥基师弟,即从受学,又随入玉华宫寺,业成返国,弘传所学,为日本法相宗第二传。嗣至长安三年(703),新罗沙门智凤、智鸾、智雄相偕入唐,受学于濮阳智周门下,后返日本大弘宗义,为第三传。以上均在飞鸟的元兴本寺传习,又称元兴寺传,或南寺传。至开元四年(716),智凤的再传弟子玄昉也渡海入唐,仍就濮阳智周学习慈恩宗义,在唐蒙赐紫衣,于开元二十三年(735)赍同所得佛像及经论章疏五千余卷返国,在奈良兴福寺大弘所学,为第四传,又称为兴福寺传,或北寺传。

在华严宗方面，有唐东都大福先寺道璿，因日本学僧荣睿、普照至唐邀请，于开元二十四年（736）赍同《华严》章疏渡日，弘阐此宗，兼传戒律，教人不倦，化导甚广，为日本华严宗第一传。同时，有唐贤首法藏的弟子新罗国审祥，住日本大安寺，于740年应请在金钟道场开讲《华严经》，为日本华严宗初祖。从那时以来，《华严经》的讲习渐次弘盛。

在律宗方面，七世纪后期有日本沙门道光入唐学律而归，但戒学未弘。嗣至开元二十一年（733）日本沙门荣睿、普照等相偕入唐，求学戒律，奉敕在东都大福先寺依定宾律师受学。这时，唐地诸寺的三藏大德特重戒律，荣睿等以本国传戒无人，欲为本国寻求律匠，时荣睿、普照更闻扬州大明寺鉴真为当代律学名德，弘导甚盛；遂于天宝元年（742）至扬州恳请鉴真东渡弘化，当蒙允许，即于天宝二年（743）和他的徒众赍同经论法物等启舟东行，前后五回，并为风浪等逆缘所阻，历经十年的艰苦行程，终于第六回，即天宝十二载（753）抵达日本，受到日本国朝野僧俗的盛大欢迎。翌年，在奈良东大寺兴筑戒坛，日皇、皇后、公卿等四百余人皆从受菩萨戒；又日僧灵裕、贤戒、志忠等八十余人皆舍旧戒从受新戒。为日本登坛授戒的开始。公元759年又于奈良兴建唐招提寺，并设戒坛，前后受度的达四万人以上。由于鉴真的盛化，遂开日本戒律一宗，而鉴真即为日本律宗初祖。

此外，《成实论》也于隋代由高丽慧灌传入日本，在日讲习，渐至形成了宗派。《俱舍论》也由道昭、智通、智达入唐玄奘门下受学，并传至日本盛行讲述，也形成一宗。但以上两宗并未开创寺院，独立弘传，只是成实宗附在三论宗内、俱舍宗附于法相宗内传通讲习而已。

以上是日本奈良时代由隋唐传入的六个宗派。

由于唐地佛教的盛行东传，日本养老四年（720）十二月，曾敕令佛教转经唱礼须依汉沙门道荣和日本入唐返国的学问僧胜晓等的音调转唱，并停止余音，免污法门（《续日本纪》卷三）。又当时日僧多学汉语，唐道叡、鉴真等渡日，都以汉语从事讲授。道叡并曾令他自己的能懂汉语的弟子忍基、善俊、忠惠、真法等人,从鉴真的门人思托学法砺等《疏记》于大安寺唐院,随后这些日本学人也都能在各寺转相讲授(《唐大和上东征传》)。又因唐开元十六年(728)颁行《大衍历》的影响,日本也于天平宝字七年(763)八月废去原用的仪凤历,而采用唐一行所作的《大衍历》,实行日本历法的改革(《续日本纪》卷二十四)。此外如佛教仪礼、经像、文物、建筑式样、工艺等也大量由唐输入日本。

汉文大藏经也于奈良时代由中国传入日本。当唐开元藏编定的后五年,即开元二十三年(735),由唐留学归国的玄昉曾携回汉文经论五千余卷,奉进于日廷(《元亨释书》卷十六);之后四年,即日本天平十一年(739)敕依《开元目录》写一切经五千零四十八卷(《东大寺要录》卷一)。又鉴真于公元758年(日本天平宝字二年)秋也在日本率众开写大藏经五千零四十八卷,收藏于奈良唐招提寺。因而日本天平时代是佛教写经的最盛时期。

又由唐神龙三年(707)及开元二十六年(738)中国各州郡奉敕普建龙兴寺、开元寺(见《佛祖统纪》卷四十)的影响,日本也由道慈等的建议,于天平十三年(741)在全国各地建立国分寺和国分尼寺,寺各置僧二十人或尼十人(《续日本纪》卷十四)。其中有名的大和国分寺(即东大寺)的卢舍那佛像,也是仿唐神龙初年(705)兴造的白司马坂大铜佛像而铸造的。

公元794年日本国都由奈良北迁于仿唐京长安而建设的平安新城,为促进全国宗教文化的新兴运动,仍派遣僧俗入唐留学,于是复有天台、真言两宗的开创。其时佛教界突出的人物,有比叡山天台宗开宗大师最澄和高野山真言宗开宗大师空海。这两位大师都于唐贞元二十年(804)泛海入唐求法。最澄和他的弟子义真乘日本遣唐使第二舶于当年九月到达明州,并转赴台州,从天台山修禅寺道邃、佛陇寺行满学习了天台教义,并从道邃受菩萨戒,又从禅林寺翛然受学牛头禅法。翌年(805)三月更转赴越州龙兴寺,从泰岳灵岩寺顺晓学习密教,并受秘密灌顶。于同年五月携同在唐所得的经论疏记二百三十余部，乘遣唐舶归国，大弘教化，在比叡山开创天台一宗，兼传密教和大乘戒法，所著有《唐决集》《守护国界章》等书二百八十余部，殁后谥称传教大师。与最澄同时入唐的空海系乘遣唐使第一舶，于当年（804）九月到达福州，旋入唐京。翌年奉敕居西明寺，历访长安诸刹名德，蒙青龙寺惠果阿阇黎授以金胎两部真言秘藏，尽诸蕴奥，并授以阿阇黎位灌顶。惠果又令画工、经主、铸工李真等图绘所有秘密曼荼罗及书写《金刚顶》等最上乘密经、新造各庄严具并佛舍利等相赠。空海于元和元年（806）八月赍同在唐所得经轨章疏二百一十六部及诸图具等乘遣唐舶返国，盛弘密教，朝野尊崇，并于高野山创建根本道场，开启真言一宗的规模。所著有《秘密曼荼罗教付法传》《辩显密二教论》等书一百五十余部，殁后谥称为弘法大师。

从那以后，天台、真言两宗在日本平安时代（782—1191）非常发达；日本佛教史上有名的"入唐八家"，即是指最澄和他的法裔圆仁、圆珍等属于天台宗的三家，以及空海和他的法裔常晓、圆行、慧运、宗睿等属于真言宗的五家而言。

其中圆仁出于最澄门下，于开成三年（838）与圆行等共乘遣唐舶抵扬州海陵，在当地开元寺从沙门宗睿学梵书，又从全雅受灌顶及两部曼荼罗、诸尊仪轨、佛舍利等。嗣转经青州，登五台山，从沙门志远受学天台教义。更到长安，奉敕居资圣寺，又从大兴善寺元政阿阇黎学金刚界大法，会昌元年（841）从青龙寺义真受学胎藏界法并灌顶，又从元法寺法全受传仪轨，从醴泉寺宗颖习止观，在长安六年，然后赍同在各地求得的经论章疏五百八十五部及诸图像道具等，于大中元年（847）由登州乘新罗舶返国，仍登数山，盛弘台、密二教。所著有《金刚顶经疏》等十余部。又他在唐时曾将他求法巡礼的见闻经历，写成《入唐求法巡礼行记》四卷（现存），不仅为中日佛教关系的珍贵史料，而且也是叙述当时唐代佛教和社会状况的重要史料。嗣后有沙门圆珍，是最澄弟子义真的门下，于大中七年（853）随唐人钦良晖的商舶入唐，经福、温、台、越各州，历访诸寺，受学于存式、物外、良谓等门下。后至长安，从青龙寺法全受瑜伽密教，又在龙兴寺和大兴善寺受金胎等曼荼罗及新译经法。仍南登天台山访国清寺，以后携同所得经卷四百四十一部及诸宝物道具于大中十二年（858）仍由台州乘唐人李延孝的商舶返国弘化。

常晓与圆行于开成三年（838）同乘遣唐舶抵达扬州，常晓入栖灵寺，从文璨（一作文琛）阿阇黎受金刚灌顶和太元密法，翌年（839）又谒华林寺大德问学三论宗义，后携所得经籍文物于同年八月仍乘遣唐舶归国，传弘密教。和常晓同行入唐的圆行，则入长安受教于青龙寺义真，因慧解明达，奉敕为内供奉大德，仍于翌年和常晓同舶返国。慧运也于开成三年（838），一说是会昌二年（842）乘唐人李树人的商舶来抵温州，即入长安，礼青龙寺义真入灌顶坛，受诸密印，后于大中元年（847）乘唐人张支信的商舶归国弘化，并兴建安祥寺，形成真言宗安祥寺流的一派。宗睿则于咸通三年（862）乘唐人张支信的商舶入唐，初至汴州，谒玄庆阿阇黎受金刚部法；更至长安，从青龙寺法全学胎藏法，重受灌顶；又随造玄、智慧轮诸德学诸秘赜。并朝天台、五台诸山，随处访写经籍。于咸通七年（866）携同所得经书一百三十四部及诸文物等由明州登唐人李延孝舶返国，传衍密教。以上入唐八家都由中国求得大量的经书文物回国，并各编有一部《请来目录》，这对于日本佛教的发展起了推进的作用。

以上日本天台、真言二宗是这一时期最占优势的两个宗派，即日本历史上所谓"平安二宗"。

在这一时期，中日佛教关系史上还值得特别提出的，是中国普陀山的观音道场系因日本高僧惠萼而开创。惠萼曾于会昌元年（841）、四年（844）迭次来中国求学，并曾谒请杭州灵池寺齐安国师（马祖道一的法嗣）派造上首义空禅师去到日本弘传禅法。惠萼又于大中十二年（858）赍同他在朝拜五台山时得到的观音圣像一尊，由明州航海准备回国，船行到普陀山不能前进，他便下船奉像在山结庐供养，渐渐兴建补陀山寺（后改名普济寺），遂开创了普陀山的观音道场。

这时日本佛教界已搜罗并保存了大量的中国佛教典籍，而中国则因会昌的法难（845）和五代的战乱摧毁而经像不全；时中国吴越商舶航行日本往来频繁，公元960年吴越王钱弘俶曾遣使备金向日本和高丽求写天台教籍，使台宗的章疏复还归中土，而有利于中国天台宗在宋朝的复兴。

五代、北宋间，日本沙门来中国参学及朝礼名山佛迹的还不少；而较著名的则有奝然、寂昭、绍良、成寻等。其中奝然和他的徒众盛算、嘉因等六人于太平兴国八年（983）乘宋人陈仁爽等的商舶来抵台州，翌年（984）入京见太宗帝，进献方物，蒙存抚甚厚，并赐紫衣及法济大师号，馆于太平兴国寺；又巡礼五台及洛阳龙门等胜迹，并蒙敕赠新印的摺本藏经五千余卷。与他同来的沙门盛算，曾在洛阳太平兴国寺从中印高僧学习悉昙梵书；奝然的弟子嘉因并受了五部秘密灌顶。雍熙元年（985）他们一行仍由台州乘宋人郑仁德的商舶返国。奝然曾将在宋游学参访的经过写成《入宋日记》四卷（今佚）。至端拱元年（988），奝然又遣弟子嘉因和宋僧祚乾等来宋进表称谢，并献佛经及诸方物，兼访求宋朝新译的经典。嗣至咸平六年（1003）日本天台宗源信以有关天台教义的疑问二十七条遣弟子寂昭等来明州，投问于宋四明传教沙门知礼，知礼随就所问一一答释。翌年（景德元年，1004），寂昭等入朝，进佛像及金字《法华经》等，宋真宗因他书写精妙，诏号圆通大师，赐紫方袍，又敕为苏州僧录司，住吴门寺，后即在宋迁化。随后又有日本沙门绍良，于天圣六年（1028）奉师命以有关天台宗旨的疑问十条致问于知礼的嗣席广智，并赍金字《法华经》为贽见之礼，蒙广智详为解答并留受学，三年学成归国，弘演台教（《四明教行录》卷四）。嗣至熙宁五年（1072），日本台宗大云寺沙门成寻和徒众赖缘、快宗等七人乘商舶入宋朝礼天台、五台及南北佛教名迹，历访诸方尊宿，并进献方物，宋神宗因他们远来而有戒业，并赐紫衣，又赐成寻以善慧大师号。成寻留住中国九年，著有《参天台五台山记》八卷及《善财童子知识集》等若干卷，以元丰四年（1081）在宋京开宝寺圆寂，敕葬于天台山国清寺，并为建塔题称"日本善慧国师之塔"。此后日本沙门入宋参学并进献方物的仍络绎不绝。

中国南宋时期适当日本镰仓幕府时代，佛教在日本趋向于大众化，由中国传入的禅宗和依唐善导的念佛法门而形成的净土等宗以及由天台法华教义而开演的日莲各宗，于是勃然兴起。

禅学在日本，以往虽有道昭、道璿、最澄、圆仁和唐僧义安等由唐传入，但禅宗正式的弘传，却开始于入宋参学归国而首创临济宗的荣西（1141—1215）。荣西于南宋乾道四年（1168）和淳熙十四年（1187）两次入宋，参学于天台、庐山、育王、天童诸山，时虚庵怀敞住天台万年寺，荣西再度往谒，受传临济心印；后怀敞移住天童，荣西也随侍研学；于雍熙二年（1191），又蒙付与衣具印信，归国后大兴禅学，学徒云集，朝野尊尚，在建仁寺开山，并著有《兴禅护国论》等七部九卷，成为日本临济宗的新宗派。荣西的再传弟子道元（1200—1253）也于南宋嘉定十六年（1223）入宋，历访天童、径山、天台等山，参谒无际了派、浙翁如琰诸禅宿，终于得到天童长翁如净的启发而豁然开悟，并蒙印可，受传秘蕴及衣具顶相，于宝庆三年（1227）归国，也盛弘禅学，在永平寺开山，撰有《正法眼藏》《永平清规》《永平广录》《普劝坐禅仪》等九部一百十八卷，成为日本的曹洞一宗。

由于船舶交通的便利，日本的禅僧入宋参学以及宋僧往日本弘传禅学的，在这一时期中非常频繁，其突出的人物，有日本临济宗的圆尔辨圆（荣西的法孙，1235年入宋，受天台教于柏庭善月，历参痴绝道冲、笑翁妙堪、石田法熏诸禅宿，后登径山，嗣法于无准师范，1241年归国，开创东福寺，宣唱教禅一致之学，门庭很盛）、无关普门（圆尔辨圆的弟子，1251年入宋，在宋参学十二年，得法于无准师范的弟子净慈寺断桥妙伦，1262年归国，开创南禅寺）、无象静照（1252年入宋，登径山，嗣法于石谿心月，又遍访育王、天童、天台、净慈诸山刹，历参虚堂智愚等禅宿，于1262年归国，后开创佛心寺，并著有《兴禅记》一卷）、南浦绍明（在日宋僧兰溪道隆的弟子，1259年入宋，至净慈参虚堂智愚，后又随智愚往径山，并嗣其法，于1267年回国，重谒道隆，为嘉元寺开山），曹洞宗的寒山义尹（道元的弟子，1253年、1264年两次入宋，参学于天童、净慈的义远、智愚等，1267年归国，开创大慈寺）、彻通义介（道元的弟子，1259年入宋，参径山、天童等山，历访禅德，于1262年归国，为永平寺第三祖）等人。

这一期间中国禅僧去日本行化的，有宋阳山无明慧性的法嗣兰溪道隆，因日本入宋禅僧明观智镜等的劝请，于淳祐六年（1246）携同弟子义翁绍仁、龙江等乘舶渡日游化，依宋地清规宣扬禅风，受到当时幕府和衲众的归依，创建长禅寺，有《语录》三卷，于祥兴元年（1278）在日圆寂，谥号大觉禅师。日籍徒众嗣法的有南浦绍明等二十四人，其中渡海再入宋参学的有十一人之多。随后又有径山无准师范的法嗣南禅福圣寺兀庵普宁，因道隆由日来书劝请，于景定元年（1260）乘舶赴日，继道隆住建长寺，接引学人；得法的有东岩惠安、南洲宏海等人，在日弘化五年，仍于咸淳元年（1265）留偈返宋。至咸淳五年（1269），径山石谿心月的法嗣大休正念也乘商舶赴日弘化，被请主禅兴寺，又历住诸大名刹，有《语录》六卷，后即在日圆寂，谥号佛源禅师。随后又有天童石帆惟衍的法嗣西涧士昙，于咸淳七年（1271）渡日，不肯主持一刹，在京都、镰仓间游化七年，仍于祥兴元年（1278）返宋。同年七月，宋高僧道隆在日圆寂，日幕府即遣禅僧德诠、宗英二人入宋，迎请无准师范门下的高德无学祖元莅日，主持建长寺。祖元即和他的禅友境堂觉圆、弟子梵光一镜等渡日行化，在建长寺大扬禅风，受日朝野和僧俗的一致欢迎，并为圆觉寺开山初祖。后于1286年圆寂，谥号佛光国师。

南宋以后中日禅僧往来密切，因而禅学在日本当时甚为繁荣。日本禅僧到中国各山寺参访的人数众多，而中国江南的径山、灵隐、天童、净慈、育王等五山，和中天竺、道场、蒋山、万寿、雪窦、江心、雪峰、双林、虎邱、国清等十刹，也成为日本禅和子所经常挂锡的祖庭。乃至日本各禅刹中，也有所谓五山十刹的仿设。其各禅寺的构造、禅堂的设备乃至日常生活，也多模拟宋地禅刹式样，甚至开示语录中杂有宋语，而中国禅门诗偈在日本禅林中也非常流行，这自然是受中国丛林的影响。

在律宗方面，南宋的律学也引起了日本律宗的复兴。庆元五年（1199）春，日本律学沙门俊芿"以大小律范，未尽其要，须入中华抉择所疑"，即偕弟子安秀、长贺二人乘舶入宋，历访天台、雪窦、径山等两浙名蓝，谘询禅教，翌年（1200）春，入四明景福寺，随侍如庵了宏律师学习毗尼六年，开遮持犯，涣然通解。又和宋地教、禅、律学名僧广泛交游，最后仍就温州广德律师学"七灭诤"。于嘉定四年（1211）携同所得的经律章疏二千余卷和佛舍利等由明州乘舶返国，重兴律学，日皇和幕府都奉他为戒师，为泉涌寺开山初祖。随后，又有律学沙门昙照净业，于嘉定七年（1214）及绍定四年（1231）两次入宋，从中峰铁翁守一重受具戒，深探篇聚，又至诸山广学教律，并携同所求得的宋版一切经及佛像梵筴等回国，开创戒光寺，和泉涌寺并称为二大律刹，教化很广。又泉涌寺俊芿的门弟子湛海、智镜、道玄等也先后入宋访问戒德、寻求律籍回国。对于日本律宗的发展作了有力的贡献。

日本沙门在两宋时代曾多次求得宋版大藏经如蜀藏、福州藏等回国，并时在奈良、京都、镰仓各大寺中举行一切经供养会，典仪很盛。对于中日佛教文化的传通具有重要意义。

原由唐宋传入的净土念佛法门，在当时日本也逐渐流播。至十二世纪初，出身于天台的高僧良忍（1072—1132）以《华严》《法华》圆融无碍的教义融通念佛，开创了圆通念佛宗。随后又有出身于天台的高僧法然（1133—1212）确立纯粹念佛、他力往生的教义，创立净土宗。法然门下又有亲鸾（1173—1262），著有《教行信证文类》，专修念佛，并带妻弘教，开创净土真宗。他这一宗在日本发展最盛，后并分为大谷和本愿寺等派。嗣后净土宗下又出现了一位高僧一遍（1239—1289）游行念佛，创立时宗。另一方面，又有出身于天台宗的高僧日莲（1222—1282），奉持汉译的《法华经》，以高唱"南无妙法莲华经"题目为主，而新创了一个日莲宗，后并分出若干流派。由于以上弘扬净土念佛各宗和日莲宗的兴起，使佛教在日本更形大众化，这是日本镰仓时代（1193—1380）佛教的一大特色。当然这也是基于中国佛教的传衍而形成的宗派。

十三世纪间日本因元兵往侵而曾经和中国国交中断，至大德三年（1299），元成宗遣江浙释教总统普陀山高僧一山一宁和弟子石梁仁恭及曾到日游化过的平山万寿寺禅僧西涧士昙等往日本通好，受到日本朝野的欢迎和崇敬。他们并请一宁住建长、圆觉、净智、南禅等大禅寺，后来一宁于1317年在日圆寂，被谥为国师。士昙也被请住圆觉、建长，1306年在日圆寂，谥号大通禅师。一宁在镰仓、京都盛扬禅风，前后近二十年门下造就的英才甚众，其中如龙山德见，雪村友梅、无著良缘、嵩山居中、东林友丘等，都曾入元朝礼祖庭，重事参究。从此以后，元高僧被请到日弘化的，先后有东明惠日（原在明州白云寺开法，因日本书聘，于1309年渡日，历住建长、万寿、东胜、寿福等寺，行化三十年，朝野崇敬，于1340年在日圆寂）、清拙正澄（原住松江真净寺，日本入元禅僧多数从他参学，于1326年应请东渡，历主建长、净智、圆觉、建仁、南禅等寺，实行中国禅林清规制度，并为开善寺开山初祖，1339年在日圆寂，谥号大鉴禅师。有《语录》九卷、《大鉴清规》等若干卷）、明极楚俊（历主双林，后为径山、灵隐、天童首座，1329年日廷聘请东渡，历主诸大名刹，化导甚广，于1336年在日圆寂，谥号佛日焰慧禅师）、竺僊楚仙（与楚俊同时东渡，历主建长、南禅、建仁诸寺，1347年在日圆寂，有《语录》若干卷），此外又有东里弘会（1308年赴日弘化，受请住禅兴、建长等寺，各方禅衲参请不绝，1318年在日圆寂）、灵山道隐（1319年赴日行化，主建长寺，寺规严整，七众崇敬，1325年在日圆寂，谥号佛慧禅师）、东陵永玙（1351年东渡弘化，历主天龙、南禅、圆觉、建长诸寺，1365年在日圆寂，谥号慧海慈济禅师）等也相继赴日弘化，接引彼邦学人。据师蛮的《本朝高僧传》卷二十五说："东渡宗师十有余人，皆是法中狮也。"可以想见我国古德在日本传弘的盛况。

另一方面，日本禅师来元参学的也络绎不绝，其中特出的有龙山德见（元僧一宁的弟子，1305年入元参东岩会，后又历参诸方，复应请住隆兴兜率寺，在元四十五年，1349年归国，受足利幕府归依，历住南禅、天龙等寺）、远溪祖雄（1306年入元，登天目山，师事中峰七年，并嗣其法，1316年归国，开高清寺）、雪村友梅（1307年入元，历访名宿，曾被请住长安翠微寺，元文宗赐号宝境真空禅师，1329年回国，历主诸大禅刹，有《岷峨诗集》）、嵩山居中（1309年及1318年两次入元参学，曾为蒋山昙方忠会下的第一座，最后于1323年归国，历主名刹）、复庵宗己（1310年入元，师事天目中峰明本九年，明本寂后于1322年归国，开创诸寺，门下的禅众常二千人）、无隐元晦（和宗己一同入元，嗣法于中峰明本，1326年归国，历主圣福、圆觉、建长等名刹）、古先印元（1318年入元，历事无见睹、中峰明本、古林茂等，1326年邀同清拙正澄赴日弘化，本人也历主诸大名刹）、寂室元光（1320年入元，历参中峰、元叟、吉林、清拙、灵石、绝华、无目、断崖诸德，1326年归国，后开永源寺）、物外可什（1320年入元，遍游江浙禅林，1329年邀同元僧明极楚俊到日弘化，本人也被请历住崇福、建长等寺）、东洲至道（圆尔辨圆的法嗣，入元在大都创大觉寺，迄未回国）、月林道皎（1322年入元，师事古林清茂八年，并嗣其法，元文宗赐号佛惠智鉴大师，1330年归国，开长福寺）、中岩圆月（1325年入元，历访雪窦、天宁、凤台谒灵石芝、古林茂等，1332年归国，创吉祥寺，并历住诸名刹，有语录、诗集等）、不闻契闻（1326年入元，游历天台、灵隐、净慈等山，参见诸老，1333年归国后，主持圆觉寺）、古源邵元（1327年入元，谒华顶、天目、龙山、五台诸山，又久居嵩山少林，在大都时曾预选入宫转大藏经，1347年归国，住大圣、等持、东福等寺）、无文元选（1339年入元，参福州古梅友、天宁楚石琦、大觉了庵欲、天目千岩长，于1350年归国，开方广寺）、愚中周及（1341年入元，师事曹源月江印、金山即休了等，于1351年归国，开创佛通寺）、大拙祖能（1343年入元，到福州参无言宣、东阳辉，后嗣天目千岩长，1358年归国，风化九州,又移关东,开楞严寺,四方从学的达三万人)、无我省吾(1348年和1363年两次入元,历参诸德,后在中国圆寂)等。当时中国禅学风范受到日本禅僧的非常崇慕,元僧清拙正澄在日圆寂后,他的徒众二十五人曾同时入元参学;又大拙祖能于1343年入元游学时,他的同参一行数十人也相偕入元参习。其时日僧登天目山参叩中峰明本的人数很多,其中著名的即有远溪祖雄、可翁宗然、嵩山居中、大朴玄素、复庵宗己、孤峰觉明、别源圆旨、明叟齐哲、平田慈均、无碍妙谦、古先印元、业海本净、祖继大智等人,可见两国禅学的亲缘关系。

一直到元末尚留在中国的日禅僧还不少,其中日沙门椿庭海寿,曾任净慈第二座,又曾住应天府(南京)天界寺,明太祖选名僧校藏经时,他也被选参加,并蒙召见,询问国情。洪武五年(1372)更住鄞县福昌寺。又日沙门权中巽,曾于明初(1368)任杭州中天竺寺藏主。又日沙门无我省吾在牛头山,曾受明太祖召见,赐以紫衣,后来即在明地圆寂。至洪武六年(1373)明太祖又特遣禅僧仲猷祖阐(宁波天宁禅寺住持)、教僧无逸克勤(金陵瓦官教寺住持)等出使日本,并遣在明的日僧椿庭海寿、权中巽二人为通事随往;随后日本也遣僧文珪、如瑶相继使明。建文四年(1402)明惠帝又遣禅僧道彝天伦、教僧一庵一如等使日,嗣后日本也遣僧坚中圭密及祥庵梵云、明空等来明通聘。乃至日足利幕府和明朝通商,也多以该国的禅僧为使节,而展开了中日海上的交通贸易。因而明代日僧来华的也还不少,其中值得叙述的则有绝海中津(1368年入明,参中天竺、道场、灵隐、天童的季潭泐、清远渭、良用贞、了道一诸德,曾蒙明太祖接见并赋诗,于1376年回国,开创宝冠寺,后又被请住等持、相国等寺)、龙室道渊(明宁波人,后赴日本嗣法于圣福寺宏书记,1432年为遣明使入明,宣宗授以僧录司右觉义之职,1434年返日,住天龙寺)、雪舟等扬(1468年从遣明使入明,他的画法受到明宪宗欣赏,命为天童第一座,1469年返国)、了庵桂悟(原为东福寺僧,1511年八十三岁为遣明使,受明武宗崇敬,令住育王山广利寺,赐金襕袈裟,1513年归国,后住南禅寺）、策彦周良（天龙寺僧，曾于1539年及1547年先后为遣明使入明。明世宗以诗和他唱和，他撰有《入唐〔明〕记初度集》《再度集》共五卷，归国仍住天龙寺，为朝野所尊敬）等数人而已。

至十七世纪，由于中日商舶往来频繁，明僧真圆、觉海、超然先后被请往长崎，开创东明山兴福寺和紫山福济寺、圣寿山崇福寺，即所谓三唐寺。当时中国沙门多往游住。至明永历八年（1654），福州黄檗山高僧隐元隆琦，因长崎崇福寺僧超然的再四邀请，于同年七月和他的门弟子泛舶到日弘化，又受江户德川幕府的皈依，在宇治开创黄檗山万福寺，举扬黄檗的宗风，并设坛传授禅门大戒，当时日本曹洞、临济两宗的禅僧，纷纷投入他的会下，日朝廷并尊他为大光普照国师，1673年在日圆寂，年八十二；有语录、法语各若干卷，《松堂集》《太和集》各二卷等，被奉为日本黄檗宗的初祖。随从隐元渡日的弟子，如大眉性善、慧林性机、独湛性莹、独吼性狮、南源性派等都是一时的禅门英杰。嗣又有隐元的法嗣木庵性瑫、即非如一，分别于永历九年（1655）、十年（1656）赴日，辅翼隐元的法化，时人称为二甘露门。嗣后继承日本黄檗山法席的列代禅师，如木庵、慧林、独湛、高泉、千呆、悦山、悦峰、灵源、旭如、独文、呆堂等人，皆是由中国前往弘化的高僧。而黄檗山的学修清规，如参禅兼念佛，平常用汉语，诵经用汉音，乃至饮食生活也都是中国式样；比之日本原来的临济、曹洞两宗，更富有中国禅学风味。直至第十四世以后，才有日人继任法席；日本黄檗宗所属各寺，至今仍保持有中国近代禅林的风范。

十九世纪以来，中日佛教间仍频有接触，而值得特别提出的是晚清杨文会在南京刊印经典、复兴佛教，得到日本南条文雄氏的协助，代为搜求到许多我国已经佚失的古德著述，特别是法相唯识方面的章疏逸籍，有益于中国经典的重刻和佛学的研究。

（高观如）

五　中朝佛教关系

中国和朝鲜的佛教关系，始于公元四世纪间，即朝鲜的三国（亦称三韩：高句丽、新罗、百济）时代。前秦苻坚于建元八年（372）遣使及僧顺道送佛像及经论至高句丽，高句丽王遣使答谢。越二年（374），秦僧阿道又至高句丽。翌年高句丽兴建肖门寺及伊弗兰寺供顺道和阿道居住。是为朝鲜佛教之始（《三国史记·高句丽本纪》）。但在这以前，高句丽也有个别崇奉佛教并与中国佛徒相往还的人士，如《高僧传》卷四载有东晋名僧支遁（314—366）与高丽道人书，称述剡县（今浙江省嵊州市）仰山竺潜（法深）的风范。这显示了中朝民间佛教的来往关系早已存在。宋末齐初时，高丽僧道朗来至敦煌，从昙庆受学三论，并在中国诸方游化；后来于齐建武中（494—497）至江南，住钟山草堂寺，又登摄山，嗣法于黄龙（今吉林地方）法度，传罗什的三论之学。时江南盛弘《成实》，名师辈出，道朗则宣扬三论，非难《成实》，名士周颙也从他受学。天监十一年（512）梁武帝乃遣僧正智寂、中寺僧怀、灵根寺惠令等十师诣摄山，从朗谘受三论大义。梁武帝也因此舍《成实论》，依大乘义撰作章疏（见《高僧传·法度传》）。这显示了早期高丽学者对中国佛教的贡献。

另在朝鲜西南部的百济方面，据《三国史记》卷十八说，百济枕流王元年（384，东晋孝武帝太元九年），胡僧摩罗难陀由东晋来到百济，翌年在国都汉山创立佛寺，度僧十人，为百济佛教之始。自是以后，佛法渐兴。梁武帝大同七年（541），百济遣使至梁求请《涅槃》等经及工匠等（见《梁书》卷五十四、《三国史记·百济本纪》）。当时百济佛法殷盛，"僧尼寺塔甚多"（见《周书》卷四十九）。

朝鲜东南的新罗地区，佛教传入也较早，并早有新罗僧人来中国参学。梁武帝于太清三年（549）遣使偕同新罗学僧觉德送佛舍利至新罗国，新罗真兴王亲率百官奉迎于兴轮寺。嗣后陈文帝于天嘉六年（565）又遣使与僧释明观等往新罗国通好，并致送释氏经论千七百余卷（《三国史记·新罗本纪》）。

隋代统一中原，大兴佛法，在全国诸州建舍利塔，广申供养，时高丽、百济、新罗三国使者也向隋朝请得舍利还至本国起塔供养（《广弘明集》卷十七）。其时三国在中国留学的僧人甚多，其中沙门玄光，新罗人，来隋观光，志求禅法；曾登衡山，谒见慧思，密受法华安乐行门，得慧思印可；从那以后移锡江南，得本国舟舶，载返熊州翁山，卓锡结茅，乃成梵刹，化导甚众（《宋高僧传》卷十八）。沙门波若，高句丽人，陈末隋初，来江南游方参学，随后入天台山，向智者求授禅法，在天台华顶晓夜行道，影不出山十有六载，后于国清下寺示寂（《续高僧传》卷十七）。沙门圆光，本姓朴，新罗人，年二十五，乘舶来金陵，闻庄严寺旻公弟子讲说，乃发道心，启请陈帝：愿归佛法，奉敕为之落发，并受具戒。此后，游历讲肆，领受微言，于《成实》《涅槃》三藏教典，广事披习。嗣游虎丘山，为信士开讲《成实》《般若》，听者欣领，皈者日众。隋开皇中，又到长安，宣讲《摄论》，声誉更广。其本国闻之，启请还归；隋帝敕厚加劳问，令归故国。光返国后，朝野归敬，化缘甚广（《续高僧传》卷十三）。沙门安弘（一作安含），新罗人，于北周武帝建德五年（576）来中国求法，并邀同于田沙门毗摩罗真谛及农伽陀两僧返回本国，赍回《楞严》《胜鬘》二经及佛舍利等。沙门智明，新罗人，于陈后主至德五年（585）七月来陈求法，留学十七年，于隋仁寿二年（602）九月随其国使上军返归本国，受国王尊敬，奉为大德。沙门昙育，新罗人，于隋开皇十六年（596）来隋求法，至炀帝大业元年（605）三月随其国使惠文返国（均见《三国史记·新罗本纪》）。高僧慧灌，高丽人，在隋嘉祥寺吉藏门下，精研三论，后返本国，转赴日本，住元兴寺，盛弘三论，为日本三论宗开祖（《元亨释书》卷一）。当时朝鲜三国来华留学沙门人数众多，隋朝廷对他们都亲切接待，并延聘名德学者为他们讲授。据《续高僧传》卷十三、十五说，释神迥、释灵润，先后于大业十年（614）奉召入鸿胪寺，敷讲经论，教授三韩学人。可以想见当时来学的盛况。

其时，三国对于中国佛教和文化响往甚殷，初唐武德八年（625），高丽荣留王派人来求佛法（《三国史记·新罗本纪》）。后至开元二十六年（738），新罗国还表请派人来中国学问经教（《旧唐书》卷一百九十九上）。尤其是七世纪后期，朝鲜在新罗统一时代，与唐友好来往更为密切。据《三国遗事》卷五记载，新罗孝昭王元年（唐中宗嗣圣九年，692），兴建望德寺，专为唐国祈福。而在唐楚州（今江苏省淮安市）以北，今江苏、山东沿海一带，且多有新罗坊、新罗院。可以想见当时新罗入唐僧伽之多。因之在七世纪唐僧西行求法的热潮中，新罗沙门也多相偕前往，如义净的《大唐西域求法高僧传》中，即列有新罗、高丽僧八人。

唐代佛教各宗次第形成，而新罗、高丽学僧在诸宗中也英才辈出。首先是三论宗方面，有高丽沙门道登，于贞观二年（628）来到长安，继慧灌之后，从嘉祥寺吉藏受传三论幽旨，后赴日本，住元兴寺，畅演空宗（《本朝高僧传》卷七十二）。

在慈恩宗方面，有神昉，新罗国人，早年入唐游学，请解大小乘经论，为时贤所推重。贞观十九年（645）夏六月，他奉召入弘福寺，参与玄奘译场，任证义大德。此后即随侍玄奘，译经受学，在大慈恩寺《大毗婆沙论》的翻译中任笔受，最后于玉华宫寺《大般若经》的译出时任缀文，始终参与其事，为奘门四上足之一。著有《瑜伽》《唯识》等论疏记（均佚）。圆测，原为新罗王孙，自幼出家，慧解焕发，于贞观初年来长安，唐太宗爱其明敏，赐以度牒，令住元法寺，学通《毗昙》《成实》。贞观晚年，玄奘三藏西游返国，一见如旧，遂从受学，通达《瑜伽》《唯识》诸论，后被召为西明寺大德。圆测门下突出的新罗学者，有胜庄和道证。

胜庄早年入唐，后为唐京大荐福寺大德，晚年参与义净译场任证义。著有《最胜王经疏》《梵网经述记》《成唯识论决》《杂集论述记》《大因明论述记》等。道证长期从圆测受学，于武周长寿二年（693）由唐赍天文图返国。著有《成唯识论纲要》《成唯识论要集》《辨中边论疏》《因明理门论疏》《因明理门论述记》《般若理趣分疏》等。又新罗沙门顺璟，在本国习法相大乘，传得玄奘的真唯识量，乃立决定相违不定量，于乾封年中（666—667），因其本国来使附至长安，时玄奘已逝世二年，窥基见之，盛加赏赞。璟尚著有《法华经料简》《唯识论料简》《因明正理论钞》等。又新罗兴轮寺沙门道伦，出自窥基门下，依窥基所撰《瑜伽论略纂》并参照其本国学者圆测、顺璟、元晓诸说，撰《瑜伽论记》二十四卷。又新罗沙门智凤、智鸾、智雄三人，于武周长安三年（703）入唐，在濮阳智周门下受学唯识，后赴日本，弘演法相宗义。又圆测的再传弟子新罗太贤（一作大贤，出于道证门下），通才博学，尤精于唯识，辽东后进皆遵其明训。他的著作有《华严》《金刚般若》等经和《瑜伽》《摄大乘》等论的《古迹记》以及《成唯识论学记》《成唯识论决择》《瑜伽论纂要》《起信论内义略探记》等书共四十二部，显见其在弘传玄奘唯识学方面的突出成就。他所著书并传入中国。

在华严宗方面，有义湘（625—702），新罗鸡林府人。天资英迈，弱冠出家，于龙朔元年（661），附唐使由新罗西归之舶来长安，到终南山至相寺，从智俨学《华严》妙旨，时与贤首法藏同学，相与钻研，著有《华严一乘法界图》一卷。咸亨二年（671）还归本国，在太白山创浮石寺，学徒云集，被尊为东海华严初祖。至唐中宗嗣圣九年（692），法藏趁其弟子胜诠返归新罗之便，由唐寄书与他，并托胜诠抄归所著《华严探玄记》《一乘教分记》等。当义湘受到法藏的记疏后，掩室探讨，经旬方出，命其弟子励志讲习，并宣称"博我者藏公，起予者尔辈"。成为中朝古德间弘传《华严》的佳话。同时新罗僧元晓，精研《华严》诸经，著有《华严》《楞伽》《金光明》等经疏和《华严经纲目》《法华经宗要》以及《起信论疏记》等。他的《起信论疏》等当时即已传入中国，唐清凉澄观曾于淮南向法藏受《海东起信疏义》（见《宋高僧传》卷五），即为元晓所著。

在律宗方面，有新罗沙门慈藏，以贞观十二年（638）率领门人僧实等十余人来到唐京参学，蒙敕慰抚，优礼有加。慈藏禀性慈济，曾为四众广授归戒。贞观十七年（643）将欲回国，唐帝敕赐衣衲及诸采段。慈藏又于弘福寺为国设斋，并度八人；又以本国经像未全，在唐请得藏经一部并佛像等返国。是为朝鲜有大藏经之始。慈藏回国后，被敕为大国统，住王芬寺，大兴佛法。唐代道宣门下的新罗学僧甚多，所著戒律章疏当时盛传于海东。

在禅宗方面，相传新罗沙门法朗于贞观年中入唐，从四祖道信受传心要。法朗的新罗弟子信行（704—779），也渡海来唐，受学于长安唐兴寺志空（神秀的再传弟子）门下，后来返国弘传禅法。据《景德传灯录》各卷所载：南岳怀让的法嗣有新罗本如禅师。西堂智藏的法嗣有鸡林道义禅师、新罗慧（哲）禅师和新罗洪直（一作洪涉）禅师。道义禅师，德宗建中五年（784）入唐，在唐三十七年，参见西堂智藏、百丈怀海，于穆宗长庆元年（821）返国，为海东迦智山第一祖（见《祖堂集》卷十七、《禅门宝藏录》卷中）。慧（哲）禅师，元和九年（814）入唐，谒智藏于龚公山，并至西州浮沙寺披寻大藏三年，开成四年（839）还至新罗，在桐里山太安寺大开化。洪直禅师，为海东实相山第一祖（见《祖堂集》卷十七）。蒲州麻谷山宝彻的法嗣，有新罗无染禅师。他于长庆元年（821）随国使王子昕入唐，诣南山至相寺听讲《华严》，又至洛阳佛光寺问道于如满，后乃诣蒲州参宝彻，受传心印。会昌五年（845）归国，大阐宗风，门弟子二千人，成为圣住山派（见《祖堂集》卷十七、《禅门宝藏录》卷上）。袁州仰山慧寂的法嗣，有新罗国五观山顺支（一作顺之）禅师。他于大中十二年（858）随国使泛海入唐，参仰山得法而归，为新罗国沩仰宗的初传（见《祖堂集》卷二十）。唐代先后由新罗来华学禅的僧人还有玄昱、觉体、道均（一作道允）、品日（一作梵日）、迦智、宗彦、大茅、彦忠、智异山、钦忠、行寂、清虚、金藏、清院、卧龙、瑞岩、大岭、大无为、云住、庆猷、龟山、慧云等，高丽先后来华学禅的高僧有雪岳灵（一作令）光、道峰慧炬、灵金、慧洪等。以上新罗、高丽两地禅师之中，有些语录也选载在我国禅宗的《传灯录》中。此外唐末、五代先后由高丽来中国，学禅的僧人还有不少。他们都学有成就，归国弘传。于此可见中朝禅学息息相通的亲密关系。

在密教方面，新罗沙门明朗于贞观六年（632）入唐学杂部密法，贞观九年返国，创金光寺，为海东神印宗的开祖。又有新罗沙门惠通，也于当时入唐学密，麟德二年（665）归国行化（均见《三国遗事》卷五）。又有新罗沙门明晓入唐求学密教，于圣历三年（700）三月将欲还归，请得《不空羂索陀罗尼经》一部一卷携回本国（《开元释教录》卷九）。又有新罗沙门慧超，弱冠入唐，开元七年（719）金刚智东来，因师事之。后泛舶南海，经狮子等国，历五天竺，遍礼圣迹，还过葱岭，于开元十五年（727）返至安西，撰有《往五天竺国传》三卷。又随金刚智、不空受学密法，并入译场，笔受译经。建中元年（780）于五台山乾元菩提寺写出《一切如来大教王经瑜伽三密圣教法门》，并述其秘义。前后五十四年，对于密教的传弘颇多贡献。同时又有唐僧义林，曾从善无畏学胎藏法，后赴新罗，弘布密教。

此外入唐游学的新罗僧人，尚有沙门无相，原为新罗王子，于开元十六年（728）泛海来唐，玄宗召见，隶禅定寺。后入蜀谒智诜禅师，玄宗入蜀时曾迎入内殿供礼，以至德元年（756）示寂，年七十七（《宋高僧传》卷十九）。沙门无漏，原亦新罗国王之子，泛海来唐，欲游天竺，远至于田，后转至贺兰山，结茅栖止。肃宗征召不起，后命郭子仪往谕始来，于内寺供养，未遂归山，遂乃示寂（《宋高僧传》卷二十一）。新罗高僧地藏，原为新罗王族，于中唐时渡海来华，至池阳（今安徽省青阳县）九子山（今称九华山）中，宴然独坐，一区善信，悉皆宗仰。以贞元十九年（803）告众示寂，尸坐石函中，越三年未腐，群尊之为地藏菩萨示现。

其山因被称为地藏灵迹（《宋高僧传》卷二十、《九华山志》等）。

朝鲜在高丽王朝时，佛法仍很兴盛。据《佛祖通载》卷二十六记载：杭州永明寺智觉延寿撰《宗镜录》一百卷及诗偈赋咏千万言，传至海东，高丽光宗王览师言教，遣使致书叙弟子礼，并致送金缕袈裟、紫晶数珠、金澡罐等。高丽禅师智宗等三十六人，也先后来到吴越，亲承印记，归国后各化一方，盛传法眼禅法。

当时，中国在唐武宗毁灭佛教及唐末五代战乱之后，佛教典籍颇多散佚，而高丽国保存中国典籍甚多。四明沙门子麟于后唐清泰二年（935）往高丽、百济等国求天台教籍，受到高丽国的接待，并遣使李仁日送师西还吴越（《佛祖统记》卷二十二）。嗣后吴越王钱俶又因天台义寂之言，于宋建隆元年（960）遣使致书以五十种宝向高丽求取教典。翌年（961）高丽光宗王遣僧谛观奉诸教籍来到吴越，而亲闻义寂讲授教观法门，心悦诚服，遂礼以为师，留居螺溪门下十年，即在当地示寂，著有《四教仪》一卷，为台宗名籍。同时台宗第十六祖宝云义通，原为高丽国人，受具后学《华严》《起信》。晋天福（936—943）时（一作汉周之际）来中国，初游天台云居德韶门下，次从螺溪义寂受业甚久，精通一宗圆顿之学。当其欲由四明泛舶回国，郡守钱惟治（吴越王俶之子）延问心要，又请为菩萨戒师，留在当地弘法。从此义通在浙东弘扬教观几二十年。台宗的知礼、遵式，都出在他的门下，受业的学人很多，宋端拱元年（988）圆寂，终年六十二岁。

宋初在成都新雕大藏经版完成。印出后，宋太宗端拱二年（989），高丽成宗王遣僧如可赍书来请大藏经，太宗即命赠予，并赐如可紫衣（《宋史》卷四百八十七）。淳化元年（990），高丽又遣使韩彦恭来宋，请求佛经，得到新印的大藏一部，翌年四月赍归。高丽成宗王亲自迎入内殿，邀僧开读，并下令大赦。同年十月，又遣翰林学士白思柔来谢所赠经典（《高丽史》卷三）。真宗乾兴元年（1022），又付高丽国使韩祚赍归佛典一藏（同史卷四）。另在中国北方契丹，官版大藏经也于辽兴宗（1031—1054）时新雕完成，至辽道宗清宁九年（1063），以新印的契丹藏一部赠送高丽国，时高丽文宗王备法驾迎于西郊（同史卷八）。此后辽寿昌五年（1099）、乾统七年（1107），辽使萧朗、高存寿先后至高丽，每次均以契丹藏经相赠（同史卷十一、十二）。当时高丽和宋、辽两朝都友好交往。宋神宗元丰元年（1078）夏四月，高丽文宗王以宋帝节日，设斋于东林、大云二寺为宋帝祝寿。元丰六年（1083）春三月，高丽文宗又命太子奉迎宋朝大藏经于开国寺，仍设道场祈愿（同史卷九）。同年高丽文宗病殁，宋神宗诏明州修浮屠供一月，并遣使左谏议大夫杨景略等前往高丽祭奠、吊慰，并聚僧徒，设道场于文宗灵殿（《宋史》卷四百八十七、《高丽史》卷九）。可见当时两国在佛教关系上的亲切。

高丽僧义天，原为高丽文宗第四子，年十一出家于灵通寺，习华严教观，后被封为祐世僧统。于宋元丰八年（1085）率弟子寿介等来华求学佛法，并献赠经像，宋哲宗引见，令居启圣寺。时中国贤首章疏久已逸失，幸得义天持来，得以复传。义天又从天竺寺慈辩受传天台教观，依灵芝元照为说戒法，并受传所著《四分律行事钞资持记》等。更游佛陇，礼智者塔。于元祐元年（1086）赍同所请得的经书一千余卷，随其国使还归高丽，大弘贤首、天台的教法，并奏请将所得经书悉皆刊行。又以金书三译《华严经》一百八十卷寄赠钱塘慧因寺。慧因寺特地建阁藏之，因此俗称慧因寺为高丽寺。元祐三年（1088）净源在慧因寺圆寂，义天还遣寿介来宋，于其塔前供养。义天著有《新编诸宗教藏总录》《圆宗文类》《大觉国师文集》等。

中国元朝以高丽僧人善于书写金字经典，元世祖至元二十七年（1290）遣使往高丽国征写经僧，时高丽僧统惠永率领写经僧一百人入元都，寓庆寿寺，用泥金写大藏经。惠永又在万安寺讲《仁王经》。翌年金字大藏经写毕，元帝赠与甚厚，遣使送还本国。后至成宗大德元年（1297）、六年（1302），元帝又遣使往高丽征写经僧。大德九年（1305）元使忽都不花又至高丽，仍选僧百人偕往元都。至大三年（1310）、至顺三年（1332）高丽均遣使来元赠送画佛（《高丽史》卷三十至三十六）。可见当时高丽佛教的经像书画，很受中国方面的珍重。

其时，元中峰明本在天目山弘扬禅法，元驸马高丽王子太尉沈王王璋，于延祐六年（1319）九月赍御香紫衣入天目山，向明本谘决心要（《南宋元明禅林僧宝传》卷九）。同时杭州慧因寺沙门盘谷，博通经史，驸马高丽沈王闻师盛名，具书于慧因寺请讲《华严》大意（《大明高僧传》卷一）。其时江南禅僧绍琼于元大德八年（1304）泛海去高丽，高丽王迎请于寿宁宫演说开示，高丽僧圆明、冲鉴从受禅法，并施行百丈清规，教化甚盛。

其时高丽沙门来中国求法的，有禅僧普愚（1301—1382），于至正六年（1346）入元，居燕京大观寺，访求知识，翌年至湖州霞雾山见石屋清珙，蒙授心印，传衣表信。普愚由江南回到燕京时，元顺宗请他于永宁寺开堂说法，赐金襕衣，至正八年（1348）东还高丽弘化。又有高丽禅僧慧勤，于至正八年入元，诣燕京法源寺参梵僧指空，嗣往江南参平山处林，即蒙印可；又朝礼普陀山，访育王寺悟光、雪窗、无相、枯木荣等；更登婺州优龙山参千岩元长，许以入室，受传心法；返燕京时，顺宗诏令住广济寺，赠与甚厚；继而仍访诸名山，至正十八年（1358）还高丽国，大弘教化，受尊为王师。又有高丽禅僧千熙，于至正二十四年（1364）航海入元，寻访知识，在圣安寺参谒万峰时蔚得法返国，盛传中峰的禅法，受尊为国师。又有高丽禅僧自超，于至正十三年（1353）入元，诣法源寺及法泉寺参指空和慧勤，更游南北丛林，历访禅宿，学业大进；回到燕京再见慧勤，留居数年，受传心法，至正十六年（1356）归国弘法。这时中国元亡明兴，朝鲜李氏王朝也代高丽王朝而兴起，自超以禅学受到朝鲜太祖的崇敬，并被奉为王师。

明清以来，中朝两国佛教间虽无特殊可记的大事，但在这一期间，朝鲜佛教中出现的儒释会通、禅净兼修、教禅一致等风气，在中国佛教界也大致如此。可见中朝两国佛教徒的关系，从古到今都是亲密的。

（高观如）

六　中越佛教关系

中国和越南壤地相接，交通便利。公元二世纪末，中国著名学者牟融从苍梧（今广西壮族自治区梧州市）奉母到交趾（今越南河内地区）居住、并笃志奉佛，著《理惑论》三十七篇，以显扬佛教。三世纪初，康居高僧康僧会幼随父母由印度移居交趾，双亲死后出家，于吴赤乌十年（247）来到南京，先后翻译出《六度集经》等七部二十卷；并创建建初寺，成为江南最初的寺宇。同时又有西域高僧支彊梁接，于吴五凤二年（255）在交州（州治在龙编，今越南北部）译出《法华三昧经》六卷，中国沙门竺道馨笔受（《开元释教录》卷二）。三世纪末，印度僧人耆域经扶南（今柬埔寨）到达交州，并来到中国洛阳（《高僧传》卷九）。六世纪末，乌苌（今巴基斯坦）高僧毗尼多流支到中国长安译经弘法，然后由中国到越南，住龙编古法寺，弘传佛教。越南佛教徒从古以来通行的是汉文佛典，说明两国人民和佛教徒的友谊，自古以来就很密切。

公元七世纪中，唐朝僧人明远到越南，和越南僧人联翩往西域求法。明远，益州清城人，振锡南游，到达交趾，然后由交趾乘舶往诃陵国（今印度尼西亚爪哇），又到狮子洲（今斯里兰卡），更往大觉寺（印度摩诃菩提寺）。僧伽跋摩，康国人，显庆年内（655—660），奉令往交趾采药。他在交州正值灾荒，每天营办饮食，救济孤苦，悲心涕泣，时人号为常啼菩萨。昙润，洛阳人，在交趾居住年余，声望颇隆。随后他泛舶南行欲往印度，行到诃陵北渤盆国（今婆罗洲），遇疾而终。慧命，荆州江陵人，至占波（越南中部）后，遭逢大风，不能西行，折而归唐。智弘，洛阳人，与荆州无行同往印度，至合浦登舶，漂到匕景（越南中部），又回到交州，居住一夏，冬末复随舶南行，到室利佛逝国（今印度尼西亚苏门答腊），更到狮子洲，往中印度（均见《大唐西域求法高僧传》）。

同时和唐僧同往西域求法的越南僧人，有运期、窥冲、大乘灯。运期，交州人，与昙润同行，后为中国益州会宁的弟子，随师至诃陵国，从诃陵高僧智贤受戒。窥冲，交州人，是明远的弟子，与师同舶航行南海，到狮子洲，赴中印度。大乘灯，爱州人（越南北部），幼随父母往杜和罗钵底国（今泰国境内）出家，后随唐使郯绪到达长安，在慈恩寺玄奘法师处受具足戒，居长安数载，阅览经书，后来曾随义净往中印度。这些都是中越佛教徒之间的友好史实。

至于越南佛教的禅宗前派、禅宗后派、雪窦明觉派、竹林临济禅和莲宗，都和中国佛教有很深的关系。

越南前期传弘的禅法，是毗尼多流支所传入，据《大南禅苑传灯辑录》说，他在中国曾师事禅宗三祖僧璨，则其禅法显然是由中国传入。他的弟子法贤，据说是以《楞伽》为心要；法贤的弟子清辨，则以《金刚经》为眼目；从此以下各代，更接近中国南宗所传的顿悟禅法。

唐元和十五年（820）九月中国无言通禅师到越南，开创了越南禅宗后派。他原籍广东，姓郑氏，出家于婺州（今浙江省内）双林寺，曾依百丈禅师为弟子。他这一系统在越南递相传持，绵延不断。中国禅宗的现成公案和体验方法，在这一禅派中也盛行传承。直到现代，越南的禅学大多是无言通这一流派。

越南禅宗的另一流派是雪窦明觉派，创始于雪窦重显的弟子草堂禅师，主要是传"雪窦百则"，越南李朝君臣多向他参学。

此外还有竹林派临济禅，也是越南禅宗后派的一个支流。公元十三世纪间，越南陈太宗曾受教于由中国去越的天封禅师，又曾从宋朝德诚禅师参学。三传而至陈仁宗，更笃志禅学，出家为僧，称为竹林调御，即为竹林派开祖。道场建于安子山花烟寺，以临济禅为主。

十七世纪的竹林派禅,渐渐带有净土教的色彩。越南新宗派莲宗,就是由竹林派中分支兴起,由白梅麟角倡导而大盛。其渊源是南宋慈照子元所倡导的白莲宗,主张禅教双运,以教为佛眼,禅是佛心,以"阿弥陀佛"为一个禅的公案,但实修上专念弥陀名号。这和中国宋明以来禅教净相融合的佛教风气相似。

(高观如)

七　中柬佛教关系

中国和柬埔寨从一世纪起就有来往。中国古书上称柬埔寨为扶南，隋唐以后称为真腊，元明以来称为柬埔寨（或称澉浦只、甘孛智、甘菩遮）。相传这一民族渊源于晋译本《大方广佛华严经》卷四十五《诸菩萨住处品》中所说的"甘菩遮国"。

公元五世纪中，扶南国王阇耶跋摩曾遣使用海舶载货来广州贸易。那时广州有一位印度出家人那伽仙附乘他的海舶去扶南，具述中国佛法兴盛的情况。扶南王因遣那伽仙携带国书并赍金缕龙王坐像、白檀像、牙塔等，于永明二年（484）重来中国送给南齐武帝。其来书中叙述他们国内信奉佛教，并以大自在天为守护神的情形（见《南齐书》卷五十八）。由于这时佛教在中国颇为昌盛，扶南的硕学沙门僧伽婆罗也附随商舶来到南齐首都（今江苏省南京市），当时中国政府招待他住于正观寺内。婆罗博学多识，通数国语文，又从当时在中国的天竺沙门求那跋陀精研《方等》，后来成为梁代有名的译经大师（见《续高僧传》卷一）。

梁天监二年（503），扶南王阇耶跋摩又遣沙门曼陀罗仙赍来许多梵本并珊瑚佛像，赠与中国，时梁武帝请曼陀罗仙和僧伽婆罗共同翻译出《文殊师利所说般若波罗蜜经》（二卷）、《法界体性无分别经》（二卷）、《宝云经》（七卷）等。

天监五年（506），僧伽婆罗又受梁武帝的征召，于寿光殿从事译经，嗣后又在华林园、正观寺、占云馆、扶南馆等处继续翻译经论，直到天监十七年（518），共译出《大乘十法经》（一卷）、《度一切诸佛境界智严经》

（一卷）、《八吉祥经》（一卷）、《孔雀王陀罗尼经》（二卷）、《舍利弗陀罗尼经》（一卷）、《菩萨藏经》（一卷）、《解脱道论》（十三卷）、《阿育王经》（十卷）等，凡十部三十三卷。

天监十八年（519）柬王留陀跋摩遣使赠送天竺栴檀瑞像和婆罗树叶来梁。大同五年（539）扶南来使赠送生犀，并言彼国有佛发。梁武帝令直使张汜等送扶南来使返国时，并遣沙门释宝云往迎请佛发，还请名德三藏法师携大乘诸经论等来梁。那时天竺优禅尼国真谛三藏在扶南弘法，内外学艺无不精练。扶南政府便敦请真谛三藏，并赍同经论梵本二百四十筴乘舶来梁，以大同十二年（546）到达南海（今广东海岸），太清二年（548）抵扬都（今江苏省南京市），住宝云殿。时逢梁末国乱，即往富春，辗转又到金陵、豫章各处，终于在广州圆寂。真谛在中国各地随处翻译，讲述疏解，前后二十三年，译出经论记传四十九部，合一百四十二卷，对于中国大乘佛教的传播产生了巨大的影响。

陈时还有扶南沙门须菩提，在扬都城内至敬寺，为陈帝再译《大乘宝云经》八卷。

古扶南佛教在今柬埔寨虽已无文献可考，但从以上史实，可以看出当时佛教在扶南非常兴盛。首先是经论部类甚多，曼陀罗仙和真谛三藏都曾从扶南携带着数量很多的梵本来到中国。同时由扶南来华的译经法师，所译的经论偏重于般若、方等，这也可以证明扶南实是一个大乘盛行的佛教国家。尤其是梁朝还特设名为"扶南馆"的译经道场，以接待扶南来华的翻经沙门，可见当时的扶南佛教文化，受到中国朝廷的尊重。

公元六世纪间，该国另一王朝建立，改称为真腊国，国都伊奢那城。这时大乘佛教仍然盛行。这也就是唐玄奘所说的三摩呾吒国迤东的六个信奉佛教国家之伊赏那补罗国（指真腊国的首都）。玄奘当时以"山川道阻，不入其境；然风俗壤界，声闻可知"，如实地记载于《大唐西域记》（卷十）中。

那时中国学僧西行求法，也有途经该国的。如《大唐西域求法高僧传》中，有益州成都僧义朗、与同州僧智岸并弟子义玄，同附商舶，航经扶南，到达郎迦戌（今泰国南部马来半岛）。

九世纪初，真腊王阇耶跋摩二世在今洞里湖东北开始建设伟丽而富有宗教特色的吴哥城，嗣后诸王陆续尽力经营，乃至建为都城，并在国内兴造若干巨大的宗教建筑，被称为真腊国最繁荣的时代。十二世纪间，更在都城兴建规模宏伟的吴哥寺。

在这以后，由于缅甸和泰国佛教的影响，真腊乃改奉南传上座部的巴利语系佛教。

元元贞二年（1296），成宗遣使往通真腊，随行人中周达观在所著《真腊风土记》中，记述当时该国的佛教情况说："竺姑（即僧人）削发穿黄，偏袒右肩，其下则系黄裙，跣足。寺亦用瓦盖，中只有一像，正如释迦之状，呼为孛赖；穿红，塑以泥，饰以丹青，外此无像也。塔中之佛，相貌又别，皆以铜铸成。无钟鼓铙钹幢幡宝盖之类。僧皆茹鱼肉，唯不饮酒，供佛亦用鱼肉。每日一斋，皆取办于斋主之家，寺中不设厨灶。所诵之经甚多，皆贝叶迭成，极其齐整；于上写黑字，既不用笔墨，但不知其以何物书写。僧亦用金银轿扛伞柄者，国王有政，亦咨访之。却无尼姑。……其俗小儿入学者，皆先就僧家教习，暨长而还俗。"这是柬埔寨南传佛教情况在汉文中的最早纪录。

（高观如）

八　中缅佛教关系

中国和缅甸从后汉以来就有友好的往来（见《后汉书》卷六、八十六，当时称为掸国）。公元七世纪间，中国佛教学者玄奘和义净历游西土，都听得其地盛行佛教。《大唐西域记》卷十称它为室利差呾罗国，说："乞食杜多，是其国法。"据义净《大唐西域求法高僧传》卷上说：时有昙光律师，荆州江陵人，游行到达诃利鸡罗国（今缅甸西部阿拉干）。该书还提到一个中国僧人，年五十余，携有许多经像，到达诃利鸡罗国，受到国王尊敬，并住持了一所寺院，病故在当地。公元八世纪间，骠国（即今缅甸）王遣其弟悉利移（《新唐书》说是悉利移城主舒难陀）于唐贞元八年（792）向唐朝通好，并送来彼国有关佛教的乐歌十曲（《新唐书》说有佛印、赞娑罗花等十二曲）。据传当时彼国都城内有佛寺百余，其俗好生恶杀，男女七岁便落发住在寺内，归依沙门，到了二十岁又可留发为居民（见《旧唐书》卷一百九十七）。至公元十一世纪间，蒲甘（今缅甸北部）名王阿那罗多大弘佛教，巴利文上座部系统的佛法在缅甸开始兴盛。传说阿那罗多曾向中国求取佛牙未得。在这以后，中国云南傣族地区也传入了巴利语系的上座部佛教，并盛行弘布。至十八世纪间，缅甸国王孟云先后向中国朝廷赠送金塔、佛像、石长寿佛、贝叶缅字经、驯象、缅甸国乐等（见《清朝文献通考》卷三百三十三）。当时中国朝廷也还赠与缅甸许多珍品，内有佛牙舍利一颗，现尚供奉在该国敏贡佛塔中。

新中国成立后，由于两国建立了亲密的外交关系，佛教徒之间的友好往来也频繁起来。一九五五年十月,缅甸政府和缅甸联邦佛教协会派遣代表团到中国迎请佛牙舍利,到缅甸巡行,供缅甸人民瞻拜。这是中缅佛教关系史上的大事,促进了中缅两国人民友谊的巩固与发展。

(高观如)

九 中国与印度尼西亚的佛教关系

中国和印度尼西亚的佛教关系，开始于公元五世纪间。但在这以前，即公元392年迦留陀伽在东晋译出的《十二游经》中说："海中有二千五百国，……五国王，一王主五百城，……第四王名阇耶（即爪哇），土地出毕钵、胡椒。"这是印尼群岛（包括爪哇岛）的记载见于中国佛教文献之始。至公元412年，中国的法显由斯里兰卡航返祖国的途中，到达了耶婆提（爪哇岛古梵名），并在该地停留了五个多月，当时该国婆罗门兴盛，佛法不足言（见法显撰《佛国记》）。随后印僧求那跋摩曾到该国大弘佛法，阇婆（即爪哇）国王母及王婆多伽先后归佛，一国人都从跋摩受戒。时宋京（今江苏省南京市）名德沙门慧观、慧聪等闻知跋摩在该国弘化的风猷，便于元嘉元年（424）面启宋文帝，请遣使往阇婆国迎请跋摩，文帝即敕交州（今越南北部）刺史派员泛舶前往邀请，并致书于阇婆王婆多伽，希望跋摩来宋弘法。慧观等又遣沙门法长、道冲、道俊等同往迎请。恰巧这时跋摩已附商人竺难提的海舶离开了阇婆，航行遇风被吹到广州，后即来到建业，译出《优婆塞五戒威仪经》《菩萨善戒经》（见《高僧传》卷三《求那跋摩传》），这些可能也是跋摩在阇婆国所弘传的戒法。又据《宋书》卷九十七说，阇婆婆达国（似即阇婆国）王师黎婆达陁阿罗跋摩于元嘉十二年（435）遣使主佛大陁婆、付使葛抵携带方物并国书来宋通好，书中有"敬礼一切种智安稳天人师，降伏四魔，成等正觉，转尊法轮，度脱众生，教化已周，入于涅槃……"等语，充分表示其归信佛法之忱，这时该国佛教当颇兴盛。另在阇婆洲（即爪哇岛）上有诃罗单国，于元嘉七年（430）、十年（433）、十三年（436）、二十六年（449）、二十九年（452）先后遣使赍送方物并国书来宋修好，书中也洋溢着佛教的语意。又梁天监元年（502）、十七年（518）、普通元年（520），其王瞿昙修跋陀罗乃至他的儿子承继为王的毗邪跋摩也遣使赠礼，并以佛教语言致书通好（以上见《宋书》卷九十七、《梁书》卷五十四）。

此后到了唐代，爪哇岛上的诃陵（一作波陵）国与苏门答腊岛上的室利佛逝国和中国佛教关系往来不断。其时中国僧人到达其地的，有并州常愍、益州青城明远、益州成都会宁、交州运期、洛阳昙润、荆州道琳、襄州法朗等。其中会宁于麟德中（664—665）泛舶至诃陵洲停住三年，与诃陵国多闻僧若那跋陀罗共译出《大般涅槃经》后分，令小僧运期赍经送归唐京，蒙赠小绢数百匹，重诣诃陵，报与若那跋陀罗。明远、道琳均过诃陵而往天竺。昙润在诃陵北渤盆国（今印度尼西亚婆罗洲）遇疾而终。法朗与义净由广府同到室利佛逝，法朗后至诃陵国病殁（以上均见《大唐西域求法高僧传》）。在这以后，金刚智由印度来中国途中，于开元六年（718）路经阇婆国，时不空年十四岁，在阇婆见金刚智而师事之，相随入唐，开元八年（720）方至洛阳（见《贞元新定释教目录》卷十五）。至开元十九年（731）十二月，不空与弟子含光、慧䛒等附昆仑舶往狮子国，途次诃陵国（见《宋高僧传》卷一）。又建中初（781），诃陵国僧辨弘从其本国将铜钹一具奉上长安圣佛院，螺两具、铜瓶四奉上惠果阿阇梨，求授胎藏毗卢遮那大法（见《大唐青龙寺三朝供奉大德行状》）。足见当时印度尼西亚也由中国传入了密教。

同时苏门答腊岛上的室利佛逝国，和中国的佛教关系也非常密切。据《新唐书》卷二百二十二下：佛逝国王曷密多于咸亨至开元间（670—741）数遣使来中国通好。当时该国佛教颇为兴盛，据《根本说一切有部百一羯磨》卷五译者小注说，佛逝僧众千余，学问为怀，并多行钵，沙门仪轨都和中国（中印度）相同。同注又说，唐僧西行求法，可先在此学习一两年，然后再往中天。这是因为其时海上交通便利，佛逝又当中印来往的通衢。因此中国的义净曾于咸亨二年（671）十一月乘波斯舶从广州出发，未及两旬便到室利佛逝国。他在该地停留六月，学习声明，并受国王支持，送往末罗瑜（苏门答腊中部北面），又停两月，转向羯荼（苏门答腊西北端），然后仍乘王舶前往印度。义净在印度留学十年，后于东印度乘船还到室利佛逝国。即在该地从事于参学、整理、写作、翻译的工作，一直居住六年，译成《杂经论》十卷，写成《南海寄归内法传》四卷、《大唐西域求法高僧传》二卷，以天授三年（692）五月遣在佛逝留学的澧州大津附舶送归大唐。义净本人直到延载元年（694）五月才离开佛逝返回广州。怀业即留居佛逝。此外到达佛逝的僧人，据《大唐西域求法高僧传》所载，还有新罗僧两人及交州运期、高昌彼岸、智岸、晋州善行、洛阳智弘、荆州无行等。其中新罗两僧后去婆鲁师（苏门答腊西南部），因病逝世，运期善昆仑音，后来归俗，留居佛逝。彼岸、智岸在往印度航海途中病卒，所携汉文本《瑜伽》及其他经论留存在佛逝。善行到达佛逝后，因病怀念故土而归唐。智弘和无行相偕到佛逝后，"国王厚礼，特异常伦；……见从大唐天子处来，倍加钦上"。布金华，散金粟，四事供养。后来他们乘王舶赴末罗瑜洲，转羯荼，西往印度（均见《大唐西域求法高僧传》）。又八世纪初，慧日也泛舶经东南海室利佛逝等国往印度求法（见《宋高僧传》卷二十九）。其后金刚智由狮子国来中国途次，也经佛逝国，国王将金伞盖金床奉迎，他在该地停留五月方启航来华（见《贞元新定释教录》卷十四）。

据《南海寄归内法传》叙述当时印尼群岛及其附近地区的佛教情形说："南海诸洲有十余国，纯为根本有部，正重时钦，近日以来，少兼余二（大众部、上座部）。从西数之，有婆鲁师洲、末罗游洲、莫诃信洲、诃陵洲、呾呾洲、盆盆洲、婆里洲、掘伦洲、佛逝补罗洲、阿善洲、末迦漫洲，又有小洲，不能具录。斯乃咸遵佛法，多是小乘；唯末罗游，少（稍）有大乘。"

宋代中国与阇婆（即诃陵）国，三佛齐（即室利佛逝）国友好往来仍然繁密。当时那里的佛教寺院和民间情况,《宋史》上都有记载。宋太平兴国八年（983），僧法遇从天竺取经回，道经三佛齐国，遇天竺僧弥摩罗失黎，附书愿来中国译经，宋朝廷随即延聘他。法遇后来又将前往天竺时，宋朝廷又附书与三佛齐国王通好。后至咸平六年（1003），三佛齐国王思离咪啰无尼佛麻调华遣使来宋赠礼，并在其本国为中国皇帝兴建佛寺。宋真宗即以"承天万寿"为寺额，并铸钟相赠。又天禧元年（1017），三佛齐国王霞迟苏勿吒蒲迷遣使致书并送梵经来中国（以上见《宋史》卷四百八十九、四百九十）。以上所述，表明很早以前，特别是唐宋以来，中国和印度尼西亚的往来频繁，佛教关系已甚为密切。

（高观如）

十　中泰佛教关系

中国和泰国的佛教关系，始于公元五世纪。当时泰国境内各土著民族，如吉蔑、蒙、罗斛族都已信奉佛教和婆罗门教。

其中吉蔑族居住于东南部蒙河、湄公河流域。五世纪以来，其地僧人迭来中国讲经弘法，中国僧人和佛教使节也前往该地进行友好访问。

其在西部的蒙族、罗斛族，在今泰属马来半岛和湄南河下游等处建立了一些国家，中国史书上称之为盘盘国、赤土国、狼牙修国、堕和罗国。其中盘盘国，在今泰南万仑、斜仔附近，据《旧唐书》卷一百九十七说："北与林邑隔小海，……与狼牙修国为邻，人皆学婆罗门书，甚敬佛法。"其国于公元五世纪间，遣使来我国馈赠通好（见《梁书》卷五十四）。梁中大通元年（529）、四年（532），其王又迭次遣使送来画塔并沉檀香等礼品。六年（534），又遣使送来菩提国舍利及画塔图并菩提树叶、栴檀等香（见《南史》卷七十八）。赤土国在今泰南佛头廊、宋卡一带，据《隋书》卷八十二说："其王姓瞿昙氏，名利富多塞，其父释王位出家为道，……门画飞天仙人菩萨之像，……其俗敬佛，尤重婆罗门。"隋大业三年（607），炀帝遣常骏等携带许多礼品乘舶往赤土国，其王遣婆罗门鸠摩罗率众吹蠡击鼓、奏天竺乐，礼待甚厚；并遣王子那邪迦等来隋赠送金芙蓉冠、龙脑香、铸金多罗叶表等。狼牙修国在今泰南北大年、吉打等地区，据《梁书》卷五十四说：天监十四年（515），狼牙修国遣使阿撒多携带国书来梁通好，书中有"离淫怒痴，哀愍众生，……慈心深广，律仪清净，正法化治，供养三宝"等语，足见该地受佛教文化熏陶甚深。嗣至七世纪间，中国西行求法的僧人，如益州成都义朗等，曾"越轲扶南，辍缆郎迦戍（即狼牙修），蒙郎迦戍国王待以上宾之礼"。另外还有洛阳义辉、荆州江陵道琳，都曾在往印度行程中，经行这条路线，到过郎迦戍国。义辉即在郎迦戍国婴疾而卒（见《大唐西域求法高僧传》），堕和罗国在今泰国古都阿瑜陀耶一带。据《旧唐书》卷一百九十七说：其国"南与盘盘、北与迦罗舍佛、东与真腊接，西邻大海"。贞观十二年（638），其王遣使来送方物。二十三年（649），又遣使赠来象牙、火珠，而中国以良马回赠。因而唐使往来其国，据《大唐西域求法高僧传》卷上说：唐僧大乘灯禅师幼随父母泛舶往杜和罗钵底（即堕和罗）国方始出家，并在该国相随唐使郯绪回到长安，在玄奘三藏处进受具戒并修学。以上郎牙修国与堕和罗国佛教弘盛，在印度、南海均甚有名，如玄奘《大唐西域记》卷十叙述印度以东六个佛教国家，其中所谓迦摩浪迦（即郎牙修）国和堕罗钵底（即堕和罗）国，即此二国。又义净《南海寄归内法传》卷一也说："次此南畔，逼近海涯，……次东南有郎迦戍国，次东有杜和〔罗〕钵底国，……悉极遵三宝，并有持戒之人，乞食杜多，是其国法。"可见古来泰国各地和中国佛教关系是相当密切的。

中国史书上说：其国"崇信佛教，男女多为僧尼，亦居庵寺，持斋受戒，衣服颇类中国"（见《明史》卷三百二十四）。其后中泰两国人民交通往来甚为亲切，我国元明清三代与泰国速古台、阿瑜陀耶、却克里各王朝始终和平友好，相互馈赠，往来不绝。其中龙涎香、沉香、降香、檀香等也不断由泰国输入，清高宗乾隆元年（1736）并曾赠铜与该国，作为造寺之用。

（高观如）

中国佛教宗派源流

一　成实师

"成实师"是从南北朝时代到唐代初年约二百五十年间弘传《成实论》一派的学者。其间由于教义、人物、法统、地域的关系，这个学派被称为"成宗""成论宗""假名宗""成论师""成实论师""成论大乘师""南方成实师""诃梨门人""彭门"（《续高僧传》卷六《宝渊传》）、"庄严之部"（《续传》卷九《智脱传》）。这个学派弘传的范围遍于长安、寿春、徐州、建业、洛阳、邺都、平城、荆州、广州、益州、渤海、苏州等全国各地，当时的发展情况是很显著的。

成实学派所弘传的《成实论》，是中印度的诃梨跋摩所著。它是以接近于大乘的教义批判各部派——特别是批判有部的《毗昙》而写成的。《成实论》是鸠摩罗什于后秦弘始十三、四年（411—412）所译；由其弟子昙晷笔受，昙影整理，成为五聚（即五部分）。

罗什门下对于《成实论》的造诣最深的，除长安的昙影、僧睿以外，还有刘宋时代的僧导和北魏时代的僧嵩。导、嵩两人在南北朝时代建立了成实学派的南北二大系统——寿春系和彭城系。

刘宋时代（420—479）的著名成实师有僧导及其一系的弟子昙济、道猛、僧钟、道慧、法宠、慧开、慧勇等。

僧导，曾参加罗什译场，著有《成实论疏》《三论义疏》及《空有二谛论》等，成了成实师中寿春系的先导者。宋高祖刘裕西伐长安，早闻其名，即和他相见。刘裕东归时留儿子义真镇守关中，临别托他相护。义真后为赫连勃勃所逼，僧导即率弟子数百人救之。刘裕感他的情谊，因令子侄拜他为师，后来并为他立寺于寿春，即东山寺，亦名石硎寺，受业者多至千余人。孝建元年（454），应诏到建业，住于中兴寺，奉敕于瓦官寺开讲《维摩经》。后来又回到寿春，卒于石硎寺，年九十六（《高僧传》卷七《僧导传》）。

昙济，河东人，是僧导弟子。他住寿春八公山东山寺，常读《成实》和《涅槃》。刘宋大明二年（458）渡江，住中兴寺，著有《七宗论》（见《名僧传钞》卷十六）。

道猛（411—475），西凉州人，在寿春修学，对于《成实》的造诣最深。元嘉二十六年（449）东游京师，住于东安寺。太始之初（465）宋明帝创立兴皇寺，敕道猛于寺开讲《成实论》（《高僧传》卷七《道猛传》）。他的弟子有道坚、慧鸾、慧敷、僧训、导明、道慧、法宠等（同上《道猛传》附见）。

僧钟（430—489），在寿春得到僧导的赏识。他善讲《成实》《三论》《涅槃》《十地》等。后南游京邑，止于中兴寺（《高僧传》卷八《僧钟传》）。

道慧（451—481），本是僧远弟子，后从道猛受业。道猛讲《成实》时，张融提出许多问题，他称病不能多谈，即命道慧代答。他的辩才深为道猛所称道（《高僧传》卷八《道慧传》）。

法宠（451—524），从道猛、昙济学《成实论》。梁武帝每有讲学集会，常请他出席；因他年龄已高，常居座首，称他为上座法师（《续高僧传》卷五《法宠传》）。

慧开（469—507），为法宠弟子，从学《阿毗昙》和《成实论》。齐建武中（494—498）在上京道林寺开讲，为学徒所推重（《续高僧传》卷六《慧开传》）。

慧勇（515—583），从法宠研学《成实》，年三十时自开讲席，前后共讲十余遍（《续高僧传》卷七《慧勇传》）。

以上所举《成实》学者，其弘传影响虽及于江南，但以其学系出于久居寿春的僧导，故通称为寿春系。其时尚有学统不明的道亮、智林师弟，亦盛弘《成实》之学。

道亮（400—468），原住京师北多宝寺，元嘉末年（453）被贬谪于南越，前往广州，随行的有弟子智林等十二人。他在南方六年，教化被于岭外。至大明中（457—464）回到京师，依旧盛开讲席。著有《成实论义疏》八卷（《高僧传》卷七《道亮传》）。

智林（409—487），高昌人，是道亮的弟子。他主张"二谛义"有三宗不同。这时汝南周颙作《三宗论》和他的主张相符，他高兴地写信给周颙深致佩服。他著有《二谛论》《毗昙杂心记》，并注解《十二门论》《中论》等（《高僧传》卷八《智林传》）。

北魏时代（386—534）的著名"成实师"有僧嵩及其一系的弟子僧渊、昙度、慧记、道登、慧球等。

僧嵩曾受《成实论》于罗什。后住徐州白塔寺，授僧渊，渊授登、记等师。故僧嵩即是"成实师"彭城系的先导者。

僧渊（414—481），从僧嵩受《成实论》和《毗昙》三年（《高僧传》卷八《僧渊传》）。其门下知名的有四人：

（一）昙度（？—489），从僧渊受《成实论》。魏主元宏慕其名，特遣使请到平城（今山西省大同市）主持讲席。撰有《成实论大义疏》八卷（《高僧传》卷八《昙度传》）。

（二）慧记（记亦作纪），兼通数论（《僧渊传》附见）。尝讲经于平城郊外之鹿苑。

（三）道登（412—496），先从徐州僧药研习《涅槃》《法华》和《胜鬘》，后从僧渊学究《成实论》。五十岁时和同学法度到洛阳，得到魏国信徒的礼敬（《续高僧传》卷六《道登传》）。

（四）慧球（431—504），是荆州竹林寺道馨的弟子，后到彭城从僧渊受《成实论》。三十二岁时回到荆州，专门开讲经论。从学者甚多（《高僧传》卷八《慧球传》）。

由于僧嵩、道渊、道登等弘传《成实》，多在彭城（今江苏省徐州市），故通称他们为彭城系。

南齐（479—502）《成实》学派的代表人物是僧柔和慧次。僧祐《出三藏记集》卷十一说："齐永明七年十月……使柔、次等诸论师抄比《成实》，繁简存要，略为九卷。"这是南齐推崇《成实论》的史实。

僧柔（431—494），为弘称之弟子（弘称的师传不详），二十岁后便登讲席；后东游会稽，住灵鹫寺讲学。自齐太祖萧道成创业至世祖萧赜继位之间，僧柔曾受请至京师。在定林寺主讲经论（《高僧传》卷九《僧柔传》）。

慧次（434—490），受学于彭城的法迁。他常讲《成实》和三论。弟子有智藏、僧旻、法云等人（《高僧传》卷九《慧次传》）。

法申（430—503），是山东青州的《成实》学者，宋太始初（465）渡江住安乐寺，讲学多年。同时又有道达、慧命，并以勤学显名。慧命，扬州人，尤精《成实》（《续高僧传》卷五《法申传》）。宝亮（444—509），是青州学僧道明的弟子，居中兴寺，讲《成实论》十四遍，僧俗弟子三千余人（《高僧传》卷八《宝亮传》）。净行尼（444—508），从法施尼出家，住竹园寺。就僧宗、宝亮学《成实》《毗昙》《涅槃》《华严》等。她很有辩才，极受二师赞赏。后登座讲说，听众数百人，为先达所推重（《比丘尼传》卷四）。慧晖尼（442—514），住东安寺，从昙斌、旻济、僧柔、慧次听《成实论》及《涅槃》诸经。京邑的尼众都从她受业（《比丘尼传》卷四）。袁昙允的事迹不详。他在梁天监年间撰有《成实论类抄》二十卷（《大唐内典录》卷四）。

梁代（502—557）是《成实》学派最隆盛的时代，法云、僧旻、智藏三人皆极著名。此外乌琼、白琼两僧正也是知名的《成实》学者。

法云（467—529），初为僧成、玄趣、宝亮弟子。齐永明中（483—493）僧柔在道林寺开讲，法云谘决累日，词旨激扬，为大众所叹异。建武四年（497）他初讲《法华》《净名》二经于妙音寺。梁天监二年（503）著《成实论义疏》四十二卷，梁武帝敕就寺开讲三遍。后敕为光宅寺主，创立僧制（《续高僧传》卷五《法云传》）。

法云的弟子有北周时代盖州谢镇西寺的宝海、僧询、道邃、道标、智方等，而宝海为著名《成实》学者。宝海（492—571），四川阆中人，依法云听习《成实》于金陵（《续高僧传》卷九《宝海传》）。僧询（483—517），为僧辩律师弟子，从法云谘禀经论。道邃、道标并从法云受业（《续高僧传》卷六《僧询传》）。智方，四川资中人，早与宝海交游，后同往扬都法云座下听讲（《续高僧传》卷九《智方传》）。此外益州招提寺的慧远、潼州光兴寺的宝彖（512—561），也都于此时弘传《成实》（《续高僧传》卷八）。

僧旻（467—527），为苏州虎丘西山寺僧回的弟子。萧子良曾请僧柔、慧次于普弘寺共讲《成实》，他于末席论议，词旨清新，听者都非常钦佩。永明十年（432），他二十六岁，始于兴福寺讲《成实论》，先辈法师都前往听讲。他著有《成实论义疏》若干卷，梁皇太子萧纲为他作《庄严旻法师成实论义疏序》（《续高僧传》卷五《僧旻传》，《广弘明集》卷二十）。但他的系统主要是在西蜀弘传。其弟子有慧韶、警韶、道超、宝渊、僧乔等。

慧韶（455—508），初听僧旻讲释《成实论》，后又听智藏讲学，大为服膺。不久智藏迁化，龙光寺的僧绰继踵传业，慧韶又从他受教。后到四川诸寺讲论，大受学者的欢迎。那时成都法席颇盛，听众之多，以慧韶为第一（《续高僧传》卷六《慧韶传》）。

警韶（508—583），初就学于庄严寺僧旻，继从龙光寺僧绰受业，后又成为开善寺智藏的支系。年二十三即讲《大品经》。后往豫章，遇见外国三藏真谛法师，为真谛所赏识。入陈以后，他被请还都，在白马寺弘化十余年。六十以后便令慧藻代讲，自往瓦官寺宴坐。后又受请于王府，略说《维摩》，于龙光寺中广敷《成实》，前后数年所讲《成实论》五十余遍（《续高僧传》卷七《警韶传》）。

道超（467—502），吴县人，与同县慧安同游上京请业，初共听法珍讲《成实论》，至"灭谛"初，闻"三心灭无先后"，超认为此说不足以为师；见僧旻解冠一方，即日夜精勤受业而博通教。他和慧安都以盛年早世，为众所惜（《续高僧传》卷六《道超传》）。

宝渊（466—526），于成都出家，居罗天宫寺，欲学《成实论》而不得良师。齐建元元年（479）住龙光寺，从僧旻听讲"五聚"数年，又从智藏重听《成实》。后来自建讲筵，广写义疏，回川屡开讲席（《续传》卷六）。

僧乔（467—502），出家住龙光寺，闻僧旻说前辈立义有诸异同，他极想从而受业。既受熏陶之后，深为赞叹。隆昌年间（494）与同寺僧整、宝渊、慧济、慧绍等请僧旻移住龙光。于是一心谘求，三四年间，通达一切经论（《续传》卷六）。

智藏（458—522），于刘宋泰始六年（470）住兴皇寺，当时僧柔、慧次名望甚高，即从之受学。不久应会稽慎法师之请前往讲学，极受学者的欢迎。梁武帝敕智藏居开善寺，后又敕于彭城寺讲《成实论》。著有《成实论大义记》《成实论义疏》十四卷（见《续传》卷五，安澄《中论疏记》，吉藏《大乘玄论》）。

智藏门下最有名的是僧绰。他住龙光寺，和建元寺法宠为当时有名的佛教学者。洪偃和慧勇都曾从他学《成实论》（《续传》卷七《洪偃传》《慧勇传》）。

彭城寺宝琼（504—584），幼年出家，为法通弟子。初从光宅寺法云听讲，又从南涧仙师受业，研精教论。仙师看了他的笔记，大为赏识，即普劝门徒传写。梁武帝慕他的学德，请入寿光殿说法。由于他善于讲说而富风采，形相奇白，号为"白琼"。后又为学侣请还梁都讲《成实论》。到了陈代，文帝敕为京邑大僧正。他曾讲《成实》九十一遍，撰《玄义》二十卷（《续传》卷七、九）。

另一同名的宝琼，住建初寺，他的面貌略带紫相，一般称他为"乌琼"。陈文帝器重他的学行，亦奉他为大僧正（《续传》卷九《慧哲传》）。

北齐（550—577）著名的《成实》学者有彭城慧嵩、并州灵询、邺西道凭、邺下道纪等。

慧嵩,高昌国人,元魏末年,随使入朝。这时智游为魏著名学者,慧嵩便从他听《毗昙》和《成实》。学成以后即在邺、洛一带弘法。高齐天保年间(550)移居于徐州,在彭、沛之间大宏法化。隋初《成实》学者志念即出于他的系统(《续传》卷七)。

灵询(482—550),少年出家,学《成实论》和《涅槃经》都很有成就。曾于《成实论》中辑要两卷,加以注释,盛行于世(《续传》卷八)。道凭(488—559),初诵《维摩经》,继学《涅槃》;后学《成实论》,听了一半便通达大义(《续传》卷八)。道纪,是高齐初年的学僧,他虽常讲说经论,而以《成实》最为知名(《续传》卷三十)。

陈代(557—589)的《成实》师比梁代显然减少。这时著名的《成实》学者只有一个智瞰;但他的门下智脱、智琰、智周、慧称、慧乘等却是后来有名的人物。

智瞰,承学的系统不明,住丹阳庄严寺。他的《成实》学在当时的江南最为驰名,远近学人都从他受业,为新《成实》宗的创始者(《续传》卷九《智脱传》)。他的独特的学风被称为"庄严之部"(《续传》卷九)。和智瞰同时的宝梁、明上两人也是"新实"的学者,常州安国寺慧弼曾从他们听受"新实",探究这一学系的渊源(《续传》卷九《慧弼传》)。

新旧《成实》学说的分别,现已不详。自梁朝以来,一般《成实》学者多精于大乘,而在梁陈之间又与三论系大起争执,所谓"新实"学说也许是受了三论派攻击而于旧说有所修正的。

隋代(581—618)著名的"成实师"首推智脱与慧㬢;慧㬢的门下有慧隆和智琳;同时还有道正、灵裕等。

智脱(581—617),初从江都僧强听《成实》和《毗昙》,后到金陵从智瞰受业。隋炀帝初建慧日道场时,他应请入住,在那里编《成实论疏》四十卷。后来他又删订梁代琰法师的《成实论义疏》十七卷并加以演畅。他曾讲《大品》《涅槃》《净名》《思益》等经各三十余遍,《成实论》文句、玄义各五十遍。慧诠和道灌是他的著名弟子（《续传》卷九）。

智脱之外，慧日道场的道庄、法论、敬脱都是成实学者。道庄（525—605），初从彭城寺宝琼学《成实》，后从兴皇寺法朗转听四论（《续传》卷九）。法论（528—605），博通内外而特重《成实》，其师承不明，著有《别集》八卷（《续传》卷九）。敬脱（555—617），遍研大小乘教义，而独明《成实》，他所制的章疏为后学所宗仰。晚年常弘《成实》（《续传》卷十二）。

慧晅（515—589），初从龙光寺僧绰听《成实》。僧绰灭后又从众师受业，特精《毗昙》。不久又回龙光寺从舒法师重研《成实论》。他曾讲《成实玄义》六十三遍，论文十五遍（《续传》卷九）。

慧隆（？—610），初从法云寺确法师听讲《成实论》，后又从慧晅听讲。及慧晅将化，遗旨继席。他平生讲《成实论》三十遍（《续传》卷十二）。智琳，从东安寺慧晅受戒，并学《成论》及《毗昙》。他于陈太建十年（578）回到故里，开讲经论（《续传》卷十）。道正，学无师承，而独好禅法，他常周游于两河之间，随处讲说，独以《成实》知名于幽冀之地（《续传》卷十六）。灵裕（518—605），是一个长于著作的佛教学者。他初就学于道凭，又从靖嵩、智林两师学《成实论》十余年，三十以后开始著述，造《十地疏》四卷、《地持》《维摩》《般若》疏各两卷，《华严疏》《涅槃疏》《大集疏》等若干卷，《成实》《毗昙》《智论》各抄五卷（《续传》卷九）。此外，长安日严道场的善权（553—605，《续传》卷三十）、昙瑎（536—618）、大兴善寺的昙观、明璨（？—618）、仁觉寺的宝岩等（《续传》卷二十六），都是隋代《成实》学派的人物。

唐代（618—907）通《成实论》的学者，北方长安有大庄严寺的保恭、慧因和僧定，胜光寺的慧乘和道宗，普光寺的道岳和法常，玄法寺的法琰，崇义寺的慧颙等。南方则有苏州虎丘山的智琰和法恭，通玄寺的慧旻、慧颢，南武州的智周，常州弘业寺的道庆等。

保恭（542—621），初听《成实》于开善寺彻法师处，又从钟山惠晓、高昌僧嵩听《成实》及《地持》《十地》等论。后学三论于慧命，成为三论的名家（《续传》卷十一）。

慧因（539—627），初于建初寺听《成实论》，后从长干寺辩法师学三论。常讲三论，并制文疏。唐初被举为十大德之一（《续传》卷十三）。

僧定（？—624），初以《成实》学知名，后改学禅定（《续传》卷十九）。慧乘（555—630）学于庄严寺智疁，善讲《成实》（《续传》卷二十四）。道岳（568—638）、法常（567—645），都是摄论的学者而兼攻《成实》的（《续传》卷十三、十五）。

法琰（536—636），从庄严寺智疁受业（《续传》卷三十）。慧頵（564—637），初从华林寺解法师听《成实论》，后转学三论、《般若》《唯识》（《续传》卷十四）。

玄奘（600—664），赴印以前从道深学《成实论》，在留学印度期间又于钵伐多国从正量部学此论（《续传》卷四）。

智琰（564—634），为苏州通玄寺玄璩弟子，出都听报恩寺持法师讲《成实论》，后从庄严寺智疁重讲"新成实派"的教义（《续传》卷十四）。法恭（568—640），为虎丘山智聚弟子，受戒后听余杭宠公讲《成实》、屺公讲《毗昙》（同上）。慧旻（573—649），童年即从新罗圆光听讲《成实论》，晚年隐居虞山二十余年，远方请业者常百余人（《续传》卷二十二）。慧頵（564—630），幼年出家，师事舅氏明智。明智是建初寺宝琼的弟子。后遇余杭沙门道愿、法济等成实师，又从他们研究《成实论》（《续传》卷十四）。智周（556—622），为法滔弟子，受戒后从庄严寺智疁受业，专攻十余年，穷究《成实》精微（《续传》卷十九）。道庆（566—626），十七岁时出都，听彭城寺宝琼讲《成实论》大义（《续传》卷十二）。

此外，唐代可举的《成实》学者，还有相州日光寺法砺、慈润寺慧休、汴州安业寺神照、蒲州栖岩寺道杰、神素及蜀都宝园寺玄续等若干人。

法砺（569—635），是律学大师而兼《成实》学者，撰《四分律疏》十卷，自谓"宗依成实"（《续传》卷二十二，《续开元释教录》中）。慧休

（548—645），初从渤海明彦听《成实论》，后从志念再究此学（《续传》卷十五）。神照，为明智律师弟子，受戒后至邺下听慧休讲《摄大乘论》，后常讲《涅槃》《华严》《成实》《杂心》诸经论（《续传》卷十三）。道杰（573—627），初学《涅槃》等经。隋开皇十四年（594）到青州何记论师处听讲《成实》。后又于清河道向、汲郡洪该处听讲本论，始末四年，随从门侣百有余人（《续传》卷十三）。神素（572—643）少时和道杰同学，大业四年（608）道杰停讲，他续讲《成实》将二十遍。道杰能以"片言契理，少语释多"使学者不倦；而神素则以"多陈同异，广定是非"启发听众见长（《续传》卷十三）。玄续，四川成都人，他对《涅槃》和《成实》的造诣很深，为一方学者所崇仰（《续传》卷十三）。

  自南北朝以来，《成实》学派的教学在三论、《涅槃》《摄论》、禅学各系统的学者之间有相当广泛的影响，至隋代始趋于衰退。唐初唯识学兴起以后，作为一个学派的"成实师"就逐渐消失了。

（林子青）

二　涅槃师

　　涅槃师是研习、弘传《大般涅槃经》的佛教学者。法显在中印度华氏城写得《大般涅槃经》初分的梵本，返国后，于东晋义熙十三年（417）在建康道场寺和佛陀跋陀罗共同译出，题名《大般泥洹经》，凡六卷，世称六卷《泥洹》。同时，中印度昙无谶（385—433）于玄始三年（义熙十年，414），在北凉译出自己带来的《大涅槃经》初分十卷，当时河西的义学名僧慧嵩、道朗都列席译场笔受；继又传译在于田寻得的中分、后分，到玄始十年（宋永初二年，421）译讫，前后共成四十卷十三品，世称大本《涅槃》。北凉译本于宋元嘉年中（424—443）传到江南，"文言致善而品数疏简"，宋文帝令义学名僧慧严（363—443）、慧观（383—453）及文学家谢灵运（385—433）等依六卷《泥洹》增加品目、修改文字，删订为三十六卷二十五品，世称南本《涅槃》，而以北凉原译四十卷本为北本《涅槃》。

　　在大本《涅槃》还没有传到江南以前，六卷本《泥洹》先行流布。经中说"泥洹不灭佛有真我，一切众生皆有佛性"，为义学名僧慧睿（355—439）等所宗奉（见《出三藏记集》卷五《喻疑》第六）。但经中又说除一阐提皆有佛性（见经卷四）。罗什的弟子彭城竺道生（？—434），当时在建康，剖析经旨，说："阐提是含生之类，何得独无佛性？盖此经度未尽耳！"（《名僧传》卷十）因而唱"阐提皆得成佛"说。旧学守文之徒，以为这是背经的邪说，把他摈出僧众。他因此到吴中虎丘山，住在龙光寺。相传他聚石为徒，讲《涅槃经》，至阐提处说有佛性，群石皆为点头（《佛祖统纪》卷二十六、三十六）。后来他回到庐山，第二年大本《涅槃》传到建康，经中果然说阐提皆有佛性（见经卷七），和他先前所说相符合，异常欢喜，不久就在庐山精舍讲说。此即中国南方最初的涅槃师。道生又尝校阅真俗典籍，研思因果理致，立"善不受报"及"顿悟成佛"义。另外，和他同出罗什门下的慧观，著论主张渐悟。并创立二教、五时的教判，以《涅槃经》为第五时常住教；又继昙无谶的遗志，请高昌沙门道普西行寻求《涅槃》后分（见《出三藏记集·昙无谶传》）。和道生并为涅槃师中两大系。

  道生、慧观以后，南方出有不少涅槃师，其中属于道生系统的，宋代有宝林、法宝、道攸（又作道攸）、道慈、僧瑾、法瑷，齐代有僧宗，梁代有法朗等。就中宝林初在长安受学，后住龙光寺，祖述道生诸义，著有《涅槃记》等。法宝是宝林的弟子，也在龙光寺祖述道生义，著有《金刚后心论》等。道攸也出于道生门下，吴人。道生圆寂后，撰新译《胜鬘经》的《注释》五卷，以弘道生的遗教。后因慧观的推荐，应宋文帝之请，在宫内述道生的顿悟义，为文帝、孝武帝所推重。道慈，豫州人，祖述道攸义，并删订道攸所作《胜鬘注》为二卷。法瑷（409—489），是慧观的弟子，而以顿悟义知名，后应宋文帝之请，申述此义。僧宗（438—496），是法瑷的弟子，曾问学于法瑷门下的昙斌，擅长《涅槃》及《胜鬘》《维摩》等经，讲说近百遍，著有《涅槃义疏》《涅槃集解》。弟子慧超，也通达《涅槃》。法朗，吴兴武康人，以慧解知名，梁武帝天监年中（502—519），奉命制《大般涅槃经集注》七十二卷。此外还有直接受传北方之学的涅槃师，在宋代有慧静、法瑶、昙斌、僧镜、超进，齐代有僧钟、法安，梁代有宝亮、法云、僧迁等。就中慧静（407—465？），吴兴余杭人，初游学庐山，后到建康，通内外学，而特长于《涅槃》，著有《佛性集》。晚年住在剡中，世称剡慧静。法瑶（400—475？），河东人，景平年中（423），游学兖豫，遍通众经，尝听东阿慧静讲涅槃学，复述所讲，为慧静所称许。后应请住吴兴武康小山寺，每岁开讲，著有《涅槃》《法华》《大品》《胜鬘》等义疏。法瑶主张渐悟，是南方涅槃师中的名人。宋孝武帝于大明六年（462），礼请他到建康与主张顿悟的道攸（道生的弟子）一同住在新安寺，以示顿悟、渐悟二说各有胜义。昙斌（410—476），南阳人，幼年从道祎出家，后到建康，从静林谘受《涅槃》，又就法瑶受学。晚年在新安寺讲《小品》《十地》，并申述顿悟、渐悟的义旨。僧镜（又称焦镜，410—476），本陇西人，迁居吴地，后入关陇，寻师受法，过了几年，回到建康，大弘经论，著有《泥洹义疏》。超进（382—475），长安人，于大小诸经都有所研究，后避乱东下，更精寻文旨，前后在建康、姑苏、会稽弘化，以《大涅槃》是穷理之教，频加讲说，晚年失明，还令弟子每旬唱《涅槃经》一遍。僧钟（430—489），是僧导弟子，鲁郡人，精通《成实》、三论、《涅槃》《十地》等。法安（454—498），东平人，幼从洛阳白马寺慧光出家，讲《涅槃》佛性义，后南游番禺，值攸公讲《涅槃》，问论数番，攸公避席相让。齐永明年中（483—493），回到建康，住在中兴寺，开讲《涅槃》《维摩》《成实》《十地》等，著有《涅槃义疏》。宝亮（444—509），是齐梁间主要的涅槃师，先世本东莞人，后居东莱（今山东省莱州市），幼年出家，师事名僧青州（今山东省青州市）道明，又南游建康，住中兴寺，以义学知名，齐竟陵文宣王萧子良礼为法匠，既而移住灵味寺，讲《涅槃经》八十四遍，僧俗弟子三千余人，后为梁武帝所归敬，命撰《涅槃义疏》，武帝亲为作序。法云（467—529），是梁三大法师之一，宜兴阳羡人，幼年受学于僧成、玄趣、宝亮诸师门下，宝亮尝称他为大法栋梁，著有《涅槃疏》。他的弟子宝海，也奉梁武帝命论佛性义。僧迁（465—523），也是宝亮的弟子，襄阳人，晚年到建康，住灵根寺，著有《涅槃疏》。此外，学系不明的涅槃师，在宋代有僧含、僧庄、昙济，齐代有昙纤、道盛、僧慧，梁代有智秀、智顺、僧旻、法令、智藏、慧皎，陈代有慧勇、警韶、宝琼等。就中智秀（440—?），住建康冶城寺，善大、小《涅槃》及《维摩》《般若》等经，著有《涅槃疏》。智藏（458—522），是梁三大法师之一，吴人，尝在开善寺讲《涅槃》，并著《义疏》。慧皎（497—554），会稽上虞人，著有《高僧传》十四卷，并撰有《涅槃义疏》十卷。慧勇（515—583），吴人，曾讲《涅槃》二十遍。警韶（508—

583），会稽上虞人，曾讲《涅槃》三十遍；制《疏》十七卷。又当时三论、《成实》的学者，几乎都兼善《涅槃》。法朗、宝唱等所撰《大般涅槃经集解》，就是集宋、齐、梁间涅槃师学说的大成，其中所收的作品作家，有不少不见于僧传的，可见其时南方《涅槃》研究的盛况。

在北方，则慧嵩、道朗曾列席昙无谶的译场，笔受《涅槃》，并分别作《义记》《义疏》，特别是道朗，亲承昙无谶，撰有经序，阐发《涅槃》的玄旨；又在所作《义疏》中，立五门剖判《涅槃经》，发明佛性中道的深义，这是中国北方最初的涅槃师。后有慧静，东阿人，世称东阿静，少游学伊洛间，晚历徐兖，著有《涅槃略记》等，流传于北地。又有道凭，关内人，也擅长《涅槃》。此外罗什的弟子彭城僧嵩，原本奉持《大品》，而非难《涅槃》，后幡然改悔，晚年也成为涅槃师。此后从北魏中叶到隋初，以《涅槃》知名的有昙准、道登、昙度、昙无最、圆通、宝象、僧妙、道安、昙延、慧藏、慧海等。就中昙准（439—515），魏郡汤阴人，从智诞受业，以擅长《涅槃》《法华》名闻伊洛，后听说南齐的僧宗长于《涅槃》，前往建康听讲，因见此学南北不同，遂依己见讲《涅槃》，后住湘宫寺，与同寺的法身、法真并为当时的学匠。昙无最，武安人，北魏孝明帝时，住洛阳融觉寺，弘宣《涅槃》《华严》。宝象（512—561），绵州人，北周时住潼州光兴寺，著有《涅槃》《法华》等疏。僧妙，本冀州人，北周时住蒲州仁寿寺，以讲解《涅槃》为恒业。僧妙的弟子昙延于北朝末年最以《涅槃》知名。昙延（516—588），蒲州桑泉人，少年听僧妙讲《涅槃》，深悟经旨，于是出家，深入探讨，不久便从事讲说，常说佛性妙理是《涅槃》的宗致。更听《华严》《智度》《十地》《地持》《佛性》《宝性》等经论，以广其学。后隐于南部大行山百梯寺，著《涅槃经义疏》十五卷，周太祖闻而赞赏，命就寺演讲，世以此《疏》与慧远（净影）《疏》并称，门下有慧海、童真、慧诞、法常、道洪等，多长于《涅槃》。又当时在北地兴起的地论学者，大半兼善涅槃学。地论南道派的创始者慧光，著有《华严》《涅槃》《维摩》《十地》《地持》等疏。又始唱因缘、假名、不真、真四宗的教判，其中真宗即指《涅槃》《华严》及《地论》，将《涅槃》和他们所宗的《地论》放在同一地位。慧光的弟子和《涅槃》有关系的，有僧范、慧顺、道凭、灵询、法上、道慎等。僧范（476—555），平乡人，盛年因听讲《涅槃》有悟，于是从邺城僧始出家，初学《涅槃》就洞明经旨，继往洛阳从法献听《法华》《华严》，后更就慧光受学，尝著《涅槃疏》，因引载经文，形式和论相似，所以又称为《涅槃论》。慧顺，齐人，原为居士，初听《涅槃》，有所未决，因往洛阳从慧光出家受学。道凭（488—559），平恩人，初诵《维摩》，后学《涅槃》《成实》，并习禅定，又从慧光受学十年，后往赵魏弘化，敷讲《涅槃》《华严》《四分》《地论》等。他的弟子灵裕（518—605），定州巨鹿曲阳人，专精《华严》《涅槃》《地论》、律部，著有《十地》《华严》《涅槃》等疏。灵询，渔阳人，少年出家，学《成实》及《涅槃》，洞明幽旨。法上（495—580），朝歌人，幼年披诵《涅槃》有悟，往从禅师道药出家，后居林虑山诵《维摩》《法华》，更入洛阳求解，既而专究《涅槃》，至忘冻馁，又入慧光门下受具，精勤修学，为众所闻，应请讲《涅槃》等经论。他的弟子知名的有法存、融智、慧远、道慎等。融智常讲《涅槃》及《地论》。慧远（523—592），敦煌人，兼奉《地论》《涅槃》《摄论》及三论，著有《涅槃经义记》十卷，又在所撰《大乘义章》中，每一义门都先叙《毗昙》、次述《成实》，而归结于《地论》《涅槃》，并把《地论》所说的阿梨耶识和《涅槃》所说的佛性看作实质相同的东西。他的弟子灵璨等，也大都一面弘敷《涅槃》，一面宣扬《十地》。道慎，高阳人，幼年出家，受具后，入洛阳，初就慧光学《地论》，后从法上受《涅槃》。

隋代统一后，就当时的佛教义学立为"五众"（即五个佛学研究集团），而《涅槃》居五众的第一位，并先后以法总（师承不明，圆寂于大业年中）、童真（昙延弟子，543—613）、善胄（慧远弟子，550—620）为涅槃众主。足见《涅槃》研究在当时仍极隆盛。入唐以后，南北涅槃师遽尔衰落，这大概是在新兴的天台、三论诸宗势力掩映下，不复有以独讲一经名家的涅槃师了。

《涅槃经》的中心教义，是"一切众生悉有佛性，如来常住无有变易"（见本经《狮子吼菩萨品》）。而涅槃师的学说即以阐发这一教义为宗要。涅槃师关于《涅槃》佛性的解释，有种种不同的见解在后来三论学者吉藏所撰《大乘玄论》卷三中把它归纳作十一家，又《涅槃游意》（吉藏撰）、《涅槃宗要》（新罗元晓撰）、《四论玄义》（日本慧均撰）等把它归纳作三家、六师及本三家末十家等，实际内容大致相同。《玄论》十一家中：第一家（《四论玄义》卷七说是河西道朗及庄严僧旻等）依经说"正因者谓诸众生，缘因者谓六波罗蜜"，而拟"众生"为正因佛性。第二家（《玄义》说是定林僧柔、开善智藏）依经说"佛性者，不即六法（《大乘玄论》卷三云：'六法者，即是五阴及假人也。'），不离六法"，以"六法"为正因佛性。第三家依经说"凡有心者必定当得无上菩提"，以"心"为正因佛性。第四家（《玄义》说是中寺法安）以"冥传不朽"为正因佛性，意谓神识有冥传不朽之性，故说为正因。第五家（《玄义》说是光宅法云）依经说"若无如来藏者不得厌苦乐求涅槃"，以"避苦求乐"为正因佛性。第六家（《玄义》说是梁武帝）依经说"我者即是如来藏义，一切众生悉有佛性，即是我义"，以"真神"为正因佛性。第七家（《玄义》说是地论师）以"阿梨耶识自性清净心"为正因佛性。第八家（《玄义》说是龙光道生及白马昙爱等）以"当果"（《玄义》作"当有"，道生著有《佛性当有论》，已佚）为正因佛性，意谓众生皆当得佛，说为正因。第九家《（玄义》说是小山法瑶及灵根慧令）以"得佛之理"为正因佛性，意谓众生均有得佛之理，故说此理为正因。第十家（《玄义》说是灵味宝亮，法云也常用此义）以"真谛"为正因佛性。"真谛"，《玄义》作"真俗共成众生真如佛理"，即真俗不相外而共成的真如法体。第十一家（《玄义》说是北地摩诃衍师）依经说"佛性者名第一义空"，以"第一义空"为正因佛性。《玄论》说这十一家对于佛性的解释，都不是正义，而另以昙无谶的"非真非俗中道"的正因佛性说为正义。

　　中国佛教中的教相判释，从现存文献上看，可说是创始于早期的涅槃师。《大涅槃经》译出后，其中半字、满字之说（卷五），从牛出乳、从乳出酪、从酪出生酥、从生酥出熟酥、从熟酥出醍醐之喻（卷十四），都给予涅槃师以判教重大的启发，而最先从事教相判释的是慧观。同时道生也有和教判类似的四种法轮说。慧观就汉末到当时译出的教典，立二教五时的教判，把释迦如来一代的教法大别作顿、渐二教，以《华严经》为顿教，以从鹿苑到鹄林所说诸经为渐教。更把渐教开作五时，以说三乘行因得果不同的经为第一时三乘别教，以《般若经》为第二时三乘通教，以《维摩》《思益》等经为第三时抑扬教，以《法华经》为第四时同归教，以《涅槃经》为第五时常住教（一说慧观于顿、渐二教外立不定教成为三教）。道生说如来一代说四种法轮：一、善净法轮，从一善说到四空（四空定，又称四无色定），祛除三途的浊秽，所以称为善净，即人天乘教。二、方便法轮，以无漏道品获得有余、无余二涅槃，所以称为方便，即三乘教。三、真实法轮，《法华》破三乘之假，成一乘之实，所以称为真实。四、无余法轮，《涅槃》说法身常住，为如来一代教法的究竟旨归，所以称为无余（《妙法莲华经疏》卷上）。后来僧亮、僧宗都配合《涅槃》五味，来区分如来一代教法，但僧亮作小乘、三乘、方等、般若、涅槃五时，僧宗作小乘、三乘通教、《思益》、《维摩》、《法华》、《涅槃》五时（《涅槃经集解》卷三十五）。刘虬（437—495）更综合各说把如来一代教法大别作顿、渐二教，以《华严》等经为顿教，以其余经典为渐教。更于渐教中立五时七阶。五时是：一、《提谓》等经，说人天教法；二、《阿含》等经，说三乘差别教法；三、《般若》《维摩》《思益》等经，说三乘教法；四、《法华》等经，说一乘教法；五、《涅槃经》，说一切众生悉有佛性，如来常住无有变易的教法。七阶是在第二时三乘别教中，更分为声闻、缘觉、大乘三阶，和其余四时合成七阶。此外，虎丘山笈师，在渐教中开有相、无相、常住三时；宗爱法师，在渐教中开有相、无相、同归、常住四时，笈师、宗爱师不见于僧传，事迹不详，然而他们的教判都以《涅槃》阐明法身常住为渐教的究竟，可以推定也是涅槃师。

（林子青）

三 毗昙师

毗昙师是中国南北朝时代讲习说一切有部阿毗昙义学者的通称。有部的古典毗昙原有六种，即《识身》《界身》《品类》《集异门》《法蕴》《施设》六论。其后，迦多衍尼子造《发智论》，将有部各种学说作了总结性的组织，开始树立了这一部派的规模（因此称《发智》为"身论"，以前六论为"足论"）。从此，随着学说流传地区的扩大，学者对于法义的解释也有了分歧，逐渐产生以迦湿弥罗一地为中心的迦湿弥罗师，以及迦湿弥罗以外地区的外国师、健陀罗师、西方师等派系。迦湿弥罗系后因得到迦腻色迦王的有力支持，为了排斥异己之说，发起了《大毗婆沙论》的结集，对于《发智论》的各种不同解释，逐一加以刊定，指出正宗之所在，于是有了"毗婆沙师"的称号。有部传统学说发展至此，成为定型而作一段落。至于迦湿弥罗以外的有部师们，则常于《发智》而外，兼采其他经、论之说，在学风上也不像迦湿弥罗一系的保守，而具有自由批判、以理为宗的倾向。他们中间有代表性的论书是法胜的《阿毗昙心论》。此论的基本精神在于概括《阿毗达摩经》的宗要，而依四谛为组织。其立义与譬喻师之说相通，对于《发智》旧说时有出入。又《心论》特别为北印健陀罗有部师所推崇，为它作注解的有好几家。后来，法救兼采《婆沙》之说，加以补订，撰成《杂阿毗昙心论》，含有调和两方之说的用意。此书虽仍遭婆沙师的歧视，但以其繁简适中，便于了解有部学说的要领，一时流传很广，具有相当的影响，这可说是有部学说中的另一重要派系。以上两系的重要论书，先后都传入中国，因而引起了一部分佛教学者的钻研、提倡。

有部毗昙之传入中国，为时颇早。据《出三藏记集》卷二所载，汉末灵帝建宁年间（168—171）来华的安世高已译出《阿毗昙五法行经》（此书相当于刘宋失译《众事分阿毗昙论》的《五事品》）、《阿毗昙九十八结经》各一卷，但当时很少有人研习。直到东晋孝武帝太元年间（379—385），释道安到达苻秦的都城长安，极力提倡译经，有部毗昙的重要典籍，才相继译出传播。当时罽宾沙门僧伽提婆、僧伽跋澄和昙摩蜱，车师前部（吐鲁番）王弥第的国师鸠摩罗佛提，兜佉勒沙门昙摩难提等先后来到长安，他们都传习有部之学。苻秦建元十八年（382），道安请鸠摩罗佛提译法胜的《阿毗昙心论》，以偈本难译，文多隐没不达。次年（383），僧伽提婆应道安同学法和之请，译出有部要典《阿毗昙八犍度论》（即《发智论》）三十卷。他又和昙摩难提一同协助僧伽跋澄译出《婆须蜜菩萨所集论》十卷。跋澄复应苻坚的秘书郎赵整之请，译出尸陀槃尼所集的《杂阿毗昙鞞婆沙》十四卷。道安极重视这一系列有部毗昙的传译，他集义学沙门为之校定译文，并自作《八犍度论序》和《鞞婆沙论序》，倡导研习。继因苻秦末年发生变乱，译事仓卒，译人又未熟习方言，文义仍多不合。后僧伽提婆东入洛阳，渐通汉语，自知前译多违失本旨，于是重自校订了《八犍度论》的译文。然后渡江南游，为道安的高足慧远迎住庐山，劝请更出《阿毗昙心论》，他又对勘鸠摩罗佛提前译之误，于东晋孝武帝太元十六年（391）重译成《心论》四卷，慧远特为作序赞扬。当时庐山诸贤即开始研习，而树立了义学的先声。安帝隆安元年（397），提婆到了晋都建康（今南京市），极受王公和名士们的尊敬。尚书令王珣为建立精舍，延请他讲《阿毗昙》。提婆原精熟《心论》，复长于讲说，剖析义理，倾动一时，遂开南地有部毗昙学的端绪，时人公认他为头一个来中土弘传毗昙的学者。接着，注解《心论》最成功又最流行的《杂阿毗昙心论》传入中国，从东晋末年到刘宋文帝元嘉中叶的三十年间（405—435），先后有三种译本出现，后出的大都参照前译加以校订，故以最后僧伽跋摩于刘宋元嘉十二年（435）译出的一本为最胜，流传也最广。有部毗昙学由是大兴，学者兼习或专习的继出，遂有"毗昙师"的称号。诸师都以《杂心》为要典，认为它是有部毗昙的总结。当时浮陀跋摩于北凉永和五年至七年（437—439）译出《阿毗昙毗婆沙》一百卷（因乱失去四十卷，只存六十卷）、《众事分阿毗昙》十六卷（相当于唐译《品类足论》，旧传为求那跋陀罗在荆州共菩提耶舍译）、《六足阿毗昙》一卷（刘宋失译）等。后出的还有优婆扇多的《阿毗昙心论经》六卷，系那连提黎耶舍于高齐河清二年（563）在邺城共法智译。这些论书也都为毗昙师所取资。

有部毗昙虽先传译于北方，而其义学的讲习实开始于南地。北方学者重视毗昙学的第一人，要推道安。相传他曾撰《九十八结经连约要解》一卷，但未见有继述者。南地自提婆重译《心论》，经慧远的提倡，庐山诸贤如著名的涅槃学者道生、慧远之弟慧持，以及慧观、慧义、昙顺等即相从研习。提婆到建康自讲《阿毗昙》，一时名僧都来听受，对于南地义学的影响尤大。名士中如王珣及其弟王珉都熟习《心论》，可见一时的风气。到了刘宋时代，《杂心》译传，南地毗昙之学愈盛。其在宋都建康，有南林寺法业、中兴寺慧定、庄严寺昙斌、冶城寺慧通等，都于诵习方等而外，兼攻《杂心》。下定林寺僧镜（一作焦镜），曾参与后出《杂心》译场，撰《毗昙玄论》及《后出杂心序》。序文记载其所闻《杂心》品次依四谛组织之义，对于《杂心》之研习尤为一种极重要的提示。此外，江陵有成具，善《十诵》《杂心》《毗昙》；会稽有嘉祥寺昙机，善《法华》及《毗昙》。另传有谢庆绪撰《阿毗昙五法行义》，又有不详作者的《阿毗昙心略解数》《阿毗昙心杂数》（见《出三藏记集》卷十二所载陆澄《法论目录》）等著述。萧齐时代，江陵有僧慧，他从昙顺（庐山慧远的弟子，通《涅槃》《法华》及《杂心》）受学。会稽有慧基，曾师后出《杂心》的译者僧伽跋摩。建康有灵基寺智林，特善《杂心》，著有《杂心记》。梁代则有道乘、僧韶、法护、法宠、法令、慧集、智藏、靖法师、慧开等。以上诸家，除慧集外，大都不以毗昙为其专习之学。而南地毗师中成就最大者应首推慧集。他初在会稽乐林山从僧伽跋摩弟子慧基出家受业，后住梁都招提寺。

时南地讲习毗昙都以《杂心》为主，他特搜寻《八犍度论》及《大毗婆沙》来与《杂心》互相参校，解释疑难，一时推为独步。他每一开讲，各地学人来听受者多至千人。当时名僧如庄严寺僧旻、光宅寺法云，也都向他请教。他著有《毗昙大义疏》十余万言，盛行于世。其次有建元寺僧韶、法护，都精习《毗昙》，以教学者。到了陈代，有高丽沙门智晃，住建康道场寺，善有部义。常州安同寺僧弼，曾从智晃听《杂心》，复进探《八犍度》《六足》等论。以上是南地毗昙师之有记载可考者，以后南地《成实》之学渐盛，《毗昙》遂衰。

其在北方，毗昙研习的兴起，较迟几十年。约当南朝齐梁两代之间（480—500），传有安、游（或即是下述的智游）、荣三法师善毗昙学。北方名僧灵裕，曾从他们听受《杂心》。但北方最著名的毗昙学者应首推慧嵩。他是高昌人，早年就致力于《杂心》。于北魏末年随使者到内地从当时著名的论师智游听受《毗昙》《成实》，熟习小乘，有"毗昙孔子"的称号。他先在邺、洛弘化，时以法义凌难当地以慧学著名的僧统法上，因而被迁往徐州为长年僧统。后在彭、沛一带大弘《毗昙》，江表、河南等处都远慕他的声教，卒于高齐天保年间（550—559）。慧嵩的弟子有道猷、智洪、晃觉等，都是一时的名僧。道猷的弟子辨义、慧海，亦善继述。

又济州白塔寺僧渊，传从僧嵩受《成实》《毗昙》，其弟子昙度、慧记、道澄都传其学。北周时代有益州招提寺慧远，于长安听受《阿毗昙》《八犍度》《毗婆沙》，兼习《成实》《俱舍》等论，并皆精纯，还归益州讲授，于是毗昙之学又流传至西南一带。到了隋代统一南北，而毗昙之学仍只盛行于北方。当时著名的毗昙师有彭城崇圣寺靖嵩，他曾从慧嵩的弟子道猷受《杂心》，旁探《八犍度》《毗婆沙》等论，著有《杂心疏》五卷。长安有日严寺辨义，胜光寺道宗。辨义亦师事道猷受《杂心》，贯通文义，常在寺开讲。道宗曾从青州道藏寺道奘学《成实》《毗昙》。洛阳内慧日道场智脱，早年曾从强法师听受《成实》《毗昙》，亦从事弘传。益州福成寺道基，也曾在洛阳开讲《杂心》，著有《杂心玄章》及《抄》八卷。蒲州栖岩寺神素，于隋末讲《毗昙》四十余遍。另有非专业《毗昙》的学者志念，曾从通《大智度论》的道长和善《十地经论》的道宠二人受学，后又从慧嵩习《毗昙》。他每次讲学，常先讲《智论》，后说《杂心》，继续十余年。当时北方著名的《成实》学者明彦，曾亲自带着他的弟子洪该等三百余人来听受志念讲学。志念于晚年专治《毗昙》，著有《八犍度疏》《杂心论疏》及《广钞》各九卷，盛行于世，为慧嵩以后北方另一杰出的毗昙师，卒于隋代大业四年（608）。他的弟子颇多，著名的有慧藏、慧净、神素、道岳、道杰、慧休、灵润等二十余人。道岳兼从慧通习《成实》，后改弘《俱舍》。道杰兼从慧嵩的弟子散魏听受《毗昙》，善讲《杂心》。慧藏有弟子智隐，神素有弟子海顺，都继其学。慧休初从名僧灵裕学《华严》，后从志念学小乘论部，听受《八犍度》《杂心》《毗婆沙》等论各数遍，著有《杂心玄章抄》《疏》，后成为唐初著名的毗昙学者，玄奘也曾从他问学。后来西游求法归来，遂大译有部诸论，影响很大。

  北方从梁末到隋初期间，毗昙之学一向盛行。湛然《法华玄义释签》上说"江南盛弘《成实》，河北偏尚《毗昙》"，即指当时的情况而言。隋京净影寺慧远撰《大乘义章》，辨析种种法义，皆于各章先述《毗昙》《成实》诸解，然后归结于他所宗的《地论》《涅槃》之说，此外未列余家，可见毗昙之为当时人所重视。毗昙师旧义，也即因此得以流传到后世。

  中国毗昙之学，在隋代虽尚有人讲习，然梁、陈以来，《地论》《摄论》之学渐盛，陈译《俱舍》也由慧恺、道岳开始弘传，研习毗昙的即已逐渐减少。到了唐代，玄奘大量传译有部论书，并重译《俱舍》，掀起学人研究的高潮，自后旧译毗昙之学遂趋于衰歇；有关旧时毗昙学的著述，也因少人注意而渐至湮没失传。

  毗昙师学说的要点是，根据有部诸论的义旨，特别是依法胜《心论》及法救《杂心论》的纲领，以四谛组织一切法义，并阐明我空法有及法由缘生而有自性之义。我空亦作空无我，所谓"阴（即"蕴"的另一种译名）非是我，名为无我；阴非我所，说之为空"（见《大乘义章》卷一）。

毗昙师即以此为第一义谛。所谓法有，不但指色、心一切诸法各有自性，常恒不变，且说法不孤起，其已生、正生、将生莫不各有其因，进而依据"世无别体，依法而立"（见《大毗婆沙论》卷七十六）的道理，肯定三世之实有。而三世有中，过、未二世有的建立，必归根到因的上面；它用所作、共有、自分、遍、相应、报六种因及因、次弟、缘、增上四种缘之说，论证三世一切法有，立说极其周密，所以有部在印度亦被称为"说因部"。中土毗昙师弘传此义，在南北朝时代也有"因缘宗"之称（见《法华玄义》卷十）。但毗昙之学，虽在中国南北相继盛行，而始终未有一定的宗祖，没有传统的师承，也没有独自的教判，所以终于未形成一个教派的体系。只是风行一时的义学，与后起的研习《成实论》的学者之被称为成实师情形相同，因此后人称他们为毗昙师。

（游侠）

四　地论师

地论师是我国从北魏到唐初的许多精通并弘扬《十地经论》的佛教学者之称。因为他们中间还没有传宗定祖之说，所以不成为宗派。

《十地经论》是印度大乘瑜伽学系的重要典籍。作者世亲初从声闻乘出家，后闻其兄无著讲《十地经》有省，便改变所宗而先撰成《十地经论》，以赞扬"大乘"。那里面有很多大乘教义的解释，从而更巩固了瑜伽一系学说的理论基础。这部《十地经论》是在北魏宣武帝永平元年至四年（508—511）时由勒那摩提、菩提流支二人合作译成的，共十二卷。传说摩提与流支见解不同，宣武帝乃命二人别译，后来对勘译本，很奇怪的是仅有一字之差，所以仍归于一本流行（见《续高僧传》卷七《道宠传》）。但是在现存崔光的经序里，并没有说到这一段因缘。不过摩提与流支所习并不尽同，而且摩提对《地论》似乎更有专长（《法经录》等都以摩提为主译者），因之从他们二人传习《地论》的，也就发生异解，而形成南北两道。这南北道的解释，一般都说从相州去洛阳的通道，有南有北，两家学徒即沿着两道各别发展而得名。其实，南北道"地论师"在魏都洛阳时期即已分裂，可能是摩提与流支分居在当时御道街的南北，因而成为道南道北两系。

南道系传自勒那摩提。勒那摩提（译为宝意），中天竺人。北魏宣武帝正始五年（即永平元年，508）到洛阳弘法。译出《十地论》《宝性论》等二十余卷。教授弟子三人，房、定二士传其心法，慧光传承他的法与律学。即因慧光的弘通，南道地论的学说得到极大发展。

慧光，定州长庐人，年幼即依佛陀禅师受学。时佛陀任少林寺主，勒那摩提与菩提流支正在翻译《十地经论》，意见分歧。慧光参与其事，由于他素习方言，遂折衷笔受以为一本。他素擅律学，先在洛阳任国僧都，后在邺城转为国统。并著论疏，故使《十地经论》得以畅行。慧光门下的高材很多，知名者有法上、道凭、昙遵、僧范、惠顺、灵询、僧达、道慎、安廪、昙衍、昙隐、洪理、道云、道晖等人，其中以法上为上首。

法上（495—580），朝歌人，十二岁投道药禅师出家，后入洛阳从慧光受具足戒，讲《十地》《地持》《楞伽》《涅槃》等，并著文疏。魏齐二代，历为统师将四十年，所部僧尼二百余万，寺四万余。其弟子有慧远、法存、融智等，以慧远为最有名。慧远（523—592），敦煌人，年十三投泽州僧思禅师出家，依法上进具，后即专从法上受学。齐幼主承光二年（578），周武灭齐，将毁齐地佛法，远独抗不屈。毁法后潜隐汲郡西山。隋兴，授洛州沙门都。开皇七年（587）召六大德入关，远居其一，住净影寺。撰《十地疏》十卷等，又撰《大乘义章》十四卷，分为五聚，二百四十九科，一本地论师说，料简各家。其弟子有灵璨、慧迁、善胄、宝安、智嶷、智徽、辩相、玄鉴、道颜、僧昕等人。灵璨（548—618），怀州人，游学相邺，深通《十地》《涅槃》。后随远入关，住大兴善寺，为十大德之一。慧远去世后，敕补为众主，于净影寺弘扬所学。慧迁（548—626），瀛州人，初习《地论》，后从慧远通《涅槃》《地持》。齐亡南奔陈。隋初随慧远入关，住大兴善寺。开皇十七年敕立五众，迁遂为十地众主，住宝光寺。他死后，关中即无人再讲《十地》。善胄（550—620），瀛州人，少出家，通《大论》《涅槃》。齐亡南奔陈。隋初北上，依慧远住净影寺。远亡，敕令于净影寺为涅槃众主。宝安，兖州人，初依慧远习《涅槃》。齐亡南奔陈。隋初北上从慧远入关住净影寺。智嶷，本康居王的后裔，十三出家，依慧远传《十地》与《涅槃》，后入关住静法寺。智徽（560—638），泽州高平人，十三出家，后从慧远学习经论，深通《大涅槃经》，讲《涅槃》《十地》等。辩相，瀛州人，出家后依慧远学《十地》乃至大小三藏。开皇七年随慧远入关，住净影寺。玄鉴，泽州高平人，十九出家。依慧远学习经论。深通《大涅槃经》，讲《涅槃》《十地》《维摩》，四时不辍。道颜，定州人，初从慧远学《涅槃》《十地》，后入京住净影寺。僧昕，潞州上党人，隋初入洛阳，从慧远学《十地》《涅槃》，得其宗旨。后入关住兴善寺。

法上的弟子还有融智，常讲《涅槃》与《地论》。其弟子靖嵩，在周武法难时，南避建业，又从真谛弟子法泰学习《摄大乘》与《俱舍论》，后来讲学于彭城，其学兼《地》《摄》两论，弟子有智凝等。

道凭（488—559），平恩人，十二岁出家依止慧光十年。常讲《地论》《涅槃》等。吐纳清爽，京师誉为"一代希宝"。其弟子有灵裕（518—605），弘《地论》等，著有论疏。昙遵（480—564?），河北人，少投慧光出家，化行洛阳等地。年七十余，丞相淮阴王肱举为国都，后转为僧统。他的弟子昙迁，也是学兼《地》《摄》两论的名僧（详《摄论师》条）。僧范（476—555），平乡人，年二十九，闻《涅槃》有悟，遂投邺城僧始出家，旋游洛从慧光受业，声闻邺下。常讲《华严》《十地》《地持》等学，著有疏记。惠顺（487—558?），年二十五投慧光出家，讲《十地》《地持》等，都著有疏记。灵询（482—550?），渔阳人，少年入道，后从慧光研寻十余年，撰《维摩疏记》等。僧达（475—556），上谷人，十五出家，到洛阳依勒那摩提三藏学习《地论》。勒那卒，又从慧光学《十地》，并受菩萨戒。历讲《华严》《四分》《十地》《地持》。道慎（515—579?），高阳人，十四岁出家，后入洛阳从慧光学《地论》。安廪（507—583）、昙衍（503—558）、昙隐、洪理、道云、道晖等，均从慧光受学有名。

地论师北道系传自菩提流支。菩提流支（译为道希），北天竺人。于魏永平初年（508年顷）来洛阳，住永宁大寺，与勒那摩提等创译《十地》，后随东魏迁邺。前后二十余年，译《佛名》《楞伽》《法集》《深密》《金刚》《无量寿》《胜思惟》《大宝积》《法华》《涅槃》等经论，共三十九部，一百二十九卷。其弟子杰出者有道宠。

道宠，俗姓张，名宾，为儒学大家熊安生的弟子。出家后，从菩提流支学《十地经论》，随闻出疏，名扬邺下。门下英才甚多，其中以志念、僧休、法继、诞礼、牢宜、儒果等为最有名。但除志念外，余无传记可考。志念（535—608），冀州信都人，出家后，初从道长学《智论》，后依道宠学《十地经论》，撰《迦延杂心论疏》及《广疏》各九卷，盛行于世。

北道系的人才，没有南道系多，所以在学说传播上，远不如南道之盛。加以《摄论》学说盛行于北方，其主张与北道系相近，而条理缜密过之，所以遂为摄论师所掩，融成一派。到了唐代，因贤首建宗，《华严》之说大张，《十地》原为大经之一品，《地论》精义又悉为贤首家所资取，更无独立宣扬的余地，于是南道系也终于没有传承了。

地论师的著作，属于北道系的，已荡然无存，但南北道不同的重要主张，依据后人的辗转传述，仍大略可言。地论师所学，并不限于《十地》一论，思想上还受到先后流行的涅槃师、摄论师的影响，所以学说的性质比较驳杂。其南北两道互有争论之点，则集中于"当常"与"现常"的主张以及四宗五宗的教判（见《续高僧传·道宠传》）。"常"是涅槃或佛性的异名。北道地论师以众生的根本意识即阿梨耶识为诸法的依持，说一切法从阿梨耶识生起（这和摄论师说法相近）。阿梨耶识虽和如来藏（佛性）无别，但并不具足一切功德（《楞伽经》说具足者，是对断见人方便说的）。一切功德必待新熏而后生，亦即是说众生的佛性必须成佛后始得，当果而现，后天所有。这就是"当常"之说。南道地论师反对此说，以为阿梨耶识法性，即是真如佛性，以之为诸法的依持，生一切法。此法性真如即如来藏（佛性依《楞伽》等经说）本来具足一切功德，就是说众生的佛性与生俱生，先天而有，这就是"现常"之说（见道伦《瑜伽论记》）。当常与现常之争，即佛性始起和本有之辩。南道地论师后来主张也多少有些变化。他们说佛性有理性（本有）行性（始起）二种；或说有理性（隐时）体性（显时）缘起性（用时）三种（见《大乘玄论》及《四论玄义》）。这样，他们在本有佛性之外，也主张有始起佛性了。"当常""现常"原为地论南北两道对峙之说,后来演变为摄论师与地论师之争,唐初佛教界议论为之纷然。玄奘法师亦即于此问题疑难不决,而益坚其赴印求法的志愿,从他回国后表启中的叙述可知。关于判教问题,北道地论师用五宗说,而南道用四宗说。五宗之说不得其详,只旧传护身寺自轨师有五宗说,即于南道四宗(详下)之上再加第五法界宗,以推尊《华严经》,此或与北道五宗说有关。南道四宗说,佛陀扇多与慧光同说。一、因缘宗,指《毗昙》说六因四缘;二、假名宗,指《成实》说三假;三、诳相宗,指《大品》、三论说"相皆虚妄";四、真实宗,指《华严》《涅槃》说"佛性常住"。此四宗名目,后来慧光弟子大衍寺昙隐,改之为因缘宗、假名宗、不真宗及真宗。慧远又改之为立性、破性、破相、显实。又有约四宗为立相、舍相、显真实三宗者。总之,南道系判教说,后来是有些变化的。

(田光烈)

五 摄论师

我国陈隋之际，有很多传习讲说真谛所译《摄大乘论》的佛教学者，后世统称他们为"摄论师"。

《摄大乘论》是印度大乘学派中"瑜伽派"的重要著作。由无著造论，世亲作释。此论在北魏已由佛陀扇多译出论本，但释论未译，文义未显，因而流行不广。到了梁武帝中大同元年（546）西印度真谛（499—569）来华。因值梁末战乱，辗转流寓各地，后于陈文帝天嘉四年（563）应广州刺史欧阳纥之请，译出《摄大乘论》（本）三卷，世亲《释论》十二卷。真谛"虽广出众经"而"偏宗摄论"（《续高僧传·拘那罗陀传》），所以在陈光大二年（568，即他临死的前一年）八月，值他的高足慧恺病卒，遂与法准、道尼、智敷等十二人发誓弘传《摄大乘》与《俱舍》二论，使无断绝。其弟子中传《摄论》之学的有慧恺、智敷、道尼、法泰、曹毗、僧宗、慧旷。

慧恺（518—568），即智恺，俗姓曹氏，住建业阿育王寺。陈天嘉中（560—565），他与法泰先后至广州，师事真谛。谛译《摄论》与《俱舍》，均由恺笔受。他于《摄论》尤致力钻研，撰《摄论疏》二十五卷，并自讲《俱舍论》，未讫而卒。

智敷（？—601），循州人。真谛译《俱舍》时曾预其席，慧恺讲《俱舍》，敷与道尼等二十人摄拾文疏，笃志研习。后为广、循二州僧正，并在循州宣讲《摄论》十余遍，撰《真谛翻译历》，对于部卷人世，无不详载。

道尼，九江人，曾亲炙于真谛。后归乡，依真谛宗旨，开讲《摄论》，知名海内。开皇十年（590）奉诏入长安，于是真谛之学大行于京师。那时南方反而很少讲究《摄论》的人了。道尼的弟子多人，其中知名者有道岳、慧休、智光等。道岳（568—636），俗姓孟氏，河南洛阳人。十五岁出家，依僧粲为弟子。开皇十年，道尼来长安，弘讲《摄论》，岳从他受学。后改攻《俱舍》，其弟子有僧辩（568—642）、玄会（582—640）。玄奘在去印度之前，即曾从岳及玄会学《俱舍》。慧休（548—645），姓乐氏，瀛州人。十六岁投勖律师出家。后从昙迁及道尼听讲《摄论》，周涉三遍，即造章疏。弟子有道杰（573—627）、神照（569—627？）等，玄奘亦曾从慧休学《摄论》。智光随道尼入长安，也屡讲《摄论》。

法泰，住建业定林寺，有名于梁代。及真谛来广州，泰遂去广州从真谛笔受文义，并述义记。至陈宣帝太建三年（571）真谛死后，他才还住建业，开讲新译经论。但当时好尚《大品》、三论，泰虽屡讲《摄论》《俱舍》，均不为时人所重，只有彭城靖嵩独得其传。靖嵩（537—614），俗姓张氏，涿郡固安人，十五岁出家，后去京邺，从法上弟子融智学《涅槃》与《地论》。周武灭佛，他又与同学法贵、灵侃等南下到建业，从法泰学《摄论》与《俱舍》。数年间精通二论；还对于《佛性》《中边》《无相》《唯识》等论四十余部，都能会通纲要，剖会区分。后北归彭城，住崇圣寺，讲《摄论》，撰《论疏》六卷；又撰《九识》《三藏》《三聚戒》《三生死》等玄义。隋文帝封禅泰山，关中义学沙门从过徐州，均到嵩寺听讲受业。从此门徒兴盛，所撰章疏大行于世。其弟子有智凝（562？—609？）、道基（577？—637）、道因（586—657）、法护（撰《摄论指归》等二十余篇）等。智凝弘法于四川，他的弟子有智则、道积、僧辩等。后在大业初住禅定寺，作《摄论》章疏。玄奘去印前，也曾从他学过《摄大乘论》。道基曾作《摄大乘义章》八卷，今残存第四卷；又作《摄论序》（今存）。与之同时在蜀郡弘扬《摄论》的有慧景、宝暹，师承不详。

曹毗，为慧恺的从弟。他随恺至广州，从真谛学《摄论》；又听明勇讲说，颇有成就。晚住江都白塔寺弘扬《摄论》，听讲者多知名之士。又撰《真谛别历》。门下有法侃（551—623）、僧荣等。法侃弟子有道抚。僧荣的弟子慧琎（574？—634），仁寿中（601—604）从荣入长安，住禅定寺。

僧宗，扬州人。陈天嘉中（560—565）与法准、慧忍等度岭就真谛受学，听讲《摄论》，极有心得。真谛《摄论疏》后四品，据传说是他手定的。真谛死后，他又为谛撰行状。继而与法准、慧旷等携带新译经论还归庐山传播。法准弟子有净愿（537？—609）。慧旷后来更往湘、郢二州弘化。

真谛《摄论》之学盛行于北方，除道尼、靖嵩两系而外，还有昙迁一系。

昙迁（542—607），俗姓王氏，博陵饶阳人。少时，从舅氏齐国子祭酒博士权会学《周易》《诗》《礼》《庄》《老》等。年二十一，从定州贾和寺昙静出家，复师事《地论》名匠慧光的弟子昙遵。隐居林虑山净国寺，精研《华严》《十地》《维摩》《楞伽》《地持》《起信》等经论。齐幼主承光元年（577）周武帝灭北齐，将毁佛法，迁遂南逃金陵，住道场寺，与陈地名僧智璀、慧晓及高丽沙门智晃等友善。国子博士张机向他学习《庄子》《周易》与佛法，并将他的学说在国学中传授。后来他在桂州刺史蒋君宅得真谛所译《摄大乘论》，如获至宝。这时隋文兴起，他与同辈北归彭城，住慕圣寺，弘扬《摄论》，兼讲《楞伽》《起信》《如实》等经论，北方从此创开《摄论》之学。开皇七年（587）他与洛阳慧远、魏郡慧藏、清河僧休、济阳宝镇、汲郡洪遵等同奉诏，当选为大德。他在长安大宏《摄论》，撰《论疏》十卷。慧远的弟子辩相、净业、净辩等，并皆研习《摄论》，辩相还撰有《论疏》七卷。他的弟子灵润，曾从道奘受业，住弘福寺，讲《摄论》三十余遍，撰《义疏》十三卷，《玄章》三卷。昙延门人有道悊、法常、慧诞等，都善《摄论》。其中法常撰《摄论义疏》及《玄章》，大宏其说。法常的门下智俨，并注有《无性摄论释疏》四卷。至于昙迁的弟子，如道英（560—636）、道哲（564—635）、静琳（554—640）、玄琬（562—636）、慧休等也都是《摄论》名家。慧休有弟子灵范、神照、道杰等，其门下盛况可知。

摄论师自靖嵩、昙迁再传之后，逐渐衰微。及至玄奘学派兴起，遂终于绝传，这在学说发展上，是有其原因的。盖隋唐之际，佛学宗派即已逐渐成立，如三论、天台等宗，建立门庭，务求博大，网罗一切教相以相增上。《摄论》原以世亲之学为主，其学广涉法相唯识，在印度已蔚成大宗。玄奘从印度游学归国，大弘其学。晚年更把世亲所作《唯识三十颂》及火辨等十师前后所释，杂糅而成为《成唯识论》，其中又以护法为主。同时又以六经（《华严》《深密》《如来出现功德庄严》《阿毗达摩》《楞伽》《厚严》）、十一论（《瑜伽》《显扬》《庄严》《集量》《摄论》《十地》《分别瑜伽》《观所缘缘》《二十唯识》《辨中边》《集论》）为典据。这么一来，原先盛行于南北各地的《摄大乘论》只算诸论之一，就不能特尊了。而且玄奘重新译了《摄大乘论》，综核名实，力求信达，远较旧译为胜。在法相唯识学中，不但摄论师旧义失其重要意义，就连真谛的学术地位，在相形之下也较逊一筹了。专弘《摄论》的摄论师之趋于衰歇，亦属必然之势。

在各摄论师的中间，原无严格的传承，故各家学说并不完全一致。举其大纲则都以《摄论》的十种胜相为依据，主要说第八阿梨耶识是妄识，为一切法之所依；但此妄识中又有一分纯净之识。这略同于真妄和合之说，而与当时地论师北道派主张相近。于八识之外，又将阿梨耶识中纯净之识立为第九阿摩罗识，即无垢识，亦即真如佛性。修行的人由于阿梨耶识中纯粹之识（净分）继续发展，对治妄识（染分），这样就可以证入阿摩罗识而成为佛，因此说一切众生皆有佛性，没有永不成佛的众生。这是各家共同的说法。另外，从境行果三方面的教理来分析，他们还有一些重要的主张。如关于境的，他们说真如有其二义：一所缘境为真如，亦即实际；二能缘心亦为真如，相当于第九阿摩罗识，亦名本觉。二者合一，称为能所统一，理智不二。又就五法（相、名、分别、正智、真如）与三自性（分别性、依他性、真实性）的关系而论，正智通于依他性与真实性，五法中亦包含分别性。又三性中不但分别性是空而依他性亦空，三无性（相无性、生无性、胜义无性）不但遮遣分别性，而亦遮遣依他性，因此有历观三性的三重次第观之说。另外，第八识为能变，相当于相分，其余七识为能缘，相当于见分。此即《摄论》身识、身者识等十一种识平列之说。又关于行的方面：他们说三乘种性，皆由因缘所生。此即新熏种子之说。关于果的方面：谓定性小乘入无余涅槃，亦可还生回入大乘。这些主张，在道基、灵润诸师之说里，已有了变化，及至玄奘学派成立，就更一一加以否定了。

（田光烈）

六 俱舍师

俱舍师是研习、弘传世亲《俱舍论》的佛教学者。关于《俱舍》的弘传,有新、旧两个时期。原来在南朝的宋、齐、梁三代研究"说一切有部"的毗昙学相当隆盛,陈真谛译出《俱舍释论》,弟子慧恺等加以弘传,特别是慧恺的私淑弟子道岳,初习《杂心》,后弘《俱舍》,遂由毗昙学转入《俱舍》学,可称为《俱舍》弘传的第一阶段。唐代玄奘重译《俱舍论》,其弟子多半从事研习,于是《俱舍》学又从旧论转到新论。这是中国《俱舍》弘传的第二阶段。

世亲初于有部出家受学,后来研究经部教义、增订《杂心论》,造《俱舍论》。弟子中传他的《俱舍》之学的,首推安慧,著有《俱舍论实义疏》(汉译残本五卷)等,这是印土最初的俱舍师。此外注释此论的,有德慧、世友、称友、满增、静住天、陈那等,真谛于陈天嘉五年(564)正月,在广州传译此论,同时作详细讲解,弟子记录成为《义疏》,到闰十月译成讲毕,共论文二十二卷、论偈一卷,《义疏》五十三卷。天嘉七年(566)二月,又应请重译并再讲。光大元年(567)十二月完毕,前后皆慧恺笔受,这就是现行的《阿毗达摩俱舍释论》二十二卷,通称旧论。真谛弟子中弘传《俱舍》之学的,有慧恺、智敷及法泰等,而以慧恺为最。慧恺在梁代已经知名,初住建业阿育王寺,后到广州从真谛受业,先后助译《摄论》《俱舍》,其中《俱舍论》文及《疏》共八十三卷,词理圆备,为真谛所赞叹。光大中(567—568),应僧宗等之请,在智慧寺讲《俱舍》,听众有成名的学士七十余人,讲到《业品疏》第九卷,病卒。这是中土最初的俱舍师。真谛听到慧恺病卒的消息，异常悲恸，恐《摄》《舍》两论弘传断绝，于是与弟子道尼及智敫等十二人立誓弘传，又续讲慧恺所未讲完的部分，到《惑品疏》第三卷亦因病停止，不久也就圆寂。智敫是循州平等寺沙门，少年时对《成实》《金刚般若》《婆沙》及《中论》都有精到的研究，后到广州，从真谛，列席《俱舍》译场。慧恺在智慧寺开讲，他和道尼等二十人听受，到真谛圆寂后，法侣凋零，他就依真谛的遗旨弘教。法泰也是梁代的知名学者，初住建业定林寺，后到广州从真谛受学，笔受文义近二十年。前后助译的经论达五十余部，并著有《义记》。到陈太建三年（571），携带真谛新译的经论回建业，讲《摄》《舍》两论多次。此外，私淑慧恺盛弘他的《俱舍》之学的有道岳。道岳（568—636），洛阳人，幼年依义学名僧僧粲出家，后从志念、智通习《成实》《杂心》，更就道尼受《摄论》，道尼圆寂后，他因无从请教，于是住长安觉明寺，闭门专治《俱舍》，经过五年，洞达论旨，仍以未见真谛《义疏》，恐于外义隐文有所未了，因而重托南方商旅，到处寻求，终于在广州显明寺访得慧恺的《俱舍论义疏》及《十八部论记》，于是栖身终南山太白寺，又寻绎了好几年，才出山弘传。隋大业八年（612），应召住大禅定道场，用真谛义疏剖解《俱舍》本论，后来又以真谛疏文句繁多，学人难以研究，费了十多年功夫，勾勒为二十二卷，较原疏减少三分之二，而于原意无损。唐贞观初年（627—?），有梵僧波颇在长安传译，听说他长于《俱舍》，问以大义，道岳应答如流，波颇称为"智慧人"。毗昙学系是到慧恺、道岳才转入《俱舍》的。和道岳同时的有慧净，常山真定人，幼年出家，初习《大智度论》等，继从志念习《杂心》《婆沙》，后来述《杂心》的玄义三十卷，又以《俱舍》词旨宏富，研精覃思，著疏三十余卷。此外，从道岳学《俱舍》的，有僧辩、玄会。僧辩（568—642）是隋、唐间的义学名僧，南阳人，受具以后，寻究经论，大业初年（605），应召入大禅定寺弘法。后听道岳讲《俱舍》，随闻出钞三百余纸。玄会（582—640），樊川人，早年专志《涅槃》，著有《义章》四卷，后从道岳学《俱舍》，为时人所推重。还有智实

（601—638），雍州万年人，住大总持寺，洞明《俱舍》的深义，亦曾听道岳讲。以上都是旧俱舍学者。

著名的唐玄奘法师（600—664），早年也曾在长安从道岳学《俱舍》，后往印度求法，中途到缚喝国的纳缚（译云新）僧伽蓝，遇磔迦国小乘三藏般若羯罗（译云慧性），其人于《发智》《俱舍》《六足》等论无不通晓，玄奘就问《俱舍》《婆沙》的疑义，都得到精到的解答。玄奘继又在迦湿弥罗国，听大德僧称（一作僧胜）讲《俱舍》等论，后来更就戒贤论师寻读《俱舍》决疑。回国后，以真谛所译《俱舍》，"方言未融，时有舛错"（《俱舍论记》卷一）；"义多缺"（《宋高僧传》卷四），因于永徽二年（651）五月在大慈恩寺翻经院重译此论，沙门元瑜笔受，到永徽五年（654）七月完毕，题名《阿毗达摩俱舍论》三十卷，世称新论。玄奘对于俱舍学说牵涉到有部各种毗昙的许多问题，也沿流溯源加以解决。他从永徽二年到显庆四年（659）九年间，把和《俱舍》有关的七论、《婆沙》先后译出。他翻译《俱舍》同时就译出批评《俱舍》的《正理》《显宗》二论，这显示了《俱舍》学说在《正理》《显宗》的评判下应该多少有所修正，但当时世亲因转入大乘，无意于此，便把这工作留给讲究《俱舍》的安慧、德慧师弟去做，玄奘很受了他们的影响，在翻译中有好些改动。而玄奘门下的新旧两系学者神泰、普光和法宝等对于《俱舍》的解释就有种种不同的见解，也就导源于此。新《俱舍论》译出后，神泰作《俱舍论疏》（简称《泰疏》）、普光作《俱舍论记》（简称《光记》）、法宝作《俱舍论疏》（简称《宝疏》），各三十卷，世称俱舍三大家，替代了旧《俱舍》真谛、慧恺、道岳的系统，旧俱舍疏因而失传。但后来《神泰疏》残缺，只《光记》《宝疏》并行，世称《俱舍》二大疏。窥基也有《俱舍论疏》十卷（见《东域传灯目录》），已佚。普光师事玄奘，参列译场，有"左右三藏之美"，旧传玄奘重译《俱舍》时，将所记忆西印萨婆多师的口义秘密传授给他，因而著疏解判（《宋高僧传》卷四），又著有《俱舍论法宝宗原》一卷，概述《俱舍》的大纲。法定也是奘门的高足，相传俱舍宗义以他为定量（《宋高僧传》卷四）。后来玄宗时（713—756），中大云寺圆晖，于《俱舍》最有心得，其时有礼部侍郎贾曾，请他略陈《俱舍》的梗概。圆晖以《光记》义繁，极难寻究，于是节略为十卷，以解释《俱舍》的本颂，以《光记》为本，而参照《宝疏》的义解，称《俱舍论颂疏》，盛行于世，为光、宝之后杰出的俱舍师。嗣后又有崇廙，著《俱舍论颂疏金华钞》十卷，解释圆晖的《颂疏》。又有慧晖，作《俱舍论颂疏义钞》六卷；遁麟，作《俱舍论颂疏记》二十九卷；世称《颂疏》二大释家。另有虚受，嘉禾御儿人，因讲《俱舍论疏》，对贾曾及圆晖序，都作了钞释；义楚（902—975），相州安阳人，于《俱舍》有深入研究，曾讲圆晖《疏》十余遍。此外，唐代和《俱舍》有关的学者，有怀素、昙一、义忠、神楷、神清、玄约、慧则、贞峻、归屿等。怀素，京兆人，初入玄奘门寻究经论，后来学律，著《四分律开宗记》二十卷，他与法砺《疏》依《成实论》唱非色非心法戒体论相对，而依《俱舍论》等唱色法戒体论。又著《俱舍论疏》十五卷。昙一（692—771）是怀素的再传弟子，新罗人，曾依崇圣寺檀子法师学《俱舍》。义忠，襄垣人，幼年从淄州慧沼出家，后随慧沼同听窥基讲新造的章疏五年，通《俱舍》等论。神楷是玄奘门下明恂的弟子，京兆人，少年讲《俱舍》等论，颖悟超过流辈。释神清（？—820），绵州昌明人，著有《有宗七十五法疏》（亦名《法源记》）一卷、《俱舍义疏》数卷。玄约，正平人，讲律及《俱舍》四十余遍，著《俱舍论金华钞》二十卷。慧则（835—908），昆山人，曾就崇圣寺讲《俱舍》。贞峻（847—924），新郑人，少年出家即听《俱舍》，随为人讲述。归屿（862—936），寿春人，精通《俱舍》。以上都是新《俱舍》学者。此后《俱舍》的研习、弘传渐衰。

俱舍师的中心教义，是阐明一切色心诸法都依凭因缘而生起，破遣外道凡夫所执的人我见，令断惑证理，脱离三界的系缚。他们先把一切色、心、非色非心诸法整理组织为五位、七十五法（其中色法十一、心法一、心所有法四十六、心不相应行法十四、无为法三），或又归纳作五蕴、十二处、十八界三科，而说这色心诸法的自体都是实有。但不全同有部之说"三世实有，法体恒有"；而采取经部的"现在有体，过未无体"之说。又说诸法虽然实有，然而三世迁流，有生有灭，现在为生，过去为灭，灭是现在必然的推移，不另外等待因缘，而生就必须有令生的原因，于此有六因、四缘、五果之说。诸法都依凭众多因缘而生起，不能各自单独起作用，因而没有常一主宰的我体。而所谓我，只是在五蕴相续法上假立，无有实体。俱舍师在这法有我无论的基础上，进而建立有漏、无漏的两重因果论。有漏因果即世间因果，有缘、因、果三种：有漏缘是有情所起本惑、随惑等烦恼，有漏因是由烦恼的发动所造作的善、不善诸业，有漏果是由惑、业所招感的有情世间、器世间依、正二报。无漏因果即出世间因果，这也有缘、因、果三种：无漏缘是出世定，无漏因是依出世定所发起了达真理的智慧，无漏果是由定、慧而获得的预流、一来、不还、阿罗汉四种离系果。

新旧《俱舍论》译出后，只是师资相承作学术上的研究，并未成立一般所谓宗派。早在唐代，《俱舍》就由日僧智通、智达（一说道昭）来中国求法，随着法相宗的传习而带回日本，从此他们的法相宗学人同时兼习此论，既而其他宗派也有学习它的，并有建立专宗传承它的，为日本古代所谓八宗之一，学者辈出，著作很多。最著名的有宗性《俱舍论本义抄》四十八卷，湛慧《阿毗达摩俱舍论指要钞》三十卷，快道《阿毗达摩俱舍论法义》三十卷，法幢《阿毗达摩俱舍论稽古》二卷，源信《俱舍论颂疏正文》一卷，英宪《俱舍论颂疏抄》二十九卷等。

（黄忏华）

七　净土宗

净土宗，是中国佛教的一个宗派。由于这个宗派是专修往生阿弥陀佛净土的法门，后世就称它为净土宗，又称为莲宗。净土宗立祖之说起于宋代，宋四明宗晓（1151—1214）以晋庐山慧远为莲社始祖，善导、法照、少康、省常、宗赜五人继之（《乐邦文类》卷三）。后来，四明志磐改立慧远、善导、承远、法照、少康、延寿、省常为莲社七祖（《佛祖统纪》卷二十六《净土立教志》）。明清之际又加推袾宏为八祖。清道光间，悟开更加推智旭为九祖、实贤为十祖、际醒为十一祖（《莲宗正传》）。晚近印光又改推行策为十祖，实贤、际醒递降为十一祖、十二祖。印光的门下也加推他为十三祖。此宗被推为祖师的，大都以其人弘扬净土法门有贡献的缘故，并非像他宗的法系有前后传承的关系。

中土的往生净土法门，起于东晋潜青山竺法旷（327—402），《高僧传》卷五说他"每以《法华》为会三之旨，《无量寿》为净土之因，常吟咏二部，有众则讲，独处则诵。"稍后，慧远（334—416）于元兴元年（402），和彭城刘遗民、雁门周续之、新蔡毕颖之、南阳宗炳等一百二十三人，在庐山般若台精舍阿弥陀佛像前，建斋立誓，结社念佛，共期往生西方。又编有《念佛三昧诗集》，序中并有"又诸三昧，其名甚众，功高易进，念佛为先"等语。慧远与十八高贤结白莲社（简称莲社），同修净业。此莲社得名之由，是谢灵运一见慧远肃然心服，替他在东林寺开凿东西两池，种白莲，因而以莲社称（《佛祖统纪》卷三十六）。

慧远圆寂后，专修净土法门的虽不乏其人，但到东魏的昙鸾才有发展，而奠定后世净土立宗的基础。昙鸾（476—542），雁门人，原于四论及佛性深有研究，后来感于人命危脆，到江南去求长生之法于陶弘景，得《仙经》十卷，归途在洛阳遇到菩提流支，给他一部《观无量寿佛经》，说是解脱生死的大仙方。于是焚毁《仙经》，专修净业。先后在并州的大岩寺、汾州的玄中寺弘通净土法门，著有《无量寿经优婆提舍愿生偈注》（简称《往生论注》）二卷，《略论安乐净土义》《赞阿弥陀佛偈》各一卷等。他在《往生论注》中，依龙树的《十住毗婆沙论·易行品》，立难行、易行二道之说，以在五浊之世，无佛之时，求到不退转地，是难行道，以信佛的因缘愿生净土，凭借佛的愿力便得往生，即入大乘正定之聚，是易行道。加以文理兼到，深为后世学者所推重，隋代智𫖮所著《十疑论》中曾有所引用。

昙鸾以后，著名的佛教学者灵裕（518—605）、慧远（净影慧远，523—592）、智𫖮（538—597）、吉藏（549—623）等，都有关于净土法门的撰述（灵裕撰有《无量寿经疏》及《观无量寿佛经疏》等，均已逸失。慧远撰有《无量寿经义疏》一卷、《观无量寿佛经义疏》二卷等；智𫖮撰有《观无量寿佛经疏》一卷、《阿弥陀经义记》一卷等；吉藏撰有《无量寿经义疏》一卷等）。然皆非专宗净土，而继承昙鸾法系大弘净土宗的，则是唐代的道绰、善导。道绰（562—645），并州文水（今山西省太原市）人，原是涅槃学者，后来在玄中寺看到记述昙鸾事迹的碑文，深有所感，于是专修净土法门，每日口诵阿弥陀佛。又前后讲《观无量寿佛经》将近二百遍，劝人念阿弥陀佛名；撰有《安乐集》二卷。他在集中，本于难行易行之说，立圣道、净土二门，把在此土断惑证理、入圣得果的教门，称为圣道门；凭借弥陀愿力往生极乐国土、入圣证果的法门，称为净土门。认为在此末法时代，只有净土一门是唯一的出离之路。

善导（613—681），临淄（今山东省淄博市临淄区）人，起初诵《法华》《维摩》，后依《观无量寿佛经》专修十六观，更往玄中寺从道绰听讲净土要旨。后到长安，在光明、慈恩等寺宣扬净土，著有《观无量寿佛经疏》

（一称《观经四帖疏》）四卷、《转经行道愿往生净土法事赞》二卷，《观念阿弥陀佛相海三昧功德法门》《往生礼赞偈》《依观经等明般舟三昧行道往生赞》各一卷等，完备地组成了净土一宗的宗义及行仪。他的《观无量寿佛经疏》四卷传去日本，到了十二世纪时，原出身于日本比叡山天台宗的源空（1133—1212），即依这一《经疏》的散善义，著《选择本愿念佛集》等，宣扬专修念佛的净土教，开创了日本的净土宗。源空的弟子分成"六大法系"，其中之一亲鸾（1173—1262），又开创了日本的净土真宗。善导的弟子有怀感、怀恽、净业等。

怀感起初不信念佛往生之说，后来由善导的启迪，虔诚念佛，撰《释净土群疑论》七卷，通释关于往生净土的各种疑难。其后有少康（？—805），缙云仙都山人。初诵《法华》《楞严》，后来学律部及《华严》《瑜伽》。贞元初（785—？），在洛阳白马寺，得到善导的《西方化导文》，从此专修净业。后到睦州（今浙江省建德市），建净土道场，时人称为"后善导"，尝和文谂集录从东晋慧远到唐邵愿保四十八人的事迹，撰成《往生西方净土瑞应删传》一卷。此外，有和道绰、善导同时的迦才，住在长安弘法寺，勤修净业，尝整理道绰的净土学说，撰成《净土论》三卷。

又有慧日（680—748），和善导、少康"异时同化"（《宋高僧传》卷二十九），世称慈愍三藏。青州东莱郡（今山东省莱州市）人，受具足戒后，从海路往印度求法，经过十三年，从陆路东归，中途就印度学者听受净土法门。回国后，勤修净业，撰有《净土慈悲集》三卷，《般舟三昧赞》《西方赞》各一卷。他在《般舟赞》中，说回心念佛、凡夫得生净土等义，和善导的说法相似；但在《慈悲集》中主张教禅一致、禅净合行、戒净双修，这就和善导专修净土的主张有所不同。稍后有承远、法照。承远（712—802），初从资州智诜的门下处寂（648—734），传受禅法，后来在衡山教人专念弥陀，道化甚盛，时人称为弥陀和尚。法照起初入庐山结西方道场，修念佛三昧，后来到衡山师事承远，既而依《无量寿经》立五会念佛，以音韵文学弘扬净土法，尝在并州及禁中举行，道化甚盛，撰有

《净土五会念佛诵经观行仪》三卷、《净土五会念佛略法事仪赞》及《大圣竹林记》各一卷，其《五会法事赞》中，引载慧日的《般舟赞》全文。承远、法照都有许多弟子，但其后传承不久就中断了。

唐人关于净土的撰述，除上述外，还有《阿弥陀经通赞疏》三卷、《西方要诀释疑通规》一卷（以上两种相传是窥基所撰）、《念佛镜》二卷（道镜、善导共集）、《念佛三昧宝王论》（飞锡撰）、《观无量寿佛经记》一卷（法聪撰）、《无量寿经连义述文赞》三卷（新罗憬兴撰）、《无量寿经宗要》一卷、《游心安乐道》一卷（以上两种新罗元晓撰）等，就中憬兴《述文赞》、元晓《宗要》，古来和慧远、吉藏两疏并称《无量寿经》四大注疏。

五代末，吴越有延寿（904—975），盛倡禅净合行说。延寿钱塘（今浙江省杭州市）人，原来是法眼宗的巨匠，既而一意专修净业，后住永明寺，以一百八事为每日常课，晚间往南屏山顶行道念佛，撰有《万善同归集》三卷、《神栖安养赋》一篇（有自注，已佚），回向极乐。宋初，专弘净土的，有省常（959—1020），钱塘人，淳化中（990—994），住在昭庆寺，慕庐山白莲社的遗风，在西湖边结莲社专修净业，后来改名为易行社，信众入社的有一百二十三人，僧众千余人。

宋初以后，禅宗、天台宗、律宗等学者多兼弘净土。云门宗的天衣义怀及其弟子慧林宗本曾著《劝修净土说》。曹洞宗的长芦清了，有《净土集》行世。天台宗的学者四明知礼的弟子神照本如慕庐山之风，结白莲社。律宗的灵芝元照博究南山律宗，著有《观无量寿佛经义疏》《阿弥陀经义疏》等，其弟子道言亦兼修净业。

结社念佛之风，到宋代愈盛，从省常的易行社起，有知礼的念佛施戒会等二十余所；其中人数多的如灵照的净业社（1068—1077），参加僧俗多到二万人；也有人数很少的，如慧询等的西归莲社，只有十八人。

元代弘扬净土的，有明本、怀则、惟则、普度等。明本（中峰，1263—1323），钱塘人，为宋末元初临济宗的巨匠，融通禅、教、律、密、净，晚年专修净土，现行的《净土忏》，即是他撰的；还有《怀净土诗》（一百首）等许多诗文。怀则撰有《净土境观要门》一卷。惟则（天如）撰有《净土或问》一卷。普度撰有《庐山莲宗宝鉴》十卷。元末明初，有性澄、善继、必才、显示、大佑、普智等。就中性澄（1265—1342）撰有《阿弥陀经句解》一卷。大佑撰有《阿弥陀经略解》一卷、《净土指归集》二卷。普智（？—1408）撰有《阿弥陀经集注》一卷。此外，明代比较通行的净土著述，有妙叶的《宝王三昧念佛直指》二卷。传灯（幽溪）的《净土生无生论》一卷。袁宏道的《西方合论》十卷。明末，云栖祩宏（1535—1615）、憨山德清（1546—1623）、灵峰智旭（1599—1655）等学者，或唱禅净一致，或说性相融会，或论儒佛合一，而一概以净土为归宿。祩宏，仁和人，起初参禅有省，后来住在梵村云栖寺，常修念佛三昧，撰有《阿弥陀经疏钞》四卷，用贤首家言语解释净土教义。此外，还撰有《往生集》《净土发愿文》及《注》《四十八愿问答》《净土疑辨》等。德清，全椒人，早年致力于禅、教；后来在庐山仿效慧远的六时刻漏，专修净业；圆寂后，他的遗文被编为《憨山梦游集》，其中有《念佛切要》等许多关于开示净土法的撰述。智旭，木渎人，早年由儒入佛，遍涉诸宗，而以台宗为主，行愿则专在念佛往生，撰有《阿弥陀经要解》一卷，用天台家言语解释净土教义；并选辑《弥陀要解》及《西方合论》等十种弘扬净土的著述，称为《净土十要》，成时评点节略。

清初，比丘有实贤（省庵，1686—1734）、际醒（彻悟，1741—1810），居士有周梦颜（安士，1656—1739）、彭绍升（尺木，1740—1796）。实贤，常熟人，受具足戒后，就天台宗的绍昙听受《唯识》《楞严》《止观》，受记莂为灵峰四世，既而在真寂寺闭关三年，昼览梵笑，晚课佛号，晚年在杭州仙林寺结莲社，单提净土，尝在所撰《劝发菩心文》中，阐发净土宗旨，激励四众；此外，撰有《净土诗》一百零八首，《西方发愿文注》一卷、《续往生传》一卷等。际醒，丰润县人，早年听受《法华》等经，又参禅受记，后来慕永明延寿之风，专修净业，撰有《念佛伽陀》一卷等。他的再传弟子达默也撰有《净土生无生论会集》一卷。周梦颜，昆山人，博览经藏，深信净土法门，撰有《西归直指》四卷等。彭绍升，长洲人，初习儒书，后来信向佛乘，既而尽弃所学，专归净土，撰有《无量寿经起信论》三卷、《观无量寿佛经约论》一卷、《阿弥陀经约论》一卷、《净土圣贤录》九卷、《西方公据》二卷、《念佛警策》二卷、《一行居集》八卷等。同时有罗有高（台山，1734—1779）、汪缙（大绅，1740—1796），其生平学业，皆泛滥于儒释之间而致归于净土。

清末有古昆（玉峰），自称幽溪传法后裔；尝在杭州建弥陀寺，撰有《净土随学》二卷，《净土必求》《莲宗必读》《念佛要语》《念佛四大要诀》《净土自警录》《净土神珠》《西归行仪》《永明禅师念佛诀》《念佛开心颂》《上品资粮》各一卷。又有杨文会（仁山，1836—1910），安徽石埭人，广究大小乘经论，而以净土为归宿，常自称"教宗贤首，行在弥陀"，笃修净土数十年无间断，撰有《观无量寿经略论》一卷等。晚近有圣量（印光，1861—1941），专力提倡净土，门下把他的文稿汇编成书，称为《印光法师文钞》四卷。

此宗以三经一论为所依的典籍。三经是：一、《无量寿经》二卷，曹魏康僧铠译，此经叙说阿弥陀佛因位的愿行和果上的功德。二、《观无量寿佛经》一卷，刘宋畺良耶舍译，此经说示往生净土的行业。三、《阿弥陀经》一卷，姚秦鸠摩罗什译，此经说示净土的庄严和执持名号证诚护念的利益。一论是《往生论》，全名是《无量寿经优婆提舍愿生偈》一卷，婆薮槃豆（世亲）造，元魏菩提流支译，此论总摄上三部经正明往生净土的义旨。

此宗的主旨是以行者的念佛行业为内因，以弥陀的愿力为外缘，内外相应，往生极乐国土。而它的实践修行法门是念佛，特别是称名念佛。念佛法门原有三种：一、称名念佛，口称佛名。二、观想念佛，观佛相好功德。三、实相念佛，观法身非有非空中道实相理。称名念佛，又称散心念佛。观想、实相二种，合称定心念佛，或观察念佛。庐山慧远以次的净土古师所弘扬的净土法门，大都是观察念佛。到了昙鸾，便包含观察、称名两种。经过道绰到善导,却侧重称名一门。善导把往生净土的行业分作正、杂二行。正行是专依净土经典所修的行业。杂行是其余诸善万行。正行又分作五种:一、读诵正行,专读诵此宗正依的《观经》《弥陀经》《无量寿经》。二、观察正行,专思想、观察、忆念弥陀净土依、正二报的庄严。三、礼拜正行,专礼拜弥陀一佛。四、称名正行,专称弥陀一佛的名号。五、赞叹供养正行,专赞叹、供养弥陀一佛。这五种正行中更有正业、助业的分别,读诵、观察、礼拜、赞叹供养都是助业,只称名是符契弥陀本愿的正业。善导的净土法门,便是舍杂行,归正行;而又正修正业,旁修助业;一心专念弥陀一佛的名号,念念不舍,以往生净土为期。自此以后,此宗的行持即以称名念佛为主。其次,善导的学说和以前慧远(净影)、智𫖮、吉藏诸师的学说不同之点很多,就教说,有自力、他力的不同。慧远等说依靠自己修行定、散二善的力量往生净土,善导却说凭借佛的愿力往生。就机说,有凡夫、圣者的不同。慧远等说《观经》的九品通凡夫和圣者,善导却说九品只是凡夫。就佛身、佛土说,有应佛应土、报佛报土的不同。慧远等说弥陀是应身、净土是应土。善导却继承道绰《安乐集》的说法说是报身、报土。总结善导一系的净土教义,即《无量寿经》的三辈、《观经》的九品,都是五浊凡夫,凭借佛的愿力即得往生。即凭借弥陀本愿的他力,虽然是见、思惑未断的凡夫,也得和地上菩萨同入真实无漏的报土。因此,一般称之为他力念佛法门。

(黄忏华)

八　天台宗

天台宗是中国佛教中的一个宗派，由于这个宗派是隋朝天台山（今浙江省天台县境内）智顗所开创，后世就称它为天台宗。这个宗的教义正依《法华经》，所以也称为法华宗。本宗的学统是龙树、慧文、慧思、智顗、灌顶、智威、慧威、玄朗、湛然九祖相承。因为天台宗的教观要领三谛圆融之说的根源，据他们自称，出自龙树论师。据《摩诃止观》卷一上说，慧文禅师在高齐之世（550—577），在江淮间力阐禅观，他的"用心一依《释论》"（即《大智度论》），而此论是龙树所说；又据《佛祖统记》卷六指出，慧文因看到《大智度论》卷二十九中有"三智（道种智、一切智、一切种智）实在一心中得"之说，及《中论》卷四"众因缘生法，我说即是空，亦为是假名，亦是中道义"一偈，悟入"一心三观"的观行方法，并传给南岳慧思，慧思又由《法华经》义旨构成诸法实相论，于是一心三观和诸法实相论遂为此宗的主要思想。他日间谈义理，夜间禅观思维，对当时北方偏重禅法，南方偏重义理的学风有所转变。梁元帝承圣三年（554），慧思入河南光州大苏山，陈光大二年（568），到湖南的南岳，一直住到宣帝太建九年（577），在那里圆寂。他的诸法实相论，主要发表在他的《大乘止观法门》一书中。慧思的弟子很多，其中智顗（538—597）最为杰出。智顗于陈文帝天嘉元年（560）往大苏山跟慧思修法华三昧，所有悟解，得到慧思的赞许。陈光大元年（567）智顗到金陵，这时他三十岁。太建元年（569）受请居瓦官寺开讲《法华经》题，并讲解《大智度论》，演说禅法（即现存《释禅波罗蜜次第法门》），并著《修习止观坐禅法要》（简称《小止观》）及《六妙门》等。他在瓦官寺前后数年，受到陈宣帝和群臣的礼敬。陈太建七年（575），他和弟子慧辩等二十余人入天台山，居住十年。陈至德三年（585）应后主之请，重到金陵。这时，他对于佛教的教义和观行构成了自己一家的教法。他以《法华经》为宗要，以《大智度论》为指针，并参照诸经论，组成他的学说系统。陈后主祯明元年（587），他在金陵光宅寺开讲《法华经文句》，隋文帝开皇十三、十四年（593—594）他在荆州玉泉寺演说《法华经玄义》和《摩诃止观》，都是由他口述，由弟子章安灌顶（561—632）笔录成书，后世称这三部书为"天台三大部"。这里所说三大部的先后次序，是根据章安从智者听讲笔录成书说的，如从智者本人讲说而言，他最初是陈太建元年（569）于瓦官寺讲说《法华玄义》。此外，又著有《观音玄义》《观音疏》《金光明玄义》《金光明文句》《观经疏》等，称为"天台五小部"。他的学说，除继承和发展了慧文、慧思的一心三观之外，在教义上吸取了南朝盛行的三论、涅槃二系的思想，兼批判和摄取了"南三北七"的十家判教之长而倡导圆顿观。因此，智者实为创立天台宗的宗祖。灌顶继承智顗之学，建国清寺，敷讲师说，著有《涅槃玄义》《涅槃经疏》及《天台八教大意》《观心论疏》《天台智者大师别传》《国清百录》等。灌顶传智威，智威传慧威，慧威传玄朗，相继传承。玄朗之下有湛然，以中兴本宗自任，著有《法华玄义释签》《法华文句记》《止观辅行传弘诀》等"天台三大部"的注释。此外，还著有对抗贤首宗和唯识宗义的《止观义例》和《金刚錍》，又有《止观搜玄记》《始终心要》《止观大意》《五百问论》等，天台宗义至湛然而条理化。湛然传道邃、行满，日僧最澄偕其弟子义真于唐贞元二十年（804）到天台，从道邃、行满学台宗教义，并依道邃受菩萨戒，次年（805）携着中国赠送的佛教经论疏记二百余部回国，于比叡山开创了日本佛教的天台宗。至十三世纪，日僧日莲根据此宗所依《法华经》的理论，主张称念"南无妙法莲华经"经题，创立日莲宗。后来又派生出日莲正宗和灵友会等，现代又有创价学会和立正佼成会的产生，道邃之后有广修，晚年遭逢会昌灭法。经唐末五代之乱，此宗的教典多遭湮灭，仅在观行方面有物外、元琇、清竦、义寂师弟相承而已。义寂通过当时信奉佛教的吴越王钱俶，遣使到高丽（一说去日本）访求天台教典，高丽沙门谛观（《天台四教仪》的作者）送来了若干论疏和著述，因而使天台教典由湮灭而复兴。义寂的弟子，有高丽人义通，义通传知礼与遵式。知礼七岁出家，二十岁从义通习天台教观，后来就继承义通的法席。宋真宗咸平六年（1003），日僧寂照携带其师源信关于天台教门的疑义二十七条前来问知礼，知礼作了《问目二十七条答释》。知礼著有《金光明经文句记》《金光明经文义拾遗记》《观音别行玄义记》《观音别行疏记》《观无量寿经疏妙宗钞》《十不二门指要钞》及《大悲心咒行法》等数十部。当时，天台宗内部因争论智顗所撰《金光明玄义》广本的真伪问题而分裂为山家、山外两派。先是义寂同门志因的弟子晤恩，著《金光明玄义发挥记》，否定广本是智顗的真作，而主"真心观"；知礼起而难之，认为广本是智顗的真作，而主"妄心观"，于是展开一系列问题的争论。知礼的弟子梵臻、尚贤、本如称为四明三家，传知礼之说，自号为山家。晤恩的弟子源清、洪敏，源清的弟子庆昭、智圆，庆昭的弟子咸润、继齐等被贬为山外。山家、山外两派间，以《金光明玄义》广本真伪为争论的起点，以观境的真心、妄心为中心，兼及事具三千诸法与否等义的论题，彼此往返辩难，前后七年。但山外派的主张，有他宗立说的影响，故被山家斥为不纯，其势力不久即渐衰歇。知礼门下三家，传承有人，而广智一系传承更久。《佛祖统纪》的作者志磐，传为广智的十世法孙。

　　本宗在元代，有杭州下天竺寺蒙润，作《天台四教仪集注》。其弟子有杭州演福寺必才。又有怀则，作《天台传佛心印记》。到明代末叶，有传灯，尝从百松真觉受天台教观，后来在幽溪高明寺立天台祖庭，所著有《净土生无生论》一卷等。嗣又有藕益智旭，虽不以天台一宗的学者自居，但所著《法华经会义》十六卷、《玄义节要》二卷、《法华经纶贯》一卷、《教观纲宗》一卷、《教观纲宗释义》一卷、《大乘止观释要》四卷等书，于天台教义颇有发挥。清初，顺治年中（1644—1661），有天竺内衡，弘扬天台教观。康熙年间（1662—1772），有灵耀撰《四教仪集注节义》一卷、《补定摩诃止观贯义科》二卷。乾隆年间（1736—1795），有性权撰《四教仪注汇补辅宏记》十卷等。

本宗所依的经论，如湛然在《止观义例》卷上所说：一家教门"以《法华》为宗旨，以《智论》为指南，以《大经》(《涅槃》)为扶疏，以《大品》(《般若》)为观法，引诸经以增信，引诸论以助成。"本宗于《法华》一经的意旨，有其独特的见解。智𫖮以五重玄义解释《法华经》题，即一、以法喻为经名，二、以诸法实相为经体，三、以一乘因果为经宗，四、以断疑生信为经用，五、在分判佛一代教法为五时八教中，而以此经为无上醍醐、纯圆独妙为教相。

本宗的著述，如上列举智𫖮、湛然、知礼的著作为一宗教观的重要宗典外，而灌顶的《八教大意》、谛观的《天台四教仪》、智旭的《教观纲宗》，则是此宗入门之籍。

本宗的判教为五时八教。五时，是将释迦一代说法分为五个时期，即华严时、阿含时、方等时、般若时、法华涅槃时。五时是就说法对象的根机利钝而建立的。并就上述五个时期所说之法，分作化仪四教和化法四教二类。化仪，是指释迦说法所用的仪式和方法，有顿、渐、秘密、不定四种。化法，是按释迦五时说法的教理浅深，有藏、通、别、圆四种。八教穿插在《法华》以前的四时，《法华》为最后时期的说法，被判为化导的终极，纯圆独妙，高出八教之表。

本宗的中心理论是诸法实相论，渊源于南岳慧思。他说一切诸法当体即是实相，而万有差别的事相皆是显示法性真如的本相。此宗所立"圆融三谛"及"一念三千"即为说明此义。

智𫖮的圆融三谛，在于说明即空、即假、即中的统一精神。他认为一切事物都由因缘而生，没有永恒不变的实体，叫作"空谛"；一切事物其中虽无永恒不变的实体，却有如幻如化的相貌，叫作"假谛"；这些都不出法性，不待造作而有，叫作"中道谛"。随便举一个事物，他认为既是空,又是假,又是中,所以称为圆融三谛。换句话说:"空"离不开"假"和"中";"假"离不开"中"和"空";"中"也离不开"假"和"空"。

所谓"一念三千",此宗认为一心具有天、人、阿修罗、地狱、饿鬼、畜生(以上称六凡)、声闻、缘觉、菩萨和佛(以上称四圣)十法界。但这十法界,不是固定不移的,"六凡"可以向上到达于"佛"的地位,而"佛"也可以现身在"六凡"之中,这样十法界相互具备,就构成"百法界"。接着,它又分析十法界所依之体,基本不外色、受、想、行、识五蕴,叫作"五蕴世间";由五蕴构成有情(动物等)个体叫作"有情世间"。此外,还有所依住的山河大地,叫作"器世间"。十法界各具这三种世间共有三十种世间。依此推算,百法界就具有三千种世间了。在佛教中所谓"六凡""四圣"乃至整个宇宙,在智顗看来,都不过是"介尔一念心"的产物。没有这"介尔一念心"也就没有一切。

本宗理论还有"三法无差""性具善恶""无情有性"等说。"三法无差"是佛法、众生法、心法三种。虽有自他、因果不同,而三法的体性都具足三千,互摄互融,并无差别。"性具善恶"是一切诸法既无一不具三千,所以染净善恶都可视为天然的性德。如来不断性恶,但断修恶;阐提不断性善,但断修善。"无情有性"是依据色心不二的道理,说明佛性周遍法界,不因有情无情而间隔,所以一草一木,一砾一尘,都具有佛性。

本宗的观行,即在实修一心三观、一念三千的观法。至于修观的行仪,如《摩诃止观》所说,有常坐、常行、半坐半行、非行非坐四种三昧。

观前加行方便,有具五缘、诃五欲、弃五盖、调五事、行五法二十五种。具五缘是:持戒清净、衣食具足、闲居静处、息诸缘务、得善知识。诃五欲是:诃色、声、香、味、触欲。弃五盖是:弃贪欲、瞋恚、睡眠、掉悔、疑盖。调五事是:调食令不饥不饱,调眠令不节不恣,调身令不缓不急,调息令不涩不滑,调心令不沉不浮。行五法是:欲、精进、念、慧、一心。

正修的观法有十种:一、观不思议境,二、真正发菩提心,三、善巧安心止观，四、破法遍，五、识通塞，六、道品调适，七、对治助开，八、知位次，九、能安忍，十、离法爱。于所观行五阴、烦恼、病患、业相、魔事、禅定、诸见、慢、二乘、菩萨等十境，一一修此十种观法，所以称为十乘观法。

本宗止观又各有三种。即三止：体真止、方便随缘止、息二边分别止；三观：从假入空观、从空入假观、中道第一义谛观。

本宗对于修行的位次，在圆教中，说有六种次第，称为六即佛：理即佛、名字即佛、观行即佛、相似即佛、分证即佛、究竟即佛。以上内容，具如《法华经玄义》《摩诃止观》所说。

（黄忏华）

九　三论宗

　　三论宗是中国佛教中的一个宗派。此宗学说以《中论》《百论》《十二门论》三部论为依据，所以称为三论宗。这三部论都是鸠摩罗什在姚秦弘始年间（399—415）所译。他的门人僧肇、僧睿、道融、昙影、道生、僧导等传弘讲说，遂开创以三论立宗的端绪。关于此宗的学统，在印度是：龙树—提婆—罗睺罗—青目—须利耶苏摩—鸠摩罗什；在中国是：鸠摩罗什—僧肇—僧朗—僧诠—法朗—吉藏。

　　此宗的初祖龙树，出世于佛涅槃后七百年间，他所著《中论偈》，是根据《般若经》，以"八不"之说为中心，多方面发挥宇宙万法当体性空而无碍于缘起的中道之理。又著有《十二门论》，以十二门解释一切有为无为诸法皆空之义。都是三论宗所正依。龙树的弟子提婆，著《百论》，破斥一切有所得的邪计邪执，同为此宗所依的论典。其次，罗睺罗是龙树同时人（见《中论疏》卷三），用常、乐、我、净四德解释八不，青目是印度梵志（见僧睿《中论序》），就《中论偈》作"长行"释，发展了龙树的学说。须利耶苏摩，原是西域沙车国的王子，出家专弘大乘，尝为鸠摩罗什说《阿耨达经》，阐明阴（即"蕴"）、界、入（即"处"）皆空无相的道理。鸠摩罗什，印度籍，生于龟兹，出家初学声闻乘，后从须利耶苏摩探究方等经典及《中》《百》《十二门》等论。自此弘阐性空的法门，多为学者所宗。姚秦时到长安，译出经论，以关于般若性空的典籍为多，盛倡龙树、提婆之学。僧肇，早年治老庄之学，出家后专究"方等"，又从罗什受业，助其译经。著《般若无知论》等（后世称《肇论》)。"僧肇在罗什门下为解空第一"（见吉藏《百论序疏》）。故同门虽都盛弘三论，而只有僧肇一系始终保持纯正的学说。僧肇所著《宗本义》及《不真空论》，发挥诸法缘生性空之理，而确立了三论宗义。所以吉藏在《百论序疏》推尊他为"玄宗之始"，又在《中论疏》中举山门义，常以什肇并称。

什肇之学，原在北方流行，后得僧朗传播，乃流入南方。僧朗，辽东人，刘宋时入关，研习三论，后来到江南，住在钟山草堂，遇见隐士周颙，即授以所学，周颙因而著《三宗论》。当时，"江南盛弘《成实》"，三论的玄纲几乎断绝，僧朗到了江南，非难了成论大乘师，并破斥从来视三论与《成实》一致的旧说，使三论学重归纯粹。既而入摄山，游于法度的门下，后来即继承法度的栖霞寺法席。到了梁代，武帝很器重他，天监十一年（512），遣僧怀、慧令、智寂及僧诠等十人到摄山从他谘受三论大义，就中僧诠学有成就。嗣后数代相传，遂有"摄岭相承"的宗派。

僧诠的传记不明，他从僧朗受学之后，始终隐居摄山，住在止观寺，因而有山中师、止观诠等称号。他一生只讲三论和《摩诃般若》，以为《中论》是《般若》的中心正解。著有《二谛章》，早已逸失，只吉藏所撰《二谛义》（卷上）中保存了他寥寥几句，说明二谛是教，以见其学说的特点。

僧诠的门下，有兴皇寺法朗，长干寺智辩，禅众寺慧勇，栖霞寺慧布，当时称为诠公四友，各具独到的智解。由于他们的宣扬而摄岭三论之学越发恢宏。就中传承学统而开辟后来一宗规模的是法朗。法朗，徐州沛郡人，二十一岁出家，初学禅、律、《成实》《毗昙》，后来慕龙树的学风，从僧诠受《智度》《中》《百》《十二门》等论，《华严》《大品》等经。陈武帝永定二年（558）奉敕入京住兴皇寺。自此二十余年相继讲《华严》《大品》及四论各二十余遍，听众常千余人。他发挥无住无得的意义颇透辟，教化弘广，其门人差不多遍于全国。知名的有二十五哲，而以慧哲、智炬、明法师、吉藏四人为最著。就中发扬摄岭相承的学说而建成一大宗派的是吉藏。吉藏幼从法朗出家，便留在兴皇受教。他依摄山诸师所传关于罗什在关中，道朗在河西的旧说，发挥三论的思想，造诣渐深。三十岁时，法朗圆寂，其时正当陈末隋初，江南凌乱，僧徒纷散，许多寺庙都荒芜了，他曾在各废寺内广搜文疏，浏览涉猎，见解因以大进。到隋朝平定百越（浙江、福建一带地区）之后，他往会稽（今浙江省绍兴市）住嘉祥寺，大开讲筵，问道的人士常有千余，后世因此尊称为嘉祥大师。隋炀帝大业二年（606）受请住扬州慧日寺，后又移住长安日严寺。他的《中论》《百论》《十二门论》诸疏及《三论玄义》等著述，多半在这一时期写成。后来，唐高祖入长安，设置十大德管理僧务，吉藏也当其选。吉藏生平讲三论一百多遍，并著《大乘玄论》《二谛义》等。他发扬罗什、僧肇乃至僧诠、法朗一系的三论义学体系，从而完成三论一宗的大业。

吉藏门下有慧远、智凯、硕法师等，而以慧远为特出。慧远继吉藏之后，敷传法化，后移住蓝田（今陕西省蓝田县西）悟真寺，不时到长安宣讲。智凯常在余姚（今浙江省余姚市）小龙泉寺讲三论、《大品》，后到嘉祥寺讲三论，四方的义学云集，多到八百余人。硕法师不见于僧传，著有《中论疏》十二卷（已佚），《三论游意义》一卷（现存）。吉藏的再传弟子见于僧传的，只有元康。相传他出于硕法师门下，于唐太宗贞观中（627—649）奉诏入长安安国寺讲三论，造《三论疏》解释中观义，又撰《玄枢》二卷，总明三论的宗旨，均散佚。此外还著有《肇论疏》三卷，现存。

吉藏的门下，还有高丽慧灌，后来传三论宗于日本，为第一传。其弟子智藏也曾经到中国来研习三论，为第二传。智藏的弟子道慈，来中国留学十八年，遍学法相、律、《成实》《华严》、真言及三论，尝入元康之室，其学说传于日本，为第三传。因此，此宗在日本的奈良时代甚为流行。

和吉藏同时弘传三论的还有和他同出法朗门下的慧均，著有《四论玄义》十卷，现存七卷。他的学说和吉藏稍有不同。又吉藏的学统以外，在贞观时代弘布三论的学者有慧因（智辩弟子）、慧暠、法敏、慧璿（三人都是法朗门下明法师的弟子）、灵睿（慧暠弟子）等。但三论宗吉藏一系，流行不久，即因天台宗、慈恩宗相继盛行，而渐次衰微。

本宗所依典籍，以《大品般若经》为所依经，以《中》《百》《十二门》三论为所依论。《中论》（亦称《中观论》），颂本是龙树所造，释是青目所作，全论二十七品，依吉藏《中论疏》的分判，初《观因缘》等二十五品，破斥大乘的迷失，阐明大乘的观行；次《观十二因缘》《观邪见》二品，破斥小乘的迷执，分辨小乘的观行；后《观邪行品》的末段，重明大乘的观行，推功归佛。《十二门论》颂本和释都是龙树所造。全论以观因缘等十二门构成。依吉藏《论疏》的分析，初《观因缘》等三门，明空门；次《观相》等六门，明无相门；后《观作》等三门，明无作门。由三解脱门成立空性实相之义，为中观入门阶梯。《百论》颂本是提婆所造，释是婆薮所造。依吉藏《疏》的分析，全论十品，破邪显正分为三章：一、舍罪福品（第一），明舍罪舍福及能舍的空三相智，显示佛的渐舍之教，属于显正。二、从破神品（第二）到破常品（第九），就中前一品破我明众生空；次七品破法明法空，即正辨破邪。三、破空品（第十），即破无我，归结毕竟空的境界。三论破显各有重点，故兼取为本宗所依论典。

在判教方面，本宗以破一切有所得见为主旨，故说一切大小乘经同明一道，以无得正观为宗（见《三论玄义》），并无浅深优劣。但因一代佛教，原为对治众生的见执，因病授药，众生的机根不同，因而法门也有种种差别。如对二乘说《阿含经》，对菩萨说《华严经》等。由此本宗立二藏、三轮，以判一代佛教。二藏是《涅槃》《智度》《中观》等经论所说声闻藏、菩萨藏，亦即小乘及大乘：如吉藏《法华游意》（第四《辨教意门》）说："佛教虽复尘沙，今以二意往收则事无不尽。一者赴小机说名曰小乘；二者赴大机说称为大乘。而佛灭度后结集法藏人摄佛一切时说小乘名声闻藏，一切对说大乘者名菩萨藏，即大小义分，浅深教判也。"其次，为了防止二藏的教判堕于有所得，更依《法华经·信解品》说三轮的教判。三轮是：一、根本法轮，即《华严经》；二、枝末法轮，即从《华严》以后到《法华》之前一切大小乘经；三、摄末归本法轮，即《法华经》。佛初成道在华严会上纯为菩萨说佛所证一因一果的一佛乘，是一代教法的根本，所以称为根本法轮。但是，薄福钝根的机类，闻此一乘法门心生迷惑，所以于一佛乘分作三乘，而说诸小乘经乃至"方等""般若"等大乘经以陶炼调理，四十余年皆说此三乘之教，所以称为枝末法轮。到了《法华》会中，根缘已经成熟，能够接受一乘，于是会三乘的枝末归于一乘的根本，称为摄末归本法轮。

本宗的中心理论，是诸法性空的中道实相论。此说世间、出世间、有为、无为等一切万有只是众多的因缘和合而生，所以无自性，无自性即毕竟空无所得。但为引导众生而用假名来说有，这就是中道。所以不离性空而缘生的诸法历然可见，虽有假名仍是无得的中道实相。为了阐明这空无所得的道理，更立有破邪显正、真俗二谛、八不中道三种法义。

1.破邪显正　依《三论玄义》说，三论的义旨，不出破邪显正二途。破邪是破有所得，显正是显无所得。但此宗旨是破而不立，即只破斥颠倒虚妄，别无所有，故破邪也就是显正。至于所破邪执，可概括为四种：第一是外道，不明了人法二空道理而执着有实我实法，起种种邪见。第二是《毗昙》，虽已了达人空，而执着诸法实有。第三是《成实》，虽然了达人法二空，但仍没有除去偏空的情见。第四是堕于有所得见的大乘，虽除偏空，仍执涅槃有得。又为令众生体会这个无所得理，于无名相中强立名相，用真、俗二谛言教，来诠显它。仍为显明无所得空义。

2.真俗二谛　本宗从摄岭、兴皇以来，即以二谛为能说的言教。其典据是《中论·观四谛品》所说："诸佛依二谛，为众生说法，一以世俗谛，二第一义谛。"又《百论·破空品》所说："诸佛说法常依俗谛、第一义谛，是二皆实，非妄语也。"此等均谓二谛乃为引导众生而说，即为著空者依俗谛明有，为执有者依真谛明空；令体会超越有、空言亡虑绝的诸法实相理，从而二谛不过是说法教化上的方便，这叫作言教二谛。但此宗以无所得空为主旨，所以说二谛是言教，亦只适时而用的假设，不许执此说而堕于有所得见。

3.八不中道　　此宗更依《中论》（卷一）详开不生、不灭、不常、不断、不一、不异、不来、不出等八不法门以明二谛之义。这就是要从八方体会缘起性空的意义。本来分析种种邪执，不出生、灭、常、断、一、异、来、出的四双八计。其中，生、灭、常、断是时间的计执；一、异、来、出是空间的计执，这些计执都和舍离妄见戏论的中道实相背道而驰。而众生都把它当作实在，以致堕于无因、邪因、断常等邪见之中，辗转迷执，不得出离。现在就对这些计执一一用"不"字来遮遣它，以显无所得的中道实相。称为八不中道，这是破邪，从而也就是显正。

本宗依无所得理，说一切众生本来是佛，无迷无悟，湛然寂灭，实无成佛可得。但依假名门，也说迷悟和成与不成。这就是由于众生根器有利钝，惑障有厚薄，成佛也有迟速之义。利根众生一念成就八不正观，可以顿得佛果。钝根众生三大阿僧祇劫积集万行，经过五十一位而到妙觉。但从一念不碍三祇来看，亦可说念劫融即，利钝平等。总之，此宗虽立五十一位，而其本意却是众生本有佛果觉体，因被客尘烦恼所蔽，所以流转生死，只要拂除客尘，湛然寂静，本有的觉体即宛尔而显。

（黄忏华）

十　律宗

律宗，是中国佛教中以研习及传持戒律为主的一个宗派。它所依据的是五部律中的《四分律》，所以又称为四分律宗。

据僧史记载，汉地翻译戒律和实行受戒，始于曹魏嘉平年中（249—253）。当时中天竺昙柯迦罗来到洛阳，看见中国僧人只剪落须发而没有受戒，于是译出《僧祇戒心》，即摩诃僧祇部的戒本，以为持戒的准绳。又请梵僧建立羯磨法（即受戒规则）创行受戒。不久又有安息沙门昙谛，于正元年中（254—255）来到洛阳，译出昙无德部的受戒作法。此后又经过二百余年，印度流传的《十诵律》等四部广律，也先后在中国译出。所谓"律分五部"，只有迦叶遗部的广律没有传来。接着解释广律的论著也陆续译出，其中比较重要的有《毗尼母论》等五种。所以此宗的典据通称为"四律五论"。

四律是：

1.《十诵律》六十一卷，萨婆多部律，姚秦时弗若多罗、鸠摩罗什译；

2.《四分律》六十卷，昙无德部律，姚秦时佛陀耶舍、竺佛念译；

3.《摩诃僧祇律》四十卷，窟内上座部律，东晋时佛陀跋陀罗、法显译；

4.《五分律》三十卷，弥沙塞部律，刘宋时佛陀什、竺道生译。

五论是：

1.《毗尼母论》八卷，昙无德部，失译人名，早期的佛经目录书都把它附在姚秦译经的条目内；

2.《摩得勒伽论》十卷，萨婆多部，刘宋时僧伽跋摩译；

3.《善见论》十八卷，南方昙无德部，南齐时僧伽跋陀罗译；

4.《萨婆多论》九卷，萨婆多部，失译人名，早期佛经目录书都把它附在姚秦译经条内；

5.《明了论》一卷，正量部，陈时真谛译。

四律译出后，流行于南北各地，但其后弘通独盛蔚成一宗的，只有《四分律》。此律译出六十多年后（北魏孝文帝时代，471—499），先有法聪律师，在平城开讲此律，口授弟子道覆作《四分律疏》六卷，内容只是大段科文；到了慧光律师（468—537），对《四分律》的研习弘通才逐渐盛行。慧光由佛陀扇多的启示，造《四分律疏》百二十纸，并删定《羯磨戒本》，奠立了此宗的基础。慧光的弟子中，继起的有道云、道晖、洪理、昙隐。道云奉慧光遗命专弘律部，撰《四分律疏》九卷。道晖又把道云所撰之疏加以整理，略为七卷。洪理撰《四分律钞》二卷。昙隐起初宗奉道覆，听受律部，后来更从慧光采撷精要。道云之下有道洪、洪遵两系。道洪之下有智首、慧进、慧休、道杰等；洪遵之下有洪渊、慧琎、玄琬等；而形成四分律宗的，是智首的法系。智首（567—635），漳滨人，幼年从僧稠的弟子智旻出家，后从道洪听受律学，慨叹当时五部律互相混杂，于是研核古今学说，撰《五部区分钞》二十一卷；又以道云《疏》为基础，概括各部同异，决定去取，撰成《四分律疏》若干卷，世称广疏（一称大疏）。智首弘扬律学三十余年，唐代的律学者大都受了他的影响。他的弟子道宣继承他的遗范，广事著述，并用大乘教义解释《四分》，大兴四分一宗。道宣（596—667），吴兴人（一说是丹徒人），十五岁出家，从智首受具足戒，钻研律部，既而入终南山潜心述作，著有《四分律比丘含注戒本注》三卷，《四分律删补随机羯磨疏》二卷，《四分律删繁补缺行事钞》十二卷，后来学者称为三大部；又把他所著的《四分律拾毗尼义钞》六卷，《四分比丘尼钞》六卷合称五大部。因道宣住终南山，后人又称他这一学系为南山宗。他的弟子有大慈、文纲、名恪、周秀、灵萼、融济及新罗智仁等。就中继承法系的，是周秀。和道宣同门的有道世（？—683），也于律学深有研究，经常和道宣一同敷扬律部，著有《四分律讨要》及《四分律尼钞》，大体和道宣的学说相同，所以也属于南山宗。

与道宣同时并宏《四分律》学的，还有相州日光寺法砺，开相部宗；西太原寺东塔怀素，开东塔宗；与道宣并称律宗三家。法砺（569—635），冀州赵郡人，起初师事灵裕，后从静洪学《四分》，更就洪渊听受《四分》大义，又穷究《十诵》，开拓异闻，参考经论和慧休合撰《四分律疏》十卷，《羯磨疏》三卷。他的学说盛行于相州一带，所以称为相部宗。弟子有明导、昙光、道成等。怀素（625—698）是道成的弟子，京兆人，幼年出家，曾入玄奘门下，参加译事，撰《四分律开宗记》二十卷，采用新译有部《婆沙》《俱舍》等论的解释，弹斥法砺《四分律疏》的错误，也称新疏，而称法砺之疏为旧疏，后来又撰《新疏拾遗钞》二十卷，《四分僧尼羯磨文》二卷，《四分》僧、尼戒本各一卷等。并自讲新疏五十余遍。怀素住西太原寺的东塔，所以称为东塔宗。唐代律宗三系间互有争论，而相部和东塔的争论最烈。开元年中（713—741），法砺门下西塔满意的弟子定宾，撰《四分律疏饰宗义记》二十卷，详解法砺疏；更撰《破迷执记》一卷，救法砺的大义，破怀素的异解。满意的再传弟子昙一，又撰《四分律发正义记》十卷"斥破南山"。到了大历十三年（778），代宗敕令三系学者十四人，在安国寺律院集合，决定新旧两疏的是非，佥定一本流行。结果，如净等写成《敕佥定四分律疏》进呈，同时仍请新旧两疏并行，也得到许可。后来相部、东塔两系逐渐衰微，只南山一系传承独盛，绵延不绝。

继承道宣法系的周秀，以次递传道恒（撰有《行事钞记》十卷）、省躬（撰有《行事钞顺正记》十卷）、慧正、玄畅（世称法宝大师，撰有《行事钞显正记》）、元表（撰有《行事钞义记》五卷）、守言、元解、法荣、处元（一称处云，撰有《拾遗记》三卷）、择悟（撰有《义苑记》七卷）、允堪、择其、元照等。律宗到允堪、元照而再盛。允堪（1005—1061），钱塘人，尝住持西湖菩提，专弘律部，宋庆历、皇祐年中（1041—1053），依照戒律在杭州大昭庆寺、苏州开元寺、秀州精严寺建立戒坛，每年度僧。所有道宣的重要著述，他都作了记解，有《行事钞会正记》《戒本疏发挥记》《羯磨疏正源记》《拾毗尼义钞辅要记》《教诫仪通衍记》《净心诫观发真钞》等十部，世称十本记主。元照（1048—1116），余杭人，初依祥符寺慧鉴律师出家，专学毗尼。后来从天台宗学者处谦探究天台教观，并博究群宗，而以律为本。最后三十年间，住持杭州的灵芝寺，广事讲说及述作，著有《行事钞资持记》《戒本疏行宗记》《羯磨疏济缘记》共一百余卷。他用天台宗的教义作《资持记》，以阐明道宣的学说，和允堪的《会正记》也有区别，于是南山一系分作会正、资持两家。其后，律宗又衰，只元照下有智交、准一、法政、法久、了宏、妙莲，次第相承。元明之际，法系传承几于无闻，到明末清初，才有如馨在金陵的灵谷寺传戒说法，重兴南山律宗。其弟子有寂光，初习贤首教观，次就如馨传受毗尼，后在金陵的宝华山建律宗道场。再传有读体、戒润。读体（1602—1679）继承寂光的法席，以十誓励众，共同遵行。自此以后，依律受戒，结界安居，著有《毗尼止持会集》十六卷、《毗尼作持续释》十五卷、《传戒正范》四卷、《剃度正范》《僧行轨则》《三归五八戒正范》《教诫尼正范》《毗尼日用切要》《黑白布萨》各一卷。读体的弟子，以德基、书玉为最著。德基著有《羯磨会释》十四卷、《比丘戒本会义》十二卷、《毗尼关要》十六卷等。书玉住持杭州昭庆寺，著有《梵纲经菩萨戒初津》八卷、《毗尼日用切要乳香记》《沙弥律仪要略述义》各二卷。德基下真义、常松、实咏、福聚，次第相承。福聚于雍正十二年（1734）奉召入京，住持法源寺，大宏律宗，著有《南山宗统》等，其下有性言、圆先、明如、定静、慧皓、昌苍、海然、印宗、发圆，次第相承。戒润弘律宗于常州天宁寺，著《楞伽经贯珠》十卷，传承不详。

此外，唐道宣门下弘景的弟子鉴真（688—763）于开元年间，在扬州大明寺以戒律化导一方。其时有日僧荣睿、普照等来中国求法，于天宝元年（742）到扬州礼请他到日本传弘戒律，于是和比丘思托等东行，从天宝元年到十二载（753）间，渡海六次，历尽艰辛，双目失明，终于到了当时日本的都城奈良，筑坛传戒。自此以后，就在日本敷弘律藏。日本律宗，由此肇始。

律宗将佛陀所制的一切诸戒归纳为"止持""作持"二类，以比丘、比丘尼二众制止身口不作诸恶的"别解脱戒"为"止持"戒，以安居、说戒、悔过等行持轨则为"作持"戒。《四分律》中，前半部解释僧尼二众的别解脱戒：比丘戒中有四波罗夷、十三僧残、二不定、三十舍堕、九十单提、四提舍尼、百众学法、七灭诤；比丘尼戒中有八波罗夷、十七僧残、三十舍堕、百七十八单提、八提舍尼、百众学法、七灭诤，这些即止持门。《四分律》后半部解释受戒、说戒、安居、自恣、皮革、衣、药、迦缔那、拘睒弥、赡波、呵责、人、覆藏、遮、破僧、灭诤、比丘尼、法、房舍、杂二十种犍度（意译为"聚"），这些都是作持门。南山五大部内容也不出此二类。《戒本疏》说明止持，《羯磨疏》说明作持。《行事钞》上下二卷说明作持，中卷说明止持。《拾毗尼义钞》多说明止持，《比丘尼钞》说明比丘尼止作二持。

律宗主要的学说是戒体论，三家的分歧也就在此。依《行事钞》等所说，一切诸戒都有戒法、戒体、戒行、戒相四科：戒法是佛所制的各种戒律；戒体是弟子从师受戒时所发生而领受在自心的法体，即由授受的作法在心理上构成一种防非止恶的功能；戒行是受戒后随顺戒体防止三业罪恶的如法行为；戒相是由于戒行坚固而表现于外可作为轨范的相状。此中戒体，旧译称"无作"，新译称"无表"。古德多依《成实论》，以"无作"戒体为非色非心的"不相应行法"，相部法砺即依此立说，唱非色非心戒体论。东塔怀素则依《俱舍论》，以"无表业"为色法，唱色法戒体论。南山道宣说《四分律》通于大乘，以阿赖耶识所藏的种子为戒体。它和色法戒体、非色非心法戒体说相对，称为心法戒体。

南山律宗把释迦一代的教法区分作化、制（或行）二教，以化教为如来教化众生使其发生禅定及智慧的教法，如四《阿含》等经、《发智》《六足》等论。制教为如来教诫众生而对其行为加以制御的教法，如《四分》

《十诵》等律。此宗更把化教分作性空教、相空教、唯识圆教三类。把制教分作实法宗、假名宗、圆教宗三宗。性空教、实法宗、假名宗摄一切小乘。相空教是说直下从诸法的当体观察真空无相的教法、摄一切大乘般若。唯识圆教是说观察诸法外尘本无"唯有识心"性相圆融的教法，摄大乘《华严》《楞伽》《法华》《涅槃》。制教三宗中：实法宗即立一切诸法实有的萨婆多部等，此宗以色法为戒体。假名宗即立一切诸法唯有假名的经量部等，此宗以非色非心法为戒体。圆教宗即立一切诸法唯有识的唯识圆教等，此宗以心法种子为戒体。律宗在三教、三宗中属唯识圆教宗。

　　《四分律》分通大乘之说，起于慧光，道宣更在《羯磨疏》里，从律文中搜寻出五种理由来证明其说。其一"沓婆回心"，这在解释"僧残"的律文中，说到无根谤戒，沓婆比丘得了罗汉果之后，发生厌弃此身无常之心，欲修利他行，求牢固法；此可为回心向大的很好说明。其二"施生成佛"，在戒本尾回向文有"施一切众生，皆共成佛道"两句，和《华严》《法华》圆顿之意相通。其三"相召佛子"，在律序中一再说"如是诸佛子"，"佛子亦如是"，佛子的称呼简直和《梵网》大戒一样。其四"舍财用轻"，并解释"舍堕"戒中，所舍的财物如果僧用不还，只犯"突吉罗"轻罪，这和大乘戒以意业分判轻重相通。其五"识了尘境"，在解释"单提法"中妄语戒的见闻觉知，说眼识能见等，这也和大乘毗昙的说法相通。由《四分》通大乘的看法，更进一步建立三学圆融无碍说。此即大小二乘各立三学，就大乘圆教三学说：戒是摄律仪、摄善法、摄众生三聚净戒；把心停止在诸法都以识为根本的看法上是定；详细观察它是慧。这三学圆融互摄，随便一种就含摄其余的两种。三聚净戒也是大乘圆融行，互相含摄。用这种意思去推论，对于小乘戒也可圆融无碍。像杀生一种戒，就三聚具备：止息各种杀缘是摄律仪戒，经常从事生命的保护是摄善法戒，保护众生的生命是摄众生戒。杀生一种戒如此，不盗、不淫等无量的戒品，也都如此。所以一戒一行，圆融观解，就具足一切行，这样成为大乘妙行。

（黄忏华）

十一 慈恩宗

　　慈恩宗一称法相宗或唯识宗,是中国佛教中的一个大乘宗派。因为创宗者玄奘、窥基师弟长期住过长安的大慈恩寺,故通称为慈恩宗。此宗崇奉印度大乘佛教中从弥勒、无著、世亲相承而下,直到护法、戒贤的瑜伽一系的学说,即以《瑜伽师地论》为本,及以《百法明门论》《五蕴论》《显扬圣教论》《摄大乘论》《杂集论》《辨中边论》《二十唯识论》《三十唯识论》《大乘庄严经论》《分别瑜伽论》为支的所谓"一本十支"为典据,阐扬法相、唯识的义理,故又称"法相宗"或"唯识宗"。

　　慈恩宗的开创人玄奘(600—664),河南洛州缑氏县(今河南省洛阳市偃师区南境)人,幼年出家,便投入佛学义海从事研讨,游学于洛阳、四川当时名德之门,执经问难,便露头角。于《涅槃》《摄论》《毗昙》《杂心》诸学,特有心得,曾讲学于荆湘间,声誉雀起。行脚河渭,入长安,"遍谒众师,备餐异说,详考其理,各擅宗途,验之圣典,亦隐现有异,莫知适从。乃誓游西方,以问所惑,并取《十七地论》以释众疑,即今之《瑜伽师地论》也"。他曾说:"昔法显、智严亦一时之士,皆能求法导利群生,岂使高迹无追,清风绝后,大丈夫当继之。"(见《大慈恩寺三藏法师传》)这时(626)恰逢印度佛教学者波颇蜜多罗来华,介绍了当时那烂陀寺宏大的讲学规模以及一代宗师戒贤所授的《瑜伽师地论》,肯定这才是总赅三乘学说的大乘佛教体系。玄奘就更立下西游求法的壮志。贞观二年(628),他从长安出发,以惊人的毅力,百折不回地克服了各种困难,终于到达印度,入那烂陀寺戒贤之门而满足了他的志愿。他游学印度十七年，除了在那烂陀寺学习五年而外，还费二年时间，跟杖林山胜军学习《唯识抉择》。又去印度各地参学，当时所有大小各种学说，他几乎都学遍了，而且能融会贯通，因而有甚深造诣，在印度得着"大乘天"的极高声誉，于贞观十九年，携带梵本六百五十七部回到长安，备受朝廷的礼遇。他深得唐太宗、高宗父子的支持，组织了完备的译场，连续进行了十九年有计划的译经事业，先后译出了瑜伽学系的"一本十支"各论；以《发智论》为身，以《集异门足论》《法蕴足论》《施设足论》《识身足论》《品类足论》《界身足论》为足的所谓"一身六足"的论典及《大般若波罗蜜多经》等，共七十五部，一千三百三十五卷。他把全副精力投入翻译，无暇撰述只在翻译间随时对门人口说，大体上见之于窥基的著作中；此外，玄奘门下其他各家和圆测一系新罗学人著述里也留下部分重要的思想。通称为玄奘自作的有《三类境》一颂，载在《成唯识论掌中枢要》卷三中，又有《赞弥勒四礼文》载在《法苑珠林》卷十中，另传玄奘论五种不翻，为周敦义《翻译名义集序》所称引。由于玄奘翻译及有关其思想学说十分丰富，就奠定了慈恩一宗理论的基础。

玄奘门下人才济济，其以笔受著名者有三十二人以上，但通常以神昉、嘉尚、普光、窥基四哲为高足。

神昉，又称大乘昉，似为新罗国人，他是最初证义之一人，有《十轮经录》《成唯识论要集》《种姓差别章》等著述。嘉尚则稽《瑜伽论》《佛地论》的要旨，得《成唯识论》的深趣，又于《大般若经》翻译时证义缀文，侍玄奘到临终的时候。

普光，也称大乘光，他做玄奘笔受工作，比任何人都要多些，也侍玄奘到临终。他著有《俱舍论记》与法宝、神泰的《俱舍论疏》，都是玄奘门下研究俱舍的要籍。

玄奘门下直绍其传又能发扬光大者应推窥基（632—682）。基为元魏尉迟部的后裔，玄奘归国后第四年，他十七岁依玄奘出家，二十八岁（659），即参译《成唯识论》。《成唯识论》一名《净唯识论》，是一部解释《唯识三十论（颂）》而属于集注性质的书。《三十论（颂）》为世亲晚年精心结构的著作，他未曾亲自注解便去世了。很多印度瑜伽系的学者为《三十论》作注，最著名的有十家：一亲胜、二火辩，都和世亲同时，分别做了简单的注解；亲胜的注尤能指出世亲作论的本意。三难陀，依唯识"见""相"二分说（如一张目而陡然了别案上笔砚等影像，笔砚等影像为"相分"，了别笔砚等影像的功能则为"见分"。见是能别，相是所别）、种子新熏说等作注解，成为注家中重要的一派。四德慧，五安慧，他们是师弟。安慧用唯识"自证分"说法发展了世亲的学说。六净月，和安慧同时，他的注解特别主张第八识的现行和种子互有"俱有依"的意义。七护法，八胜友（护法弟子）、九胜子、十智月，他们在陈那三分说（见分、相分、证分）的基础上，更进一步主张唯识四分说（证自证分）以及种子本有新熏合成说，使世亲学说又推进了一步。这十家注书共有四千五百颂，玄奘在印度都搜集到了，特别是护法的注书更为难得。据说护法著作原来在印度只付托一位玄鉴居士珍藏，玄奘独获其传本以归。玄奘本拟将十家的注解全部翻译出来，总结瑜伽学系学说，并已决定由神昉润色、嘉尚执笔、普光检文、窥基纂义，但后来采纳窥基的建议，改用编纂办法，糅十家之说于一书，并只留窥基一人独任笔受，这样译成了《成唯识论》。后来窥基为《成唯识论》作《述记》和《枢要》以发挥精义。此外，他又任笔受《辩中边论》《唯识二十论》《异部宗轮论》等；而著有《瑜伽论略纂》《杂集论疏》《百法论疏》《因明大疏》《大乘法苑义林章》。另外，他还著有《金刚经论会释》《法华玄赞》《弥勒上生经疏》《说无垢经疏》等，当时有"百本疏主"之称。慈恩宗内容从此充实，而盛极一时。自后慧沼、智周传承两代，各有阐扬。

玄奘门人，还有新罗国学人，如圆测、道证、胜庄、太贤等，也各有成就，由于宗述玄奘思想与窥基所述作的有所出入，通常不列在慈恩宗嫡传之内。

圆测（613—696），名文雅，原新罗国王孙，比玄奘少十三岁，比窥基则大十九岁。唐初来中国,十五岁受学于法常(567—645)和僧辩(568—642),也算是玄奘同门。公元645年,玄奘西行回到长安,他就开始从玄奘学习。显庆三年(658)玄奘居西明寺,同时敕选五十名大德同住,圆测也居其一。玄奘去世以后,他就在西明寺承玄奘学,与慈恩寺的窥基竞传唯识之学而争兰菊之美。推究他们分歧的原因,可能是圆测没有全部接受三乘五姓学说。圆测并重视真谛学说,而真谛见解接近清辩,与护法思想原是针锋相对,圆测不能全部接受护法五姓之说,是完全可以理解的。也即因此圆测更为窥基的弟子所不满。圆测后来受则天武后的归依,新罗王请使归国,而武后不许。在日照三藏与提云般若(689—691)的译场,他曾担任过证义。著有《解深密经疏》十卷(原作十卷,佚第十卷,但藏文丹珠尔中有节译本,近由观空法师译成汉文)、《仁王经疏》三卷、《般若心经疏》一卷,他有关唯识和因明的著作都已佚失,与窥基一系见解不同之处,只有从慧沼、智周等著作中可窥见一部分。特别是慧沼的《成唯识论了义灯》和《因明入正理论义断》二书可以见到西明与慈恩不同的见解。圆测的弟子有道证、胜庄等。道证,新罗国人,嗣圣元年(692)归国,著有《成唯识论要集》十四卷、《辨中边论疏》三卷、《因明正理门论疏》二卷、《因明入正理论疏》二卷,均佚失。他对于唯识,继承了圆测之说并为他辩护,因而也被斥于慧沼。胜庄,亦新罗国人,历史不详,有《成唯识论决》《杂集论疏》《梵网戒本述记》等著述,又为菩提流志(693—713)、义净(634—713)译场的证义,他并不像道证那样地固执圆测之说。道证的弟子有太贤,自号青丘沙门,也是新罗国人,著书约四十部。现存的有《成唯识论学记》八卷,《起信论内义略探记》一卷、《菩萨戒本宗要》一卷、《梵网经古迹记》二卷,其余的著述均佚失。《成唯识论学记》一书,解释平允,并不拘泥于圆测与道证之说。

慧沼(650—714),曾亲炙过玄奘,后乃就学于窥基。因为他住在淄州大云寺,遂称淄州大师。著有《成唯识论了义灯》《因明纂要》与《义断》《能显中边慧日论》《劝发菩提心集》《金刚般若经疏》《金光明最胜王经疏》

等书。他在《了义灯》中纵破圆测、道证异义，正如欧阳竟无所说："若复折冲御侮，披拓见真，大将词锋一门强干，自非淄州慧沼，亦复谁能任此！"（见《藏要一辑叙》）又于《中边慧日论》中广成五种姓之义，于是慈恩正宗乃大显于世。

智周（668—723），俗姓徐，濮阳人。初学天台，后师事慧沼。著有《成唯识论演秘》《因明疏前记》及《后记》《大乘入道次第章》等十种；有目无书者有《因明入正理论集要记》《因明入正理论断记》《瑜伽论疏》三种。《成唯识论演秘》与窥基《枢要》、慧沼《了义灯》称为唯识三疏，乃研究《述记》必不可缺之书。其弟子如理又作《成唯识论义演》与《演秘释》，则趋于琐细。新罗国学人智凤、智鸾、智雄奉命从智周学习，弘慈恩宗于日本。玄宗开元四年（716），日本玄昉入唐，也从智周学习。玄昉留学时间最久（716—735年，共二十年），归国后弘法于兴福寺，因为与元兴寺沙门道昭入唐从玄奘学习的南寺传有所不同，故又称为北寺传。慈恩宗传入日本一派从未中绝。

慈恩宗在判教方面，乃依据《解深密》等经、《瑜伽师地》等论，判释迦一代的教法为有、空、中道三时：第一时有教，释迦初成道已，为了破除异生实我之执，于鹿野苑说《阿含》等经，昭示四谛、十二因缘、五蕴等法，是为初时我空之说。第二时空教，因声闻、缘觉等小根，初闻四谛等法，虽断我执，但又迷执诸法实有。释迦为破除他们诸法实有之执，又在灵鹫山等说《摩诃般若经》等，开示诸法皆空之理，令中根品，悟彼法空，舍小趣大，是为第二时法空之说。第三时中道教，因中根品听到释迦说无破有，复起空执，便拨二谛性相皆空为无上道理。释迦为破除他们执着有空，所以第三时于解深密等会，说一切法唯有识等，即心外法无，破初有执；内识非无，遣执皆空；离有无边，正处中道，是为第三时识外境空之说。

此三时教的说法，有依释迦说法年月先后来区分的，叫作年月次第；有依了义与不了义来区分的，叫作义类次第；此外还有兼年月次第与义类次第来区分的。慧沼在《唯识了义灯》有详细的说明。他自己则是以义理类别作先后的。此三时的次第，虽出《解深密经》文，但也很符合印度佛教思想史的实况。因为印度佛教史的第一时期的学说概括为四谛、十二因缘等，主要是阐明"我空"的道理。第二时期龙树与提婆及清辩所创立的中观学派，主要是阐明"法空"的道理。第三时期无著与世亲、陈那与法称所创立的瑜伽行学派，主要是阐明"外境空"的道理。所以三时的判教，也不妨看作印度佛教思想发展过程的反映。

慈恩宗中心思想之一，是三性说。原来在印度大乘佛学初期，龙树等以缘起无自性为诸法实相（宇宙万有都是在相依相待的条件下而存在，叫作"缘起"；其中没有一个不从缘生而独立永恒的实体，叫作"无自性"）。次期无著、世亲等瑜伽行学派则认为缘起无自性为密意说而不了义，认为诸法实相应有两方面，既不是有自性，如名言诠表所说，也不是一切都无所有。所以，《瑜伽师地论》卷三十六说："由彼故空，彼实是无，于此而空，此实是有。由此道理可说为空。若说一切都无所有，何处何者何故名空？"这样远离有无二执以为中道，即有虚妄分别与空性两面：依分别的自性说为"依他起性"（相对真实）；依分别的境说为"遍计所执性"（幻想）；又依空性说为"圆成实性"（绝对真实）。此即成为三性之说。慈恩宗继承此三性之说，且结合唯识说，以为三性也不离识，此用护法的正义，说诸识生起之时，现似见分与相分两分是依他，意识从而周遍计度，执为"能""所"二取，则是遍计所执。

其次，慈恩宗用唯识所现来解释世界。这是说世界现象都由人们的第八种识，即"阿赖耶识"所变现，而前六种识再据以变现外境影像，而缘虑执取，以为实在。又指在阿赖耶识中是有蕴藏着变现世界的潜在功能，即所谓种子。其性质有染有净，即有漏无漏二类。有漏种子为世间诸法之因；无漏种子为出世间诸法之因。从而说明本来出世者种姓有三乘之别（声闻、独觉与菩萨）；又有不定为何乘之"不定种姓"，再加以"无种姓"，并三乘也不得入的。如是建立五种姓之说，遂与向来说一切众生皆有佛性者有了出入,而成为本宗中心思想之一。

慈恩宗的观法,即与其唯识学说相适应,而主张用唯识观。窥基在《大乘法苑义林章》的《唯识章》中特别提出从宽至狭、从浅至深、从粗至细的五重唯识观为具体的说明。五重观是:

一、遣虚存实识。此观有情的遍计所执性法,纯属妄情臆造,毫无事实体用,故应遣除;至于依他性法仗因托缘依他而有事实体用,是"后得智"之境,又圆成性是诸法之理,为"根本智"之境,均不离识而应留存。是为唯识观的初步。

二、舍滥留纯识。虽观事理皆不离识,而此内识有所缘相分和能缘见分。相分为内境,见分心仗以起,摄境从心,并简别有滥于外境,所以只观唯识,为第二步。

三、摄末归本识。摄见相二分之末,归结到心自体分之本。因见相分皆识体所起,识体即为其本。今但观识体,为第三步。

四、隐劣显胜识。隐劣心所,显胜心王。心王起时必有心所偕起,而胜劣有异。今以劣依于胜,但观胜心王而隐劣心所,为第四步。

五、遣相证性识。心王犹属识相,今遣相而证唯识性,得圆成实之真,为唯识观最究竟之阶段,即第五步。

五重唯识观的理论,虽散见于各种经论,但窥基集而为之次第,并立名目,逐层刊定,指示关键,成为慈恩宗的独特观法。

此外,慈恩宗对于因明学方面,也有所发展。因明之学本为印度瑜伽学派之所组织,世亲门人陈那,更大大地发展。陈那有关因明的著作凡有八论:一、《因明正理门论》;二、《观三世论》;三、《观总相论》;四、《观所缘论》;五、《因门论》;六、《似因门论》;七、《取事施设论》;八、《集量论》(见义净《南海寄归内法传》卷四)。其中《因门》《似因门》二论,现不传,其余有汉译或藏译本。玄奘在印度游学时,对于因明到处参问,造诣极高。当他临回国之前,在戒日王所主持的无遮大会上,立了一个"真唯识量",书写在金牌,经过十八天,没有一个人能驳倒它,创造了因明光辉的典范。贞观十九年，玄奘回到长安，二十一年在弘福寺就译出商羯罗主的《因明入正理论》。"因明"一词，梵本原来没有，译者因为要表示出这部论的性质才加上去的。二十三年又译出陈那的《因明正理门论》。可见他对因明的重视。译本既出，玄奘又口授讲义，都是创闻新说，所以门人诸师，奉为秘宝，竞作注疏。关于《因明入正理论》的注疏，以大庄严寺文轨疏和慈恩寺窥基所作尤为流行。《轨疏》四卷，制作较早，后称"旧疏"。《基疏》三卷，解释繁广，后称"大疏"。奘门最后惟窥基一系独盛，他门人慧沼相继撰《义断》三卷、《纂要》一卷、《续疏》（这是补足基疏末卷的）一卷；再传智周，又撰《前记》三卷、《后记》二卷，都是简别他家异说而宣扬基师之说。《因明正理门论》注疏可考者有神泰的《述记》一卷（今存本不全）、太贤的《古迹记》一卷、大乘光的《记》二卷、圆测的《疏》二卷、文轨的《疏》三卷、道证的《疏》二卷，以上可惜大都已佚失不传。此外，窥基《因明大疏》尝引《因明正理门论》诠文（日人宝云等尝引用以注疏《正理门论》），但也详前略后。窥基在《因明大疏》及《成唯识论述记》中，对于因明作法，多有发展，今归纳为几个要点，分述如下：

一、区别论题为"宗体"与"宗依"。宗体指整个论题，宗依则指论题中的"主辞"或"宾辞"。窥基说："有法（论题的主辞）能别（论题的宾辞），但是宗依，而非是宗（整个论题）。此依（主辞与宾辞二依）必须两宗共许（两宗谓立论者与论敌），至极成就。为依义立，宗体方成。所依（主辞宾辞）若无，能依（整个论题）何立？由此宗依，必须共许。"至于宗体，乃指整个论题。窥基说："此取二中互相差别不相离性，以为宗体。如言'色蕴无我'。色蕴者，有法也；无我者，法也。此之二种，若体若义，互相差别。谓以色蕴简别无我，色蕴无我，非受蕴无我；及以无我简别色蕴，无我色蕴，非我色蕴。以此二种，互相差别，合之一处，不相离性，方是其宗。"又宗体在遍所许宗（即普遍的，如眼见色，彼此两宗普遍共许）、先业禀宗（即自宗的，如佛家立诸法空，数论立有神我）、傍准义宗（即旁推的，如立"声无常"旁推及"无我"）、不顾论宗（即随意的，随乐者情，所乐便立。如佛家立佛法义，不顾他义，为成自故。或若善外宗，乐之便立。不顾自我，为破他故）里，唯取第四不顾论宗，随自意乐而建立，不受任何拘束（随自，说明随立论者自所乐故。意乐，发言的原因，由于意乐，才发出言论）。他又说："今简前三，皆不可立。唯有第四不顾论宗，可以为宗，是随立者自意所乐。前三者皆是自不乐故。"

二、为照顾立论发挥自由思想，打破顾虑，提出"寄言简别"的办法就不成为过失。如果只是自宗承认的，加"自许"；他宗承认的加"汝执"；两家共认又不是泛泛之谈，则加"胜义"或"真故"等，这样就有了自比量、他比量、共比量的区别。窥基说："凡因明法，所能立中（能立指因、喻，即是论据与论证。所立指宗即是论题），若有简别，便无过失。若自比量，以'许'言简，显自许之，无他随一等过。若他比量，'汝执'等言简，无违宗等失。若共比量，以'胜义'等言简，无违世间、自教等失。"玄奘、窥基在这一方面的发展，不仅在三支比量（三段推理）的运用上富有灵活性，同时对于当时佛家立量以及理解清辩、护法等著作，均有很大帮助。

三、立论者的"生因"与论敌的"了因"，各分出言、智、义而成六因，正意唯取"言生""智了"。从立量使别人理解来说：六因是应该以言生因（语言的启发作用）和智了因（智力的了解作用）二因最为重要。窥基说："分别生、了虽成六因，正意唯取言生、智了。由言生故，敌证解生；由智了故，隐义今显，故正取二，为因相体，兼余无失。"又说："由言生故，未生之智得生；由智了故，未晓之义今晓。"

四、每一"过类"都分为全分的，一分的，又将全分的一分的分为自、他、俱。如"现量相违"（论题与感性认识相矛盾），析为全分的四句：1.违自现非他；2.违他现非自；3.自他现俱违；4.自他俱不违。一分亦析为四句：1.违自一分非他；2.违他一分非自；3.自他俱违一分；4.自他俱不违。其他过类，也分为全分的一分的两类四句（以正面对自许、他许、共许而为三句,反面全非又为一句)。这种分析可能发自玄奘,极变化于窥基。如依《基疏》分析,在"宗过"(论题错误)中,有违现非违比,乃至违现非相符,有违现亦违比,乃至违现亦相符,错综配合,总计合有二千三百零四种四句(见《大疏》刊本第五)。这虽不免类似数术演算过于形式化,但在立破相对的关系上,穷究了一切的可能,不能不说是玄奘、窥基对于因明的一种发展。

五、有体无体。《窥基疏》推究有体与无体约有三类:1.有体无体,指别体的有无。有体,意即别有其体,如烟与火,各为一物;无体,意即物体所具的属性,如热与火,热依火存,非于火外别有热体。2.指言陈的有无。言陈缺的叫无体,不缺的叫有体。3.此类又分三种:①以共言为有体,以不共言为无体。②约法体有无以判有体无体。③以表诠为有体,如立"声是无常",即是表诠;以遮诠为无体,如立"神我是无",即是遮诠。这三种有体无体,就宗、因、喻三支分别来说,就不是固定一种。宗的有体无体,意取表诠遮诠。《基疏》所谓以无为宗(谓无体宗),以有为宗(谓有体宗),即指此而言。因的有体无体,意取共言、不共言。共言有体之中,又分有无二种,以表诠为有体,以遮诠为无体。喻体的有体、无体,亦取第三表遮之意。喻依的有体、无体,指物体的有无。有物者是有体,无物者是无体。如立"声是无常",其"无常"法,表诠有体。"所作"因言,共言中之表诠有体。"若是所作见彼无常",表诠有体。如瓶等喻,有物有体。又如立"过去未来非实有"宗,其"非实有",遮诠无体。以"现常"为因,共言有体。"若非现常见非实有",遮诠无体。"如龟毛"喻,非实有物,故亦无体。《基疏》解释有体无体,不是纯依一个意义,要视宗因喻三者分别判定。一般说来,异喻作用在于止滥(即预防"中词"太宽,通于"大词"的对立面),无妨用无体之法为喻依。至于三支之有体无体,就应当互相适应,有体因喻成有体宗,无体因喻成无体宗。然亦不可拘泥,在"破量"亦得用有体因喻成无体宗。如大乘破经部,立"极微非实"宗,"有方分故"因,"如瓶等"喻。此宗的有法(主辞)"极微",

大乘不许为有体。能别（宾辞）说它"非实"，即是遮诠。这些在因明理论上都是玄奘、窥基所独有而值得注意的。

最后，简单地说明一下玄奘、窥基所传的唯识因明之学对后代的影响。律宗道宣（586—667）继承北朝慧光（468—537）到智首（567—635）的系统，专事《四分律》的宣扬，在理论上吸收了玄奘新译的佛典，组织了律宗的体系。特别是依据唯识学的观点来建立《戒体论》（戒弟子从师受戒时，在精神上构成一种防非止恶的功能，叫作戒体）。遂成为律宗中坚的一家。因为道宣住在终南山，所以后人称为南山宗。与南山道宣同时宣扬四分律的，还有相州日光寺法砺（569—635）创立相部宗；西太原寺东塔怀素（625—698）创立东塔宗。并称为律宗三家。这三家之间，对于戒体，互有争论。法砺依据《成实论》，不相应行法唱非色非心的戒体论；怀素依据《俱舍论》，以无表业为色法，唱色法戒体论；道宣说四分律通于大乘，则依据《成唯识论》，以阿赖耶识所含藏的种子（功能）思心所为戒体，称为心法戒体论，这种戒体论，显然是受了慈恩宗唯识思想的影响。至于晚明到民初之际的思想家受唯识、因明之学的影响就更多了。参加晚明抗清斗争的思想家王夫之（1619—1692）就著有《相宗络索》一书。全书不逾一万九千言，为条三十有一，对慈恩宗的基本概念，析之颇精，出之甚显，既与一般的理解迥有殊别，且能与《八识规矩颂》互相印证，惟言及如来藏、阿赖耶识，则兼采《楞严》《起信》之说，与唯识原旨不尽符合耳。我们要知道慈恩宗思想在中国哲学史的影响，不能不留意《相宗络索》这本著作。乾隆道光之际的思想家、诗人龚自珍（1792—1841）有关天台宗的著述很多。不仅写了《发大心文》，而且能运用因明三支比量，成立《中不立境论》《法性即佛性论》与《以天台宗修净土偈》（见《龚自珍全集》第三百七十一至第三百七十三页）。戊戌变法运动领导人物之一的谭嗣同（1865—1898）所著《仁学》一书，其中有关唯识思想不少。曾以唯识"微生灭"（量变）的思想来做他改良主义理论之一的根据，并强调"意识断则我相除；我相除，则异同泯；异同泯，则平等出；至于平等，则洞澈彼此，一尘不隔，为通人我之极致矣"（见《谭嗣同全集·仁学》第八十三至八十四页）。参加资产阶级民主革命与立宪保皇派进行论战的章炳麟（1869—1936），在《国故论衡》《明见篇》中，曾运用因明与西洋逻辑中国墨经作比较研究。中年有《齐物论唯识释》之作。晚岁在苏州设章氏国学讲习会，讲诸子略说，尤喜欢用唯识思想来比附诸子。他说："子绝四，毋意毋必毋固毋我。毋意者，意非意识之意，乃佛法之意根也。有生之本，佛说谓之阿赖耶识。阿赖耶识无分彼我，意根执之以为我，而其作用在恒审思量。有意根即有我，有我即堕入生死。颠狂之人，事事不记，惟不忘我。常人作止语默，绝不自问谁行谁说，此即意根之力。欲除我见，必先断意根。毋必者，必即恒审思量之审。毋固者，固即意根之念念执著。无恒审思量，无念念执著，斯无我见矣。"（见《诸子略说》第十二至第十三页）又说："孟子有见于我爱，故云性善；荀子有见于我慢，故云性恶；杨子有见于我爱我慢交互为用，故云善恶混也。"（见《诸子略说》上第二十二页）。以上四家，受唯识因明的影响，至为明显。陈寅恪认为"若玄奘唯识之学，虽震荡一时之人心，而卒归于消沉歇绝"（见陈寅恪：《审查报告三》，载冯友兰《中国哲学史》卷末），这种论断，还是流于表面，不符合历史的实际。

（虞愚）

十二　贤首宗

贤首宗是中国唐代高僧贤首大师（法藏）所开创的一个宗派。此宗所依经典是《华严经》，所以又称为华严宗。又因此宗发挥"法界缘起"的旨趣，或称为法界宗。此宗的学统传承，一般作杜顺—智俨—法藏—澄观—宗密。杜顺（557—640），原名法顺，雍州万年县（今陕西省西安市临潼区西北）人，十八岁出家，师事因圣寺僧珍，受持定业。后住终南山，宣扬《华严》，教化道俗。相传他著有《华严法界观门》《华严五教止观》各一卷。智俨（602—668），天水人，十二岁从杜顺出家，受具足戒后，到处参学，后来从至相寺智正听受《华严》，又探讨地论学系慧光的经疏，领会《华严》别教一乘无尽缘起的要旨，更钻研《十地经论》中的六相义，著有《华严经搜玄记》十卷、《华严一乘十玄门》一卷、《华严五十要问答》二卷、《华严经内章门等杂孔目章》四卷等，并经常讲说《华严》。弟子有怀齐、法藏及义湘等。义湘（625—702），新罗人，于唐龙朔年中（661—665），到终南山从智俨研习《华严》，后来回国，敷讲《华严》，著有《华严一乘法界图》及《华严略疏》，阐明《华严》的义例，有"海东华严初祖"之称。同时新罗元晓（617—686）也是有名的华严学者。法藏（643—712）的祖先是康居国人，他本人生于长安，十七岁时，入山阅"方等"经典，既而从智俨听受《华严》，深通玄旨。二十八岁时，武后叫他在太原寺讲《华严经》，自此广事讲说、著述并参加翻译。新《华严经》译成后，他又在洛阳佛授记寺开讲，后为武后在宫中讲"六相""十玄"的义旨。前后讲新、旧《华严》三十余遍，所著有《华严经探玄记》

二十卷、《华严一乘教义分齐章》四卷、《修华严奥旨妄尽还源观》一卷、《华严游心法界记》一卷、《华严经旨归》一卷、《华严经文义纲目》一卷、《华严三昧观》一卷、《华严经传记》五卷、《华严经问答》等。他还吸收了玄奘所译经论中的一些教理，用以发挥《华严》圆融无碍的缘起学说。晚年撰《新译华严经略疏》，写到第十九卷而圆寂。此宗的观门、教相，到法藏才建立周备，于是创开贤首一宗。弟子有宏观、文超、智光、宗一、慧苑、慧英等，就中慧苑为其上首，继承师业，作《续华严经略疏刊定记》十五卷。但所述往往和法藏的意旨有出入，被贬为异说。又开元中（713—741），有李通玄（635—730），沧州人，初研《易经》，后来专攻佛典。时值新《华严经》译成，义理圆备，于是造论阐发经意，经历五年论成，名《新华严经论》，凡四十卷。既而又作《华严经中卷大意略叙》一卷、《略释新华严经修行次第决疑论》四卷及《解迷显智成悲十明论》一卷。李通玄在智俨、法藏一系以外，别树一帜，于华严一宗的传统学说，有不少新义，但大体仍不出法界圆融的义旨。其后大历中（766—779），钱塘天竺寺有法铣（718—778），据说是慧苑的弟子，撰有《刊定记纂释》二十一卷（一作十三卷），以指摘慧苑的异说。他的弟子有太初、正觉、神秀、澄观。澄观（738—839），越州山阴人，十一岁时出家，早年到处参学，尝从法铣研习《华严》，深通玄旨。后在五台山开讲新译《华严》，并作《疏》六十卷，又作《随疏演义钞》九十卷。贞元十二年（796）应召入长安，参加罽宾般若三藏的译场，译出《四十华严经》，并作《疏》十卷，称为《贞元新译华严经疏》。此外，他还著有《华严经纲要》三卷、《华严法界玄镜》二卷、《普贤行愿品别行疏》一卷、《大华严经略策》一卷、《三圣圆融观》一卷等。澄观以恢复华严的正统为己任，在所著《华严大疏》及《随疏演义钞》中，力破慧苑的异说，弘扬法藏的教义。但由于他早年广泛参学，思想中掺有天台、禅宗及《起信论》的见解，因此和法藏所说，也有些出入。他的弟子有宗密、僧睿、法印、寂光等。宗密（780—841），果州西充人，二十八岁时从荷泽宗道圆出家，后来在襄阳得到澄观的《大疏》及《钞》，从事研习，深得旨趣，即为大众开讲，旋往从澄观请益，随侍数年。后来入终南山草堂寺南圭峰兰若，以诵经、修禅为业，后世称为圭峰禅师。所著有《华严纶贯》五卷、《普贤行愿品别行疏钞》六卷、《注华严法界观门》及《华严原人论》各一卷等。他的学说是融合《华严》和禅宗的禅教一致论。宗密圆寂后，随即有会昌的法难，经论散佚，贤首宗和其他宗派同样受到打击，经过彻微、海印、法灯数传，到宋初，有长水子璿，此宗才得以复兴。子璿（965—1038），嘉禾（一作钱塘）人，初从天台宗的洪敏学《楞严》，既而参谒禅宗临济下的慧觉，后来住在长水，专究《华严》，开讲《普贤行愿品疏钞》及《华严法界观》等，并曾用贤首宗的义旨疏释《楞严》，而以传弘宗密之学为主。弟子有净源等。净源（1001—1088），晋江人，受具戒后，初到五台从承迁学《华严》，又到横海从明覃学《华严合论》，后来回到南方，师事子璿，听受《楞严》《圆觉》《起信》等经论。神宗时（1068—1085），住钱塘慧因寺，中兴本宗，著有《金师子章云间类解》《妄尽还源观疏钞补解》《原人论发微录》各一卷。又曾抄录澄观的《大疏》并注解《华严》，题作《华严疏钞注》一百二十卷（现存五十八卷）。弟子义天（？—1101），本是高丽王子，元祐初年（1086），来到中国，师事净源，住了三年，携带佛典及儒书一千卷回国，于是贤首一宗大行于海外。起初此宗的疏钞久已散佚，由于义天带来咨问，得以复传。义天回国后，又遣使送来用黄金书写的《华严》新旧三种译本，净源于是造华严阁珍藏。元祐三年（1088），奉命将慧因禅院改为教院，永久弘布《华严》。当时称为中兴教主。随后又有本嵩，开封人，初学《华严》，后习禅学，元祐三年，受请给禅教二种学徒讲《法界观》，造《通玄记》三卷，又撰《华严七字经题法界观三十门颂》二卷，融合禅教。这时，融《华严》入禅的，还有法秀、宝印、祖觉（华严祖觉）、惟白、复庵、清了等禅师。此外，有道亭、观复、师会、希迪四人，各作《华严一乘教义分齐章》的注解（道亭所作名《义苑疏》十卷；观复所作名《折薪记》五卷，已佚；师会所作名《焚薪》二卷，又作《复古记》三卷；希迪所作名《集成记》六卷），世称宋代华严四大家。其后有义和（著《华严念佛三昧无尽灯》已佚，有《序》一篇，收入《乐邦文类》卷二）、鲜演（辽开元寺沙门，著《华严经谈玄决择》六卷，现存五卷）、戒环（著《华严经要解》一卷）、祖觉（著《华严集解》）等相次敷扬。元至元中（1280—1294），有丽水盘谷，曾在慧因寺讲《华严》大意。同时有五台山祐国寺文才（1241—1302），受具戒后，参贤首之学，著有《慧灯集》等。弟子有五台普宁寺了性（？—1321）、玉山普安寺宝严（1272—1322）。了性初从文才受学，既而又遍访当时以贤首之学著称的柏林潭、关辅怀、南阳慈等。宝严初从文才受学，后来继承法席，和了性并弘清凉之教。同时讲授《华严》的，有绍兴宝林寺大同（1289—1370），依同郡景德寺春谷，尽得清凉之学。又从古怀肇，传受四法界观；后回宝林，敷讲《华严》。还有古庭善学（1307—1370），从宝觉研习《华严》，后专行华严忏法。又苍山再光寺普瑞，撰《华严悬谈会玄记》四十卷，会释澄观的《疏》《钞》《悬谈》。明代有隰州石室寺圆镜，常为大众讲说贤首教义。又有苏州华山祖住（1522—1587），从松、秀二法师受清凉之学，在京口万寿寺敷讲《大疏钞》。又嘉兴东禅寺明得（？—1588），尝阅读李通玄的《华严合论》而得到启发，先后多次敷讲《华严悬谈》及《大疏钞》。又有李贽（号卓吾）著《华严合论简要》四卷；方泽著《华严经合论纂要》三卷。又宝华山洪恩，尝三演《大疏》、七讲《悬谈》。明末云栖袾宏（莲池）、憨山德清、藕益智旭，也都研习过法藏、澄观的华严思想。袾宏（1535—1615），得其师遍融的启发，尝在所著《阿弥陀经疏钞》中运用法藏的教判，把《阿弥陀经》判为顿教所摄，兼通终、圆。又著有《华严经感应略记》。德清（1546—1623），尝就无极明信听讲《华严悬谈》，慕澄观为人，自以"澄印"为字；又尝敷讲《悬谈》，并著有《华严经纲要》八十卷、《华严法界境》一卷。智旭（1599—1655）尝在所著《大乘起信论裂网疏》中，用贤首宗的理论，发挥《起信》的学说。明末清初，有德水明源以振兴贤首宗为己任，著有《五教解诮论》《论贤首未知圆义解》

二篇。其弟子续法（1641—1728），仁和亭溪人，尝集录贤首一家的纲要为《贤首五教仪》六卷，又略为《五教仪开蒙》一卷，并作《贤首五教仪科注》四十八卷，还有《华严别行经圆谈疏钞记》十二卷、《贤首五教断证三觉拣滥图》一卷、《法界颂释》一卷、《法界观镜纂注》二卷、《法界宗莲华章》一卷、《华严镜灯章》一卷、《法界宗五祖略记》一卷、《贤首十要》二卷、《华严宗佛祖传》十四卷等。此外，清初在北方弘传华严教义的，有大义、来舟（自称贤首二十八世）、通理（1701—1782，著有《五教仪开蒙增注》五卷）等；在南方弘传华严教义的有巢松、一雨、蕴璞、昧智、心光、佛闲、读彻等。又有彭绍升（尺木），著《一乘决疑论》《华严念佛三昧论》各一卷。到清末，石埭杨文会（仁山，1837—1911）为刊印单本藏经，广求古佚本，于是贤首一宗的著述如智俨的《搜玄记》、法藏的《探玄记》等，从海外复归，因而辑录为《华严著述辑要》《贤首法集》等。文会广究诸宗，而尤服膺贤首的教义，尝自称"教宗贤首，行在弥陀"。同时有月霞（1858—1917），也以弘阐贤首宗著称。

　　贤首一宗的教相和观行，虽开端于杜顺，而实由智俨创具规模。智俨探讨了地论师慧光的注疏，撰述的《搜玄记》《孔目章》《一乘十玄门》等，为法藏所依据、继承并发扬光大，创立宗派。所以此宗是以地论学系为其渊源的。

　　此宗立"五教十宗"的教判。五教是：一、小乘教，是为不堪受大乘教的声闻乘人而说的教法，指《四阿含》等经，《僧祇》《四分》《十诵》等律，《发智》《六足》《婆沙》《俱舍》《成实》等论。二、大乘始教，是为开始从小乘转入大乘者所说的教法，这又有空始教、相始教二种：空始教指《般若》等经，《中》《百》《十二门》等论；相始教指《解深密》等经，《瑜伽》《唯识》等论。三、终教，是指大乘终极的教门，指《楞伽》《密严》《胜鬘》等经，《起信》《宝性》等论。四、顿教，是顿修顿悟的教门，指《维摩经》等。五、圆教，是圆融无碍的教门，指《华严经》。十宗是：一、我法俱有宗，指已入佛法的人天乘和声闻乘中的犊子、法上、贤胄、正量、密林山等部所立宗义。二、法有无我宗，指声闻乘中的说一切有、雪山、多闻、化地等部所立宗义。三、法无去来宗，指声闻乘中的大众、鸡胤、制多山、西山住、北山住、法藏、饮光等部所立宗义。四、现通假实宗，指声闻乘中的说假部、《成实论》及经部所立宗义。五、俗妄真实宗，指声闻乘中的说出世部等所立宗义。六、诸法但名宗，指声闻乘中的一说部等所立宗义。七、一切皆空宗，相当于大乘始教中的空始教。八、真德不空宗，相当于大乘终教。九、相想俱绝宗，相当于大乘顿教。十、圆明具德宗，相当于一乘圆教。

此宗还把五教区别作三乘，一乘两类，而又有三种差别：一、五教中的小、始二教立五姓各别，说定姓二乘及一分无姓有情不得成佛，称为三乘；终、顿、圆三教都说一切众生皆有佛性悉当成佛，称为一乘。二、始、终二教说渐次断惑入理的阶位，称为三乘；顿、圆二教说一切众生本来成佛，不假断惑进修，称为一乘。三、小、始、终、顿四教虽然也说圆融无碍，毕竟只是一相一味的分齐，称为三乘；圆教广明一即一切、一切即一、事事无碍、无尽缘起，称为一乘。此宗主旨在于建立一乘论而开为同、别二教：《法华》会三归一，一乘与三乘相通，称为同教一乘；《华严》为纯粹一乘别于三乘，称为别教一乘。

贤首宗的主要教理是法界缘起。它认为宇宙万法、有为无为、色心缘起时，诸缘依持，相即相入，无碍圆融，如因陀罗网，重重无尽。更用四法界、六相、十玄等法门，来阐明这无尽缘起的意义。

四法界是：一、事法界，是说宇宙万有事法，彼此一一差别，各有分齐。二、理法界，指诸法平等的理体，即是真如。即事法虽有千差万别，而体性却同是真如之理。三、理事无碍法界，是说差别的事法和平等的理性，交融无碍。四、事事无碍法界，是说一切各有分齐的事法，由其理性同一，所以能一一称性融通，一多相即，而重重无尽。四法界之说，散见于法藏的著述中，到了澄观才加以系统地组织。

六相是：一、总相，是说一种缘起中，具足各种成分。二、别相，是说各种成分，有其差别。三、同相，是说各部分相依相待，同成一总体。四、异相，是说各部分互生，仍各别异。五、成相，是说由此各部分缘起法得成。六、坏相，是说各部分仍住自法未动。此六相都两两相顺相成，同时具足，互融无碍。智俨从六相义中体会到《华严》法界缘起的道理，法藏加以发展，澄观继承其说。

十玄门是：一、同时具足相应门，即是一微尘中，同时具足一切诸法，遍满相应，成一缘起，此约诸缘起法相应无先后说。二、因陀罗网境界门，是说一一法中有无量法，重重显映，无有穷尽，此约交互涉入的比喻说。三、秘密隐显俱成门，是说一法即一切法，或隐或显，但隐显二相，俱时成就，此约缘（缘起）说。四、微细相容安立门，是说极微细中，也含容一切诸法，此约相说。五、十世隔法异成门，是说一一法能遍通十世，前后久暂，不相隔历，此约世（三世）说。六、诸藏纯杂具德门，是说六度万行，或纯或杂，法法交彻，功德互具，此约行（诸度门）说。七、一多相容不同门，是说一一法中，具一切法，容摄无碍，不相隔历，此约理说。八、诸法相即自在门，是说诸法融通，相即自在，此约用说。九、唯心回转善成门，是说法界无碍功德，都由此心回转，具足成就，此约心说。十、托事显法生解门，是说尘尘法法，事事无碍，随一事理，能显法界实相，此约智说。十玄的名目也是智俨所创，后经法藏改订，几经变更，因此十玄有新古的分别。智俨的《十玄门》及法藏的《五教章》所立，叫作"古十玄"；法藏的《探玄记》所立，叫作"新十玄"。后来慧苑更改订作德相十玄、业用十玄两重。其后澄观又恢复了《探玄记》的原说。

此宗的教义，称为性起法门。即如上述事事无碍的教义，皆是如来称性之谈，依本具的圆满性德而起赴感应机之用。又以理性为众生本具，因位中本有的性德，亦有称性而现之义。

关于此宗观法的传承，相传有杜顺所撰的《五教止观》《法界观》《十门实相观》（已佚），法藏所撰的《华严三昧观》（已佚）、《华严世界海观》

（又作《华严藏世界观》，已佚）、《妄尽还源观》《华严色空观》（已佚）、《普贤观》，澄观所撰的《三圣圆融观》《华严心要法门》《五蕴观》《十二因缘观》等。六相、十玄二门，原来也应用于观法。而以法界观为本宗观门的枢要。此观有三重：一、真空观，此依理法界而立，观察一切诸法的本性即空。二、理事无碍观，此依理事无碍法界而立，观察诸事法与真如理，炳然交融。三、周遍含容观，此依事事无碍法界而立，观察以同一真如理为其本性的一一事，遍摄无碍。

关于此宗的修行阶位，有次第行布、圆融相摄二门。次第行布是说十信、十住、十行、十回向、十地、等觉、妙觉，次第从浅至深，阶位历然。圆融相摄是说得到一位，就能前后诸位相即相入，因果无二，始终无碍。又次第行布中或将修行证入的次第分作见闻、解行、证入三生：见闻生是过去观见或听闻华严别教一乘法门，熏成善根种子的位次。解行生是此生开圆解、修圆行，具足十信乃至十地、等觉等妙行的位次。证入生是当来世证得佛果的位次。但圆融不碍行布，行布不碍圆融，仍互相贯摄，一行即一切行，融通无碍。

此宗的佛身佛土说，依法界缘起说毗卢遮那佛，通三世间而具足十身。十身又有解、行二境：解境十身是菩萨解了法界一切有情非情，无一不是佛体，即众生身、国土身、业报身、声闻身、缘觉身、菩萨身、如来身、智身、法身、虚空身。行境十身是菩萨修行成就而将解境十身中如来身开为十身，即菩提身、愿身、化身、住持身、相好庄严身、势力身、如意身、福德身、智身、法身。

十佛摄化的境界，则有三类：一、莲华藏世界，又称华藏庄严世界海，是证入位人所居，这即是十身具足的毗卢遮那佛所居土。二、十重世界，在娑婆三千世界之外，是解行位人所居。三、杂类世界，是说尽虚空遍法界，有无量形相不同的世界，这是见闻位人所居。以上三类世界，实则唯是一大法界，圆满自在。

（黄忏华）

十三　密宗

密宗，或称瑜伽密教，是中国佛教中的一个宗派。由于此宗依理事观行，修习三密瑜伽（相应）而获得悉地（成就），故名密宗，或名瑜伽密教。

密教输入中国及其流传演变的过程，可分为三个时期：

初期即印度古密教传入时期。咒经之译，开始于三国时代。据佛教史书记载，公元230年竺律炎在扬都译出载有明咒八首的《摩登伽经》（二卷）；同时支谦译有《华积陀罗尼神咒》《无量门微密持》《七佛神咒》《八吉祥神咒》等经（各一卷）；稍后竺法护等也译出《密迹金刚力士》《八阳神咒》等不少有关密教的经咒。但当时佛教在中国流行不广，此项咒经中所传的咒法简单，也未为时人所注意。

至东晋时，竺佛图澄以咒术在北地盛兴佛事，为后赵统治者石勒所崇信（《高僧传》卷九）。又有天竺沙门耆域经扶南、交广来至中原，也以咒术广为人民医病（同上）。晋京复有帛尸梨蜜多罗，善持密咒，并译出有《孔雀王神咒》等经（同上卷一）；又相传他还译有包括各种灌顶授咒的《佛说灌顶经》十二卷，后世以他为密咒传于中土之始（见《佛祖历代通载》卷十三）。又有昙无兰在扬都译出《陀邻尼钵经》等咒经多种。

此后来华的天竺和西域僧人，大都传译有密咒。此外，尚有天竺居士竺难提，也译有《请观世音菩萨消伏毒害陀罗尼》等经咒数种。这一时期内中国人士传译密咒的有圣坚、法众、昙曜、万天懿等。密教在印度的产生，大乘经内渗有密咒，随着大乘佛教的流行，密咒在中国佛教界也逐渐传播。如六世纪间，梁元帝《金楼子·自序篇》说：吾龀年之时诵咒，受道于法朗道人，诵得《净观世音咒》《药上王咒》《孔雀王咒》。可见密咒传衍情形的一斑。

同时各种密咒汇编的总集也由印度传入中国，如东晋失译的《七佛八菩萨所说大陀罗尼神咒经》四卷，梁代失译的《陀罗尼杂集》十卷，均可想象密咒在印度流传渐盛，乃至形成杂密（不纯的密教），其根本典据为《持明咒藏》，即所谓《金刚大道场经》十万颂，后由中印度沙门阿地瞿多于唐永徽年中传至长安并撮要钞译成《陀罗尼集经》十二卷，其中包括有佛顶、如来、观音、菩萨、金刚、诸天、杂部等坛法咒术，为印度旧密咒法的集成之作。阿地瞿多并在长安建立陀罗尼普集会坛，传授灌顶。

此外，弘传大乘兼及密咒传译的梵华僧人，尚有波罗颇迦罗密多罗、智通、玄奘、那提、伽梵达摩、地婆诃罗、佛陀波利、义净、阿你真那、菩提流志等人。但在中国弘化纯粹密教乃至蔚然建立宗派的，实始于金刚智、善无畏等传入的瑜伽密教。

第二期是印度纯粹的瑜伽密教传入，也就是中国密宗正式建立时期。此期开始于善无畏，他在唐开元四年（716）从中印度携赍梵本，经西域来到长安弘化。他原从那烂陀寺密教耆德达摩掬多传授瑜伽三密总持法门。来唐京后，玄宗礼为国师，设置内道场，尊为灌顶大阿阇梨，皇族宁王、薛王等都从他灌顶受法。他从开元五年（717）起在菩提院译出《虚空藏求闻持法》一卷；又将唐僧无行在印度求得梵本，于洛阳大福先寺译出《大毗卢遮那成佛神变加持经》（即《大日经》）七卷。唐沙门一行亲承讲传，笔受口诀，撰成《大日经疏》二十卷，为中国密教正式传授之始。无畏又继续翻出《苏悉地羯罗经》等二部六卷，并撰《禅要》一卷。他的传授以胎藏界密法为主。后于开元二十三年（735）在洛阳圆寂，年九十九，葬于龙门西山。他的门下得法弟子，除一行而外，还有温古、智俨、义林、新罗玄超、不可思议等。

在善无畏来唐后四年，即开元八年（720），南印度密教高僧金刚智也携同他的弟子不空，经由南海、广州抵洛阳，大弘密法。金刚智原从南印龙智阿阇黎修学金刚顶瑜伽诸部秘藏，至唐京后也被礼为国师。初居慈恩寺，又移大荐福寺，并随唐帝往返东西二京，盛弘密部，建曼荼罗灌顶道场。其所传弘以金刚界密法为主，沙门一行、义福等并从他受法。他于开元十一年（723）及十八年（730）先后在长安资圣寺、大荐福寺译出《金刚顶瑜伽中略出念诵法》等经轨四部七卷，开元二十九年（741）在洛阳广福寺圆寂，年七十一，葬于龙门伊川右，并建塔。

由于善无畏、金刚智的弘传，当时两京知名的缁素相从灌顶问学者甚众，更加以金刚智的弟子不空的盛行弘布，遂形成了中国佛教中以修持密法为主的一个宗派——密宗。

不空原为狮子国人，十四岁时，在阇婆国遇见金刚智，随侍受学。开元十二年（724），二十四岁，在洛阳广福寺受具足戒。此后广学唐梵经论和密法，于金刚智译场充当译语，尽传其学。金刚智逝世后，他于天宝元年（742）秉承遗命并赍唐国书，率弟子含光、慧䇯、李元琮等僧俗三十七人乘昆仑舶，航海到狮子国。受狮子国王尸罗迷伽的优礼接待，安置于佛牙寺，依止普贤阿阇黎（一说龙智阿阇黎），入坛重受金刚顶瑜伽秘密总持、五部灌顶、曼荼罗法、三十七尊、护摩等法，并广搜密乘经轨等千二百卷。于天宝五载（746）返归长安，玄宗延至宫中，设内道场，请受灌顶，又开坛广为四众授法。历玄宗、肃宗、代宗三朝，中经安禄山的变乱，不空前后在长安、洛阳、武威等地译出《金刚顶瑜伽真实大教王经》等十一部一百四十三卷，对于中国密教的建立有所贡献。晚年命弟子含光等于五台山建金阁寺，依诸经轨构置殿堂及诸尊像，以为密宗专修道场，并令印度那烂陀寺僧纯陀督工。表请各置定额僧二十一人于金阁等五寺，而以含光为上首。大历九年（774）年七十，圆寂于大兴善寺，朝命赠司空，谥大辩正广智不空三藏和上，荼毗于少陵原。他的门弟子中特出的，有金阁寺含光、新罗慧超、青龙寺慧果、崇福寺慧朗、保寿寺元皎、觉超，称为六哲。而以慧果承其法脉。

慧果，俗姓马，九岁时随不空的弟子昙贞受学，后依不空入坛灌顶。

大历元年（766）于青龙寺剃染，慈恩寺受具，更从不空受两部大法及传法阿阇黎位，翌年（767）又从善无畏的弟子玄超受胎藏法及诸尊瑜伽，后又奉命于青龙寺东塔院设灌顶道场，时称为秘密瑜伽大师。他一生传弘密法，教化甚广，著名的门弟子，有惠应、惠则、惟尚、辩弘、惠日、空海、义满、义明、义照、义操、义愍（以上兼传两部大法）、义澄、法润（唯传胎藏）、义智、义政、义一、吴殷等。宰相杜黄裳、韦执谊等也先后从他灌顶受法。永贞元年（805）在青龙寺圆寂，时年六十。

慧果的门下，外国学僧中：辩弘，系诃陵（今印度尼西亚爪哇岛）僧人，原在本国修如意轮观音瑜伽，因赴南印度求法途中，闻知大悲胎藏曼荼罗法已传入大唐，即于建中元年（780）泛海来至中国，拜访慧果，受学胎藏。后即留住汴州，弘传密教，并著有《顶轮王大曼陀罗仪轨》一卷。惠日为新罗（今朝鲜东南部）僧人，于建中二年（781）赍本国国书来唐受学两部大法并诸尊法。同年又有新罗悟真来从受学胎藏等法。日本僧人空海，于贞元二十年（804）赍国书来唐京从慧果受两部大法及诸尊瑜伽等，后归日本，开始弘传瑜伽密教，成为日本真言宗初祖。本国学僧中，以义操一系传通较盛，其次为惠则、惠应等。义操下传义真、深达、海云、大遇、文菀、法润、文秘、法全等；惠则下传缘会、元政、文悟、文璨等。其中元政、法全又各传法于日僧圆仁，法全又授法于日僧圆珍、圆载、遍明、宗睿等，由是瑜伽密教盛流于日本，而汉地密宗教法则因会昌法难和五代变乱而渐至绝响。

第三期为印度晚期密教输入时期。在汉地则北宋初期，中印度沙门法天、天息灾、北印度沙门施护等各赍梵筴先后来到中国，受太宗召见赐紫，并于太平兴国七年（982）设译经院，令各宣译。其中天息灾（后又改名法贤）译出有《大乘庄严宝王经》《最上根本大乐金刚不空三昧大教王》等经。法天译有《最胜佛顶陀罗尼》《大方广总持宝光明》等经。施护译有《一切如来真实摄大乘现证三昧大教王》《一切如来金刚三业最上秘密大教王》等经。此外，还有法护译《大悲空智金刚大教王仪轨经》，金总持译《文殊所说最胜名义经》等许多密教要籍，而尤以印度波罗王朝晚期所传的乐空不二的所谓无上瑜伽密法占主要部分，它和中国的伦理思想颇相抵触，因而此类译典内容多被修改失去原样，有些密经被限制翻译、流行，印度后期的金刚乘密教终未为汉地佛教徒所接受。但在我国西藏地区，由于与印度次大陆接壤之故，于前弘期中即已从印度输入了一般的密教，至后弘期中则更输入金刚乘密教，并获得广泛流行。

西藏佛教前弘期。七世纪西藏松赞干布王时最初输入的佛教中，即传有《阎曼德迦法》等密部经典。其后八世纪间，由印度请得密教僧人寂护和莲花生到藏弘法，在拉萨郊外建成密教的根本道场桑耶寺，莲花生的弟子二十五人并在西藏布教，使"因陀罗部底"系的密教在藏卫各地传通。其后又有印度密教僧人法称来藏传瑜伽金刚界法，大曼荼罗等灌顶，无垢友、施戒等来藏译出集密等许多密宗典籍。但据登伽目录所载：这一时期中所译出的密咒续内，包括有四部密法中"事""行"二部的《不空羂索经》等十八种，各种陀罗尼一百零一种。无上瑜伽部的典籍在当时曾被限制翻译，未广流行。

其后藏地佛教一度遭到破坏，嗣即转入后弘期时代。十世纪间，曾为阿里地区的统治者的智光，力谋复兴佛法，曾选派沙门宝贤等赴印学习《集密》《时轮》等经续及注释与仪轨等，并迎请印度僧人作信铠、作莲密、佛详静、佛护、莲花密等来藏，从事显密经论的翻译，而以瑜伽密部尤其是《集密续》为重点。又有东印度僧人法护和他的弟子等在藏地译出许多前所未有的密乘典籍，使密教在藏地盛行弘通。而中印度（今孟加拉国）超岩寺僧人阿底峡，更于十一世纪间应请进入西藏，宣扬显密观行具备的教法，使密乘获得相应发展。他的弟子仲敦巴更续其法灯，奉四尊（释迦、观音、救度母、不动明王）法，分别四密（事、行、瑜伽、无上瑜伽）次第，而以上乐、集密为最胜，奠定了西藏无上瑜伽部弘通的基础，并首开西藏佛教的迦当一派。此外，又有宁玛（此派传承前弘期莲花生、无垢友、遍照护等所传密法，注重大圆满教授，为藏地密教中最古的一派)、迦举（此派起自后弘期玛巴译师，传承东印度弥勒巴之学，弘集密、喜金刚等法，尤注重于空智不二解脱的大印教授）、萨迦（此派始于后弘期卓弥译师，注重道果教授，以清辩系中观学为密乘解释）、觉囊（此派创自不动金刚，以时轮、集密等教法为主）等派，以及其后又形成希结、觉宇、廓札、响巴迦举、霞炉（鲁）等许多教派。

至十四世纪间，宗喀巴依迦当派的教法，弘化甚盛。他的弟子嘉曹杰、克主杰继续弘传，称嘎登派，又名格鲁派，或称黄教。下传达赖、班禅两系，为现今藏地盛行的一大教派。

以上各派的密乘修习，几乎全以无上瑜伽部各种教授为主要。这是西藏后弘期密教的特色。

关于汉地相传的密宗教义，在观诸法空、无相理的基础上，结合着三密、四曼、诸曼荼罗、本尊瑜伽等事修，实行"当相是道，即事而真"的观行方便，以期现证悉地乃至成佛为宗旨。

汉地密宗有金刚界、胎藏界两部。金刚，表坚固、利用义；胎藏者，摄持、含藏义，略云金、胎两部，即于一心法界上，立理平等、智差别二门。就中说智差别的经轨，名金刚顶部；说理平等的经轨，名胎藏部。金刚顶部以《金刚顶经》为根本经典，依之建立的曼荼罗，称金刚界曼荼罗。胎藏部，以《大日经》为根本经典，依之建立之曼荼罗，称胎藏界曼荼罗。善无畏、一行所传，以胎藏界为主，一行之《大日经疏》详释善无畏所传曼荼罗，即世所谓胎藏界曼荼罗。金刚智、不空所传以金刚界为主，金刚智译出《金刚顶瑜伽中略出念诵法》（即《金刚顶经》），此经所传曼荼罗，即世所谓胎藏界曼荼罗。但传入我国不久，互相授受，就融合成为一体了。

以上是八世纪以来汉地所传的密宗。其所依的典籍有《大日》《金刚顶》《苏悉地》等经，《菩提心》《释摩诃衍》等论及一行、法全、空海的疏记等。

至于我国藏地所传印度后期流行的瑜伽密教，因别有专文，此处从略。

（高观如）

十四　禅宗

　　禅宗是中国佛教的一个宗派,以用参究的方法,彻见心性的本源为主旨,故又称佛心宗。梁普通年中(520—526),南天竺菩提达摩泛海来到广州,继而应梁武帝之请,到金陵与帝问答,机缘不契,于是渡江到洛阳,入嵩山少林寺,面壁而坐,终日默然,时人称为壁观婆罗门。后有僧神光,往少林晨夕参承,得到达摩的指点和器重,因而把他的名字改为慧可,付以正法眼藏,并授袈裟为法信。既而有一白衣谒慧可,问答相契,慧可为他薙度之后,取名僧璨(?—606),又把正法眼藏及达摩信衣传给他。后来隐于舒州的皖公山,相传他著有《信心铭》。又达摩西来,本以《楞伽经》印心,故当时慧可与僧璨皆称"楞伽师"。后有道信(580—651),年十三(隋开皇十二年)入皖公山,谒僧璨,求解脱法门,侍奉九年,得衣法后,领徒众到吉州,尝劝道俗念摩诃般若,似已稍变重视《楞伽经》之风。后至蕲春,住破头山,门下以弘忍、法融为最著。此宗的历史传到弘忍才逐渐明朗。弘忍(602—675),世称五祖,蕲州黄梅人,幼年从道信出家,后来传承道信衣法,在黄梅双峰山东的冯墓山,聚徒讲习,常劝僧俗持《金刚经》,会下七百余人,当时称为东山法门。他著有《最上乘论》。弟子中的佼佼者有神秀、慧能、慧安、道明、智铣等,就中慧能、神秀为最著,开创"南顿""北渐"二派。法融于道信下横出一枝,在金陵牛头山开法,世称其法系为牛头禅,传数代而绝。

　　神秀(606—706),本姓李,开封尉氏(今河南省尉氏县)人,少年出家访道,后到蕲州谒弘忍,为会下七百余众的上座。弘忍逝世后,往荆州,住当阳山度门寺,武后听到他的声望,招请他到长安,在内道场供养,中宗尤加礼重,有两京法主、三帝国师之称。弟子有普寂、义福等。

普寂(651—739),本姓冯,蒲州河东(今山西省永济市)人,幼年出家,起初学经律,后往荆州师事神秀,得印可。中宗时,神秀年高,下诏叫他代神秀统领徒众,在长安传教二十余年。义福(658—736),本姓姜,潞州铜鞮(在今山西省沁县西南)人,幼年出家,往荆州师事神秀,后来在终南山化感寺、长安慈恩寺弘传禅法,上下尊信。普寂、义福的禅法,一时在长安等处盛传,有凌驾南方的慧能一派之势。

慧能(638—713),本姓卢,生于新州(今广东省新兴县),本是一个不识字的樵夫,因闻人诵《金刚经》有所领悟,于是往冯墓山谒弘忍,弘忍令他入碓坊作务,经过八个月,弘忍召集弟子,根据各自的见解各作一偈,如偈语深透的将据以传衣付法。上座神秀书偈于壁说:"身似菩提树,心如明镜台,时时勤拂拭,莫使惹尘埃。"慧能闻神秀偈后,也作了一偈:"菩提本非树,明镜亦非台,本来无一物,何处惹尘埃。"请人书在壁上。弘忍看到慧能这首偈,见地透彻,便秘密把衣法传给他。慧能得法南归后,隐居十五年,继至曹溪,住宝林寺,应请在韶州大梵寺说摩诃般若波罗蜜法,并传授"无相戒"。他常对弟子们说:"但一切善恶都莫思量,自然得入清净心体,湛然常寂,妙用恒沙。"嗣法弟子有行思、怀让、神会、玄觉、慧忠、法海等四十余人。法海集其言行为《六祖坛经》。

慧能嗣法的弟子中,南岳怀让和青原行思两支法系到唐末特别繁衍。怀让(677—744),金州安康(今陕西省汉阴县)人,少年出家,继而往曹溪,谒慧能,问答相契,执侍左右十五年,得法印后往南岳,住般若寺观音台,接化三十余年,入室弟子六人,而以道一为翘楚。道一(709—788),本姓马,后世称为马祖。汉州什邡(今四川省什邡市)人,幼年出家,后来到南岳,结庵而居,常日坐禅。怀让前往问曰:"大德坐禅图什么?"道一说:"图作佛。"怀让乃取一砖在彼庵前石上磨。道一问:"磨砖作么?"怀让答:"磨作镜。"道一愕然说:"磨砖岂得成镜耶?"怀让趁势反问："磨砖既不能成镜，坐禅岂得成佛？"道一更惊愕，请求开示，闻法后心意超然，侍奉十年，得入堂奥，密受心印。后住建阳（今福建省南平市建阴区）佛迹岭，迁至临川，次至南康龚公山，建立丛林，聚徒说法，法嗣有怀海等一百三十九人，各为一方宗主，禅宗至此大盛。

行思（？—740），吉州庐陵（今江西省吉安县）人，出家受戒后，往曹溪，谒慧能，问答相契，为会下的上首，既得法，回到吉州，住青原山静居寺阐化，同门希迁、神会均于慧能逝世后，前往依附参礼。希迁（700—790），端州高要（今广东省肇庆市高要区）人，初事慧能，慧能逝世后，禀遗命往从行思，得法后，往南岳的南寺，结庵于寺东的大石上，时人称为石头和尚，传他著有《参同契》《草庵歌》。弟子有唯俨、道悟等二十一人。其时，江西主大寂（道一），湖南主石头，四方禅学者，一并凑集在两家的门下。

神会（？—760），本姓方，襄阳人。初师事神秀，后到曹溪，谒慧能，服勤给侍，不离左右。据说慧能将入涅槃时，秘传法印，并且叫他过岭到北方去。他先在南阳，继在洛阳大弘禅法。当时两京之间，皆宗神秀，二十年间，"曹溪顿旨，沈废于荆吴；嵩岳渐门，盛行于秦洛"（宗密《神会略传》）。神会于是在滑台（今河南省滑县）大云寺设无遮大会，论定达摩一宗的法统，并树立南宗的顿悟法门。又在洛阳楷定宗旨，著有《南宗定是非论》及《显宗论》，盛弘南宗，指出达摩一宗的正统法嗣不是神秀而是慧能。自此神秀的门庭寂寞，慧能的宗风才独尊于天下。后来德宗令皇太子召集诸禅师，楷定禅门宗旨，搜求传法的旁正，于是以神会为第七祖，其法统称为荷泽宗。门下有无名、法如等。圭峰宗密为法如下的第三传，倡禅教一致说。

玄觉（665—713），温州永嘉（今浙江省永嘉县）人，髫年出家，初学天台止观，后往曹溪，谒慧能，得心印，须臾告辞，慧能留住一宿，世称"一宿觉"。著有《证道歌》《禅宗悟修圆旨》及《观心十门》，后人辑为一书，称为《永嘉集》。他倡天台、禅宗融合说。

慧忠(？—775)，越州诸暨(今浙江省诸暨市)人，从慧能受心印后，历游名山，后入南阳白崖山党子谷，静坐长养，凡四十余年。唐玄宗听到他的道行，把他请到洛阳，历受玄、肃、代三宗的礼遇。他主张"禅即教"说。他的语要有"国师三唤侍者""无情说法""无缝塔"及"圆相"等公案。

南宗禅，到唐末五代间，南岳一系分出沩仰、临济二宗，青原一系分出曹洞、云门、法眼三宗，合称禅宗五家。南岳系道一的弟子怀海(720—814)，受印可后，在洪州百丈山(在江西省奉新县西百二十里)接化，禅众云集。怀海创立禅院，并制定《禅门规式》(载《景德传灯录》卷六)，虽属草创，而成为后来《丛林清规》的楷式。弟子甚多，其中灵祐、希运等最著。灵祐(771—853)嗣法后，独住潭州沩山(在今湖南宁乡市境内)七年，后来创同庆寺，禅侣辐辏，敷扬宗教四十余年，入室弟子四十一人，就中有慧寂(814—890)，具传其心印，在袁州(故治在今江西省宜春市)大仰山接化，师资相承，别开一派，世称沩仰宗。

希运(？—855)，住高安(今江西省高安县)黄檗山，宣扬直指单传的心要，弟子有义玄、道跂、楚南及裴休等。裴休集录他的语要，题作《黄檗山断际禅师传心法要》。义玄(？—867)受印可后，于镇州(今河北省正定县)滹沱河畔建临济院，设三玄、三要、四料简等接化徒众，机锋峭峻，别成一家，其门叶极繁荣，于是成一大宗派，这就是临济宗。弟子有存奖、慧然、志闲等二十二人。慧然集录他的语要，题作《镇州临济慧照禅师语录》。

青原系由行思传药山惟俨，俨传云岩昙晟，良价(807—869)从昙晟受心印，初居新丰山，后移住高安洞山，倡五位之说，作《宝镜三昧歌》，宣扬禅风，著有《语录》一卷。弟子有道膺、本寂等。本寂(840—901)，少年出家，后往高安参谒良价，承受心印，后住抚州(今江西省临川县)的曹山，详说洞山五位的旨诀，学者云集。所以良价和本寂两人所传遂称为曹洞宗。

又青原一系的道悟下，经过崇信、宣鉴，到义存(822—908)，于福州象骨山雪峰建广福院接化，学者常达千五百人，弟子有文偃、师备等五十六人。文偃（？—949）初参道趴，后谒义存。禀承两家宗风，住韶州云门山，发挥独妙的宗致，往来的学者亦不下千人，嗣法六十一人，世称云门宗。

　　师备（837—908），住福州玄沙院行化，其下有桂琛。桂琛下，有文益。文益（885—958）住金陵清凉寺行化，学者云集，世称法眼宗。

　　禅宗五家中，沩仰宗于五代顷一时繁兴，到了宋代，从慧寂以后传四世，法系不明。曹洞宗本寂的法系，从本寂以后四世即绝，赖道膺一脉，曹洞得以绵延。道膺六传到道楷，其下有子淳，子淳下有清了、正觉（即宏智）。正觉（1091—1157），与临济下宗杲同时，针对宗杲的"看话禅"，提倡"默照禅"。所谓看话禅，即参看话头之禅。所谓默照禅，即寂默静照之禅。又作《颂古百则》，世称《宏智颂古》。法眼宗文益的禅风一时繁兴，嗣法的弟子有六十三人。其中德韶门叶最盛，弟子有四十九人。著名的佛教学者延寿（永明）即其弟子。此宗虽然在宋初极隆盛，后来逐渐衰微，到宋代的中叶，法脉遂绝。云门宗在五代勃兴，到了宋代，与临济并盛，从文偃经过澄远、光祚，有重显（980—1052），住明州（今浙江省宁波市鄞州区东）雪窦山，大振宗风，称云门中兴，尝选《传灯录》一千七百则公案中的一百则，用韵语歌颂出它的蕴奥，即所谓《雪窦颂古》。到南宋，法脉遂绝。临济宗，从义玄经过存奖、慧颙、延沼、善昭，有楚圆，住石霜崇胜寺行化，其下有慧南（1002—1069）、方会（992—1049）开黄龙、杨岐二派，合前五家，号为七宗。杨岐方会传守端、法演后，有慧懃（佛鉴）、清远（佛眼）、克勤（佛果），世称三佛，而克勤的法流尤盛。克勤（1063—1135）于政和初（1111），应张商英之请，于《雪窦颂古》加《垂示》《著语》及《评唱》，发扬它的奥旨，门人加以辑录，题作《碧岩录》。嗣法的弟子有七十五人，就中大慧宗杲、虎丘绍隆最著，各成一家，称大慧派、虎丘派。宗杲（1089—1163）为划时代的禅匠，盛倡看话禅，贬正觉的主张为默照邪禅。从此禅众无不以"看话头"为入门。其说法纵横踔励，后人编为《大慧普觉禅师语录》三十卷、《大慧普觉禅师宗门武库》一卷等。所谓五宗，在宋代实只临济一宗，其余各宗或归绝灭，或就衰微。但曹洞一宗，绵延至宋末，忽臻隆盛。临济下黄龙一派，数传即绝，而杨岐一派，仍复临济旧称。所以递流到晚近，只临济称盛，而曹洞仅维持未坠之绪而已。

　　禅宗的宗旨，是单刀直入，指示人人本来具有的心性，以彻见此心性而成佛。它的根本典据，是达摩的"二入""四行"学说。达摩把入道的途径区分作理、行两种，叫作"二入"。更把"行入"分为报怨、随缘、无所求、称法四种，叫作"四行"。"理入"是凭借经教的启示，深信众生同一真如本性，但为客尘妄想所盖复，不能显了，所以令舍妄归真，修心如墙壁坚住不移的观法，遣荡一切差别相，与真如本性之理相符，寂然无为。四行即根据这个道理来发起行动，泯冤亲爱憎，等苦乐得失，无所愿乐，无所贪求，安心无为，任运与法性之理相称而行（《续高僧传》卷十六）。此外，相传僧璨著有《信心铭》、弘忍著有《最上乘论》，都是后人托名之作，不足为典据。继承达摩学说的，是慧能的《坛经》。《坛经》的中心思想，即一超直入如来地的顿教，他说："善知识！菩提般若之知，世人本自有之，即缘心迷，不能自悟，须求大善知识，示道见性。善知识！遇悟即成智。"又说："世人性净，犹如青天，慧如日，智如月，智慧常明。于外著境，妄念浮云盖复，自性不能明。故遇善知识开真法，吹却迷妄，内外明彻，于自性中，万法皆见。一切法自在性，名为清净法身。"又说："汝若不得自悟，当起般若观照，刹那间妄念俱灭，即是自真正善知识，一悟即至佛地。"人的本性原来清净，具有菩提般若的智慧，只因一向被妄念的浮云所盖复，不能自悟。假如得到善知识的指示，念念起般若观照，一旦妄念俱灭，内外明彻，顿见真如本性，自成佛道。这是禅宗的根本思想，后世禅家所说，都不外乎把它演绎或扩大。五家之分，不过是启发学人的方式方法有所区别而已。

其次,达摩说:"安心无为,形随运转。"慧能说:"但行直心,不着法相。"后世禅家便把这种禅的意味渗透在学人的日常生活里,使它构成一种随缘任运("随缘消旧业,任运着衣裳。")的态度。《传灯录·慧海传》里,有一个故事说:"有源律师来问:'和尚修道,还用功否?'师曰:'用功。'曰:'如何用功?'师曰:'饥来吃饭,困来即眠。'曰:'一切人总如是,同师用功否?'师曰:'不同。'曰:'何故不同?'师曰:'他吃饭时不肯吃饭,百种须索;睡时不肯睡,千般计较,所以不同也。'"这就是说禅人的一切言语举动,行所无事,纯任本然。

(黄忏华)

十五　沩仰宗

　　沩仰宗，是中国佛教中禅宗五家之一，由于此宗的开创者灵祐和他的弟子慧寂先后在潭州的沩山（在今湖南省宁乡县西）、袁州的仰山（在今江西省宜春市南），举扬一家的宗风，后世就称它为沩仰宗。灵祐（771—853），是南岳下三世，福州长溪人，十五岁依本郡建善寺法常律师出家，在杭州龙兴寺受具足戒，广究大小乘经律。二十三岁，到江西，参谒百丈怀海，怀海一见就赞许他，于是居参学之首。有一天，怀海对他说："汝拨炉中，有火否？"灵祐拨了一下，说："无火。"怀海走下座来亲自去拨，拨到深处，拨出了一点火，便举给灵祐看，说："此不是火！"灵祐即大悟礼谢，并陈述他的悟解。怀海说："此乃暂时歧路耳！经云欲识佛性义，当观时节因缘，时节既至，如迷忽悟，如忘忽忆，方省己物不从他得。故祖师云，悟了同未悟，无心得（明本《景德传灯录》作'亦'，此依元本）无法，只是无虚妄凡圣等心，本来心法元自备足，汝今既尔，善自护持！"因此，灵祐得到怀海的启发，悟得他的深机密用。元和末（820），他遵怀海之嘱，到沩山去开法。沩山极其峻峭，人烟稀少，于是杂在猿猱之间，拿橡栗作食粮。后来山下的居民稍稍知道他，来了许多人帮助他营造起一座寺宇来。不久遇到唐武宗（841—846）毁寺逐僧的事件，匆遽间把头裹起充作普通农民。大中初（847），湖南观察使裴休把他迎出来，重到所住的地方，连帅李景让启请朝廷命名同庆寺。裴休去访他，和他问答，深契玄旨，自此禅风大振。四方来山参问的禅人渐多，于是提倡垦荒开田。当时住下僧众多到一千五百人，法嗣四十余人，而以仰山慧寂、香严智闲为上首。敷扬宗教，凡四十余年，于大中七年敷座怡然而寂。关于他的言行，有《潭州沩山灵祐禅师语录》一卷。

灵祐的顿悟因缘，是从寻思纯熟，机缘凑泊而发，深得马祖、百丈的"理事如如"之旨。传授给他的弟子慧寂，师弟同以全体显现大用作修养的宗旨。他开示大众说："从上诸圣，只说浊边过患，若无如许多恶觉、情见、想习之事，譬如秋水澄停，清净无为，澹泞无碍，唤他作道人，亦名无事人。"当时有人问："顿悟之人更有修否？"他说："若真悟得本他自知时，修与不修是两头语。如今初心虽从缘得一念顿悟自理，犹有无始旷劫习气未能顿净，须教渠净除现业流识，即是修也。不道别有法教渠修行趣向。"又说："以要言之，则实际理地不受一尘，万行门中不舍一法。若也单刀直入，则凡圣情尽，体露真常，理事不二，即如如佛。"他的弟子慧寂和他一样，开示大众说："汝等诸人，各自回光返照，莫记吾言。汝无始劫来，背明投暗，妄想根深，卒难顿拔。所以假设方便，夺汝粗识，如将黄叶止啼，有什么是处？"又说："我今分明向汝说圣边事，且莫将心凑泊，但向自己性海如实而修，不要三明、六通。何以故？此是圣末边事，如今且要识心达本。但得其本不愁其末，他时后日自具去在。若未得本，纵饶将情学他亦不得。汝岂不见沩山和尚云：凡圣情尽，体露真常，事理不二，即如如佛。"从这些，可以看出此宗的悟境与功行极于理事如如动即合辙之旨。其接引学人，看似平衍，实则深邃奥密，事理并行。灵祐是顿超得妙，慧寂是功行绵密，不是大根器不易继承。此宗在禅宗五家中兴起最先，衰亡也较早，原因殆即在此。

慧寂（814—890），韶州怀化人，出家后没有受具足戒就到各处参学，初谒南阳慧忠的侍者耽源道真，道真对他说："国师（慧忠）当时传得六代祖师圆相，共九十七个，授与老僧，……我今付汝，汝当奉持。"慧寂接过来看了一下就把它烧掉。后来到沩山，参灵祐，灵祐问他："汝是有主沙弥，无主沙弥？"慧寂说："有主。"灵祐说："主在什么处？"慧寂从西边走到东边站著，灵祐知道他和常人不同，便加以开示。既而慧寂问：

"如何是真佛住处？"灵祐说："以思无思之妙，返思灵焰之无穷，思尽还源，性相常住，事理不二，真佛如如。"慧寂于言下顿悟，从此执侍，前后十五年，开沩仰一宗。慧寂传受灵祐心印之后，率领徒众住在王莽山，既而迁到仰山，学徒奔凑。后来又迁到观音山，接机利物，为宗门标准。

智闲也是灵祐法嗣中著名的人物，青州人，出家后到沩山参灵祐，有一天灵祐对他说："汝未出胞胎、未辩东西时本分事，试道一句来！"智闲把他所悟解的陈述了好几次，灵祐都不许可，于是泣辞而去，后到南阳，就住在那里。有一天，因芟除草木，抛掷瓦砾，击竹作声，廓然醒悟，于是作了一首偈说："一击忘所知，更不假修持，动容扬古路，不堕悄然机，处处无踪迹，声色外威仪，诸方达道者，咸言上上机！"灵祐听到这首偈，许可他彻悟了。慧寂更加勘验，证明他会得祖师禅。自此以后，广事教化，有偈颂二百余首，随缘对机，不拘声律。

在禅宗五家中，沩仰宗兴起最先，衰亡也较早。慧寂的法嗣有西塔光穆、南塔光涌等十人。光穆传资福如宝、宝传资福贞邃，前后四世而法系不明。光涌也只传芭蕉慧清，清传逞州继彻而绝。此宗的法脉，大概历时一百五十年。

（黄忏华）

十六　临济宗

临济宗是中国佛教中禅宗五家之一，由于此宗的开创者义玄，在河北镇州（今河北省正定县）的临济禅院举扬一家的宗风，后世就称它为临济宗。义玄（？—867）是六祖慧能下的第六代，曹州南华县人，出家后广究毗尼及经论，既而到各处参学。首先参谒洪州黄檗山的希运禅师，问"如何是佛法的的大意？"三度发问，三度被棒打，于是向希运告辞，希运叫他到高安滩头去参谒大愚禅师。他见了大愚，诉说三问三被打的经过，并问："不知有过无过？"大愚说："黄檗怎么老婆心切，为汝得彻困，犹觅过在。"师于是大悟云："佛法也无多子。"大愚乃挡师衣领云："适来道不会，而今又道无多子，是多少来？是多少来？"师向大愚肋下打了一拳。大愚托开云："汝师黄檗，非干我事。"义玄即回黄檗。黄檗云："汝回太速。"义玄云："只为老婆心切。"黄檗云："那大愚老汉待见与打一顿。"义玄云："说什么待见，即今便打。"遂打黄檗一掌，黄檗哈哈大笑，印可义玄得悟。唐大中八年（854），他到镇州，在滹沱河边建立临济院，广接徒众，门风峭峻，盛于一代。咸通八年（867）四月十日，端然示寂，敕谥慧照禅师。慧然辑录他的语要为《镇州临济慧照禅师语录》，简称《临济录》一卷。

义玄的接引学人，有三玄（即三种原则）、三要（即三种要点）、四料简（即四种简别）等施设。他说他的接人，"有时夺人不夺境，有时夺境不夺人，有时人境俱夺，有时人境俱不夺"（四料简）。又说："大凡演唱宗乘，一句中须具三玄门，一玄门须具三要，有权有实，有照有用。"

义玄说：一念心上清净光即是法身佛，一念心上无分别光即是报身佛，一念心上无差别光即是化身佛；而轮回三界受种种苦，只是由于"情生智隔，想变体殊"。假如能看到这一点，回光返照，停歇一切向外驰求的念头，就当下与祖、佛没有区别。所以真正学道人，只是随缘任运，不希求佛、菩萨、罗汉等果乃至三界殊胜，迥然独脱，不为外物所拘。这是临济宗的根本思想，他的语句作略，便是通过这根本思想而用峻峭的机锋为学人解黏去缚的。

义玄的弟子，有灌溪志闲、宝寿延沼、三圣慧然、兴化存奖等二十余人，门叶极其繁荣，于是成为一大宗派。然而后世临济宗的法系都出于存奖（？—924）之下，递传南院慧颙（？—952）、风穴延沼（896—973）、首山省念（962—993）、汾阳善昭（947—1024）、石霜楚圆（987—1040）。楚圆下有黄龙慧南、杨岐方会，法席很盛，于是分为黄龙、杨岐二派，和原来的五家合称五家七宗。慧南（1002—1069），信州玉山人，起初依泐潭怀澄学云门禅，后来依楚圆，于言下大悟。宋景祐三年（1036），住在南昌黄龙山，设三转语接引学人，法席之盛，与道一、怀海相等。嗣法的弟子有晦堂祖心、宝峰克文、东林常总等八十三人。方会（992—1049），袁州宜春人，出家后，往南原参楚圆得悟，后来辞归筠州九峰，道俗迎居杨岐山，嗣法的弟子有白云守端、保宁仁勇等十二人。起初黄龙、杨岐二派并盛，然而黄龙一派，不数传而法统断绝，杨岐恢复临济旧称。守端下有五祖（山名）法演等十二人，法演下有佛鉴慧勤、佛眼清远、佛果克勤等二十二人，三佛中克勤以得髓称，法流尤盛。清远再传蒙庵元聪，日僧俊芿师之，传法归国，为杨岐宗在日本之初传。克勤（1063—1135），彭州崇宁人，出家受具后，起初学经论，后来就法演参禅得悟。宋崇宁中（1102—1106），在成都昭觉寺开法；政和初（1111—？），往荆州，谒张商英（无尽），与谈《华严》要旨和禅门宗趣，商英事以师礼留住碧岩。既而应商英之请，在雪窦重显的《颂古百则》上加"垂示""著语"和"评唱"，门人加以辑录，题作《佛果圆悟禅师碧岩录》（克勤曾先后受佛果、圆悟等赐号），又称《碧岩集》十卷。此外有《圆悟佛果禅师语录》二十卷，弟子绍隆等编。嗣法的弟子有七十五人，就中以大慧宗杲、虎丘绍隆为最著，开大慧（亦称径山派）、虎丘二派。宗杲（1089—1163），宣州宁国人，初游于洞宗之门，既而到汴京天宁寺参克勤，于言下豁然顿悟。后来住在浙江径山，接引后学，道法很盛。曾裒集先德的机语，间加以拈提，称为《正法眼藏》六卷。又盛倡看话禅，而贬宏智正觉的主张为默照邪禅。后来他的弟子蕴闻编辑他的法语为《大慧普觉禅师语录》三十卷、《大慧普觉禅师宗门武库》一卷。嗣法的弟子有九十余人，临济一宗至此又大盛。绍隆（1078—1136），和州含山人，初谒长芦崇信、湛堂文准、黄龙死心，次参克勤得悟，后来住在虎丘，大播克勤之道于东南，有《虎丘绍隆禅师语录》一卷，参学嗣端等编。嗣法的弟子只有天童昙华一人。昙华的法嗣有八人，而以天童咸杰为最著。虎丘一派在咸杰下，更分出松源（崇岳）、破庵（祖先）二派。咸杰下三传一山一宁，入日本创一山派。大慧一派，在宗杲的弟子佛照德光下，也分出灵隐（之善）、北磵（居简）二派。之善再传有楚石梵琦，晚年专修净土。居简下再传有念常（著《佛祖历代通载》）、德晖（改订《百丈清规》）等，但其后不昌（德晖法系传日本为中岩派）。后世临济宗的法系都出于绍隆之下，特别是破庵祖先一派，极其繁荣（此派与崇岳一派下均有多支传入日本）。祖先传雪岩祖钦，再传高峰原妙，此宗又大盛，其时已入元代。原妙（1238—1295），苏州吴江人，起初习天台教，次参雪岩法钦得悟。元至元十六年（1279），入西天目，在师子岩立"死关"，以三关语考验学者，受度的弟子数百人，参学门人辑录其法语为《高峰原妙禅师语录》《高峰原妙禅师禅要》各一卷。其嗣法有明本。明本（1263—1323），钱塘人，从高峰得悟后，出游皖山、庐埠、金陵，并在庐州的弁山及平江的雁荡结庵，学者辐凑。后来回到天目，住持师子院，名重一时。云南沙门玄鉴，东来问法，于言下有省，中途圆寂，其弟子普福等，图画明本的形象南归；由此云南兴立禅宗，奉为第一祖。明本有《天目中峰和尚广录》三十卷。其门下有天如惟则，提倡禅净合一。此宗在元初，还有海云印简，系出和克勤同门的天目齐下，很受元室的尊信。到明代，禅宗依然很盛，如《五灯会元续略·凡例》述临济宗在明代的盛况说："临济宗自宋季稍盛于江南，阅元而明，人宗大匠，所在都有。""而韬光敛瑞，民莫得传。"所以有明一代的宗匠见于史传的不多。只中峰门下千岩元长，其法系曾传入日本。到了他的十三传隐元隆琦，在崇祯时住黄檗山万福寺，复兴黄檗宗风；后应请赴日本，于山城宇治创黄檗山万福寺，开黄檗宗。到明末清初，国内此宗已不及往昔的隆盛，惟有天童（圆悟）、磐山（圆修）、本溪（性冲）三派鼎峙而已。圆悟（1565—1641），号密云，宜兴人，年三十，依龙池山幻有正传出家，有一天，过铜山顶，有省，后来正传授以衣法，法席很盛。法语有《密云悟禅师语录》十卷。法嗣有常熟三峰汉月法藏、四川夔州破山海明、越州平阳弘觉道忞、天台通玄、林野通可等十二人。圆修（？—1635）与圆悟同门，于明万历三十六年（1608）在磐山结茅，逐渐成为大刹，门下人才之众和圆悟相等。法语有《天隐修禅师语录》二十卷。法嗣有杭州理安箬庵通问、湖州报恩玉林通琇等五人。性冲（？—1611），嘉兴秀水人，起初在径山结庵，后来住在苏州本溪，法嗣有兴善慧广。法藏（？—1635），无锡人，幼年出家，决志参禅，到年四十得悟，后来往从圆悟，被命为第一座。既而在圣恩禅寺的万峰关结夏，尝提宋慧洪所撰《智证传》，力阐纲宗，为诸方所疑谤。圆悟作书告诫他，他复书答辩，又作《五宗原》一书，和圆悟的见解不同，圆悟一再加以驳斥，圆修也作《释疑普说》驳斥他。法藏的弟子谭吉弘忍更作《五宗救》，主张师说，圆悟又加以驳斥，侍者启真编为《辟妄救略说》一书，共十卷。后来清雍正帝（1723—1735）痛驳法藏、弘忍所言，斥为魔说，并将藏内法藏、弘忍的语录及《五宗原》《五宗救》等书尽行毁板，另将《五宗救》逐条驳正，刻入藏内，这就是现行的《拣魔辨异录》。又着直省督抚从圆悟派下削去法藏一支，永远不许再入祖庭。传令天下祖庭，凡系法藏的子孙开堂的，即撤去钟板，不许说法。另选圆悟派下的别支承接方丈。三峰一派受此打击，不能复振。

此宗在清初大都系出圆悟、圆修二派，而圆悟一派尤其隆盛。清顺治帝尝于十四年（1657）到京师的海会寺，延见圆悟的三传弟子憨璞性聪。更先后召玄水杲、玉林琇（通琇）、茚溪森（行森）、天童忞（道忞）入京从容谘访，而师事通琇和他的弟子行森。通琇（1614—1675），江阴人，十九岁，从圆修出家，于言下大悟，继承法席，有《普济玉林国师语录》十卷行世。道忞（1596—1674），潮州茶阳人，早年读大慧宗杲的语录，即到庐山出家，后来参谒圆悟得悟，亲炙十四年，继承法席，撰有《九会语录》《百城北游录》等。又当顺治、康熙间，法藏的门叶极其繁荣，当时成为三峰一派，海内称法藏和他的弟子灵隐弘礼、灵岩弘储为佛、法、僧三宝。弘礼下，有愿云显，住洪州云居；弘储下，有原直赋、楚奕豫，赋住南岳福岩，豫住潭州云盖，大阐宗风。经雍正削去支派后，法脉就断绝了。太平天国军兴后，此宗只圆修一派较盛，其法系有镇江的金山寺、扬州的高旻寺、常州的关宁寺及浙江于潜西天目山的禅源寺。而宗门中较卓越的，是重兴句容赤山般若寺的法忍本心（1846—1906），而本心的法系也源出金山。此后则金山有印彻（融通，1866—1928）、高旻有法一、天宁有清熔（冶开，1852—1922）。又上海的留云寺有密融（微军，1854—1921），系出金山；北京的龙泉寺有古念（清一，1843—1916），撰有《宗镜捷要》四卷，系出天目；都是知名的禅僧。而继承圆悟法系的仅有宁波天童、湖南沩山、成都昭觉等。

此宗接引学人的方法，单刀直入，机锋峻烈。自从义玄用棒喝以来，以至宗杲的提倡看话，都是以迅雷不及掩耳的手段或言句，剿绝情识，使学人忽然省悟，实为其特色。它在五家宗派中流传最久，不是没有原因的。

（黄忏华）

十七　曹洞宗

曹洞宗是中国佛教中禅宗五家之一。由于此宗的开创者良价和他的弟子本寂先后在江西高安县的洞山、吉水县的曹山，举扬一家的宗风，后世就称它为曹洞宗（一说曹洞的曹是指洞山上承曹溪而言）。良价（807—869），是禅宗六祖慧能下第六代，会稽诸暨（今浙江省诸暨市）人，从五泄灵默（马祖弟子，747—818）披剃，受戒后，往诸方参学，首谒南泉普愿，次参沩山灵祐，最后到湖南澧陵攸县参云岩昙晟（782—841），因问"无情说法什么人得闻"有所领会。临别时又问昙晟说："和尚百年后，有人问'还貌（一作邈）得师真否？'如何祇对？"昙晟良久说："祇这是。"良价还是有些怀疑，后因过水看见水里的影子，遂悟前旨，后在洞山广阐玄化。良价曾在渤潭寻绎大藏，编纂有《大乘经要》一卷（已佚）。此外撰有《宝镜三昧歌》《玄中铭》《新丰吟》《纲要偈》《五位君臣颂》《五位显诀》等偈颂。关于他的言行，有《瑞州洞山良价禅师语录》及《筠州洞山悟本禅师语录》各一卷。法嗣有云居道膺、曹山本寂等二十六人。

曹洞宗的思想渊源，可上溯到石头希迁，是"即事而真"的见解，从个别（事）上显现出全体（理）来指导践行的。希迁读《肇论》的"会万物为己者其惟圣人乎"一句而有会于心，写成一篇《参同契》，说明理事参同回互，每一门都有一切境界在。这样看一切事相，自能圆转无碍，而人的行为也可以随缘出没了。希迁传药山惟俨，俨传云岩昙晟，晟更提出"宝镜三昧"的法门。意谓人观万象，应该和面临宝镜一般。镜里的影子正是镜外形貌的显现，所谓"渠（影）正是汝（形）"，从而说明了"由事相上能显出理体"的境界。以后五位功勋，偏正回互等思想皆导源于此，实为曹洞宗密传之旨。良价嗣法昙晟，由涉水睹影而大悟"渠正是汝"之旨，常说"只遮（这）个是"。曹山本寂也跟着说"即相即真"。都是说明这个道理的。

良价在所撰《玄中铭》中说："森罗万象，古佛家风。"又说："坐卧经行，莫非玄路。"他为广接上、中、下三根，因势利导，从事理各别交涉的关系上建立种种五位的说法来接引、勘验学者。曹洞宗所说五位，有正偏、功勋、君臣、王子等四种，其中正偏五位、功勋五位都是良价的创说。正偏五位显示理事的回互，是五位说的基本。良价《五位君臣颂》云："正中偏，三更初夜月明前，莫怪相逢不相识，隐隐犹怀旧日嫌（一作妍）。偏中正，失晓老婆逢古镜，分明睹面别无真，休更迷头还认影。正中来，无中有路隔尘埃，但能不触当今讳，也胜前朝断舌才。兼中至，两刃交锋不须避，好手犹如火里莲，宛然自有冲天志。兼中到，不落有无谁敢和，人人尽欲出常流，折合还归炭里坐。"依本寂的解释，正是体、是空、是理；偏是用、是色、是事。正中偏是背理就事，从体起用；偏中正是舍事入理，摄用归体；兼是正偏兼带，理事混融，内外和合，非染非净，非正非偏。功勋五位是向、奉、功、共功、功功五位，用以判断修证的浅深。有人问："如何是向？"答云："吃饭作么生？""如何是奉？"曰："背时作么生？""如何是共功？"曰："放下镬头作么生？"曰："如何是功功？"曰："不共。"这样就愈运用得细致，而接引学人也显得稳顺绵密了。当本寂向良价辞行时，良价传以《宝镜三昧》，并说："末法时代，人多乾慧。若要辨验真伪，有三种渗漏：一曰见渗漏，谓机不离位，堕在毒海；二曰情渗漏，谓滞在向背，见处偏枯；三曰语渗漏，谓究妙失宗，机昧终始。学者浊智流转不出此三种。"这也说明他辨别来机的绵密功行。又洞山常常教人"行鸟道"。人问："如何是鸟道？"曰："不逢一人。"问："如何行？"曰："直须足下无私。"问："莫便是本来面目？"曰："汝何颠倒。"问："学人甚么颠倒？"曰："认奴作郎。"问："然则如何是本来面目？"曰：

"不行鸟道。"这也是曹洞宗应机接物的特色之一。

本寂（840—901），泉州莆田（今福建省莆田市）人，十九岁出家，往高安参良价。良价问他叫什么名字？本寂回答说："本寂。"良价说："向上更道！"本寂说："不道。"良价说："为什么不道？"本寂说："不名本寂。"良价很器重他。自此入室，秘密印证他的悟解。盘桓数年，欲辞去。良价问他什么处去？本寂说："不变异处去。"良价说："不变异处岂有去耶？"本寂说："去亦不变异。"他往曹溪礼慧能塔，回到吉水（今江西省抚州市临川区），大众请他开法。本寂追念慧能的道风，便把吉水山改名为曹山，后又住荷玉山。有僧问："于相何真？"本寂说："即相即真。"又有僧问："幻本何真？"本寂说："幻本元真。"又问："当幻何显？"本寂说："即幻即显。"这是他为启发上机而说的道理。他曾注《寒山子诗》，文辞遒丽，盛行于世。有《抚州曹山元证禅师语录》一卷、《抚州曹山本寂禅师语录》二卷。法嗣有曹山慧霞、鹿门处真等十四人。本寂传受良价的五位铨量，深明要旨，撰《解释洞山五位显诀》等，振作洞上家风。

洞山良价的宗风，到曹山本寂而大振。但此宗虽称为曹洞，而曹山的法系四传以后就断绝，只靠洞山法嗣云居道膺一脉，得以绵延。道膺（835？—902），幽州玉田（今河北省玉田县）人，出家后，初学习声闻律仪，后往翠微山参无学（丹霞弟子），继到洞山参良价，领会洞上的宗旨。良价印可说："此子以后千人万人把不住。"后来在云居山开法，徒众多到一千五百人。新罗利严（870—936）曾嗣法于道膺，归国在须弥山建广照寺，创须弥山派，为海东禅门九山之殿（此外，高丽庆甫，869—948，从疏山匡仁受曹洞禅，亦归国弘传）。

云居道膺递传同安（院名）道丕、同安观志、梁山缘观、太阳警玄（948—1027）。警玄晚年和浮山法远（？—1067）很相契，而法远已嗣临济宗叶县归省（首山省念的法嗣），警玄于是作了一首偈连同皮履一双、布直裰一件交与法远，托其代求法器，传续洞上宗风。警玄寂后二十余年，投子义青（1032—1083）游方到浮山，参法远，体究三年，豁然大悟，又辛勤服侍三年。法远时常举示洞下的宗旨，悉皆妙契。于是法远即将警玄的皮履、布直裰交付他，令嗣传警玄的宗风。义青的法嗣有芙蓉道楷等九人。道楷住在汴京十方净因禅院及天宁寺等，后来在芙蓉湖畔结庵接化学人，其下有丹霞子淳（？—1119）、鹿门自觉等。子淳下有天童正觉及长芦清了等九人，洞宗至此又大盛。

正觉（1091—1157），隰州（今山西省隰县）人，幼年出家，十八岁时到诸方参学。首先住汝州的香山谒枯木法成。宣和六年（1124）继承子淳的法席。平生历主泗州的普照寺、舒州的太平寺、江州圆通寺、能仁寺、安定长芦寺、明州天童寺、杭州灵隐寺等。其中住持天童的时间最长，前后差不多三十年。有《宏智禅师广录》九卷行世，法嗣有雪窦嗣宗等十四人。

正觉认为心是诸佛的本觉、众生的妙灵，只因疑碍昏翳，自作障隔。如能静坐默究，净治揩磨，把所有的妄缘幻习去掉，不被一切包裹，清白圆明，便能事事无碍。正觉正是根据这种思想，唱导和大慧宗杲的"看话禅"相对立的"默照禅"。

清了（1091—1152），号真歇，左绵安昌人，出家后参子淳，契悟。既而辞别子淳游五台，入汴京，访谒禅讲名席。又南游真州（今江苏省仪征市）到长芦山，谒祖照道和。宣和五年（1123），继承道和的法席，学者达千七百人。其后历主四明的补陀、台州的天封、福州的雪峰、明州的育王、温州的龙翔、杭州的径山、皋宁的崇先等寺。关于他的言行，有《真歇清了禅师语录》二卷。法嗣有天童宗珏等十三人。清了作有《华严无尽灯记》，融华严家的思想入禅。又作有《净土集》，说"功高易进，念佛为先"，并主张"直将阿弥陀佛四字作个话头，二六时中自晨朝十念之顷，直下提撕"，有融会禅、净、教各宗思想的倾向。

天童正觉下，没有杰出的宗师，数士之后，法脉不明。长芦清了下，经过天童宗珏、雪窦智鉴两传至天童如净（1063—1128）。他是明州苇江人，出家后，勤习经论，十九岁时，到诸方参学，登雪窦山，参智鉴，经过几次激发，豁然有省。后来浪迹江湖二十余年，嘉定三年（1210）受请住持建康清凉寺，既而移住台州瑞岩净土禅寺，临安净慈禅寺，又转明州定海县瑞岩寺，后又再住净慈。宝庆元年（1225）移住天童。关于他的机缘语句，有《如净和尚语录》二卷、《天童山景德寺如净禅师续语录》一卷。法嗣有鹿门自觉、雪庵从瑾、永平道元三人。道元，日本京都人，如净付以道楷传持的袈裟、《宝镜三昧》《五位显诀》及自赞顶相。道元回国后，开立日本的曹洞宗，迄今不衰。如净对于行持，偏重打坐。他说参禅是身心脱落，只要打坐，离五欲、除五盖，便是和佛祖相见的时节，不用烧香、礼拜、念佛、修忏、看经。这是正觉默照禅的进一步的发展。

又鹿门自觉一系，经过青州一辨、大明宝、王山体、雪岩满，五传有万松行秀。行秀（1166—1246），河内（今河南省沁阳市）人，十五岁时出家，后来行脚到磁州的大明寺，参雪岩满，满付以衣、偈。既而回到中都（金代称今北京市为中都），住万寿寺。金章宗景仰他的道行，请入内廷，敷座说法。又命住持大都（即北京市）仰山栖隐寺，更移住报恩、洪济。金正大七年（1230），重新住持万寿，道化很盛。既而退居报恩从容庵，独处幽室，作《从容庵录》六卷，评唱天童正觉的《颂古》。又作《请益录》二卷。此外有《祖灯录》六十二卷、《释氏新闻》《鸣道集》《辨宗说》《心经凤鸣》《禅悦法喜集》等若干卷。又有净土、洪济、仰山、万寿等语录行世。法嗣有林泉从伦、千松明得、华严至温、雪庭福裕四人，而传承一宗法脉的是福裕一系。福裕（1203—1275），太原文水（今山西省文水县）人，二十二岁时出家，后来到燕京参行秀，亲炙十年，道誉日隆。于是往西京，住持少林寺，为元帝室所礼重，世祖忽必烈即帝位，命总领释教。

福裕下八世有宗镜宗书（1500—1567）。宗书的法嗣有廪山常忠（1514—1588）、少室常润。曹洞宗的寿昌、云门二支，即出此二人下。寿昌系以常忠的法嗣慧经在建昌府新城（今江西省黎川县）寿昌寺接化得名。慧经（1548—1618），号无明，抚州崇仁（今江西省崇仁县）人，二十一岁出家，往廪山依常忠。二十四岁，知有教外别传之旨，切志参究，于是离廪山入峨峰，立誓不发明大事不下山。住了三年，因阅《传灯录》得悟，得常忠印可，为之薙发。山居二十四年，应请住宝坊寺。四方衲子闻风而至。后来为广见闻，访袾宏于云栖，又入少林礼初祖塔，往京都谒达观真可，又入五台参瑞峰广通得受临济宗旨，但慧经唯以绍续洞宗自任。既而回住宝坊，开堂说法。万历三十八年（1608），应请住寿昌寺，接化甚盛。有《无明慧经禅师语录》四卷。法嗣有大舣元来、永觉元贤等。他也倡导看话禅，说："参学之士，道眼未明，但当看个话头。"他又根据一般禅家的"唯心净土，自性弥陀"的旨趣，说："念即佛，佛即念"，"念佛心即净土"。

元来（1575—1630），又名大舣，字无异，庐州舒城（今安徽省舒城县）人，十六岁出家，后来往谒慧经，受曹洞法门，为首座，时年二十七岁。次年，应请到信州（今江西省上饶市境），不久迁到博山能仁寺，法事日隆。既而又到福州，为鼓山涌泉寺的开山。后回博山，声名更盛。明末，在吴、越、江、闽间，大阐宗风，学士大夫礼足求戒的前后不下数万人。关于他的言行，有《无异元来禅师广录》三十五卷、《博山无异大师语录集要》六卷。弟子有瀛山智誾等，是为洞宗博山系。

元贤（1578—1657），字永觉，建阳（今福建省南平市建阳区）人，初习儒家程、朱学说，后在山寺读书，听到有人诵《法华经》，感觉周、孔之外别有此一大事。逐往董岩参慧经，有得。到四十岁时弃家，往寿昌落发。有一天，他和慧经问答，身心豁然。嗣法后，应请主持福州鼓山涌泉寺，前后三十年，道望甚高，曹洞的纲宗于是大振。但他是先学临济，后学曹洞的。他在所撰《三玄考》的序言中说："予三十年前学临济，三十年后学曹洞。自从胡乱后，始知法无异味。"所著有《洞上古辙》《永觉寱言》《续寱言》《补灯录》（补《五灯会元》之缺）、《继灯录》（叙述从宋到明四百余年的传灯相承）、《禅余内外集》等书共二十余种，凡八十余卷。法嗣道霈将其生平语录及部分著述辑为《永觉元贤禅师广录》

三十卷。

道霈（1615—1702），字为霖，建宁建安（今福建省建瓯市）人，十四岁出家，十八岁到诸方参学，于台、贤、性、相的旨趣得其纲领。后来到鼓山谒元贤，专事参究。元贤八十岁时，传法给他，继承法席，前后二十余年。鼓山一时成为东南一大法窟。道霈虽是洞下的宗匠，却极推崇天台宗的智𫖮，自称私淑比丘。他说："入禅后专事参究，而诸教乘束之高阁；又十载，罢参后，再取当年所习教法读之，方知原是自家祖翁田地，自是复加钻研，首事华严，次事法华……"可见他是宗、教融会的。道霈为清初释门大著述家，著书二十余种，有《秉拂语录》二卷、《餐香录》二卷（又作八卷）、《还山录》四卷、《云山法会录》一卷（又作三卷）、《旅泊庵稿》四卷、《圣箭堂述古》一卷、《禅海十珍》一卷及《沩山警策指南》一卷等。元贤、道霈二代为寿昌系极盛时期。道霈递传惟静道安、恒涛大心、圆玉兴五、象光法印、淡然法文、常敏法潛、遍照兴隆，是为洞宗福州鼓山寺系。

云门系是以少室常润传大觉方念（号清凉），念传圆澄在绍兴云门接化而得名。圆澄（1561—1626），号湛然，会稽（今浙江省绍兴市）人，幼年出家，后来专事参究，万历十九年（1591），方念到绍兴，在止风涂（地名）说法，圆澄往谒，为方念所印可，付以大法。自此聚徒说法，大唱曹洞家风。万历四十二年（1614），在绍兴的广孝寺开法，后主径山万寿禅寺、嘉兴福城东塔寺、绍兴云门显圣寺、天华寺，前后二十年，法席大振。著述有《宗门或问》《慨古录》各一卷，又有《湛然圆澄禅师语录》八卷行世。他把一切法门摄归一心，他说念佛是念此心，看教是辨此心，持咒是护此心，参禅是参此心；又说此心即定、慧，非心外别有所谓定、慧。并在所撰《法华意语》一卷、《金刚三昧经注解》四卷、《楞严臆说》一卷等书中高唱一心法门。嗣法百丈明雪，雪传破闇净灯，灯传古樵智先。净灯主持焦山定慧寺三次，智先继承他的法席，改披剃子孙制为十方传贤制，振兴曹洞的宗风。其后著名的禅僧有敏修福毅、济舟沈洮、月辉了禅、芥航大须等，是为洞宗焦山定慧寺系。

禅宗五家中，沩仰、云门、法眼三家，宋以后皆失传，只有临济、曹洞二家并存。然而曹洞的法脉远不及临济之盛，有"临天下，曹一角"之说。特别是到了清代，只上述寿昌、云门二支传衍。然而慧经下元来一系很早就无从考核，元贤一系到太平天国军兴之后也一蹶不振，只圆澄下以江南诸寺仅焦山获免于兵燹，得以绵延迄于晚近。

（黄忏华）

十八　云门宗

云门宗是中国佛教禅宗五家之一。由于此宗的开创者文偃在韶州云门山（今广东省乳源瑶族自治县北）的光泰禅院，举扬一家宗风，后世就称它为云门宗。文偃（864—949）是禅宗六祖慧能下的第八代，苏州嘉兴（今浙江嘉兴市）人，出家后学教学律都很精进。初往睦州（今浙江省建德市）参黄檗希运的法嗣道踪（世称陈尊宿），谘参数载，深入玄微，更参雪峰义存。他到雪峰后，一日遇升堂，僧问："如何是佛？"峰云："苍天苍天。"文偃闻后，忽释所疑，契会宗要。后历访洞岩、疏山、曹山、天童、归宗、乾峰、灌溪等，最后往曹溪礼六祖塔，便道到福州灵树如敏处。如敏很器重他，请他做首座。后来便继承如敏的法席，晚年移住云门山光泰禅院，恢宏法化。有《云门匡真禅师广录》三卷，法嗣有香林澄远、德山缘密等六十一人。

文偃由雪峰存、德山鉴、龙潭信、天皇悟上承石头迁的思想，着重在一切现成，与"即事而真"的见解一脉贯通。所以他示众最根本的说法："函盖乾坤，目机铢两，不涉万缘，作么生承当？"大众无对，他自己代大众说："一镞破三关。"后来他的法嗣德山缘密把它析为"三句"，即函盖乾坤句，截断众流句，随波逐浪句。有颂初句云："乾坤并万象，地狱及天堂，物物皆真现，头头总不伤。"恰当地说明了一切现成的见解。截断众流、随波逐浪二句，则是说他接引学人的教学方法，也即所谓机用。尤其"截断众流"的方法，是云门所常用的。如他接引学人，每每用一语、一字，蓦地截断葛藤，使问者截断转机，无可用心，从而悟得世谛门中一法不立。如有僧问："如何是清净法身？"他用一句话回答说："花药栏。"那僧说："就恁么去时如何？"他说："金毛狮子。"问："又如何是透法身句？"他说："北斗里藏身。"这些语句，当时脍炙人口。又如有僧问："如何是云门剑？"他用一个字回答说："祖。"问："如何是禅？"他说："是。"问："如何是云门一路？"他说："亲。"问："如何是正法眼？"他说："普。"问："三身中那身说法？"他说："要。"当时称为一字关。这些都是文偃截断众流的机用。

文偃门下有白云子祥、德山缘密、香林澄远等，而以澄远为上首。他住益州青城山香林院，接人语句完全继承文偃的风格。澄远下有智门光祚，门风险峻，有《智门光祚禅师语要》一卷。光祚的法嗣有雪窦重显、延庆子荣、南华宝缘等三十人。到重显而云门的宗风大振，号称中兴。重显（980—1052），遂州（今四川省遂宁市）人，幼年出家，受具足戒后，游方到随州（今湖北省随州市；一作复州，今湖北省仙桃市），参光祚，停留了五年，尽得光祚之道。既到池州的景德寺做首座，尝为大众讲解僧肇的《般若无知论》。曾住持苏州洞庭山的翠峰寺。学士曾公会以书荐之于灵隐珊禅师。他到灵隐后，没有把信交出，混迹在清众中三年。曾学士奉使浙西，访师于灵隐，堂僧千余人没有认识他的，检床历才找到。及见，问起前所附的书信，师从袖中拿出来。曾大笑，请住持明州雪窦山资圣寺。重显有文学天才，受当时汾阳善昭的影响，举古代的公案一百则，歌颂出它的玄旨，这就是有名的《雪窦颂古》一卷。后来昙贲说他"以辩博之才，美意变弄，求新琢巧，继汾阳为《颂古》，笼络当世学者，宗风由此一变。"门人把他在翠峰及雪窦的语句及诗颂辑录为《洞庭语录》《雪窦开堂录》《瀑泉集》《祖英集》《颂古集》《拈古集》《雪窦后录》七种，后来合编为《明觉禅师语录》六卷。法嗣有八十四人，而以天衣义怀为上首。

又文偃门下双泉师宽递传五祖师戒、泐潭怀澄，而有育王怀琏（1009—1090）。怀琏是福建漳州龙溪（今福建省龙溪县）人，幼年出家，谒泐潭怀澄，事之十余年。后游庐山，掌居讷禅师记室。皇祐元年

（1049），朝廷命居讷住持左街十方净因禅院，居讷举怀琏以代。当时汴京两街诸寺的系统只有法相宗、南山律宗，禅宗只流行于地方，自有净因院，禅宗始行于京都。后四明郡守迎请他住持阿育王山广利禅寺，四明人士相与出力建大阁藏仁宗所赠诗颂，苏轼作记，函请录示出京日英宗给他的手诏，他终藏而不出。晓莹的《罗湖野录》称赞他的不暴耀，足以羞挟权恃宠者。

义怀（989—1060），永嘉乐清（今浙江省乐清市）人，宋天圣中（1023—1031），试经得度，后来往洞庭翠峰参重显，因汲水折担得悟，为重显所印可。既而辞去，到无为军（今安徽省无为市），住持铁佛寺。有一次，他上堂说："雁过长空，影沈寒水；雁无遗踪之意，水无留影之心；若能如是，方解向异类中行，不用续凫截鹤，夷岳盈壑。……"重显听到淮上来人说起义怀的这几句话，非常赞赏。后来义怀迁到越州天衣寺行化。前后主持法席七次，大兴云门的宗风。有《天衣义怀禅师语要》一卷。法嗣有八十三人，其中慧林宗本、法云法秀、长芦应夫、天钵重元等为上首。

宗本（1020—1099），常州无锡（今江苏省无锡市）人，十九岁出家，师事承天永安道升，弊衣垢面，探井臼，典炊事，夜则入室参升。升问："亦疲劳不？"对曰："若舍一法，不名满足菩提，实欲此生身证，其敢言劳？"升阴奇之。又十年剃发受具，服勤三年，乃辞升游方。后来到池州景德寺，参义怀，言下契悟。义怀退居后，他应请在姑苏瑞光寺开法，既而移住杭州净慈寺。元丰五年（1082），汴京相国寺六十四院开辟为八寺，二禅六律，以东西序为慧林、智海二禅寺，召宗本住持慧林，为第一祖，大扬禅风。神宗召他到延和殿问道，坐即盘足跏趺，茶至，举盏长吸，其率真如此。后来以年老假归，而四方从者相望于道。有《慧林宗本禅师别录》一卷。宗本下，有长芦崇信、法云善本等。崇信下，有慧林怀深者，寿春（今安徽寿县）人，宣和三年（1121），住持慧林寺，有《慈受怀深禅师广录》四卷。其后递传灵隐寂室（慧光，钱塘人）、中竺痴禅（元妙，婺州人）、光孝己庵（温州人，有《己庵深禅师语要》一卷）。善本（1035—1109），颍州（今安徽颍上县）人，出家后，到姑苏，参宗本于光瑞寺，默契宗旨，服勤五年，尽得宗本之道。后来住持婺州双林寺，道俗推崇备至。继而移住杭州净慈寺，继承宗本的法席，和宗本并称大小本。不久又住持东京法云寺，继承法秀的法席，号大通禅师，住了八年，归老于西湖之上，杜门却扫。门下有雪峰思慧（妙湛，钱塘人）、天竺从谏（慈辩，松阳人）等六十九人。思慧下有净慈道昌（月堂，湖州人），道昌下有五云悟（苕溪人）。

法秀（1027—1090），秦州陇城（今甘肃秦安县东北）人，十九岁时试经得度，后来便从事讲经，既而到无为军铁佛寺参义怀，有所证悟，得到印可。初住持淮西四面山，既又住持栖贤、蒋山、长芦。后来东京法云寺落成，他应召为开山第一祖，号圆通禅师。其下有佛国惟白、保宁子英等五十九人。惟白，靖江人，继法秀之后，住持法云寺，后移住明州天童寺，撰集《建中靖国续灯录》三十卷。其下有慧林、慧海等十四人，慧海下有万杉、寿坚等两人。

和雪窦重显同出于智门光祚之门的延庆（山名）子荣，襄州（今湖北襄阳县）人，其下有圆通居讷（1010—1071），梓州中江（今四川中江县）人，受具足戒后从事讲学。既而有禅者从南方回川，勉励他出川参请。于是遍历荆楚间，后到襄州，参子荣，密契心要，停留十年，道望日重。起初，他应请住持庐山的归宗寺，继迁圆通寺。当时欧阳修左迁滁州，游庐山，和他论道，他的见地出入百家而折中于佛法，欧阳修肃然心服，遂举他住持汴京十方净因禅院，他以疾坚辞，举大觉怀琏以代。他住持圆通二十年，后移住四祖、开先两寺，晚年退居宝积岩。

云门的法流所出，以明教契嵩为最知名。契嵩（1007—1072），出德山缘密的法系下，藤州镡津（今广西藤县）人，七岁出家，十九岁时到诸方参学，得法于缘密的再传弟子筠州洞山晓聪。明道间（1032—1033），作《原教篇》，阐明儒佛一贯之理，以抗欧阳修等宗韩（愈）排佛之说。

皇祐年间（1049—1053），住杭州灵隐寺，鉴于禅门传法的世系诸说不一，因而依据《宝林传》之说，刊定二十八祖的传承，撰成《传法正宗记》九卷及《传法正宗论》三卷，并附画佛祖相承之像，称为《传法正宗定祖图》。又述《辅教编》三卷。诸书由开封府尹王素代进于朝廷，仁宗令传法院收入《大藏》，给他明教大师称号，由此名振海内。其说对于后世讲禅史者影响很大，并引起了天台宗的争论，历久不息。既而东还，住佛日山，过了几年，退居灵隐的永安精舍。有《镡津文集》二十卷行世。

云门宗在五代时勃兴，入宋极其隆盛，到南宋而渐次衰微。宋末虽然有圆通、善王、山济等弘扬，法席甚盛；到了元初，其法系便无从考核。一宗的法脉仅延续了二百年。这大概是由于宗风险峻而简洁高古，于一语一字之中含藏无限的旨趣，即所谓函盖乾坤；而其机用又是截断众流，不容拟议，几乎无路可通，这对于中下根机是很不相宜的，致使雪窦不得不改变宗风，逐渐融合于他宗，而终于绝传了。

（黄忏华）

十九　法眼宗

　　法眼宗是中国佛教中禅宗五家之一，由于此宗的开创者文益圆寂后，南唐中主李璟给以大法眼禅师的称号，后世因称此宗为法眼宗。文益（885—958），是青原下第八世，余杭人，七岁依新定智通院全伟禅师出家，后来到明州鄮山育王寺从律师学律，兼探究儒家的典籍。既而改习宗乘，到福州，参谒雪峰义存的法嗣长广慧棱，住了不久，即为大众所推许。更结伴到各处参学，路过漳州，为雪所阻，暂时住在城西的地藏院，因而参谒玄沙师备的法嗣罗汉桂琛。桂琛问他："到什么地方去？"他说是"行脚。"桂琛说："行脚事作么生？"文益说："不知。"桂琛说："不知最亲切。"后桂琛问："上座寻常说三界唯心，万法唯识。乃指庭下片石云且道此石在心内，在心外？"师云："在心内。"桂琛云："行脚人著甚么来由，安片石在心头。"师窘无以对，即放下衣包依桂琛求抉择。近一月余，日呈见解，说道理。桂琛说："佛法不恁么。"师云："某甲词穷理绝也。"桂琛云："若论佛法，一切现成。"文益于言下有悟。后来历览长江以南的丛林，到临川，住在崇寿院，开堂接众。南唐始祖李昇建国，迎请他到金陵，住报恩禅院，署号净慧禅师。既而迁住清凉寺，前后三坐道场，诸方丛林都遵循他的风化，有仰慕他的声望从异域跋涉而来的。法嗣六十三人，而以天台德韶为上首。其余如报慈文遂、报慈行言、报恩法安、报恩慧明、清凉泰钦、灵隐清耸、归宗义柔、百丈道常、永明道潜、净德智筠等，均接众甚广，大扬一家的禅风，但德韶一支尤为繁荣。关于文益的言行，有《金陵清凉院文益禅师语录》一卷及文益自撰《宗门十规论》等。

文益在《宗门十规论·自叙》中说："宗门指病,简辩十条,用诠诸妄之言,以救一时之弊。"在论中阐明"理事不二,贵在圆融"与"不著他求,尽由心造"之旨。他又著《华严六相义颂》,说明理事圆融的道理,著《三界唯心颂》说明尽由心造之旨。德韶继承其"一切现成"的宗旨,也说:"佛法现成,一切具足,古人道'圆同太虚,无欠无余'。"又说:"大道廓然,讵齐今古,无名无相,是法是修。良由法界无边,心亦无际;无事不彰,无言不显;如是会得,唤作般若现前,理极同真际,一切山河大地、森罗万象、墙壁瓦砾,并无丝毫可得亏缺。"后来,他的再传弟子延寿发挥文益的"不著他求,尽由心造"之旨,乃"举一心为宗,照万法如镜",著《宗镜录》一书,博引教乘,说明一切法界十方诸佛、菩萨、缘觉、声闻乃至一切众生皆同此心。所以此一心法,理事圆备,是大悲父、般若母、法宝藏、万行原,假如了悟自心就顿成佛慧。又说"佛佛手授授斯旨,祖祖相传传此心"。由此可知,此宗宗旨,一脉相承很为明显。而文益开创此宗,既为救一时之弊,"欲药当时宗匠瘖郁之病"(见元愠恕中《题重刊十规论后》),传至延寿益注重借教悟宗之用,于是宗风渐失其纯正,数传即绝。

德韶(891—972),处州龙泉人(一作缙云人),十五岁出家,后唐同光年中(923—925,一作后梁开平年中,907—910),到诸方参访,历参投子大同等五十四位善知识,都不契。最后到临川,谒文益,倦于参问,但随众而已。有一天,文益上堂,有僧问:"如何是曹溪一滴水?"文益说:"是曹溪一滴水。"德韶在座侧闻之,豁然开悟。既而往游天台山,停留白沙,吴越钱俶当时在台州做刺史,延请问道。后汉乾祐元年(948),钱俶继承王位,遣使迎请,尊为国师,开堂说法。曾劝王遣使新罗,取回散落的天台教籍,使台宗之文献获全。后住通玄峰顶,有偈示众说:"通玄峰顶,不是人间,心外无法,满目青山。"法眼闻之云:"即此一偈,可起吾宗。"又在般若寺开堂说法十二会,宋开宝五年(972),于莲华峰示寂。有语录行于世(多佚)。法嗣四十九人,以延寿为上首。

延寿（904—975），余杭人，二十八岁时依雪峰义存的法嗣翠岩令参出家，既而往天台山，在天柱峰下习定九旬，又往谒德韶尽受玄旨，后周广顺二年（952），住在明州的雪窦山，学人很多。宋建隆元年（960），应吴越王钱俶之请，住杭州灵隐山的新寺为第一世，第二年又应请移住永明寺（今净慈寺），参学的大众有二千多人。他著有《宗镜录》一百卷、《心赋注》四卷及《唯心诀》一卷等书，阐扬文益的尽由心造之旨。高丽国王仰慕他的学德，遣使致书叙弟子礼，并遣僧三十六人来受道法，前后回到高丽，各化一方，于是法眼一宗盛行于海外。延寿住在永明十五年，度弟子一千七百人。法嗣有富阳子蒙、朝明院津两人。

法眼宗为禅宗五家中最后创立的宗派，文益、德韶、延寿三世，嫡嫡相传，在宋初极其隆盛，后即逐渐衰微，到宋代的中叶，法脉就断绝，其间不过一百年。

此宗的家风，"对病施药，相身裁缝，随其器量，扫除情解"（宋晦岩智昭《人天眼目》卷四）。简明的地方类似云门，细密的地方类似曹洞，其接化学人的言句似乎很平凡，而句下自藏机锋，有当机觌面能使学人转凡入圣的机用。宋代的越山晦岩智昭说："法眼宗者，箭锋相拄，句意合机，始则行行如也，终则激发，渐服人心，削除情解，调机顺物，斥滞磨昏。"

（黄忏华）

二十　杨岐派

杨岐派，是禅宗临济下面的一个支派，由于此派的开创者方会在袁州杨岐山（今江西省萍乡市北）举扬一家的宗风，后世就称它为杨岐派。方会（992—1046，一说1049），是临济下八世，袁州宜春人，二十岁时，到筠州（今江西省高安市）九峰山投师落发为僧。每阅经闻法心融神会，又能痛自折节依参老宿。参慈明楚圆，辅佐院务，得到启发而大悟，辞归九峰。后来，道俗迎居杨岐，举唱宗乘，名闻诸方。庆历六年（1046）移住潭州云盖山海会寺。关于他的言行，有《杨岐方会和尚语录》《杨岐方会和尚后录》各一卷。嗣法的弟子有十二人，以白云守端、保宁仁勇为上首。

方会的根本思想，是临济的正宗。他曾说："雾锁长空，风生大野，百草树木作大狮子吼，演说摩诃大般若，三世诸佛在尔诸人脚跟下转大法轮，若也会得，功不浪施。"这与云门的"函盖乾坤"一切现成的主张颇有声气相通之处。所以，《续传灯录》卷七本传说他接化学人，提纲振领和云门文偃很相类；又说他验勘学者的机锋类似南院慧颙，所以他兼具临济、云门两家的风格。当时称他兼百丈怀海、黄檗希运之长，双得马祖道一的大机、大用（见湘中苾刍文政《潭州云盖山会和尚语录序》），但他浑无圭角，人因谓其宗风如龙。

守端（1025—1072），衡阳（今湖南省衡阳市）人，出家后往杨岐参方会，于言下有悟，随侍多年。后游庐山，圆通居讷自以为不及，荐举他住持江州（今江西省九江市）承天寺。平生历住法华、龙门、兴化、海会（白云山）等寺，所至禅众云集。关于他的言行，有《白云守端禅师语录》二卷、《白云守端禅师广录》四卷。法嗣有五祖（山名，即黄梅山，在今湖北省黄梅县西北）法演等十二人，于是和慧南的黄龙派对峙，成杨歧一派。

法演（？—1104），绵州（今四川省绵阳市）人，三十五岁时落发受具，往成都习《百法》《唯识》两论。既而到诸方参学，由浮山法远的指点，往白云山参守端，言下有省，遂作偈以明见地："山前一片闲田地，义手叮咛向祖翁；几度卖来还自买，为怜松竹引清风。"为守端所印可。起初他住在舒州（今安徽省潜山市）四面山，后来回到白云。张商英称他："应机接物，孤峭径直，不犯刊削。"朱元衬说他："随机答问，因事举扬，不假尖新，自然奇特。"有《法演禅师语录》三卷行世。法嗣二十二人，其中佛果克勤、佛鉴慧懃、佛眼清远三人，称为"三杰"。《大明高僧传》卷五说三佛中只有克勤得法演的真髓，其道风尤振。

克勤（1063—1135），彭州（今四川省彭州市）人，儿时日记千言，游妙寂寺见佛书有感，遂出家。从文照法师学通讲说，又从敏行受学《楞严》。出蜀后，首谒玉泉皓，次依金銮信、大沩喆、黄龙晦堂心、东林总，都很称美他。晦堂说："他日临济一派属子矣。"最后谒演禅师于五祖山，尽领其奥旨。崇宁中（1102—1106）还乡里，被请开法于六祖寺，改名昭觉寺。政和中（1111—1117）谢事出游，在荆南与张商英谈《华严》要旨说："华严现量境界，理事全真，初无假法，所以即一而万、了万为一。"张商英深为信服，留住碧岩。复徙道林，又命住持建康蒋山，并补汴京天宁万寿寺席。建炎间（1127—1130），又迁镇江金山，高宗赐圆悟师号。后迁江西云居，久之，还领昭觉。他著述宏富，而尤以原本《雪窦颂古》加"垂示""著语""评唱"而成的《碧岩集》最著名，对禅家发生很大的影响。

克勤的法嗣有七十五人，其法流以径山宗杲（大慧，1089—1163）、虎丘绍隆（1078—1136）二派为最大。径山一派更分为灵隐、北涧二派，虎丘一派也分为松源、破庵二派。虽然宗杲的法嗣有九十四人，绍隆的法嗣只有一人，但宗杲下数传即息，而绍隆的传承则相传不绝。

　　杨岐和黄龙同时兴起，后来黄龙的法脉断绝，杨岐也恢复了临济旧称，所以临济后期的历史，也就是杨岐派的历史。杨岐派禅法在宋元两代传入日本，创行别派，在日本镰仓时代禅宗二十四派中，有二十派皆出于杨岐的法系。

（黄忏华）

二十一　黄龙派

　　黄龙派是禅宗临济下的一个支派，由于此派的开创者慧南在隆兴（今江西省南昌市）黄龙山举扬一家的宗风，后世就称它为黄龙派。慧南（1002—1069）是临济下八世，信州玉山（今江西省玉山县）人。出家受具后，依泐潭怀澄学云门禅。怀澄令分座接纳学人，名振诸方。后来，临济宗人云峰文悦对他说："澄公虽是云门之后，法道异矣。"又说："云门气宇如王，甘死语下乎？有法授人者死语也，死语活人能乎？"因指点他去参石霜楚圆。他整装往谒，经过楚圆的钳锤得悟，为楚圆所印可。后来在同安（今福建省厦门市同安区）崇胜禅院开法，既而移住庐山归宗寺。有开示说："道远乎哉？触事而真！圣远乎哉？体之即神！"于是拈起拄杖说："道之与圣，总在归宗拄杖头上，汝等诸人何不识取！若也识得，十方刹土不行而至，百千三昧无作而成。"他这样指点出临济宗"触目而真"的见解是再显豁没有的了。不久，他又移住筠州（今江西省高安县）黄檗山，有开示说："道不假修，但莫汙染。禅不假学，贵在息心。心息故心心无虑，不修故步步道场。无虑则无三界可出，不修则无菩提可求。"宋景祐三年（1036），在隆兴黄龙山振兴禅宗，自言"黄龙出世，时当末运，击将颓之法鼓，整已坠之玄纲"，法席盛极一时。有《黄龙慧南禅师语录》（又称《普觉禅师语录》）及《黄龙慧南禅师语录续补》（日本两足院东晙辑）各一卷行世。嗣法的弟子有八十三人，其中黄龙祖心、宝峰克文、东林常总等，门叶繁茂，形成了黄龙一派。

　　慧南初学云门，因文悦的点拨，明白了怀澄以死句教人，已非云门旧范，后从临济得入。但接引学人还是参用云门宗风的。因之门庭严峻，人喻之如虎。他所设的三转语是很有名的：遇到学人来参请时常问："人人尽有生缘，上座生缘在何处？"又正当和学人往复问答争辩时却把手伸出说："我手何似佛手？"又向前来参请的宗师问其所得时，却把脚垂下说："我脚何似驴脚？"如此三十余年，天下丛林称之为"黄龙三关"。南州居士潘兴嗣常问其故，他说："已过关者掉臂迳去，安知有关吏；从关吏问可否，此未过关者。"可见他设三关的机用，是要学人触机即悟而不应该死于句下的。

祖心（1025—1100），南雄始兴（今广东省始兴县）人，十九岁时出家，先到衡山参云峰文悦，停留三年，辞去；文悦指点他到黄檗去参慧南，住四年，又辞去。其间，他在石霜阅《传灯录》，见僧问多福禅师如何是多福一丛竹公案，顿有所悟，于是再回黄檗，慧南许为入室。后来令分座接纳，慧南示寂后，继任黄龙住持。法嗣有四十七人，而以黄龙悟心、灵源惟清为上首。

克文（1025—1102），陕府阌乡（今河南省灵宝市）人，出家后学经论，继到黄檗参慧南得悟。慧南示寂后，在洞山开堂。法嗣有三十八人，而以兜率从悦、泐潭文准、清凉德洪（即慧洪）为上首。慧洪（1071—1128），江西瑞州（今江西省高安县）人，博闻强记，才气纵横，著《禅林僧宝传》《林间录》《智证传》等。

常总（1025—1091），南剑州（今福建省南平市）人，出家受具后，到归宗依慧南，前后往返七次，经过二十年，尽得玄奥，既而应请住泐潭，不久又移住东林。元丰五年（1082），朝命住相国寺的智海禅院，固辞。其门法席甚盛，徒众有七百余人，法嗣多到六十一人，而以泐潭应乾、开先行瑛为上首。

慧南下法流最广的祖心、克文、常总三系，其中除祖心系灵源惟清六传到明庵荣西（日本人，后回国开立临济宗）而绝外，其余大都传一、二世而绝。黄龙一派从兴起到衰歇，止一百六七十年而已。

（黄忏华）

二十二　三阶教

三阶教是隋代僧人信行创立的一个教团组织。此教兴起于六世纪之末，经过七、八世纪的发展，前后约三百年间，屡受朝廷的禁止和各宗派的攻击。到了唐末以后，更被认为异端邪说，乃日趋衰微，终于湮灭不传。

三阶教又称为三阶宗、第三阶宗、三阶佛法，或简称三阶。这是依三阶教的教判而立名的。三阶教把全部佛教依时、处、人分为三类，每类又各分为三阶。所谓时的三阶，即以佛灭后初五百年的正法时期为第一阶，第二个五百年的象法时期为第二阶，一千年后的末法时期为第三阶。所谓处（即所依世界）的三阶，处有净土、秽土之分。净土是第一阶一乘所依的世界，秽土是第二阶三乘及第三阶世间众生所依的世界。所谓人的三阶，是依人的根机而区别的。第一阶是最利根的一乘，包括持戒正见与破戒不破见两种根机。第二阶是利根正见成就的三乘，包括戒见俱不破和破戒不破见两种根机。第三阶则为戒见俱破的世间颠倒众生的根机。

三阶教以苦行忍辱为宗旨，每天只吃一顿乞来的饭，以吃寺院的饭为不合法。在路上行走，见人不论男女，一概礼拜。竭力提倡布施。死后置尸体于森林，供鸟兽食，叫作以身布施。反对净土宗所提倡的念佛三昧，主张不念阿弥陀佛，只念地藏菩萨。说一切佛像是泥龛，不须尊敬，一切众生是真佛，所以要尊敬。这些宗旨与当时佛教界的理论和行持很不协调，因此不断受到打击，终至断绝。

信行（541—594），河北魏郡人，他十几岁时出家，在相州（今河北省临漳县）法藏寺、光严寺刻苦修学，养成了和一般僧侣不同的见解（《历代三宝记》）。开皇三年（583）舍戒，亲服劳役，并倡导十六种无尽藏行。后被召入京，先后在化度、光明、慈门、慧日、弘善五寺建立三阶道场，著书四十余卷，开皇十四年（594）圆寂，年五十四。

从信行寂后，至唐开元年间（594—725）前后百余年，三阶教曾遭到四次打击。最初是隋开皇二十年（600），禁断传行，但未能完全禁绝。其次武周证圣元年（695）认为三阶教籍违背佛意，命尽数送礼部集中，作伪经符箓处理。第三次是圣历二年（699）限制三阶教徒，除乞食、长斋、持戒、坐禅而外，其他行为都视为违法。第四次是开元十三年（725），命诸寺三阶院除去隔障，和大院相通，使三阶教僧与一般僧侣同居，不得别住。所有三阶教籍，全部除毁（《开元释教录》卷十八）。

《开元释教录》谓三阶教以信行为教主，别行异法，似同天授（即提婆达多），立邪三宝之破僧团。

武周时代（690—705）对于三阶教的活动虽曾两度禁止，但对于三阶教的无尽藏（提倡布施，积聚财物，分为三份，一份给全国修理寺塔，一份施天下贫穷老病，一份自由支配）行却有意推行。如意元年（692）朝廷命三阶教名僧法藏于东部洛阳福先寺监督无尽藏；长安中（701—705）又请他监督化度寺无尽藏。法藏寂于开元二年（714），生平对于信行的"普敬认罪之宗，将药破病之说"的三阶学说很有心得（《大唐净域寺法藏禅师塔铭》）。这说明武周时代尚有三阶教徒的活动。

此外，从越王贞（唐太宗子）撰的《信行禅师兴教碑》及《瑜伽法镜经》的流传看来，武周圣历二年（699）再度禁三阶教，至开元十三年（725）更加严禁为止，二十七年之间三阶教还是相当兴盛的。《信行兴教碑》撰于神龙二年（706），碑文对于信行还是备极赞叹，可知当时僧俗对他的崇尚（见宋赵明诚《金石录》卷三）。《瑜伽法镜经》为三阶僧师利伪造（《开元录》卷十八）。据经末题记，作景龙元年（707）室利末多三藏翻译，沙门师利笔受缀文，参加详定的有昭文馆学士沈佺期、薛稷等十一人。显见当时三阶教徒还是有相当活动的。

玄宗开元元年（713），对三阶教所创设的无尽藏开始取缔，禁止信徒对它施钱（《禁士女施钱佛寺诏》）。后又命令以化度寺无尽藏的财物、田宅、六畜等，分散与京城观寺，以修理破坏尊像及堂殿桥梁，有余归化度寺常住所有（《分散化度寺无尽藏财物诏》）。

到了代宗、德宗时代（762—804），三阶教又有复兴的迹象，特别是德宗贞元时代（785—804），可视为三阶教最后活动的时期。据日本所传古写本《贞元释教录》卷二十八记载，当时京城内五十五寺各有三阶禅院，其住持相续达二百余年，僧尼二众有千人以上，都奉三阶教法。贞元十六年（800），化度寺僧善才等还状请三阶教籍入藏获准，于是信行的《三阶集录》等三十五部四十四卷，又被圆照编入《贞元新定释教目录》。这对三阶教籍从《开元录》的伪目中解放出来，被列入于经录的正目（冢本善隆《续三阶教资料杂记》）。但现存宋、元、明三本《贞元释教录》此段已被后人删除。十三世纪时日僧道忠（？—1281）的著述中，亦传《贞元录》中有三阶教籍四十四卷存在（道忠《释净土群疑论探要记》）。

三阶教将佛法分类为普法和别法。所谓普法，即于法不分大小，于人不辨圣凡，普信普敬，不尊此法而斥他法，所以名普。此亦名生盲众生佛法，谓如生盲不分众色。所谓别法，是分别大小乘法和圣贤凡夫，所以名别。此亦名有眼众生佛法，谓如有眼众生，能见差别色等。三阶之中，第一阶机唯学一乘法；第二阶机唯学三乘法，所学各别，是名别法。具称别真别正法。第三阶机有空有偏见故，若偏学大乘或小乘，爱此憎彼，必造成谤法之罪，故第三阶相应之法，名为普法。具称苦真普正佛法。

三阶教认为佛灭千年以内，还有利根真善正见成就的圣人，可用第一、二阶的别佛别法，但此后即没有圣人，而只有一些怀着空见有见的破戒众生，故须依第三阶的普佛普法。在隋代时当末法，处为秽土，人则戒见俱破，正属第三阶机。故对根起行，必依普法才能相应，而以普法为三阶教立教的基础。

三阶教归依的佛有五种，即真佛、应身佛、形象佛、邪魔佛（外道诸神、佛菩萨所变应身）、普真普正佛。而普真普正佛又有四种，即如来藏佛、佛性佛、当来佛、佛想佛，所谓普法四佛。依三阶教教义所说，一切迷于现实的众生，从其本有可以为佛的可能性，即如来藏或佛性来看都是佛，因此一切众生即为"如来藏佛"和"佛性佛"。其可能性开发实现时便成为佛，故一切众生都是"当来佛"。对一切众生皆作佛想，故一切众生都是"佛想佛"。由于世界众生无不为佛，故四佛实际是一普佛，这就是普佛思想（信行《对根起行法》）。

普法的教义，对人既无差别，对法又无爱憎，故对一切已成未成诸佛主张普敬，但与普敬同时又说认恶。唐临《冥报记》说："信行又据经律，录出《三阶佛法》四卷。其大旨劝人普敬认恶，本观佛性，当病授药。"普敬是敬他，认恶是认识自身的过恶。"所谓敬他身上八种佛法，自知己身有十二种颠倒。"（《对根起行法·普法佛教五问答》）八种佛法，即《维摩经·香积佛品》中所说的饶益众生而不望报、于诸菩萨视之为佛、所未闻经闻之不疑等八种。十二种颠倒是认恶的标准，即分析颠倒的想法。如认魔作佛、唯见其善；认佛作魔，唯见其恶，这是善恶颠倒。又一切顺我心者，只见其善，以无善为善，以小善为多善，以善摄恶，俱作善解；反之，违己心者，唯见其恶，以无恶为恶，以小恶为大恶，以恶摄善，皆作恶解。这是内外颠倒等。普敬就是以一切众生为如来藏佛，而加以尊敬，这是基于普佛普法思想因而主张普敬。但因末法众生具有空有邪见，故一面教以普敬他人，一面劝他自己认恶。因此认恶之说和普法普敬教义有相连的关系。

三阶教普法的特色，在《三阶佛法》卷二中用二十四段作具体说明，即前五段述依普法可以使诸邪恶顿灭，后十九段明依普法可以使诸善不灭。主要阐明普法和别法的利害得失，强调先行普法，能顿灭无始以来乃至未得法忍以前一切邪恶。由实行普法故，能令一切佛、法、僧、众生、善行等不灭。宣称第三阶时是别法不治之病，只有普法药病相当。

三阶教认为隋代时属末法，处是秽土，因而倡导对根起行的普法。其理论根据，是起因于先前译传的《大萨遮尼乾子经》《大集经·月藏分》《法灭尽经》等所说的末法到来的思想。因为隋代以前的佛教派别，都尊一经一法以立教，在三阶教看来都是别法，特别是和独尊弥陀一佛、《法华》一经的宗派没有调和的余地。因此，三阶教后来受净土教徒的攻击也最猛烈。

三阶教主信行死了没有几年，费长房就批评三阶教旨说："夫涅槃一理，趣有万途。……信行此途（三阶教），亦是万衢之一术也。但人爱同恶异，缘是时复致讥。"（《历代三宝纪》卷十二）可知三阶教的学说在当时已遭到非难。《开元释教录》对于信行的撰述，也认为是"乖反圣旨，冒渎真宗"。而正面攻击三阶教的，是怀感在所著的《释净土群疑论》批评十五家异说之中，更着重批评了三阶教。他说信行的宗途，引文解义，常与圣教一倍相违。又慨叹三阶教自误误人，灭正法眼。后来，怀信的《释门自镜录》说洛阳福先寺某僧，见信行殁后变大蛇身，对三阶教徒进行人身攻击。可见当时宗派矛盾的尖锐。

三阶教徒依普法的教义主张所谓普行，即普施组织的"无尽藏行"和普礼仪式的"七阶礼忏"等。

关于无尽藏施的意义，如《象法决疑经》强调集体布施的功德说："若复有人，多饶财物，独行布施，从生至老，其福甚少；不如众人，不问贫富贵贱道俗，共相劝化，各出少财，聚集一处，随宜布施贫穷、孤老、恶疾、重病困厄之人，其福甚大。"三阶教即依此主张个人的一善一行必须融化于"无尽藏行"，才能获得更大的福德（信行《大乘法界无尽藏法释》）。

三阶教的社会活动，即依着这样的理论设立无尽藏院，作为实行普施的中心。韦述《化度寺无尽藏院》说："寺内有无尽藏院，即信行所立。京城施舍，后渐崇盛。贞观（627—649）后，钱帛金绣，积聚不可胜计。常使各僧监藏，供天下伽蓝修理。燕凉蜀赵，咸来取给。……武太后移此藏于东都福先寺，天下物资，遂不复集；乃还移旧所。"（《两京新记》卷三）又《太平广记》卷四百九十三载："其无尽藏财分为三分：一分供养天下伽蓝增修之备，一分以施天下饥馁悲田之苦，一分以充供养无碍（斋僧）。"据此可知，以长安为中心的化度寺无尽藏施舍范围，东至河北、河南，西至甘肃、四川。其施舍对象则兼悲田与敬田。

其次，三阶教的七阶礼忏，由信行编出有《七阶佛名》作为日常礼佛忏悔的仪式。据敦煌发现的几个写本《七阶佛名》，或称《礼佛忏悔文》，或称《昼夜六时发愿法》，内容次序虽有不同，但都是三阶教徒持诵的课本。《七阶佛名》的礼诵次序是：敬礼常住三宝、叹佛功德、普光佛等五十三佛、释迦佛等三十五佛、宝集佛等廿五佛、忏悔文、梵呗文、说偈文、三归依文、无常偈等。这一系列的宗教仪式，成为后世中国僧侣晚课及"打普佛"等的母本。

三阶教礼忏的方式，更具体规定于《昼夜六时发愿法》。其大纲是："昼三夜三，各严香花，入塔观象、供养、行道、礼佛。平旦及午时，并别唱（称名）五十三佛，余阶总唱（五十三佛以外佛号概括唱念）。日暮初夜，并别唱三十五佛，余阶总唱。半夜后夜，并别唱廿五佛，余阶总唱。观此七阶佛如在目前，思惟如来所有功德，应作如是忏悔。"这些仪式也或多或少地为后世所继承。

三阶教徒还盛行一种集体的林葬（舍血肉身，收骨起塔）。如信行寂后，即依此项葬法，起塔于终南山鸱鸣埠（一称楩梓谷）。其后信行的弟子本济、慧了、僧海、道安、裴玄证以及尚直（《金石续编》卷六《尚直砖坟铭》）、管真（《匋斋藏石记》卷十九《管真墓志》）、管均（《八琼室金石补正》卷三十九《管均墓志》）等，也都依林葬法，陪葬于终南山信行的塔侧。后来陪葬的墓塔渐多，到了唐代中期，遂建百塔寺，成为三阶教徒的圣地。到了开元年间（713—741）三阶教徒又渐实行火葬，如净域寺法藏寂于开元二年（714），门人即于终南山积着香薪，然诸花叠，收其舍利，建塔于信行塔右（《净域寺法藏禅师塔铭》）。

三阶教籍以类聚经文为主。故一部《三阶佛法》可说是《涅槃经》《十轮经》《大集经》等经文的丛钞。但其缺点是书题不一，分科繁杂，文句晦涩，解义纷乱，因此常受佛教其他派别所指摘。从《历代三宝记》《大唐内典录》以来，皆列载其书，惟《大周刊定众经目录》断它为伪书，《开元释教录》继之，列入于《伪妄乱真部》内。后来，《贞元录》虽一度把它重编于正统目录，但已难改变它为伪书的定评了。因此，诸经录所著录的三阶教籍，早已全部失传。只有窥基《西方要决》、怀感《释净土群疑论》、智俨《华严孔目章》《华严五十要问答》、贤首《华严五教章》、善道《念佛镜》等，为了批判三阶教义而传下它的片段文义，略可窥其大纲。

据矢吹庆辉所说，在日本奈良正仓院文书中，有天平十九年（747）所写《明三阶教佛法》二卷、《略明法界众生根机浅深法》一卷等。可知三阶教籍在八世纪时曾经传入日本。又十一世纪末，高丽义天（？—1101）所撰《新编诸宗教藏总录》卷三著录有《入道出世要法》二卷、《三阶集录》四卷，载明系信行所述。十三世纪时，日僧道忠（？—1281）撰《释净土群疑论探要记》，其中（卷六至八）广引信行《三阶佛法》及三阶教僧神昉《十轮经钞》之文，都是研究三阶教义的重要资料。由此可知，三阶教虽在宋初已渐绝响，而三阶著述却流传于海外。

现存敦煌发现的三阶教籍残卷，有《信行遗文》《三阶佛法》四卷、《三阶佛法密记》卷上、《对根起行法》《无尽藏法略说》《大乘法界无尽藏法释》《七阶佛名经》《信行口集真如实观起序》卷一、《普法四佛》《如来身藏论》等，还有目录类的《人集录都目》《龙录内无名经论律》和伪经《示所犯者瑜伽法镜经》等。

信行的门下，著名弟子有净名、僧邕等，相随徒众有三百余人（裴玄证撰《信行禅师铭塔碑》）。这些徒众都相随信行二十多年，是三阶教团的核心人物。净名的事迹未见记载。僧邕传记，见于《续高僧传》卷十九。该传说他精通经论，严持戒法，曾随信行入京，信行寂后，总领三阶徒众。信行塔铭的撰者裴玄证，也是信行弟子，信行的著述多由他笔记。因他晚年还俗，道宣仅于信行本传末附记其人而已。此外，直接从信行受教的，还有西京慈门寺的本济、光明寺的慧了、真寂寺的慧如、相州慈润寺的灵琛，以及当时宰相高颎等。

本济（562—615），曾从信行口传三阶教义，为五众别部所崇敬，著有《十种不敢斟酌论》六卷。其弟善智，亦服膺信行，为入室弟子（《续高僧传》卷十八《本济传》）。慧了（？—656）从信行受业，后得唐太宗礼遇，特命大臣萧瑀等和他谈论佛法，是唐初一个博学的三阶教僧（《金石续篇》卷五《慧了法师塔铭》）。慧如（？—618）师事信行，因坐禅有得，为徒众所推敬（唐临《冥报记》）。灵琛，为相州慈润寺僧，似为信行初期弟子之一（《八琼室金石补正》《灵琛禅师灰身塔铭》）。高颎（？—607）为隋代名臣，以平陈有功，进爵齐国公。他为宰相时，闻信行盛名，奏请至京，舍宅为真寂寺，以奉信行（唐临《冥报记》）。此外如武周时代（690—705）监督无尽藏的法藏、中宗景龙时代（707—709）伪造《瑜伽法镜经》的师利，德宗贞元时代（785—804）编纂《三阶集录》的化度寺僧善才及见于金石记载的荐福寺大德明观（《金石萃编》卷六十六《湛大师经幢》）等，都是三阶门徒的代表人物。

（林子青）

二十三　格鲁派

格鲁派又名格登派，是依寺庙立名的。因为宗喀巴创建迦登寺后，晚年长住这个寺中，所以就称这一派为迦登派。在藏文习惯上略为"迦鲁"，一般人称之为"格鲁"，于是就称它为"格鲁派"了。

中国西藏后弘期佛教中的卢梅临赴藏时，拉勤贡巴饶塞将自己曾经戴过的黄帽一顶赠送给他，且嘱咐说："汝戴此帽，可忆念我。"由于这件事情，后来持律的大德们，都戴黄帽。当宗喀巴出世弘化时，藏地戒法久衰，就依古代持律大德的密意，也用黄颜色的帽子，作为戒法重兴的象征，并且成为一家的标帜，所以此派亦称黄帽派。

格鲁派的创始人宗喀巴，元至正十七年（1357）诞生于青海宗喀地方。三岁受近事戒，八岁受沙弥戒，十六岁到藏，受比丘戒。自此以后，广参名师，博学多闻，对于性相显密诸部经典，都能如实通达。他不但通达内明、因明，而且对于声明、医方明等亦善了知。

宗喀巴的著述很多，无论申经释论，提要钩玄，不但文义显明，并且抉择精确。最重要的有《菩提道次第》和《密宗道次第》。另有《辩了不了义论》和《五次第明灯》等。

宗喀巴一生，致力于弘扬佛法，六十三岁示寂于迦登寺，弟子将遗体建塔供养。

宗喀巴逝世后，继承迦登法席者为嘉曹杰盛宝、克主杰善吉祥贤等。此后，次第相承，直至现在，已历九十余人。又宗喀巴的上首弟子妙音法王吉祥具德建哲蚌寺，大慈法王释迦智建色拉寺于拉萨，僧成（根敦主巴）在后藏日喀则地方修建扎什伦布寺。迦登、哲蚌、色拉、扎什伦布四寺，通常称为格鲁派弘扬显教的四个根本道场。另外，他的弟子慧狮子创建下密院，庆喜义成建上密院，是格鲁派弘扬密宗的根本道场。

宗喀巴所传的格鲁派，成为西藏佛教的正统派，并渐次由西藏传播到西康、甘肃、青海、蒙古等地。

格鲁派的教义，认为释迦如来的一代正法，不外教、证两种，而一切"教"的正法，又摄在经、律、论三藏之中；一切"证"的正法，摄在戒、定、慧三学之中。因此，三藏未可偏废，三学亦须全修。当时西藏有些佛教徒，颇不注重广学，甚至讥讽三藏多闻者为分别师或戏论者，以为修学一种简略的法门，便能够得到解脱。也有的人只学一部经论，就自矜为已经从事闻思了。格鲁派力主对于经藏，多闻深思，在大小乘的三学上，认真修习；对于律藏也努力闻思，以成办戒定二学；对于论藏的闻思修习也不放松，在如实通达诸法性相后，成办慧学。它把大乘三藏中所说的"菩提心"和"六度行"，作为从闻思修，入境行果的纲要。

格鲁派认为，正法是否清净，在于能否实践见、修、行三种离垢而定；能否实践见、修、行三种离垢，又依他们本身是否能够随顺解脱为尺度。现在略举见、修、行的要点于后。

1. 关于正见　西藏古代佛教学者，有执"性空"为"毕竟无"，否定善恶业果等法，认为它的自性本来空故。这是把断见执为正见，与外道的见解相同，不合佛家的道理。在印度古代有顺世外道的分别论者和等入论者，前者承认有业果等，但是不承认有解脱；后者则否定业果和解脱。西藏的性空毕竟无的论师们，执业果完全没有，又承认有解脱道可修，于内学外学，均属无据。

又有一些学者，执空性为实有。他们说世俗法空，是究竟实际。

另有些学者说：若计为有，即是取相的执着，因为一切法，既非是有，也不是无。他们主张在修见的时候，全不作意有我无我，是空非空，以"不作意"为修真性，并以"不见为见"。这种说法，亦不合佛理。由于有与无，常及无常，一和异等彼此相矛盾的现象，都是一事物上的表诠、遮诠两门。心中若存一个"不作意"之念，即此已成作意；又"不见"已成见与不见两种。因此，他们的说法，都是自相矛盾的。

又有一类自称修静虑者说，凡有分别计度的善行，都未离却散乱，所以主张只应专修实际之理。并说修实际之理，也不应依着正理去观察，只要在不寻伺中，勿追过去，不迎未来，于现在心不起造作，唯在明空无执之中，并舍一切分别造作，全不作意，平缓而住其心，即得亲见法身。这种说法，亦不应理。如果全不作意，平缓而住，即能得到佛的一切智时，那么，就是从异因而生异果，则一切非因，皆当生一切果了。

宗喀巴对于当时西藏佛教中的各种异见，在他的《菩提道次第》《中论释》《入中论释》等著作中，一一加以批判抉择。

宗喀巴的思想体系，是继承了由阿底峡所传述的龙树师资之旨，认为生死涅槃，一切诸法，都由"名"及"分别"所安立，在胜义中，虽不可得，在世俗中，都能成立。他在阐明缘起的中心时说，由于一切法自性本空，故业果等缘起之法才能生起；设若自性不空，就不能生起业果等作用。又由于了知缘起之力，才能了知自性本空，因为业果等法待众缘才能生起，所以它的自性是空。因此，自性空与缘起有，不仅不相违背，并且能相互成立。它的理论方式，可归于：由于自性空，才能缘起有；因是缘起有，所以自性空。显然，这里所说的缘起有与自性有的含义不同，自性空与毕竟无的含义也有所区别。因而自性有与毕竟无的说法，是错谬的；缘起有与自性空的义理，是正确的。欲得中观正见，对于这些词句的定义与内容，首先要有正确的理解。

宗喀巴对于龙树的中观，广为阐明。但对于唯识宗所说色的体相和遍计，以及安立遍计为无自性的法无我义，认为难于如实说明。

2.关于真修　西藏佛教中古代修静虑者对于修习的方法，有多种说法：有的说一切分别应断；有的说分别是法身现相，分别愈多，修证愈广；有的说分别是大光明；有的说分别即是法身；有的说意未散动，明了安住时，即是佛陀，或名涅槃，若稍散动，即是众生，或名轮回；有的说于暗室中，结跏趺坐，澄目而视，心不作意，安住之时所现烟等各种幻相，都是法身和自性身，并说凡夫异生，也能现见法身；有的说以上诸说，虽非法身，但也是速见法身的前相；有的说这些只是乱心所现迷乱之相，毫无益处，种种异说，举不胜举。

对于上述这些误解修习体相的异说，宗喀巴都一一给以驳斥。例如说一切分别应断，则通达空性的理智比量，也应断除，因为它也是分别。可是正观诸法，若先没有通达空性的理智比量，就不能生起现证空性的瑜伽现量。所以说，一切分别应断的说法不对。反之，计执分别而是法身也不对，因为众生的分别多，如果分别即是法身，那么众生所证，应比佛高。所以，这一说法也不合理。

又有人认为在修习静虑时，只应止住修，把修见时所起如理观察，也认为是过失。这种唯以"住分"为主之说，实在是通达实际真理的障碍，甚至误解"心高举者，亦令低下"之语，把积聚细沉和陷于昏沉状态的境界，误为善修。还有把定心不明利的细沉当作修定的好现象。因此，不懂真正修定的方法，就很难得到修定的实益。

宗喀巴如理破斥唯止修论的异说之后，指出应依莲华戒所著的《修习次第》等书中所说的方法去修，应观察修者即观察修，应止住修者即止住修，应止观二种轮次修者即轮次修。

3. 关于戒行　　当时西藏有些僧人说，经中所说"断酒"和"不非时食"等戒，是为信解小乘者说，大乘人和已见真性者则无须此束缚之法。因此，他们不仅对于出家者所应保持的行持弃而不顾，并且任意脱卸三衣，破坏清净律仪。宗喀巴认为，佛教的基础是增上戒学。他对于"断酒"和"不非时食"戒，以及"授食"等微小戒法非常重视，以身作则，依律而行。

4. 关于密乘　　在密部的数量和灌顶、三昧耶戒、近修，以及曼陀罗的事业、次第等方面，宗喀巴都依据密经和印度大德的释论，阐发入微，使后来修密宗者有所遵循。

宗喀巴对于四部密宗，一切道次，以历代相承的教授作为依据，加以汇通，认为一切经论，皆是修行证果的教授。

格鲁派兼具西藏各派教义之长。西藏向来相传的"上传戒律"和"下传戒律"等所有戒律，迦当派所传的菩提道次第和菩提心教授等，峨洛扎瓦师徒所传《俱舍》《现观庄严》《中论》《因明》等大论讲传，麻巴和廓洛扎瓦等所传集密，惹、卓、雄等所传时轮；萨迦派师资所传胜乐和喜金刚；玛玑等所传大轮金刚手，惹、觉、当等三人所传红黑怖畏等四部曼陀罗灌顶，迦举派中法义心要的乐空大手印、那若六法、尼古六法等，在格鲁派中无不兼具并包。

格鲁派还具备五明学处（声明、因明、医方明、工巧明、内明），以及文法、算术等世间艺术，亦甚丰富。

（观空）

二十四　响巴迦举派

响巴迦举派，是中国西藏佛教中的一个派别。"响巴"是地方名，"迦举"的意义是教授传承。因为是在响巴弘扬起来的一派教法，所以叫响巴迦举派。这一派的创始人琼波瑜伽师，传说他享寿一百五十岁（约990—1140），十岁时已能认识梵藏文字，十三岁时从永仲嘉瓦学笨教。因感不满，另从生狮子学习大圆满教授（宣传佛法名为教，给人以教义叫作授），并为人讲说。他生平曾三次由西藏出发，往返于印度、尼泊尔之间，亲近金刚座师、弥勒巴、隐密瑜伽师、尼古玛、须佉悉地空行母等一百五十余人，受学显密经教。回藏后在盆宇觉波山建腔迦寺弘法。后来他在响巴地方，建立绒绒等一百零八寺，弘法三十多年，于是形成了响巴迦举派。

本派的传承：琼波瑜伽师的寿数很高，所收弟子也很多，以梅邬敦巴、钥波嘉摩伽、都敦任胜、拉朵滚却喀、摩觉巴、相贡却参等为上首。其中摩觉巴为琼波单传教授的继承者。

摩觉巴，名宝精进，拉朴邦杂人，十七岁入绒绒寺学法，喇嘛响传授以欢喜金刚灌顶，二十一岁前往康巴阿参处求法，传授灌顶，受到胜乐等法。又从补贡受得惹穹派的灌顶教授。在钥波住五年，学习《帕勤》（即《现观庄严论》）、《摄行论》等，从罗本相学《戒律具光论》等。后到岗薄瓦前，请问六法等法。回到摩觉专修十二年，仅仅以菜叶维持生命，声誉远扬，各方来从学的弟子很多，因而住处难以容纳，于是建立姑垅寺。其教派由温敦结岗巴、桑结宁敦、桑结敦巴等相继传承下去。

摩觉巴还有嗣法弟子结岗巴法狮子，法狮子传宁敦法慧，法慧传桑结敦巴精进狮子，他们对于喇嘛响的圆满教授，都是单传。桑结敦巴以下，传授很多，他的大弟子阿狮子继承法位。响敦戒依怙（1234—1309），在嘉地建寺弘法。克尊童成在仰梅地方建桑顶寺弘法。于是分出嘉、桑二派。响敦的弟子嘉巴幢亿（1261—1334），将响敦的教授传给他的侄子嘉勤慈祥（1310—1391），慈祥受法后，曾为宗喀巴讲授过响巴教法。克主杰也从嘉派的穆勤虚空瑜伽师受学六臂依怙等法。所以黄教中也盛传响巴派教授。

克尊童成的弟子为金洲吉祥德（1292—1365），起初广学显密诸法，后从克尊童成尽得响派教授，又得到桑结敦巴所传的觉法。他的大弟子扎窝伽瓦金刚祥，金刚祥的弟子有法祥慧，法祥慧传廓初惹巴。

本派的主要教授及其见修：琼波瑜伽师先后从师一百五十余人，所学的法门很多，其中最主要的有胜乐、欢喜金刚、大幻、集密、金刚怖等五续部的灌顶。

琼波著述不多，他的见解不甚清楚。但他所传的大印法门，是从弥勒巴学的。他所谓的大印盒，是把乐空如同盒的器盖相合，修到无差别，而现证光明的教授。这和达薄迦举的大印同等重要。又在他作的《师长依怙无别修法》中说："如同伐树木，若是斩断它的根，那就一切都断了。"又说："万有自解脱""无所作意"等，都和大印派言辞相同。所以这一派的见地，似乎也是月称派的中观见。他们的修行方法，在显教方面虽然没有详说，似是依照常规，先修人身难得、生命无常、生死过患、涅槃功德、发菩提心等。在密宗方面，则依所受某部本尊的灌顶，先修本尊的生起次第，再修各尊圆满次第，并且依照各种应修教授而使其增进，以求圆满成就。

（法尊）

二十五　萨迦派

萨迦派是中国西藏佛教中的一个宗派。"萨迦"是寺名，意为"白土"，因在白色土地上建立寺庙故名。本派的主要教授为道果教授，以修欢喜金刚二次第道及其支分（密宗方面）为主，同时也有一切共道修法（显教方面）。道果教授有十八派之多，最主要的是萨迦派。

本派的建立和传衍：萨迦派的祖先原是西藏贵族，藏王墀松得赞的大臣昆拔窝伽的第三子昆龙王护，他是西藏最初出家的七人之一。他的第四子侍寿的儿子金刚宝，数传至释迦慧。释迦慧有二子，长子慧戒，出家净修梵行。次子宝王（1034—1102），通达显密教法，也熟知风鉴等世间术数。曾从卓弥译师学习新译的密法。又从廓枯巴拉则译师、迦湿弥罗国杭都伽薄论师、玛宝胜译师、津巴译师等学习一切显密教法。四十岁时，在奔波山建立寺院，以后逐渐形成为萨迦派。宝王建寺后住持弘法三十年。他去世后，其子庆喜藏（1092—1158）年幼，于是请拔日室称译师住持萨迦寺，并且依止学法。十二岁后从掌底盛藏学对法，又从琼宝称和梅朗璀学《中观》和《因明》，从盛幢兄弟学集密和四面大黑天法，从扎拉拔学欢喜金刚法，从公塘巴梅译师学胜乐及摩诃哥罗法，从布尚罗穹学胜乐法等。庆喜藏从二十九岁起历时四年依止相敦法然学习道果教授。四十七岁时，印度比瓦巴来到萨迦寺，从受七十二种续部教授和十四种甚深法门。于是庆喜藏成为一切密法的教主，住持萨迦寺四十八年，弟子很多。他亲生四子，第四子大吉祥光的长子就是有名的萨迦班禅。萨迦班禅（1182—1251），初名吉祥义成，又名庆喜幢。

十五岁以前即从伯父名称幢，完全学得萨迦所传的一切显密教法。十九岁时，从喀伽班禅听《金刚歌》等，又从宇敦金刚归学慈氏诸论。二十岁时，从玛夏菩提精进和粗敦童狮子学习《因明论》，从则巴自在狮子学宗派论，从吉窝雷巴菩提光学习寂灭、大圆满、能断、迦当等各种教授。二十三岁时，迦湿弥罗国释迦室利论师（简称喀伽班禅）到西藏，遂从论师及其弟子僧伽室利、善逝室利、檀那尸罗等学习声明、因明等十种大小明处论，于是得到萨迦班禅（简称"萨班"）的称号。二十七岁时，从喀伽班禅受比丘戒。三十八岁时，著《正理宝藏论》。五十一岁时，著《三律仪差别论》，破除一切邪见邪说。五十九岁时，又以教理降伏以南印度诃利喜为首的六个外道，使他们转入佛教。六十三岁（1244）时，受西凉廓丹王的邀请赴西凉弘法。七十岁去世。

萨班的弟弟桑刹福幢（1184—1239），性情慈愍，体力过人。总学一切显密教理，多能受持。尤其对于萨迦教法的弘扬，寺院的扩充，都极尽力，五十六岁去世。他有四个儿子，最有名的是卓滚却结帕巴。

卓滚却结帕巴（1235—1280），十岁时，从伯父萨班出家受沙弥戒，十七岁，随侍萨班到西凉。十九岁，受忽必烈的邀请，传授"欢喜金刚"灌顶。二十六岁时，忽必烈封为"帝师"，并将西藏十三万户作为供养。此后西藏的政教全权，就归萨迦派所掌握。三十一岁回萨迦寺。三十三岁时，元帝又请他进京传授灌顶。四十二岁返回萨迦寺。四十六岁去世。

萨迦的血统，桑刹福幢的儿子智生，智生的儿子贤德，有十五个儿子（一说只有十二子），主要的是帝师庆喜慧，他把寺院分为四院，分给诸兄弟。希陀拉章分给克尊勤波（贤德之子）兄弟；拉康拉章分给帝师庆喜善生兄弟；仁钦岗拉章分给庆喜日幢兄弟（这三院传了几代都断绝了，现在没有后裔）；都却拉章分给庆喜善幢兄弟。庆喜善幢一系的后人绛央曩喀扎什又在则栋建胜三有寺（约在1453年），因此分为上下两院。则栋的后裔晓种，当清朝初年（约在康熙四十年间），因为和藏王拉桑不和，逃到青海，后裔从此断绝。只有上院的血统至今未断。此派凡出家修梵行的，称为贡玛，居家咒师则称为萨迦墀巴。

本派的弘扬：住持萨迦派教法的人很多，其中最著名的在显教方面的有雅、绒二师；密教方面的有俄、总二师。雅为雅楚佛祥，是则塘官菩提宝的儿子，求学于萨迦寺和则塘寺，依精进祥学习显教，依智祥学习密法。绒即绒敦说法狮子，是雅楚佛祥弟子，幼年学习笨教，十八岁时进藏，在桑朴寺亲近宝胜和慧自在等学法，通达五明。从卓萨寺住持庆喜幢受比丘戒。著《决定量论》的注疏等广事弘扬。二十七岁遇到雅楚，从他学萨迦派的讲说显教仪轨。从大乘法王庆喜吉祥学习密乘深义。七十岁时（1436），建那兰扎寺，讲法十四年。八十三岁去世。他一生造就的人才很多，以后多转成宗喀巴的弟子。达薄吉祥胜继承那兰扎的法席。

绒敦的弟子佛增建哲宇结刹寺、兴讲辩的规则。从此发展出来的有土登囊贾、漾巴金、宁钥贾雄、群稞伦布、结刹诃等五个寺院，共称母子六寺，都是讲辩法相的道场。佛增的弟子中以慈氏法成和妙音庆喜法贤为上首。法成建立宁钥贾雄寺弘扬教法。妙音庆喜法贤和他的弟子成就祥然建立群稞伦布寺。

绒敦的弟子释迦胜建土登赛朵金寺，佛增的弟子福狮子建土登囊贾寺，登巴饶赛建惹瓦梅（下院）寺，均弘萨迦派教法。

又有人说住持萨迦派显教方面的为"雅云"二师。雅即是雅楚佛祥，云是惹达瓦云努罗卓。惹达瓦（1348—1412）亲近庆喜祥等诸大德，学习显教经论，从堪勤绛伸听闻"中观应成派"的理论，又从虚空贤译师等学习"集密"等密宗经教。在萨迦派大德中，能如实弘扬集密教法和"中观应成派"正见的，以惹达瓦为第一。他著述丰富，弟子很多，宗喀巴和贾曹杰、克主杰等都是他的弟子。

住持萨迦派密法的俄、总二师或称庆、喜二师，是俄巴庆喜贤和总巴庆喜胜（一说是总巴庆喜幢）。他们的师承是从喇嘛当巴福幢传来的。福幢是贤德的儿子。俄巴九岁出家，从萨迦东院住持智幢学《三律仪论》，从萨桑帕巴、扎喜仁钦等学习显教经论，从佛陀室利学习"道果教授"。

曾住在萨迦寺弘法多年，各方来从受比丘戒的有一万二千多人。四十八岁建俄鄂旺寺，接待各方求法的僧众。曾到前藏两次，到阿里地区弘法三次。七十五岁（1456）去世。著名弟子有佛增、福狮子、释迦胜、慈氏法成、庆喜法贤等，以穆勤宝幢为上首。对其他弟子未曾传讲的道果教授，都秘密授给宝幢。所以从此"道果教授"有"措协"（对大众讲）、"罗协"（对弟子讲）之分。此后的学人，称为俄派。

总巴有前后两系，前者为喇嘛当巴，传弟子总持祥，住持萨迦派的显密教法。总持祥的弟子有贤幢、幢宝、善贤等。幢宝的弟子为穆赛巴金刚幢等，弘扬萨迦密法，称为前总巴或穆赛巴。

又喇嘛当巴有弟子大乘法王庆喜吉祥，吉祥的弟子名总巴庆喜幢和扎陀巴福贤等。庆喜幢与俄巴是大乘法王的得意弟子，赐名"妙音名吉祥"。俄巴主要弘传萨迦东院的法规，庆喜幢维持萨迦拉章系的制度，所以通称为俄、总二师。他的弟子有吉祥法护、童胜、克主杰等。

扎陀巴福贤的弟子庆喜尊胜，幼年就熟悉五大陀罗尼，从慈氏洲者受比丘戒，三十三岁时（1464）在前藏贡迦（地名）建金刚座寺，弘扬萨迦派的教法。六十五岁去世。这一系统称为后总巴或贡迦巴。

后来又有刹勤明慧海（1494—1566），起初在后藏扎什伦布寺求学，后来从朵仁巴普贤法日得到俄总二系所传的道果教授；还有俄总等系所未传只是萨迦嫡派相承的耳传教授等，也都从达勤慧幢和朵仁巴处学得，所以他成为萨迦派一切教授的集大成者。七十三岁去世。他的弟子有绛漾钦则旺薄，多闻龙猛海等。三世达赖福海也曾从刹勤听闻摩诃哥罗幕和四面教授。五世达赖也曾从刹勤的弟子福胜受学过刹勤派的道果教授、十三种金法和大小摩诃哥罗等法。现在金法和四面等法，在格鲁派（即黄教）中也极盛行。从刹勤所传大密罗协教授，世人称为刹派。从前元明两朝，西康、蒙古、汉地也有很多萨迦派的寺庙弘扬萨迦教法，但入清以来衰微殆尽，只有西康德格伦主顶等，还有少数寺庙，由俄寺派人住持讲演萨迦派教法，其他地方没有弘扬萨迦教法的寺院了。俄寺仍然是各处教徒求学的基本道场。各处的萨迦派僧人,到俄寺或萨迦寺求学,多系听讲《三律仪论》和"道果教授"。至于《现观庄严论》《入中论》《因明论》《俱舍论》等诸显教经论之讲学,已经很少。

本派的见解和修行:萨迦派诸师的见解极不一致,如萨班、绒敦等很多人是中观自续派的见解,惹达瓦童慧则是中观应成派见解,释迦胜起初是中观见解,中间变为唯识见解,后来转成觉囊派的他空见解。其余也有执持大圆满见解的。但萨迦派有一种不共的见解,为"明空无执"或"生死涅槃无别",即是"道果教授"的见解。这种见解的建立分显密两种次第的关系,与其他各教派大体相似。

(法尊)

二十六　宁玛派

宁玛派是中国西藏佛教中的一个派系。

藏语"宁玛"意译为"旧"。西藏前弘期所弘传的佛教，对后弘期所传的佛教而言，后者为新，前者为"旧"。但从佛教内容来说，前后两期所弘传的显教并没有分别，只是密教方面有所不同，所以"宁玛派"就是指前弘期所弘传的密教。

西藏佛教初兴于唐朝初年藏王松赞岗薄时代，到墀松得赞时代，先请静命论师讲说十善、十八界等教义，传授八关斋戒；后又请莲花生来藏，建桑耶寺；又请密宗的法称、无垢友、佛密、静藏等，来藏弘法。法称依金刚界大曼荼罗传授灌顶，弘传瑜伽部密法；佛密传受事部与行部的密法。这三部密法与后弘期所传的没有区别。只有无垢友弘传的幻变密藏和心部等密法，莲花生弘传的金刚橛法、马头明王法、诸护神法，静藏弘传的文殊法，吽迦罗弘传的真实类法，默那罗乞多弘传的集经等法，这些无上瑜伽部密法，才是宁玛派特有的密法。

宁玛派的根本密典，有十八部怛达罗：一、《大圆满菩提心遍作主》，二、《金刚庄严续教密意集》，三、《一切如来大密藏猛电轮续》，四、《一切如来遍集明经瑜伽成就续》，五、《胜密藏决定》，六、《释续幻网密镜》，七、《决定秘密真实性》，八、《圣方便绢索莲花鬘》，九、《幻网天女续》，十、《秘密藏续》，十一、《文殊轮秘密续》，十二、《后续》，十三、《胜马游戏续》，十四、《大悲游戏续》，十五、《甘露》，十六、《空行母焰然续》，十七、《猛咒集金刚根本续》，十八、《世间供赞修行根本续》（这十八部现存藏文《大藏经》秘密部中）。但宁玛派通常所奉行的只有八部：一、文殊身，二、莲花语，三、真实意，四、甘露功德，五、橛事业（这五项叫作五部出世法），六、差遣非人，七、猛咒咒诅，八、世间供赞（这三部属于世间法）。其中文殊身就是毗卢部，莲花语就是弥陀部，真实意就是不动部，甘露功德就是宝生部，橛事业就是不空成就部；差遣非人等世间三部，是莲华生降伏鬼神，使其保护正法，所以有人说它是西藏法。

宁玛派中，最重要的是大圆满教授，分为三部：一、心部，二、陇部，三、教授部。心部有十八部经，其中有五部是遍照护所传，十三部是无垢友所传。陇部是遍照护所传。教授部分二：甚深宁提是无垢友所传；空行宁提是莲花生所传。

宁玛派的教授，有多种传承，如：诸佛密意传承，持明表示传承，常人耳闻传承。又有受命者授记传承，有缘者埋藏传承，发愿者印付传承。现在根据一般的记载，谈谈宁玛派的三种传承：一、远者经典传承，二、近者埋藏传承，三、甚深净境传承。

一、经典传承，又分三种：（一）幻变经，（二）集经，（三）大圆满教授。

（一）幻变经的传承　幻变秘密藏类，由无垢友传玛宝胜译师而译成藏文。宝胜传租如宝童和纳芮胜护，宝童和胜护传吉祥称和胜德。胜德所传的称为钦朴派或教授派。吉祥称先在前后藏弘传，后又往西康弘法，所以他所传的又分为西藏派和西康派。

日光狮子所造的《密藏经》的注释，是遍照护译师在西康所译，所以这部经也有遍照护传授的解释。

无垢友又传娘智童译师，智童传梭薄吉祥智，吉祥智传努佛智。佛智有四大弟子：梭智自在、跋廓伦勤帕巴、民功德胜、主善灯，还有佛智自己的儿子功德海。他们是前弘期和灭法期间，住持宁玛教授的主要人物。

功德海有两个儿子：智海和莲华自在胜。智海的儿子拉结吽穹，曾将

"诛法"传给迦举派祖师弥拉惹巴。

又由功德海父子传仰慧胜。慧胜又曾从梭智自在受学，所以慧胜是智自在和功德海两人的弟子。慧胜传却垅的仰智生，智生传素薄旦释迦生（亦说慧胜直传释迦生）。

释迦生又曾从伦勤帕巴受学，为努佛智再传弟子。他亲近了许多人：从却陇仰智生受学幻变和心品教授，从杰释迦胜受学甘露教授，从宁拏自在称受学秘密灌顶和方便道，从陀迦曩喀得学经，从积缀穹瓦学本净和任运的讲说及大道次第，从桑耶钦朴地方的热释迦生学真实经等法，他是宁玛派的中心人物。他将根本续与解释续分开，把本文与释文配合，续与修法结合，修法与仪轨结合，为诸弟子广事讲说。

释迦生又是卓弥译师的弟子，以身语承事，得到卓弥译师欢喜摄受，尽得卓弥的甚深教授。他建邬巴垅寺，上首弟子五人，称四顶和极顶，又有百八大修行者。四顶是：知见之顶素穹慧称，讲说幻变经之顶弥娘生称，智解之顶相廓穹瓦，修行之顶桑贡慧王，极顶为唠喇嘛。其中以素穹慧称（1014—1074）能广弘师业。慧称是素薄旦释迦生给起的名字。素穹意即小素，因为释迦生也姓素，称为大素。素穹慧称先因缺乏机缘，无力受灌顶等大法，曾遵师命在一个富有的女人家里入赘，利用她的财力学法和置备经籍。后又依师命，舍家专修。

素穹的儿子卓朴巴释迦狮子，于其卒年出生。卓朴巴从素穹的诸大弟子，完全学得素穹的一切教授，在西藏北部广弘密法。他有四梅、四拏、四敦等十二大弟子，以四拏中的拉结杰敦贾拏地位为最高。

拉结杰敦贾拏二十一岁起，先学显教。从琼波扎赛学般若（《现观庄严论》），从本一切智学对法，从达巴喀伽学《中观》《因明》。三十一岁以后，住卓朴寺学密法十一年。最初三年从觉赛仰朵巴闻法。又从仰朵的贾则廓瓦等学习甘露、摧伏、大圆满等密法，所以成为法相、密咒、经续、修法、教典等的通家。

贾拏的弟子很多，以他的侄子杰敦觉松（1126—1195）为上首，称大喇嘛功德总持。他十一岁开始求学，在贾拏生前，完全学懂了宁玛派的经典教授。贾拏去世后又从贾拏的一些弟子领受法要，专修十八年，广弘教法。

功德总持弟子以希波甘露（1149—1199）为上首。他的舅父觉巴赛扎巴，先是卓朴巴的弟子，后依止杰敦贾拏学法。甘露十三岁起，就从舅父学大圆满法。十六岁时，舅父死后，即往吉喀拉康，亲近功德总持，学习心品各种教授，依止十四年。此后广弘教法，声名远播。

希波甘露的弟子以达敦觉耶（1163—1230）为上首。他从十二岁起即亲近各位善知识学法，二十五岁以后从希波甘露完全得到甘露的教授。

以上略述幻变经的传承，卓朴巴所传下的还有几支，不能一一细述。

（二）集经的传承　　这一派的根本续为《遍集明经》，释续为《集密意经》。由驮那罗乞多传尼泊尔的达摩菩提和跋苏答惹，再翻译为藏文。又由他们师徒三人传努佛智，以后由佛智的儿子功德海等辗转传到拉结响巴和沱迦曩喀拉，这两位都传授邬巴垅巴，即素薄旦释迦生。邬巴垅巴以下，与幻变经传承相合。

（三）大圆满的传承　　大圆满中，分为心部、陇部、教授部三部，分述如下：

（1）心品（即心部）的传承　　心品的经典，有先后两译，共有十八种教授。先译是遍照护译师所传，有五种教授；后译是无垢友所传，有十三种教授。

大圆满的心品教授，初由印度妙吉祥友传吉祥狮子和佛智足。吉祥狮子传遍照护；佛智足传佛密，佛密传无垢友。旧派诸师所说的密法，都是佛密和无垢友所传。

遍照护的教授，初传藏王松赞岗薄，以后三度赴西康弘法，初次传玉札宁薄，第二次传桑敦智师，末次传榜佛怙。以后返西藏，传比丘尼慧灯。后有娘若那译师，从遍照护和玉札宁薄受得先译，又从无垢友受得后译，总集四类教授，即讲解经典的注释，耳传教授的要诀，加指灌顶的指示,行持事业的护法猛咒等。他传授了十大弟子。梭薄佛智从十师受学,此即心品传承中的一派。

另一派由遍照护的弟子榜佛怙传跋罗乞多,跋罗乞多传亚西盛慧,再传安乐住比丘尼,安乐住传玛巴慧光,再传响地的盛福,盛福传卓朴巴,卓传释迦金刚(有的记载说,由无垢友传觉摩枳摩,再传玛巴慧光,慧光以下相同)。

(2)陇部的传承 陇部的经,即是《等虚空续》广本,分九段义两万卷。藏译止有略本,也分九义,即见陇、行陇、曼荼罗陇、灌顶陇、三昧耶陇、修陇、事业陇、地道陇、果陇。

此部有依据智密等续的金刚桥教授,由遍照护传榜无胜怙,榜传恩朗菩提幢,幢传萨昂宝世,世传雅陇枯举萨却,这三位都在西康瓦狮子崖上修行,以至入灭。萨却的弟子仰菩提称受得教授后,回西藏住桑耶钦朴静修,传仰慧生,生传拔贡智菩提,菩提传臻达摩菩提(1052—1168)。在这期间,金刚桥教授,弘扬很盛。达摩菩提的弟子有臻觉赛、仰法狮子、普贤、金谷、金刚严、智王、月光、俄结等多人。

俄结传垛巴极喜金刚。臻觉赛传普贤,普贤传给儿子光然狮子,狮子传觉滚,觉滚传戒宝等。仰法狮子传金刚手,再传师天。金谷、金刚严、智王、月光等也都各有传承,难以备述。

(3)教授部的传承 分二派:

①甚深大圆满宁提传承,吉祥狮子以上,与心品相同。吉祥狮子传智经,经传无垢友,友传藏王和仰三摩地贤。贤建邬如霞寺,把宁提教授埋藏在寺院中,单传种宝然,然传跋慧自在。

后来,当玛伦贾开藏取出教授,先传结尊狮子自在,后传喀惹贡穹。结尊传仰迦觉巴,以后将教授分别埋藏三处。过三十年后,结贡挈薄取出一部分(传说1067年取藏),自修教他。又有响巴惹巴和相吉祥金刚(1097—1167),也各自取出来弘传。

相吉祥金刚传给他的儿子泥绷(1158—1213),绷传给他的儿子觉碑

（1196—1231），依次由狮子背（1223—1303），镜金刚（1243—1303），持明鸠摩罗阇（1266—1343），辗转传到陇勤饶绛巴（即无垢友）。

饶绛巴（1308—1363），遍学新旧一切密法，也善慈氏诸论，因明七论等显教法相。后来往桑耶寺，完全得到持明大师的教授。又从童义成学经、幻、心品等教授。依照宁提教授解释《密藏经》义，又造《宁提》法类三十五种，总名喇嘛漾提。又造《胜乘藏》《实相藏》《要门藏》《宗派藏》《如意藏》《句义藏》《法界藏》等七大藏论，分别阐扬大圆满的教义，是宁提中最重要的论典。他晚年屡次讲说空行宁提。这一派传承弟子很盛。

②空行宁提教授传承，莲花生传耶希措贾，措贾将教授埋藏在地下，后莲花业力取出，传佛子善幢、遍智自然金刚、庸敦金刚祥（1287—1368）等，辗转弘扬。

二、埋藏传承：传说莲花生等，因见时机未熟，把修共不共悉地的教授，埋藏在崖石中或其他地方，并发愿使它和有缘的人值遇，这叫作藏法。这种藏法，不独旧派为然，印度和藏地佛教其他宗派中也有。开藏的主要人物，以仰日光和姑茹法自在（1212—1256），最为有名。

又扎巴神通然，建扎塘等百零八寺，所取的藏法很多。尤其以四部药续等医方明的经典，利益最广。

三、甚深净境传承：这是有些修行者得到相当证德时，在定中、梦中，或者就在醒觉时，感得诸佛菩萨或师长等现身说法。这种教授，多是与行者修证相适应的法门，但其中也有些没有得到那样地位的人，或者有与法不相宜的地方。这种例外也是各宗所共有，不独宁玛派为然。

又有扎巴神通然的后裔名叫得达陵巴不变金刚建邬仅民卓陵寺与持明莲花业主持的金刚崖寺，都是旧派最著名的寺院。不变金刚的弟弟法吉祥译师，遍学新旧各种显密教法，善巧五明，著书很多。这时是旧派教法最盛的时期。但为时不久，即有准噶尔王率兵进藏（1718），金刚崖寺主莲花业，邬仅民卓陵寺法吉祥译师，尊胜洲（寺名）宝法称，还有不变金刚的儿子莲花不变海等都被害。色拉、哲蚌等黄教寺院中，凡念诵旧派仪轨,或保存旧派文字的人,也都被驱逐。后来不久,恢复金刚崖和民卓陵两个寺院,尊胜洲则改为黄教寺院。现在西藏地区旧派大寺就是上述两处,其他小寺院很多。西康地区有佐勤寺、迦沱寺、色勤寺等,弘传这一派的教法。

宁玛派把一代佛法,判为九乘:一、声闻乘,二、独觉乘,三、菩萨乘,四、事部,五、行部,六、瑜伽部,七、生起大瑜伽,八、教阿耨瑜伽,九、大圆满阿底瑜伽。说一、二、三属于显教,是化身佛释迦牟尼所说,称为共三乘;四、五、六属于密教,是报身佛金刚萨埵所说,称为密咒外三乘;七、八、九是法身佛普贤所说,称为无上内三乘。又分密教为外续部和内续部两类,说外续部(即事、行、瑜伽三部)的事部是释迦牟尼佛说,行部和瑜伽部是毗卢遮那佛说,内无上续是金刚持说。又说无上乘法是法身普贤如来现起圆满报身为地上菩萨永不间断地自然说出,所以这个法门没有限量也没有数量,传播于人间的,只是由极喜金刚等得大成就者所弘传的一小部分而已。

旧派《黑菇迦格薄经》等所说的修行过程,与新传密法的六加行(时轮法)、五次第(集密法)、道果(喜金刚法)等教授,极相符合。旧派的《幻网经》之六次第、三次第等解脱道,密点等方便道的教授,《集经》的任运修、八部经的五次第等法门中,也有很多与新译密法相同的解说。但晚近旧派诸经,对此等解说修行多不重视,他们最重视的是大圆满的见修。

"大圆满"是指众生身中现前离垢的"空明觉了"(即是内心的清净分。此派说众生的心本有染净二分;染分的叫作"心",净分的叫作"了"),他们说"空明觉了"中,本来具足生死涅槃一切法,所以名为"圆满"。又说了知这"空明觉了"就是解脱生死的最上方便,再没有别的方便解脱生死能超过这"空明觉了",因此名为"大"。这就是说,众生身中无始本有的清净心性为大圆满。众生因迷此而流转生死,若能悟此就证得涅槃。

大圆满中又分三部:心部、陇部、教授部。三部虽然都说"明空"(也就是深广义），但心部偏重于深"空"，教授部偏重于广"明"，陇部则两部分平均。

心部说："无论见到任何外境都是自心，自心现为自然智，所以说离自然智更无其他法。"这个派的修法，多与大印相同。他们说大印派是以心印境，心部是直观心性本空，故有所不同。

陇部说，一切法都不离法性普贤陇，破斥离法性陇更有其他法。这部最重视光明，与新译密法的五次第相似，然讲说意义却有区别。五次第是中五风的作用，现起幻身空色影像，再用"整持"和"随灭"方便令入光明，所以是有功用道。陇部是由安住于永离所缘甚深无功用中，用深明双运智修成虹身的金刚身，所以这个方便是很深的。

教授部说，以永离取舍双运无二智，把生死涅槃一切法，都汇归于离空执的法性中，所以不分别生死涅槃，以"明了性"现证"法性境"，而成就自证金刚锁身。这个法门是专注要点，如针灸治疗，从一处施治，而能愈各部的病。又最重超越境界，与新译的六加行相同。但他们说，六加行是将五种风缚于中脉，由此现起空色境界，是渐次进修有功用的大乐道；而这个法门是断绝一切思虑，自然现证诸法实性，所以和六加行不同。又说这个道修智身虹身与陇部也不相同，它不是先化粗分三业为微细净身，是由究竟"尽法性光明"，将粗细三业完全销化于身智中。

此派又有"体性本净""自性任运""大悲周遍"三种术语（即体、相、用）。说无始真理本来无生的空为"体性本净"，空性的色相不灭为"自性任运"，具有功力能现起净不净境为"大悲周遍"。"体性本净"又称为"了空无别"；"自性任运"又称为"明空无别"；"大悲周遍"又称为"现空无别"。

又说，"心"与"了"不同，随无明力而起种种杂念分别的是"心"，不被无明所染，远离二取戏论，认识明空无取的空理的是"了"。

又说，心的行相（现分）为生死，心的体性（空分）为涅槃。生死涅槃在自心性体空中，本来无有分别，因此说"生死涅槃无别"。

在修行方面说：若由知境为心，知心为空，知空为无二双运，而通达一切法都是"了空"的，是渐悟者认识"了"的界限。若现在没有能够现证"明空"的道理，但由修行的功力，在中有位现起那种真实智德的，是超越（顿悟）者认识"了"的界限。

若将现前明空无取的无垢自心"了"性，不加拘束（不执着），任其散缓，任它起什么分别境相，都不去辨别好恶破立，直修"了空"，即是大圆满的心要。

总之，无始真理，没有被生死涅槃心念所接触过，没有被错乱垢秽所染污过，真理独露，不曾迷惑，不曾通达，都无所有，一切能生，即是因境。把这现前的"了"性舒缓安住时，泯灭善、恶、无记三种分别，心如清净虚空，即是道行。由已现证一切修道功德，无明错觉都自消灭，现证法界，即是果德。

（法尊）

二十七　迦当派

迦当派是中国西藏地区佛教中的主要宗派之一。

藏语"迦"指佛语,"当"指教授,"迦当"的意义就是说把佛所说的一切语言——经律论三藏教义,都能摄在阿底峡所传的教授三士道次第修学之中。

本派是由阿底峡尊者奠基,由种敦巴加以巩固,由称为三兄弟的朴穹瓦童幢、博朵瓦宝明、谨哦瓦戒然弘扬光大,由朗日塘巴、霞惹瓦和贾孟瓦等继续承传而发展起来的。

西藏前弘期的佛教受到藏王朗达玛破坏之后,虽经藏族佛教徒努力恢复,而内部思想上未能和合相处。例如,一般佛教徒重视密法的则轻视显教,尊重师长教授的则轻视经论教义,尊重戒律的则反对密法,显密分歧,势同水火。这时,印巴次大陆的佛教著名学者阿底峡应阿里王智光和菩提光的邀请入藏弘法凡十二年(1042—1054),于是创立了"迦当"一派。

阿底峡在示寂之前把显密一切教授完全传给种敦巴、菩提宝、自在幢等。阿底峡去世后不久,种敦巴(1004—1064)于1056年在党巴建造了惹珍寺,讲法行道。种敦巴对于显密教法虽然都有研究,但常讲《般若八千颂》《八千颂大疏》和《略疏》,以及《二万光明论》等。使"迦当派"的基础得到巩固。种敦巴在惹珍寺弘法九年。

种敦巴三大弟子中的朴穹瓦童幢(1031—1106),曾亲近阿底峡,后又依止种敦巴。种敦巴把迦当派的秘密教授(十六明点等修法)完全传给他。种敦巴去世以后,他就入山专修,并随喜为人开示四谛。弟子中有迦玛札等数人。

博朵瓦宝明（1031—1105），从贾寺的伦戒菩提出家后，二十八岁（1058）到惹珍寺谒见种敦巴，深生信敬，从之学法。种敦巴寂后十七年才弘法摄众。随时随地，为人讲说阿底峡所著的《菩提道灯论》，也常讲《庄严经论》《菩萨地》《集菩萨学论》《入行论》《本生论》《集法句经》，后人称之为"迦当六论"。"迦当"一派的名声从此大振。晚年，他建博朵寺，弟子中最著名的，有贾宇瓦、朵巴、朗日塘巴和霞惹瓦；其中朗日和霞惹瓦尤为杰出。朗日塘巴本名金刚狮子（1054—1123），常讲慈氏诸论。琼波瑜伽师从他出家受戒学法，弟子中以霞婆岗巴莲菩提为上首。霞惹瓦功德称（1070—1141），幼年就从博朵瓦出家听学教授，博闻强记，能暗诵许多经论。博朵瓦寂后，座下弟子多依止霞惹瓦，他常为众宣讲诸大乘论，且助跋曹日称译师弘扬中观。他的弟子虽多，得着他的发菩提心等不共教授的是伽喀巴智金刚。伽喀巴造《发菩提心七义论》，传赛吉朴巴、法幢等，相继弘扬迦当派的教授。

谨哦瓦戒然（1038—1103），幼年从玛拉协饶森巴出家，二十岁时往惹珍寺亲近种敦巴，种敦巴嘱以勤修空性。他也得到阿底峡所传的许多密法教授。种敦巴寂后，先后依止菩提宝、自在幢等受学。他通晓梵文，能译经论，善诵密咒，定力亦深。弟子很多，以朵垅巴宝藏、贾宇瓦童光为上首。

迦当派在教理方面，认为"一切佛经都是教授"，主张综合传承一切大乘佛法。然而世所共知的，迦当派中也分裂为教典、教授、教诫三派。

一、教典派，是从博朵瓦传出。这一派传述阿底峡的思想，说一切经论都是成佛的方便，所以一切教典都是这一派的依据。然而就阿底峡的著述而论，可以分为三类：1.重在说明正见的，是《入二谛论》《中观教授论》等。2.重在说明菩萨行的，是《摄行炬论》《发心律仪仪轨次第》等。3.见行并重的是《菩提道灯论》。又教典派通常所讲的大论中，《集学论》和《入行论》见行兼说，《菩萨地》《庄严经论》《本生论》和《集法句经》

则偏重说菩萨行。又有阿底峡的《小品法百种》，也是迦当派的教典。

二、教授派，是从谨哦瓦等传下来的。属于正见的，有谨哦瓦所传的四谛教授，有朴穹瓦所传的缘起教授，又有菩提宝所传的二谛教授。四谛和缘起二种教授，重在明人无我义，二谛教授重在明微细法无我义。菩提宝秘传卓垅巴和谨哦瓦两人，谨哦瓦秘传朵垅巴和贾宇瓦。朵垅巴后来在大众中讲说，著述也很多。以行为主的教授，即是修自他相换大菩提心的教授。这个教授通依一切大乘经典，别依《华严经》和龙猛菩萨的《宝鬘论》、静天菩萨的《集学论》《入行论》为主。此外阿底峡的师长法护的《修心剑轮论》《孔雀化毒论》，慈瑜伽师的《金刚歌》，金洲的《菩萨次第》《除分别论》等，也都是这个教授的依据。后来，宗喀巴的《菩提道次第》、朗日塘巴的《八句论》、霞婆岗巴的《修心论》、康垅巴的《八座论》、伽喀巴的《修心七义论》等，即是这个教授的发展。其中说明见行双运的教授，就是"三士道次第"，所依教典亦即《菩提道灯论》。上述的见行各种教授，也都是这个教授的支分。因为菩提道次第中统摄一切教授，所以名为见行双运的教授。

三、教诫派，这是阿底峡在耶巴传授给枯敦，俄善慧、种敦巴三人的教授。由种敦巴传授给朴穹瓦等三人，朴穹瓦得到全部，谨哦瓦得到多半，博朵瓦得到少半。又由俄善慧传哦日巴慧幢，幢传朴穹瓦。以下单传数代，到种童慧时，传承范围稍有开展；到僧成时，传播到全藏。这个教授为恒住五念：（一）念师长为归依，（二）念自身为本尊，（三）念语言为诵咒，（四）念众生为父母，（五）念心性为本空。其中被认为心要法门的，是"十六明点"的修法。修这个教授的，下自戒律，上至金刚乘法，能在一座中一齐修习。本尊有四位，即是释迦佛、观音菩萨、绿度母、不动明王。法是三藏。四尊和三藏，合起来称为"迦当派七宝"。

中国西藏佛教各宗派普遍受到迦当派的影响。如迦举派的初祖罗扎玛巴曾从阿底峡听闻教授。达薄拉结先从菩提宝的弟子贾云答学习迦当，以后才从弥拉惹巴学习大印，所以他所传的法，是迦当、大印合修的教授。

达薄拉结还造了《道次第解脱庄严论》。他的弟子帕摩主巴从格什朵巴学习迦当,并且著《圣教次第论》。同样,迦举派的枳贡世间怙、达垅塘巴勤波、迦玛知三世,都学习过迦当教授,修持方面也都依照迦当教授而行。萨迦派和迦当派的法门,也有它们的因缘。萨迦派的四祖庆喜幢,从内邬苏巴的弟子吉窝雷巴学习迦当,所以他的著作中所说大乘共道的修法,即渊源于迦当派。后来的萨迦学者,又依照庆喜幢的说法而宣说。黄教祖师宗喀巴,亲从虚空幢和法依贤学习迦当派的道次第教授,因而造《菩提道次第》广略二论。他自修化他,都依阿底峡所传的教授而行。所以,黄教格鲁巴被人称之为新迦当派。

(法尊)

二十八　迦举派

迦举派是中国西藏地区佛教中的宗派之一。藏语"迦举"是"教授传承"的意思，也就是继承师长传给的重要教授之意。西藏迦举派有两个系统：一是玛巴传来的，叫作达薄迦举；二是琼波传来的，叫作响巴迦举。这里说的是第一个系统，即玛巴传来的从金刚持乃至拏热巴所传承的教授。继承这个法系的人，就叫"迦举巴"。

西藏迦举派的始祖是玛巴法慧译师（1012—1097），西藏罗札人，天资聪颖，幼年时喜欢读书，禀性刚强好斗，常和师友争吵。父亲心想，若使他作世间的事，必然暴戾凶顽，莫如学习佛法，或者能够成为法门栋梁。十五岁时送往卓弥处学法。在通达了"声明学"（语言学）之后，曾三次到印度，四次到尼泊尔学法，亲近拏热巴、弥勒巴、智藏、静贤等一百零八位大善知识，听讲集密等无上瑜伽部的密典，并详细研修各种教授和作法，依止弥勒巴证得大印境界。他教化弟子很多，最主要的是四大弟子，即俄敦法身金刚、粗敦旺内、梅敦村薄、弥拉惹巴。他传给前三人讲解教典的教授，辗转相承，广弘"集密""胜乐""欢喜金刚""四座""大幻"等灌顶和续部教典的讲说；而粗敦自在金刚（即粗敦旺内）所传的集密灌顶和续典讲释，后来传到布敦和宗喀巴大师，广事弘扬，直到现在未曾断绝。

他传给弥拉惹巴的是修行的教授。弥拉名叫闻喜（1040—1123），拉朵公塘人，幼年丧父，财产被伯父和姑母所侵占，痛苦难忍。长大以后学习诛法，杀伯父亲友共三十五人，以后深深追悔自己的罪恶，三十八岁时往罗札亲近玛巴译师。玛巴先用耕田建筑房屋等等苦工折磨他，而玛巴的妻子则从中劝解，使其安心学法，以后才圆满传授灌顶和修行教授。四十五岁回到乡里，焚葬母亲的尸骨，弃世入山静修。以后到处游化深山大泽，教化牧民很多。八十四岁时去世。从他得成就的弟子很多，以惹穹瓦金刚称和达薄拉结福宝为上首。

惹穹瓦（1084—1161），西藏公塘人，名叫金刚称，幼年丧父，依靠叔父而生活。十一岁时遇到弥拉惹巴，传授给他修猛利火法，就能发暖御寒。十五岁时染癞病，独自住在空房里，有三个印度人看到了很是怜悯他，带他到印度去，从颇罗旃陀罗论师学金翅鸟法。不久病就好了，又到尼泊尔，从阿都拉答夏等诸论师听受胜乐等密教。以后回西藏，仍旧依止弥拉修学。弥拉说："印度有九种无身空行母法。现在仅仅得到五种，其余四种应当求全。你现在可以到印度求那些法，使这类法圆满。"惹穹瓦奉师长的命令重赴印度，遇到拏热巴、弥勒巴两位大师的弟子底补巴，圆满学得所要求的法，并且学了许多其他教授。回西藏以后，将九种教授献给弥拉。弥拉传给囊宗敦巴，囊宗记录成书。从此传下的叫作《胜乐耳传教授》，直接由惹穹瓦传下的叫作《惹穹耳传教授》。后来，惹穹瓦到前藏各处弘法，七十八岁去世。弟子有罗吉郭巴等。

达薄拉结，名叫福宝（1079—1153），幼年学医，所以称为拉结（医生的尊称）。二十六岁出家受比丘戒，从迦当派善知识贾宇瓦、女绒巴、嘉日公喀瓦等听闻许多迦当派的教法。三十二岁听说弥拉的德誉，生起很深的信敬，于是往西藏西部依止弥拉学法。得到修猛利火等教授，于风得自在。住十三月，以后遵依师长的命令，回前藏静修。三年后，依师长所嘱，遍往各静处专修，不与常人共住。十二年后建立岗薄寺，说法摄众，并将迦当派的道次第和弥拉的大印教授合起来著《道次第解脱庄严论》，以"大印俱生和会"次第教导徒众。七十五岁去世。达薄拉结的后学，通称为"达薄迦举巴"。得法的弟子中最著名的是达薄贡粗、帕摩主巴、拔绒瓦、都松钦巴。

本派的发展：达薄迦举继续发展，又成了许多支派。

（一）迦玛迦举：创始于达薄拉结的弟子都松钦巴（1110—1193）。他本名吉祥法称，西康人，十六岁依侧窝胜师（俄大译师的弟子）出家，依止瀹法自在（阿底峡的弟子）等，听闻阿底峡所传的教授。十九岁进藏，从贾玛瓦和卡巴法狮子学慈氏诸论和《中观》《因明》。又从霞惹瓦学迦当道次第，从跋曹译师学《中观》，从萨勤的弟子金刚狮子学习道果教授等，从梅律师受比丘戒。三十岁时亲近达薄拉结，对于大印心要义断除疑惑。又在罗热亲近惹穹瓦学习拏热巴和弥勒巴所传的多种教授。五十岁时回西康，住岗薄内曩弘法。该寺僧众有一千多人。后来又进西藏建迦玛拉顶寺，因此又称为迦玛巴。又建立粗朴寺。八十四岁时去世。他的大弟子是桑杰惹勤，惹勤的弟子绷扎巴等，由他们起形成迦玛迦举系。绷扎巴的弟子迦玛拔希（1204—1283），本名法师。元朝时曾到汉地和蒙古弘法，并且在西康沿途建寺。迦玛巴的势力和萨迦派并峙，后来把粗朴寺的法位付托给他的弟子邬仅巴。通常计算迦玛巴的世系时，都以都松钦巴为第一世，拔希为第二世。自然金刚称第三世，第四世是游戏金刚，此后历世相承，到现在是第十六世。又因为由元朝皇帝拜迦玛拔希为国师，赠给他金边黑帽以表示地位之尊贵，所以拔希以后又称为黑帽迦玛系。另有红帽迦玛系，这一派创于名称狮子。名称狮子生于西康，曾到西藏亲近迦玛自然金刚等，学得一切显密教授。弘法几十年，元朝皇帝赠给他金边红帽，所以称为红帽迦玛巴。他的弟子以雅得班禅最著名，历十几代，到清朝乾隆时这一派系才断绝。

（二）帕主迦举：这一个派系起自达薄拉结的上首弟子帕摩主巴（1110—1170），他生于西康南部。九岁出家，名金刚王。他善于书写绘像等事。在西康时曾亲近十六位善知识，讲说《入行论》等。十九岁进藏，先在垛陇从贾玛瓦及卡巴法狮子学习《中观》《因明》。二十五岁从素朴寺夏律师（名精进然）受比丘戒，学习戒律。又从玛法王、拔勤噶罗等学习多种显密教授。后来到岗薄寺，从达薄拉结学得大印法门。四十九岁在帕摩主巴（地名）的森林中建寺弘法，从此称为卓滚帕摩主巴。此后历代相传，于是形成帕主迦举一系。

（三）剎巴迦举：创始于喇嘛相（1123—1193），原名盛称，从九岁至十八岁，广学显密教法。二十六岁受比丘戒，改名精进称，以后从噶译师学胜乐等多种密法。三十三岁时，亲近达薄拉结的弟子岗薄瓦戒藏，传"俱生和合大印"。后来建立剎公塘寺，弘法化众。弟子有虚空光、调伏光、日月光、释迦光等，都各自建立寺院。调伏光在喀惹地方所建的降龙寺曾住僧众一万多人。继续住持剎公塘寺的有释迦智、菩提智、日月光、佛亿、佛藏、佛布衣、金殿上等相承不断，从此所传的名剎巴迦举系。

（四）止贡迦举：创始于世间依怙（1143—1217）。他生于西康的敦玛地方，本名宝祥，从幼年起就亲近帕摩主巴，听闻大印教授，三十五岁受比丘戒。三十七岁往止贡地方建寺弘法，僧众逐渐聚集起来，曾经有一次法会聚集僧众五万五千五百二十五人，又有一次安居中，有十万比丘受筹，法缘之盛由此可知。继承法位的，有懂哦波卿、闻仁波卿等，相继弘传，于是形成止贡一系。

（五）主巴迦举：创于凌惹莲花金刚和他的弟子藏巴贾惹。凌惹（1128—1188），仰埮人。自幼就长于书写读诵。八岁学医，十七岁受"近事"戒，三十五岁时从惹穹瓦的弟子松巴学得惹穹瓦所传的一切教授。三十八岁入帕摩主巴之门，受持教授，游化各处。他的上首弟子藏巴贾惹（1161—？），十二岁时从兄长格敦学法，十三岁落发，取名慧祥，以后从喇嘛相出家，改名智金刚。二十二岁初遇凌惹于惹陇，请问法义。以后又在拏朴亲近凌惹，听闻"拏热六法"和"俱生和合"等教授。又把惹穹瓦所埋藏的"六种平等味"法门，取出弘扬。依照喇嘛相的授记建垅埮寺，依本尊的授记建惹陇寺，依凌惹的授记建主寺（藏文"主"是雷义，因初建寺时雷鸣，故名），弘法化众。这一派系弘传很广。大弟子罗惹巴自在精进，立十三种誓愿，多弘"五能"教授。从此所传下来的名叫下主，有名叫廓仓巴依怙金刚的，立十二誓愿，连披甲为十三。又立身语意三誓，现前七誓，殊胜五誓等。从此所传下来的名叫上主。又有继承主寺法席的盛狮子（藏巴贾惹之侄）等，名为中主。上中下三派主巴，到现在，法派多数未曾断绝。

（六）达陇迦举：创始于达陇塘巴勤波（1142—1210），十八岁出家，名吉祥德，几次想到印度去学法，都没实现。二十四岁时亲近帕摩主巴，得到帕摩的摄受，传给一切教授。一天出去闲游，在草地上坐禅，帕主用手杖指着他的心说："我们的依怙拏热大师说：应当修一切法性空无我义。若是能够于空无我中由四无量门修种种方便，即是得无住涅槃之道。"依照这个甚深的指示，他就通达了"大印无修瑜伽"。帕摩主巴去世后，就到梅卓，从伽迦巴听受迦当派教授，从霞惹瓦受比丘戒。三十九岁时，受达陇地方人士的邀请，到达陇平原处建寺弘法，因此被称为达陇塘巴。他持戒精严，从出家以后，足迹不入白衣的房舍；忌食酒肉，不以酒肉待客；不许妇女进入寺院。临命终时，寺众已有三千多人，弟子也很多。他的侄子宝依怙继承法位，扩建寺院，光大他的事业。侄孙桑杰闻薄，又在西康建日窝伽寺（旧名类乌齐）。此外达陇派分弘于雅塘（即达垅）玛塘（即日窝伽）两处，每处有三千八百僧众；后来前后藏和西康发展的达陇派属寺很多，出的人才也不少。

（七）跋绒迦举：创始于盛自在，盆宇人，据传说他幼小时有一位年轻咒师到他面前，称述岗薄瓦（即达薄拉结）的功德，于是结伴到岗薄那里。得到岗薄瓦摄受，传给他各种修法，证得高深境界。后来往西藏北部建跋绒寺弘法化众，讲授"乐空大印"和"真理大印"。他的大弟子是帝师惹巴，继承法位的是他的家族系统。

（八）雅桑迦举：这一派系始于帕摩主巴的弟子格敦智狮子（？—1207）。他生于门噶地方。幼年出家，取名格敦智狮子（格敦即有善根的意思）。后来建立索惹寺弘法化众。他的大弟子是雅桑法王（1169—1233），后藏人，出家名法愿，从卢迦戒称学习戒律，守持精严，因此有拏律师的称誉。二十八岁时卢迦去世，到索惹寺依止智狮子修学"大印教授"和"拏热六法"等甚深密法。三十八岁（1206）时，建雅桑寺，教化弟子很多。继承他弘传法教的有拔日瓦桑杰夏贡等四大弟子，从此所传的，名叫雅桑迦举系。

（九）缀朴迦举：创始于帕摩主巴的弟子贾刹和滚登惹巴兄弟。贾刹（1118—1195），出生于晓梅地方，五岁时学书算。十九岁时到前藏，亲近玛法王等。后来又到前藏学法，亲近帕摩主巴，学得大印教授。又从沱敦主巴学习觉宇的教授，总共亲近八十二人学法。五十四岁受比丘戒，于是买缀朴的土地建立寺院，聚集僧众二十多人，重在专修，有时也为少数弟子传授灌顶。他的弟弟滚登惹巴（1148—1217），幼年从帕摩主巴学习教授。贾刹、滚登两人的侄子缀朴译师（1173—?），六岁读书，八岁就亲近贾刹学法。十岁受沙弥戒，名叫戒慧（土官《宗派源流》作慈祥）。十九岁受比丘戒，从滚登和贾刹完全学到迦举派所传的一百三十六种教授和十三种主要传承法，又从相格瓦译师学习梵文梵语。二十四岁赴尼泊尔，亲近佛陀室利论师，广学显密多种教法。遇弥多罗论师，迎至西藏弘法。弥多罗在西藏住十八个月，回印度以后，又迎请佛陀室利来藏，修建缀朴寺的大佛像。后来又往印度迎请迦湿弥罗国的大论师释迦室利弘法传戒。又有贾刹和滚登的弟子结贡、玛吉芮玛等帮助弘法。从此所弘传的，名缀朴迦举系。布敦宝成（1290—1364）初亦求学于此系，后在霞鲁宏法，遂另成霞鲁派。

迦举一派中分为许多小系，所传教授，各有偏重。如达陇阿旺曩贾所造的《教史》中说："在声闻的出离心、大乘的菩提心、密咒的清净三昧耶的基本上，迦举派的特殊胜法，如玛俄的续释，弥拉的艰苦和教授，岗薄瓦的体性抉择，迦玛巴的风心无别，喇嘛相的究竟胜道，跛绒巴的塞婆、塞朗（两种大印修法的名称），帕主的密咒，达陇巴的三十九种传记，止贡巴的三律仪一要，藏巴贾惹的缘起和平等味，罗廓的信敬和厌世心等，各有殊胜之点。虽然一一派系中都具备一切教授，但就所着重弘扬而教诫弟子的也各有各系的别法。然而就其整体而言，都是迦举派的教义。"

本派的主要学说是月称派的中观见。因为玛巴的主要师长为挈热巴和弥勒巴，他的见、修、行和讲解经教，当不出他们所传。

本派大印的传承，不重文字，重在证理，就是通达大印的智慧。从哪位师长证得大印的智慧，就以他为根本师长。在玛弥两代传大印教授时，先使生起"猛利火智"，由这个智力引发"大印智德"，所以说大印为"圆满次第"（密宗修证的阶段）。

本派的近况：迦举派自从玛巴、弥拉、达薄之后，发展之速，范围之广，超过其他一切教派。但因为势力日益扩大，而且有很多派系都掌管当地的政权。所以在元、明两朝间，西藏地方的混乱，多为迦举派所酿成。如1349年夺取萨迦派政权的悉都菩提幢，就属于帕摩主巴系；1435年夺取帕主政权的仁绷巴善财和后来（1565）的迦玛璀敦多杰等，也都是迦举派；又如喇嘛相故意发动战争。止贡派和达陇派的住持也都掌握地方政权，尤其在1290年止贡寺因与萨迦派斗争，曾经全寺被焚；后来晓仲主陇巴好修诛法，法脉斩绝。迦玛系因参与当时迦玛敦迴等的政府恶谋，以致1640年固始汗进兵西藏时遭受极大损失。尤其是红帽迦玛巴的法成海，于1790年勾结廓尔喀兵、攻打后藏札什伦布寺，因此遭革封拿办，寺院也被焚烧，致使迦玛派消灭殆尽。现在粗朴寺黑帽系少事少业，继续不断；主巴迦举系、游化修行，没有大变化；其余各系都不如以前盛行了。

（法尊）